코메니우스의
범 교육학

- 라틴어 원본의 독일어 번역
  클라우스 샬러
- 독일어에서 한국어 번역
  정일웅

Johann Amos Comenius
PAMPAEDIA ALLERZIEHUNG

그리심
도서출판

Johann Amos Comenius
PAMPAEDIA ALLERZIEHUNG

in deutscher Übersetzung herausgegeben

von

Klaus Schaller

Translated into Korean from German

by *Il-ung Chung*

코메니우스의 범교육학

1996년 6월 10일 초 판 1쇄 발행
2008년 9월 10일 수정 2판 2쇄 발행
2017년 3월 30일 수정 2판 3쇄 발행

저　자 • 코메니우스(J. A. Comenius)
역　자 • 정 일 웅
발행인 • 조 경 혜
발행처 • 도서출판 그리심
　　　　07030 서울시 동작구 사당로2길 72 인정 B동(B01호)

등록번호 • 제 7-258호(1998. 4. 23)
출 판 사 • 전화 523-7589 팩스 523-7590
홈페이지 • http://grisim.biz
전자우편 • grisimcho@hanmail.net

ISBN 978-89-88291-78-6　(93230)

Korean Edition
Grisim Publishing Co.
Seoul, Korea

한국어 번역에 대한
역자의 변

본 역자가 코메니우스를 알게 된 것은 1980년 여름학기 독일 본(Bonn)대학 신학부의 '코메니우스 교육신학 세미나'에서였다. 나의 스승인 헤닝 슈뢰어 교수(Prof. Dr. Hennig Schroeer)에 의하여 지도된 세미나는 코메니우스의 사상에 매료되게 하는데 충분하였다.

그동안 총신대학교에서 여러 차례 코메니우스의 교육사상에 대한 세미나를 개최하면서 코메니우스의 원전이 우리말로 번역되어야 할 필요성을 절감하였다. 다행스럽게도 독일의 학자들이 오래전부터 코메니우스의 교육사상을 심도 있게 연구했을 뿐 아니라, 라틴어로 된 코메니우스의 원전을 독일어로 번역해 놓았기 때문에 우리말 번역에 큰 도움을 입었다.

이런 맥락에서 본 역자는 지난 1996년에 코메니우스의 범교육학(Pampaedia)을 우리말로 번역·출판한 적이 있다. 그러나 첫 번역판은 난해한 코메니우스의 의도를 충분히 밝혀주지 못한 부분과 오자의 발견으로 수정이 불가피하게 요구되었다. 그리고 여기 수정본이 그리심출판사의 도움으로 빛을 보게 되었다

원래 코메니우스의 교육사상을 대변했던 유명한 책은 그의 생전에 출판되었던「대교수학」(Didactica magna)이다. 그리고「범교육학」은 코메니우스 사후에 발견된 불후의 명작이요 미완성 작품인「인간사(人間事) 개선에 관한 포괄적인 제언」(De rerum hummarum emendatione consultatio catholica)이라는 7권 가운데 네 번째 책이다. 이 작품은 모두 라틴어로 기록된 8절 판 2,000페이지 이상에 달하는 문서로 코메니우스가 생전에 1권과 2권은 출판하였지만, 다 완성시키지 못한 채 남긴 대작이었다. 그동안 이 책들의 원고는 행방을 찾지 못하다가 1935년 취체브스키(D. Tschizewskij)에 의하여 할레(Halle)에 있는 프랑케가 세운 도서관 고문서 보관실에서 발견되었고 2차 세

계대전 이후에 세상에 알려지게 되었다.

　이 책들의 발견으로 그동안 이해되었던 코메니우스의 사상은 전적으로 새롭게 해석되어야 했다. 그것은 「대교수학」과 「세계도해」라는 책들을 통하여 코메니우스를 교육학자로만 인식하던 차원에서 그는 단순한 교육학자가 아니라, 교육하는 신학자로서 그의 신학의 위치가 재평가되었던 것이다. 특히 범교육학은 바로 코메니우스의 그러한 입장을 확연히 밝혀주는 교육신학 사상의 핵심적인 작품이라 할 것이다. 그리고 7권의 책 가운데 범개혁론(Panorthosia)은 슐라이어막허보다 약 150년 먼저 실천신학의 학문적 구상과 설계를 제시한 최초의 신학자로 평가되었다(슈뢰어 교수).

　코메니우스는 이 책들을 통하여 그 당시 30년(1618-1648)간의 종교전쟁으로 폐허가 된 유럽 사회가 새로이 건설되도록 세 가지 중심적인 실체, 즉 학교와 종교와 정치에 대한 개혁의 구체적인 방법을 제시하였던 것이다. 이러한 코메니우스의 착상은 이 원고들이 발견되면서 유럽의 학계가 코메니우스의 사상에 주목하는 계기가 되었다. 코메니우스는 그 당대에 철학자 데카르트(R. Descartes)와 교제하는 가운데, 그의 절대적인 이성 중심의 인식론문제를 제기한 것과 자연과학 연구의 방법론 제창자인 베이컨(Bacon)의 귀납적 방법에 대한 비판 그리고 삼위일체론과 관련하여 소시니안주의를 비판했던 것들은 철학적으로, 신학적으로, 그리고 교육적으로 깊이 주목되는 것들이라 할 것이다. 특히 코메니우스의 신 중심적인 세계관과 그의 창조신학은 포스트모던적인 상황에 새로운 인식론의 방향전환에 기여할 수 있는 지혜와 통찰로 여겨진다.

　코메니우스가 범교육학에서 시도한 것은 세상의 모든 사람들이 범지혜(Pansophia)를 철저하게 배우고 익히며, 그 모든 지혜를 통하여 온전한 삶을 살도록 하려고 계획하였다. 그래서 그는 이 책을 범교육학(Pampaedia)라고 불렀다. 그는 또한 범지혜에 대한 구체적인 착상을 골로새서 1:28에서 찾았으며, 모든 지혜를 배우는 방법으로 인생의 전 삶의 과정을 8단계의 학교로 구분하였고 태아에서 무덤까지 전 생애를 통하여 배우는 평생교육론을 제시하게 되었던 것이다. 이러한 범교육학은 역사적으로 최초에 제시된 기독교 교육학이며, 동시에 교육과정론(curriculum)이라 할 것이다. 뿐만 아니라 코메니우스는 범교육학에서 창조신학과 그리스도의 구원신학, 종말신학에 근거하여 그리스도의 재림과 하나님 나라의 준비로써의 인간교육론을 제시하고 있다. 특히 하나님 나라의 준비는 범지혜의 획득을 통하여 그리스도의 재림 때까지 실현되어야 할 창조사역에 대한 책임이며, 동시에 그리스도의 사랑에 대한 보답으로 이웃과 자연을 섬기는 책임으로 해석되었다. 나아가 그리스도인의 빛과 소금으로서의 사회적 역할에 대한 구체적인 지혜와 책임을 일깨우고 있는 모습니다.

코메니우스의 이러한 교육신학적 착상은 현대 교육학이 아직도 종교와 무관한 가운데 인간의 자율성 확대만을 꾀하는 방법론 제시로 인하여, 인간교육의 자기목적을 분명히 하지 못하고 있는 상황에서 참으로 인간교육이 무엇이며, 그것이 어떠해야 할지를 깊이 있게 교훈하는 기독교적인 인간교육론이 분명하다 할 것이다.

결과적으로 본 역자는 '범교육학'이야말로 기독교 세계관에 근거하여 인간의 인간성 교육이 어떻게 전개되어야 할 것인지를 밝혀 주는 완벽한 기독교 교육학이며, '인간의 교양을 전제한 인간 돌봄의 교육론'이라는 사실을 확인하게 된다. 그런 뜻에서 범교육학은 오늘날 기독교 학교를 통하여 시도되고 있는 교육 선교의 방향과 과제를 제시하는 표본이라 할 것이며, 동시에 일반 학교에서의 인간성 교육에 새로운 지침이 될 뿐 아니라, 교회를 통한 신앙교육에도 새로운 방향과 방법을 보여주는 전인교육목회의 지침이 될 것으로 생각한다. 특별히 이 책은 기독교 교육학의 학문연구에 귀중한 역사적 자료일 뿐 아니라, 오늘날 일반 학교와 교회(주일)학교의 교사들과 신학생과 목회자들이 읽어서 큰 도움을 얻을 수 있을 것으로 확신한다.

끝으로 이 책의 번역 수정 작업에 협력한 고문산 목사와 김석주 목사에게 감사한다. 그리고 이 책의 출판을 기꺼이 맡아주신 그리심출판사 사장님에게도 감사를 드린다. 이 책을 대하는 모든 이들에게 우리 주님의 모든 지혜가 함께 하기를 빈다.

역자 드림

다시 수정판을 내면서

코메니우스의 가장 위대한 작품인「범교육학」이 다시 출판되어 기쁘다. 이 책은 코메니우스의 교육사상과 교육방법을 밝히는 일에 근원적인 자료라고 할 것이다. 제1장에서 4장까지는 코메니우스의 범교육의 목적과 목표, 즉 그의 교육적인 의도(교육철학)을 밝혀준 핵심적인 내용인데, 그 부분이 새롭게 수정, 보완되었다. 그 일을 이번에 독일에서 '코메니우스학'(Comeniologie), 특히 범교육학과 대교수학에 나타난 코메니우스의 교육사상을 비교 연구하여 신학박사 학위(Dr. Theologie)를 받고 돌아온 최진경 박사가 원문대조를 통하여 새로이 번역을 확인, 수정한 것이다. 번거로운 작업을 기꺼이 담당해준 최 박사에게 깊이 감사를 드린다.

아무쪼록 이 책이 코메니우스의 기독교 교육철학의 교육 방법을 이해하는 데 기여되기를 바란다.

사당동 연구실에서
정일웅 드림

Johann Amos Comenius
PAMPAEDIA ALLERZIEHUNG

CONTENTS

역자의 말 · 3
서 론 · 11

제 1 장　모든 사람 · 모든 사물 · 모든 포괄적인 방법 · 15
제 2 장　모든 사람들 · 23
제 3 장　모든 것 · 51
제 4 장　모든 포괄적인 방법 · 91
제 5 장　범지학교 · 115
제 6 장　범지혜서 : 전체의 책들 · 135
제 7 장　범교사론 · 167
제 8 장　태아기 학교 · 219
제 9 장　유아기 학교 · 229
제 10 장　아동기 학교 · 271
제 11 장　청소년기 학교 · 309
제 12 장　청년기 학교 · 329
제 13 장　장년기의 학교 · 353
제 14 장　노년기 학교 · 393
제 15 장　사망기 학교 · 413
제 16 장　영원한 지혜를 구하는 기도 · 416

독일어 번역자 후기 · 420

약 어 표

AC	= Acta Comeniana. Revue internationale des etudes comeniologiques. Praha 1970 ff., Forsetzung des Archiv
Archiv	= Archiv pro bádání o životě a díle J. A. Komenského
AW	= Johann Amos Comenius: Ausgewählte Werke, hrsg. von D. Tschiżewskij und K. Schaller. Hildesheim/N. York 1973 ff.
CC	= Johannis Amos Comenii: der rerum humanarum emendatione Consultatio catholica. Pragae 1966
Com.	= Comenius
Did. m.	= Didactica magna (in: ODO)
Erkennen	= K. Schaller (Hrsg.): Erkennen - Glauben - Handeln. Intern. Com - Colloquium Herborn 1984 St. Augustin 1985 (Schriften zur Comeniusforschung. Bd. 16)
L. R. P.	= Lexicon reale pansophicum (in: CC, II)
MB	= Mitteilungsblatt der Comeniusforschungsstelle im Institut für Pädagogik der Ruhr - Universität Bochum. 1970 ff.
Meth. n.	= Methodus linguarum novissima (in: ODO)
ODO	= Johnnn Amos Comenius: Opera Didactica Omnia. Neudr. Prag 1957
OO	= Johannis Amos Cormenii Opera Omnia - Dílo Jana Amose Komenského. Praha 1969 ff.
Pamp.	= Pampaedia (in: CC, II)
StCeH	= Studia Comeniana et Historica. Uherskéy Brod: Komensky - Muzeum
VS	= Veskere spisy Janz Amose Komenského. Vyd. Ústřední spolek jednot učitelskych na Moravě. Brno 1914 ff.
Zíbrt	= Cenněk Zíbrt: Bibliografie české historie. Díl V. Praha 1900-1912
20	= K. Schaller (Hrsg.): Zwanzig Jahre Comeniusforschung in Bochum - Dvacet let bochumské komeniologie. St. Augustin 1990 (Schriften zur Comeniusforschung. Bd.18)

인간 사물의 개선에 대한 일반적 제언

제 4 부

범교육학

우리는 이 부분에서 전체와 관련하여,
인간을 그의 본성의 완성에로 이끄는
돌봄(교육)에 대하여 조언하게 될 것이다.
인간의 생애 동안에
그것들이 성취되도록 하기 위하여
인간에게 위임된 과제들이
각 연령에 따라 적합하게 정확히 정해져야 한다.
이를 통해 각 사람의 정신을
기쁨이 가득한 동산이 되게 한다.

아울러 여기에
이러한 고귀한 일이 성공적으로
시도된 예들을 제시하였다.

"북풍아 일어나라, 그리고 남풍아 이리오라,
그들의 뿌리가 깊어지도록 나의 동산을 통하여 불어라"(아 4:16).

치체로 : 지혜의 의무와 과제는 인간을 돌보는 데 있다.

모 세 : "여호와께서 그 신을 그 모든 백성에게 주사 다 선지자 되게 하시기를 원하노라"(민 11:29).

하나님 : "그 후에 내가 내 신을 만민에게 부어 주리니 너희 자녀들이 장래 일을 말할 것이며 너희 늙은이는 꿈을 꾸며 너희 젊은이는 이상을 볼 것이며"(욜 2:28).

그리스도: "너희는 온 세상에 나아가 모든 사람들에게 내가 명한 모든 것을 가르치고 지키게 하라"(막 16:5; 마 28:19).

바 울 : "영광의 희망이신 그리스도를 알리자. 그리고 우리는 모든 사람들이 예수 그리스도 안에서 완전한 자들이 되도록 각 사람들을 모든 지혜로 가르치자"(골 1:27이하; 빌 3:17).

형제들이여, 우리를 따르는 자들이 되라!

서 론

1 지혜의 과제는 인간의 돌봄에 있다고 말한 키케로(Cicero)의 말이 옳았다면, 그리고 하나님께서 자기의 모든 백성에게 그의 영을 주시기를 원하는 것이 하나님의 사람 모세의 경건한 소원이었다면, 하나님께서 자기의 영을 언젠가 모든 육체 위에 부어 주겠다고 우리에게 약속하셨다면, 모든 사람들에게 그리스도께서 우리에게 위임하신 모든것을 가르치라는 그리스도의 명령을 우리가 한 번 완전히 순종 했다면, 모든 사람이 그리스도 안에서 온전하게 되기위해 모든 지혜를 통하여 모든 사람들을 고귀하게 다듬는 거룩한 사도들을 열심히 본받는 것이 필요하다면, 우리는 우리 시대에 우리가 이러한 과제를 떠맡고 이러한 소원, 이러한 희망, 이러한 명령, 그리고 이러한 수고에 접근하면서, 사물이 빛에 의하여 질서 가운데 항상 세워져 있는 것처럼 질서의 힘에 의해 사물 세계에 인간의 정신이 따를 수 있는 길을 발견하게 되기를 원한다. 모든 사물들이 서로 질서를 유지하며, 지혜의 영원한 법칙을 통하여 연결되어 있는 것처럼 – 우리가 이미 범지혜(Pansophie)[1])에서 그것을 보았다 – 그렇게 인간은 사물 세계의 빛

---

1) 팜패디아(Pampaedia)는 '인간사(人間事) 개선에 관한 포괄적 제언'(De rerum human-arum emendatione consultatio catholica)이란 일곱 부분으로 이루어진 책의 네

과 그것의 질서와 진리가운데서, 자기 스스로 유사한 질서의 조화에로 이끌리고, 모든 것들이 참되게 서로 이러한 조화 속에서 살아가는데 참여하게 된다.

2 그것은 말하자면 그의 권리인 인간 정신의 회복을 의미한다. 인간은 관찰자로, 건축사로, 그리고 만물을 관리하는 주인으로 창조되었다. 이는 하나님이 행하셨으며, 여전히 수행하고 계시는, 고귀한 그의 사역을 수행하도록 하기 위함이며, 그것들의 장대한 아름다움이 죄악의 증거 없이 남도록 하기 위함이다. 어떠한 증인도 눈, 언어, 손이 없이는 존재할 수 없다. 이 세상의 모든 시민들은 자신의 특권들을 알아야 한다. 이는 그가 자신의 부르심을 가치 있는 것으로 생각지 않고 말 못하는 피조물의 짐승 같은 삶을 살지 않도록 하기 위함이다.

3 모든 사람들이 분명하게 변하여 새로운 사람, 즉 하나님의 참된 형상이 되도록 하기 위하여, 모든 사람을 교육하여 그들이 완전하게 되도록 하는 것, 즉 전체와 관련된 질서와 확고한 기초위에서 교육하는 것이 힘든 모험처럼 보일지도 모른다. 그러나 우리의 소원이 너무나 아름답기 때문에 그것은 실험해 본 결과 모두 이루어질 수 없다는 생각은 말아야 할 것이다.[2)]

번째 부분이다. 1. Panergesia(범각성론), 2. Panaugia(범빛의 길), 3. Pansophia(범지혜론), 4. Pampaedia(범교육론), 5. Panglottia(범언어론), 6. Panorthosia(범개혁론), 7. Pannuthesia(범경고론). 하나님과 전체 때문에 인간에게 위임된 여러 가지 과제(res humanae : 철학, 정치, 종교)와 여러 가지 인간의 실제를 연결하는 질서는 우주 전체의 존재의 질서로서 범지혜가 코메니우스에게서 7 또는 8 세계를 포함하여 묘사되었다(비교, 제15장 3).

    2) 팜패디아의 '라틴어-독일어'판이 나타날 때까지(Heidelberg 1960), 코메니우스의 교육학은 오로지 대교수학(Didactica magna)과 교수학전집(Opera didactica Omnia)에 근거하여 해석되었다. 대교수학은 'Did.m.'로 교수학전집은 'ODO'로 약자 표기되었다. 팜패디아와 콘줄타티오 카토리카(Consultatio Catholica:인간사(人間事) 개선에 관한 포괄적 제언의 약자표기, 역자 주)에서 나아온 첫 번째 서술된 것으로서 클라우스 샬러의 연구논문 '요한 코메니우스의 교육학과 17세기의 교육의 실재주의의 시작'(Die Paeda-gogik des J.A.Comenius und die Anfänge des pädagogischen Realismus im 17

4 자, 먼저 우리의 소원의 목표를 정하자. 우리가 여기서 분명하고 명백하게 제시하려는 것은, 모든 사람들이 – 한 사람도 예외 없이 – 우리가 여기서 제안하려고 생각하는 요구를 결코 거절할 수 없다. 그런 다음, 만약 이것을 위해 하나님께서 우리에게 넉넉하게 주신 수단들을 붙든다면, 우리의 소원을 성취할 수 있는 길들이 또한 없지 않다는 것을 보여주는 것이 중요하다. 끝으로 우리가, 주어진 수단들을 올바르게 사용할 줄을 안다면, 우리는 쉽게 접근하는 길과 좋은 방법을 마음껏 자유자재로 사용할 수 있을 것이다.

5 자, 이 모든 것들이 얼마나 아름답고, 가능하고, 쉽고, 즐거운가 하는 것을 우리가 발견했다면, 이러한 고귀한 과제를 시작하는데 이리와서 서로 조언하자.

　도처에서 놀이를 행하며, 지혜의 기쁨을 어린이들에게 주는, 너 영원한 지혜여, 우리도 또한 너에게서 기쁨을 발견하게 하라. 우리가 너의 놀이를 더 잘 이해하도록, 그것이 우리 가운데서 더 힘차게 확대되도록, 그리고 마침내 너 자신 앞에서 너의 순수한 즐거움에 더 큰 기쁨이 있도록 그 길을 우리에게 넓게 열어 다오, 너 우리의 영원한 기쁨이여! 아멘!

Jahrhundert, Heidelberg 1962)이 있다. 1966년 CC가 프라하에서 출판된 이후 샬러의 이 논문에서 해석된 내용은 코메니우스 연구에서 없어서는 안 될 중요한 자료가 되었다. 프란츠 호프만(Franz Hofmann)은 'J. A. Komensk'y, Allgemeine Beratung über die Verbesserung der menschlichen Dinge'라는 독일어 번역의 주제로 콘줄타티오 카토리카(CC)에 대한 총체적인 개요를 베를린에서 1970년에 출판했다.

범교육학에 대한 개요

- 서론은 범교육학(Pampaedia)이 무엇이며,

    제 1 장   그것이 무엇을 의도하고 있는지를
                가르친다.

    제 2 장   사람들을 가르치는 일이 얼마나 필요하고,
                가능한 것이며, 쉬운 것인지를 보여 준다.

                더욱이 모든 사람에게

    제 3 장   모든 것을
    제 4 장   포괄적으로
    제 5 장   학교와
    제 6 장   책들과
    제 7 장   교사들에 대해 밝혀준다.

연령별로 일곱 가지 학교로 단계별로 혹은 나누어서 수행하는 것에 대하여 말하고 있다. 학교에는

    제 8 장   1. 태아기 학교
    제 9 장   2. 유아기 학교
    제 10 장   3. 아동기 학교
    제 11 장   4. 청소년기 학교
    제 12 장   5. 청년기 학교
    제 13 장   6. 장년기 학교
    제 14 장   7. 노년기 학교
    제 15 장   8. 사망기 학교가 있다.

- 제 16 장   마지막 장은 이러한 계획의 아주 복된 유익에 대하여 제시해 준다.

CHAPTER 1
PAMPAEDIA ALLERZIEHUNG

모든 사람 · 모든 사물 · 모든 포괄적인 방법
(Omnes – Omnia – Omnino)

우리는 '팜패디아'(범교육학)라는 표현이 무엇을 의미하는지, 팜패디아를 위하여 노력해야 하는 이유가 무엇인지, 1-10항 사이에 설명하였다. 그리고 모든 인간들이 전체를 통하여 철저하게 그들의 온전함에 이르기까지 이끌어지기를 바라는 이유가 무엇인지 11-15항 사이에 취급하였다.

1 '범교육학'이란 전 인간 세대의 각 개인과 관련된 돌봄(교육)을 의미한다. 그것은 방법적으로 전체(universalis)를 지향하며, 인간을 그의 본성의 완전함에로 다듬는(cultura)[1] 일이다. 희랍어에서 교육(파이데이아, παιδεία)이란, 가르침(institutio)과 훈육(disciplina)을 뜻하는 것이었다. '파이데이아'를 통하여 인간들은 미숙한 불완전의 상태에서 이끌어 내어진 것이다(erudire). 판(πᾶν)이란 전체를 뜻한다. 그러므로 전 인류에게 전체의 모든

---

[1] 여기 삽입된 문장은 범우주적 문화(*cultura universalis*)란 말의 의미를 따르는 것을 본다. 여기와 다음에 계속되는 문장들에서 샬러(K. Schaller)는 πᾶν(판)과 연결한다. 코메니우스의 전문용어에 대한 연구가 1957년에 나온 그라벤하게(Gravenhage)의 것을 참고하라 – 이러한 번역의 원칙에 대하여 서론적인 번역후기에 소개되어 있다.

것이 포괄적으로 가르쳐져야 한다는 것이 여기서 중요한 내용이다 (πάντες, πάντα, πάντως - Omnes, Omnia, Omnino).[2]

2 전체와 관련하여 인간을 회복시키는 교육에 대한 이러한 요구는 일반적으로 우리에게 익숙한 개념들 즉, '아무것도 없는 것'(Nichts), '어느 정도 있는 것'(Etwas), '모두 있는 것'(Alles)에 대하여 주목하도록 가리킨다. 우리는 이러한 세 가지의 관점에서 우리의 소원과 동경하는 바의 정당한 근거(ratio)를 밝히려고 한다.[3]

3 '아무것도 없다는 것'(Nichts)이란 우리에게 돌봄(교육)이 전혀 없는 상태를 의미한다. 이러한 상태를 우리는, 가축처럼 태어나 살다가 사라져가는 가련한 죽을 목숨들인 야만적인 백성들에게서 불쌍하게도 발견하게 된다.

---

2) 헬라어 판테스(πάντες), 판타(πάντα), 판토스(πάντως), 라틴어 옴네스(omnes), 옴니아(omnia), 옴니노(omnino)는 코메니우스로부터 자주 사용되는 세 가지 철학적인 관점이다. 쇠델(E.Schadel)은 이 세 가지 관계의 존재론적인 의미와 함께 해당분야의 작업을 수행하였다(참고, Zwanzig Jahre Comeniusforschung in Bochum, St. Augustin 1990[20]). 판테스, 판타, 판토스(πάντες, πάντα, πάντως)란 세 낱말의 번역은 특별한 어려움을 지니고 있다. 희랍어 배후의 의미는 omnes, omnia를 모든 요소들의 총체로 이해하는 것을 거부하고, 오히려 모든 개체가 전체에 하나가 되는, 그리고 모든 포괄적인 구조를 생각하는 것이다. 여기 번역은 항상 새로운 사용에서 이러한 전체적인 구조를 따르도록 시도한다. 옴니아(Omnia)는 사물의 문(Janua rerum,1681)에 따르면 (deutsche Ausgabe von E.Schadel, Hamburg 1989 - totum rerum ambitum, veranschulicht am Kreise, Kap.IV,S.37) 옴니노(omnino)는 전체의 근본적인 것과의 관계에서 획득된, 존재의 이유에 기초한 근본적인 지식이며; 옴네스(omnes)는 전 인류이며, 각 사람의 개체를 총괄하는 의미이다.

3) Mit den extremi intelligibilium termini: omnia, aliquid, nihil beschäftigt sich Com. in Janua rerum(1681),VI: "전체란 아무것도 제외되지 아니한 모든 것을 뜻한다. 즉 모든 것을 포함하는 그것이다"(S.39). Auch in Pansophia, gradus prima, Kap.III war eine Erörterung dieser drei extremi termin geplant. Dieses Kapitel wurde allerdings nicht ausgeführt, und Com., oder Nigrinus, begnügte sich mit dem Hinweis: vid. Triert. et exempla in Pamp. intr. Er verweist also selbst auf die hier vorliegene Stelle.

4 '어느정도 있다는 것'(Etwas)은, 교육과 관련된 것이, 이것 혹은 저것, 한정된 범위만 있다는 것을 의미한다. 이러한 형태는 학문, 예술, 언어, 또는 그밖의 것들이 어느정도 있는 것을 의미하기에 이 정도를 지니고 있는 민족은 더 이상은 야만적인 민족은 아니다.

5 '모두 있다는 것'(Alles)이란 전체적인 교육을 하는데 필요한 모든 것을 가지고 있다는 것을 의미한다. 이러한 교육을 통하여 우리는 하나님의 형상인 인간으로 하여금 땅 위에서 가능한 최고의 완성(splendor)에 이르도록 돕기를 원한다.

6 우리의 계획은 세 가지 방향으로 나누어진다. 그러나 이 세 가지는 서로 연관되어 있다. 먼저 우리는 이러한 완전한 방법으로 참된 인간성을 지닌 인간을 양육하려고 하는데, 이 양육을 단지 어떤 특정한 사람만, 혹은 소수의 사람만, 혹은 어느정도 다수의 사람만 하는 것이 아니라, 모든 사람들, 즉 모든 어린이와 노인, 가난한 자와 부자, 귀족과 천민, 남자와 여자, 말하자면 인간으로 태어난 모든 사람을 대상으로 하는 것이다. 그러므로 인류 전체, 즉 모든 연령, 모든 계층, 그리고 모든 성(性), 민족들이 이러한 완전에 이르는 교육을 받아야 한다.

7 그런 다음 한 가지, 몇 가지 혹은 많은 것으로 가르치는 것이 아니라, 인간의 본성이 실제로 온전하게 되도록 모든 것으로 가르칠 것을 요구한다. 이러한 교육은 본질을 해치는 것이 아니다. 인간은 참된 것을 알아야 한다. 즉 인간은 잘못된 것으로 잘못 이끌어지지 않도록 해야 한다는 것이다. 그는 선을 사랑해야 하며, 나쁜 것으로 유혹 받지 않도록 해야 하고, 행해야 할 것을 반드시 실천하며, 피해야 할 것은 반드시 멀리해야 한다. 필요한 경우, 그는 모든 것에 대하여 모든것으로 지혜롭게 말해야 한다. 결코 침묵해서는 안 된다는 것이다. 그리고 결과적으로 그는 사물과 사람들과 하나님과 무분별하게 교제해서는 안 되며, 모든 것을 질서대로

적합하게 처리해야 한다. 그는 이렇게 함으로써 자신의 행복의 목표를 절대 놓치지 않는다는 것을 이해하게 될 것이다.

8 더욱이 인간은 가식이나 허위가 아니라 진리에[4] 적합하게 철저히 가르쳐져야 한다. 이런 방식으로 전 인류는 지음 받은 하나님의 형상으로 가능한 한 비슷하게 만들어져야 한다. 그것은 진실하며 합당하며 지혜로우며 거룩하며 그리고 진실로 행복하며 영원토록 복된 것을 의미한다.

9 간단히 말해서 모든 사람을 참된 지혜를 통하여 계몽시키고, 올바른 국가법을 통하여 다시 올바른 질서로 이끌며, 참된 종교를 통하여 이 세상에 그를 보내신 목표를 놓치지 않도록 하나님과 하나 되게 하는 것이 중요하다.[5] 만일 각 사람이 먼저, 열린 눈으로 전체를 검토하고 모든 필요한 것을 알도록 하며, 두 번째로 가장 좋은 것을 선택하고 곳곳에서 평화롭게 살도록 행동하며 모든 것에 대해 기뻐하고 적은 것으로도 만족하고, 그리고 세 번째로 최고의 선(하나님)을 발견하고 다만 그로부터 자신을 분리하지 않도록하며 결과적으로 복되게 사는 것을 배울 때 목표에 도달하는 것이다. 즉 우리가 영원을 바라보며 지혜로워야 하며 이 땅의 것으로 변질되지 않아야 한다는 사실을 배워야 한다.

10 우리는 이러한 세 가지 올바르고 특별한 일을 개별적으로 다루어 보려고 한다. 여기서 우리가 이것을 반복해야 한다는 사실이 유감스럽기는 하지만, 반복하는 이유는 이해되기를 원하기 때문이다. ① 모든 사람

---

4) 진리에 적합하다는 것은 코메니우스에게 사물의 이치에 적합하다는 것과 동일한 의미를 가진다.
5) 철학(학문), 정치 그리고 종교는 인간에게 주어진 최고의 일이다…이러한 세 가지는 인간이 동물이 되지 않는 한 잊어버리지 못한다(Panergesia, Kap. IV,6). Eine deutsche Übersetzung dieses 1702 erschienen ersten Teils der Consultatio catholica, der Panergesia, wurde von H. Schönebaum, Leipzig 1924, vorgelegt.

들이 전체에 대한 교육의 권리를 획득하도록 동시에 시작하고, ② 이것은 모든 범주에서 이루어져야 하며, ③ 그리고 또한 모든 사람들이 철저히 이러한 교육을 통해 다듬어지도록 하는 것이 중요하다.

11 완전에 이르게 하는 교육은 모든 사람들에게 해당된다. 즉 모든 민족, 모든 계층, 모든 가정, 모든 개인에게로 확대된다. 어느 누구도 이러한 교육에서 제외되어서는 안 된다. 왜냐하면 모두가 인간들이기 때문이다. 그들은 자기 앞에 놓여 있는 영원 세계에서도 모두가 동일한 삶을 지니게 된다. 그리고 모든 사람들에게 그리로 가는 길을 하나님께서 보여주셨다. 그러나 그들은 올가미로 둘러 싸여 있고 다양한 방해물로 갇혀 버렸다. 모든 사람들이 신중을 기해 이러한 일에 대하여 주목하고, 가능하다면 우리의 세대에 어리석음을 제거하고, '모든 것이 어리석다'고 현자들이 흔히 한탄하는 일들이 앞으로 더 이상 생기지 않도록 해야 한다.[6]

12 완전에 이르게 되도록 돌보는 교육은 '전체'와 관련되어 있다. 그것은 인간들이 지혜롭고 행복해질 수 있는 모든 것을 생각한 것이다. 그렇다면 그것은 도대체 무엇인가? 그것은 지혜자인 솔로몬이 찬양하고 있는 네 가지 가장 영리한 동물의 각각의 특성들이다(잠 30: 24-28).
(1) 그가 개미를 찬양하는 것은 바로, 미래에 대한 준비성 때문이다. (2) 토끼에게서 관찰되는 것은, 모든 행복을 안전하게 하기 위해 현상황의 정세를 살피는 영리함이다. (3) 강제로 이끄는 대장이 없어도 떼를 지어 질서 있게 이리저리 뛰어다니는 메뚜기, (4) 눈에 잘 띄지 않으면서 조화를 이루며 규칙적이고 계획적으로 일하는 거미이다(역자 주: 인용된 성경 본문에는 도마뱀의 이야기가 언급되어 있다). 그밖의 거미의 행동은 무의미한 것으로 보인다.

---

6) 전도서 1:2.

전체에 관련된 정신의 교육에서 다음의 사항들이 중요하다. (1) 모든 인간들은 미래의 삶에 관한 지식을 부여받은 존재이다. 영원에 대한 동경의 불꽃이 그들 가운데 일어나게 되어 있다. 그리고 그것을 올바른 길로 인도 하고자 한다. (2) 그들은 또한 이 세상의 삶의 과제들을 지혜롭게 아주 지혜롭게 해결하도록 가르쳐져야 한다. 왜냐하면 바로 여기에 가능성과 확실성과 잠재성이 있기 때문이다. (3) 그들은 서로 한마음으로 도와주며 살아야한다. 왜냐하면 현재와 영원에서 그들이 서로 나누어지는 것이 아니고, 오히려 다른 변절자들이 다시 공동체에 돌아올 수 있도록 하기 위함이다. (4) 결과적으로 세 가지 선물(생각, 말, 행동)이 가능한 한 조화를 이룰 수 있도록 그들은 생각과 말과 행동에 노련해야 한다.[7] 이러한 네 가지 요구들이 성취될 때에 가련하게 죽을 존재들은 그들의 불행을 극복하는 구원의 수단을 얻게 될 것이다. 그들 가운데 대부분은 자신들의 미래를 염려하지 않는다. 오히려 그들은 현재를 위해서 더 목숨을 건다. 모든 사람들이 모든 사람들을 대항하여 싸운다. 각자 생각과 말과 행동으로 자기자신을 대항하여 싸운다. 즉 그들은 지치고, 분쟁에 빠져 멸망한다.

13 완전하게 되도록 돌보는 교육은 철저해야 이루어진다. 즉 철저하게 한다는 것은 진리대로 하는 것을 뜻한다. 단지 이렇게 올바른 방식으로 가르칠 때, 각 사람은 오류와 위험의 나락에서 벗어날 확실한 상태에 이르게 되며, 진리의 길로 나아가게 된다. 지금 그러나 몇몇 사람만이 그들의 근거와 사물의 기초 위에서 지탱하고 있다.[8]

---

7) 코메니우스는 그의 글 '보편적인 세 가지'(Triertum catholica)에서 인간의 특별한 세 가지 가르침으로써 생각하는 것, 말하는 것, 행동하는 것이 있다(Vgl. K. Schaller, Zur Grundlegung der Erziehungswissenschaft bei Comenius und Fichte, Köln 1955 S.80).

8) 존재의 원리는 인식의 가장 좋은 원리이다(Prodromus,79 ODO I,S.437).

대부분의 사람들은 무감각한 충동에 이끌려 다른 사람들의 마음에 들도록 행동한다. 이러한 다양한 요인들은 서로 서로 연결되어, 사물들과 대치 관계에 처하게 된다. 그런 상황에서 나타나는 결과들은 망설임, 실수, 넘어짐, 그리고 최후의 멸망이 끊임없이 계속된다는 것이다. 만약 이러한 악에 대항할 수 있는 수단을 찾으려고 한다면, 맹목적인 타성이나 감언이설의 수다에서 발견할 수 있는 것이 아니라 강철같이 단단한 하나님의 질서와 사물의 질서를 따를 때 발견할 수 있는 것이다. 그것을 통하여 각 사람은 근본적으로 모든 자리에 확고하게 서게 되고, 어느 곳에서나 확실한 기반 위를 걸을 수 있게 된다는 것을 배우게 되고, 알게 되며, 행할 수 있게 된다.[9]

14 내가 소원하는 바를 다시 한번(세 번째) 반복해도 좋은가? 우리가 소원하는 바가 무엇인지 분명히 제시하도록 제발 허락해주길 바란다. 우리는 모든 인간들이 범지인(凡智人)이 되기를 원한다. 즉 모든 인간들이 전체의 참된 것을 아는 데에 이르는 것, 즉 그것은 (1) 인간들이 사물세계와 생각과 말의 구성체 안에서 통찰을 얻는 것, (2) 그들이 자아와 타자의 행동 목표와 수단과 수행 방식을 이해하는 것, (3) 그들이 만일 자신의 행동과 생각과 말이 중구난방으로 뒤엉킬 때 부수적인 것, 중요하지 않은 것, 해로운 것으로부터 본질적인 것을 구별할 수 있도록 하는 것, 그리고 계속해서 그들이 자신과 다른 사람들의 사상과 말과 행위에서 잘못된 것을 알아차리고 이러한 것을 항상 올바른 길로 되돌릴 수 있는 능력을 갖는 것이다. 만일 모든 사람들이 모든 것을 철저하게 배우게 된다면, 그들은 모든 일에 지혜로운 자들이 될 것이다. 그리고 세상도 질서와 빛

---

[9] 하나님과 사물을 아는 자는 지혜로운 자이며, 그는 농부일 수도 있고, 수공업자일 수도 있다(Physica, Additamentum, Reber S.531 – Physicae ad lumen divinum reformatae synopsis – Entwurf der nach dem göttlichen Lichte umgestalteten Naturkunde. .doppelsprachige Ausgabe mit Kommentar von J. Reber, Gießen 1896).

과 평화로 가득 차게 될 것이다.

15 우리가 지금 말한 것을 염두에 둔다면, 범교육의 본질이 달리, 그리고 더 정확하게 정의될 수 있을 것이다. 범교육은 인간의 생각과 말과 행동 가운데 범지혜의 빛을 확대하기 위한 평탄한 길인 것이다. 그것이야말로 모든 인간들의 정신과 언어와 마음과 손에 범지혜의 도움으로 참다운 지혜를 심어 주는 기술적인 가르침이다. 이러한 이유에서 우리는 정원사의 기술의 한 모습을 이 '인간사 개선에 관한 포괄적인 제언'의 겉표지 위에 담았다.[10] 즉 정원사와 같이, 전체라는 참된 지식의 나무에 꺾꽂이의 새 가지를 잘라 접붙이는 것이다. 그들은 하나님의 동산 전체, 즉 전 인류를 어린 아이와 같은 어린 묘목으로 심기 원한다.

---

10) Com. plante, eine entsprechende Darstellung – Gartenarbeit – auf der Titelseite der Pamp. bei der Veröffentlichung zu geben; die čech. Übersetzung der Pamp. von J. Hendrich(Vševýhova, Prag 1948) folgt dieser Anwendung.

CHAPTER 2
PAMPAEDIA ALLERZIEHUNG

모든사람들
(Omnes – Alle Menschen)

    모든 사람들은 그들 각자 인간 본성의 전함에로 이끌어져야 한다. 1-14항까지는 그러한 일이 얼마나 필요한지에 대하여, 14-20항에서는 그 가능성에 대하여, 그리고 21-30항까지는 쉽게 실천하는 방법에 대하여 다루고 있다.

1 만일 여호수아가 아니라 모세처럼, 모든 사람들이 예언하기를 소망한다면[1] 이러한 일을 수고스럽게 다루는 일은 불필요한 일일 것이다. 나는 모세와 비슷한 나의 소원을 발표한 후에[2] 많은 반대자들이 나를 대항하여 일어났기 때문에, 물론 나도 침묵하고만 있을 수는 없었다. 이들은 먼

---

    1) 비교, 여기 인용된 성경은 민수기 11:29이다. 그 앞에 전개된 구절(24절 이하부터)이 연결된다.
    2) S.Hartlieb을 통하여 서둘러 발표된 그의 범지학의 설계들은 다시 1637년의 '범지혜의 선구자'(Prodromus pansophiae)에서 코메니우스는 여러 가지 오해들과 공격에 대하여 변호를 해야 했다. So 1639 durch die Conatuum pansophicorum dilucidatio (ODO I,455-482; V.S.I, 389-433)

저 어두움에서 다스리고 모든 백성을 무지 가운데 두려는 쪽에 관심을 가진, 노골적인 반대자편에서 온 자들은 결코 아니다. 그러나 그들은 나의 계획을 공개적으로 조사하려고 마음먹고 있는 자들인데, 새롭고 위험스러운 잘못된 가르침이 생겨날 수 있다는 우려 때문에, 그렇게 큰 경솔함에 단호한 조치를 취해야 한다고 소리를 지르는 것이다. 적대자들 가운데서 오히려 진리와 나에게 호감을 가진 자들도 있다. 그들은 한때 베드로가 그리스도에게 아첨하여 속삭인 것처럼, 나에게도 "몸을 조심하라" "너 자신이 웃음거리가 될 것이다.[3] 너는 모든 질서들을 혼잡하게 만들게 될 것이다." 어떤 농부가 그의 쟁기를 들고 머물러만 있겠는가? 이와 비슷한 일이 더 많이 있을 수 있다.

2 태양이 하늘에서 빛나고 있는 것처럼, 나는 다음 세 가지 진리를 분명하게 밝혀야 한다. 첫째, 우리가 진심으로 하나님과 그의 형상인 인간을 사랑한다면 그만큼 가능한 번영을 우리 앞에서 목격하게 될 것이다. 그리고 우리가 그의 왕국이 빛의 나라인 그리스도를 올바르게 공경한다면, 결과적으로 그것은 지금까지 가장 깊은 어두움에서 위협받고 있는 인류를 위하여 일하게 되는 것이다. 마찬가지로 진실하게, 올바르게, 그리고 진지하게 모든 곳에서 모든 어두움을 몰아내고 모든 정신 속에 빛이 증대되기를 소원해야 한다. 둘째, 이러한 소원의 성취를 위한 풍부한 수단이 있다. 셋째, 다만 우리가 열심을 가지기만 한다면, 이러한 거룩한 계획을 행동으로 옮기는 데 쉽게 적용할 만한 방법은 많다.

3 모든 사람들을 완전에 이르게 하는 교육의 필요성은 하나님과 인간과 사물 세계 자체 안에 놓여 있음을 보여준다. 즉 하나님은, 그 자신이 인간 안에 두신 목표로써, 놓칠 수 없는 분이시라는 것; 인간은, 하나님,

---

3) 마태복음 16:22과 막 8:32.

제 2 장 모든 사람들 25

즉 그의 복이 되시는 분과의 연합 없이는 멸망 할 수 밖에 없는 존재라는 것; 사물 세계는,[4] 만일 인간들이 그것들을 잘못 사용하여, 즉 하나님의 영광을 위해서도, 인간 자신의 구원을 위해서도 사용하지 않으면 끊임없이 이 세상의 허무함에 굴복한다는 것을 보여준다. 바로 이러한 사실들을 각각 더 정확히 조사해 보자.

4 우리는 하나님이 인간을 만드실 때 의도하신 목표가 이루어지기를 소원해야 한다. 내 말은 그 목표는 바로 하나님 자신을 의미한다. 하나님께서 인간의 창조에 관한 계획을 품으셨을 때, 다음과 같이 알려진 말을 표현 하셨다: "우리의 형상을 가진 인간을 만들자, 그리고 그들로 하여금 동물과 온 땅을 다스리게 하자"(창 1:26)고 말씀하셨고, 인간을 창조하셨을 때 "땅을 정복하고 다스리라"(창 1:28)라고 말씀하셨다. 이 말은 첫째로 하나님이 인간을 특별히 이성적인 피조물로 지으신 이유가 하나님이 기뻐할 수 있는 신형 상(像)을 자신 밖에 두시기 위함이었다는 것이다. 두 번째로 인간으로 하여금 낮은 피조물들을 지도하도록 지으신 것이다. 세 번째로 하나님은 인간이 주인의 역할을 하기를 원하셨다. 그것은 자기 자신을 다스릴 수 있는 능력이 자신 안에 있음을 뜻하는 것이었다. 그는 모든 것을 지혜롭게 정돈하시는 하나님의 영광을 위하여 일해야 한다(잠 16:4).[5] 거기서 다음과 같은 것이 나타난다. 만일 어떤 사람이 하나님과

---

4) 하나님은 인간을 그가 설정한 목표에 이르도록 세워 주셨다. 이러한 사상은 역시 코메니우스의 전형적인 사상이다. Vgl. Thomas von Aquin, Compendium theologiae, Kap.72; auch J. Wiclif, Dial. II, 14: Videtur mihi probabile, quod Deus necessitat creaturas singulas activas ad quemlibet actum suum – 하나님이 개별적으로 일하는 피조물들을 모든 그의 행위들에 필요로 한다는 것은 나에게 올바른 것으로 보인다. Vgl. Tauler, Predigten I,18, hrsg. von W.Lehmann, Jena 1923 Böhme, Menschwerdung II,6.10; Angelus Silesius, Cherub. Wandersm. I, 100, 24, 224, 259; III, 80; V,48

5) 잠언 16:4 주님은 모든 것을 그 목표대로 지으셨으며, 악인들도 그 악한 날

같은 형상으로 닮아 가지 않는다면, 즉 인간이 그의 창조주를 기쁘게 하지 못하며, 피조물과 자기 스스로를 다스릴 줄 모르는 상태에 있다면, 그는 창조자의 의도한 목표에서 벗어나게 되는 것이다. 그리고 그는 하나님께 영광을 돌리는 대신 자신을 부끄럽게 하고 말 것이다. 우리는 이러한 일이 일어나지 않도록 해야한다. 즉 하나님의 영광, 즉 인간 안에 두신 그분의 목표를 놓치지 않도록 주의를 기울여야 한다.

5 인간 본성을 가진 자는 어느 누구도 세상에 자신이 보내진 목표를 피하지 못한다는 사실을 알고 있다. 왜냐하면 어딘가로 향하여 가지만 그곳에 도달하지 못하며, 하나의 목표를 향하고 있으나 그곳에 이르지 못하는 것, 찾으려고 하지만 발견하지 못하는 것, 노력하지만 완성하지 못하는 것, 원하지만 아무것도 이루지 못하는 것은 그것들이 무의미한 것이기 때문이다. 우리는 이 땅에서 삶의 과제를 알고, 그것에 적합하게 행동하며, 그것들을 성취하기 위하여 존재하는 것이 아닌가? 그렇지 않다면 태어나지 않는 것이 더 좋을 것이다. 우리 모두는 태어났기 때문에 그 출생을 아무도 신의 징벌로 생각하지 않는다는 사실에 주목해야 한다. 사람들은 어떻게 그것을 시작해야 하는가?

6 먼저 모든 사람은 어리석은 피조물로 사는 것이 아니라, 이성(ratio)의 명령에 따라 살아가야 할 의무가 있다. 그러나 만약 사람들이 그것에 대하여 배우지 못한다면, 아무도 그것을 어떻게 사용하는지 이해하지 못한다. 그러므로 사람들은 이와 같이 교육을 받아야 한다. 그렇지 않으면 그들의 인생은 마치 경작하지도 못하는 땅을 소유한 어리석은 농부와도 같으며, 연주하지 못하는 악기를 가진 자와 같고, 보지 못하는 눈과 듣지 못하는 귀와 걷지 못하는 발을 가진 자와 같을 것이다. 피조물이 실제적

을 위하여 그렇게 하셨다.

인 이성의 사용에서 완전해지지 않았다면, 그 이성적인 본성이 우리에게 주어졌겠는가? 도대체 왜 우리는 모든 사람이 이성을 가지고 있다고 말하면서, 몇몇 사람들은 그러한 타고난 정신 능력이 헛된 것이라고 생각하는가? 땅이 경작되지 않은 채로 있다는 것은 별개의 문제이다. 왜냐하면 그것을 경작할 사람이 없을 뿐이기 때문이다. 경작이 되었든지 그렇지 않든지 간에 땅이라고 하는 것은 무상한 사물에 불과하며 오로지 이생에 속한 것이다. 이와는 반대로 인간의 영혼은 영원의 기업이고, 영원한 손상 없이는 폐기될 수 없으며, 인간의 구원에서 유기되지 않고, 그리고 하나님의 영광을 모독하는 일 없이는 결코 소홀히 다루어질 수 없는 것이다.

7 그렇다고 해서 인간이 어리석은 피조물들과 단순히 구별되는 것만으로는 충분하지 않다. 오히려 인간은 가능한 한 완벽한 지혜에 이르러야 한다. 왜냐하면 인간은 최상의 지혜가 되시는 하나님의 형상을 따라 지음을 받았기 때문에, 모사(Abbild)는 그의 원형상(Urbild)에 일치해야 하기 때문이다. 그리고 세상의 구원은 여러 가지 방식이 있기 때문에(잠 6:26) 미래에 있을 모든 일들이 지혜로운 자들에게 참되지 않다고 한다면 완전한 구원을 기대할 수 없으며 자신이 가지고 있는 모든 것을 올바르게 경영하지 못하는 것처럼 어리석은 일이 없다는 것을 어느 누구도 부정할 수 없는 것이다.[6]

8 세 번째로 해야 할 일은 어떤 사람도 완전하게 되도록 하는 교육에서 제외되어서는 안 된다. 왜냐하면 한 인간을 비인간으로 전락시키는 것은 옳지 않기 때문이다. 즉 모든 교육을 받을 권리를 빼앗긴 자들에게는

---

6) 여기서 코메니우스가 신인협동설에 대한 생각을 했음에도 불구하고, 그는 그리스도만이 홀로 새롭게 하신다는 생각을 견지하고 있다. "사물의 일반적인 개선은 모든 것을 그 시작된 본래의 상태대로 새롭게 하시는 이는 그리스도이시며, 그의 일이다. 그럼에도 불구하고 우리의 동역을 요구하신다"(s. Panorthosia, Kap. III u. IX).

결과적으로 인간 본성상 탈선하려는 충동이 쉽게 일어날 수가 있는 것이다. 정신의 인식 능력은, 원래 생각 속에서는 가능하지만 실재하지 않는 것(Nichtigkeit)을 만들어 내며, 그것은 실재하는 것과 연관되지 않고, 법칙화되지 않으면 매우 불합리한 것으로 우리를 기만하기 때문이다. 인간의 의지 능력은 모든 오류를 끌어들이는 경향이 있기 때문에 유용한 것보다는 해로운 것에 만족하여 그것이 실제적인 참(Wahre)과 선(Gut)으로 방향이 맞춰지지 않으면 결국 자신을 망하게 한다. 또한 인간의 활동 능력도 자신에게 적합한 것으로 지도받으려고 하지 않고 항상 부당한 계획을 꾸미려 한다. 그것은 모든 사람에게 아무런 유익을 끼치지 못할 뿐만 아니라 오히려 자기 자신과 다른 사람들에게 해를 끼치게 된다. 이러한 것에서 음모나 살인 등과 같은 가능한 모든 나쁜 것들이 흘러나오는 것이다. 이와 반대로 참된 창조적 능력이라고 하는 것은 실제로 참된 것과 유익을 만들어 내는 것으로 향한다. 위에서 언급한 잘못된 행위에 빠지지 않도록 하는 것이 우리의 특별한 관심사이다.

9 이러한 모든 오류의 유일한 근원은 어디에서나 항상 정신의 맹목성이다. 그 맹목성은 인간 자신의 목적과 사물의 목적을 알게 하는 것을 방해하며, 그 목적에 이르게 하는 수단과 그것들을 올바르게 사용하는 방법을 은폐시켜 버린다. 그렇기 때문에 모든 사람들은 우리를 부단히 위협하는 영원한 심연으로부터 보호되기 위하여 이 모든 것에 대해서 올바르게 가르쳐져야만 하는 것이다. 사람들은 사상과 갈망과 행동 속에서 오류를 범하게 되고, 바로 이러한 행위는 공통된 뿌리를 가지고 있다. 말하자면 사람들은 사물의 목적과 수단과 그것들의 사용 방법에 대해 주의를 기울이지 않고, 특히 모든 존재자들은 그들의 모든 행위와 단념이 촛점을 맞추어야 할 그들의 궁극적인 목표를 간과해 버린다. 무엇보다도 사람들은 인간의 최종적인 목적을 스스로 망각하고 있다. 만약 우리가 이러한 주된 목표를 주목하지 않는다면, 우리는 도중에 만나는 우연한 일에 좌우지지 되고 참된 목표들에서 벗어나 결국 잘못된 것을 추구하는 일이 쉽게 발생

하게 될 것이다. 우리가 이러한 것을 사물의 영역에서 허용한다면 너무나 치명적인 해가 된다. 만약 인간이 자신의 본래의 목표를 주목하지 않고 그것을 놓치게 된다면, 이것은 더욱더 해를 입는 일이 될 것이다. 왜냐하면 첫 번째 경우에 인간은 다른 존재하는 것들을 파멸시키며, 두 번째 경우에 자기 자신을 파멸시키기 때문이다. 바람직하지 못한 것을 제거하거나 최소한으로 줄이는 일에 있어서 모든 사람이 자신은 왜 이 땅에 존재하며, 사물들은 왜 존재하는가에 대해 생각하는 것보다 더 효과적인 것은 없다. 그런 후에 그들은 자신의 행동을 그 목표와 원인에 따라 준비하는 것을 배우게 될 것이다.

10 우리는 또한 극도로 야만적으로 살아가는 백성들을 계몽시키고, 그들을 문맹의 어둠에서 해방시키고자 한다.[7] 그들도 인류의 지체로서 전체에 포함되어야 한다. 왜냐하면 인류에게 어떤 것이라도 결핍된다고 한다면 그 전체는 전체가 아니기 때문이다. 그리고 어떤 것을 소유한다고 할 때, 전체가 아닌 부분을 원한다면 그것은 올바른 판단 능력의 결핍 내지는 선한 의지의 결핍을 분명히 드러내는 것이다. 그러므로 이렇게 어리석고 악한 사람들 중에, 속기를 원하지 않는 사람이라면, 자기 자신 혹은 자기와 친밀한 사람들이나 자기 백성들의 유익보다는 모든 사람들의 유익을 소원해야 할 것이다. 왜냐하면 우리의 육체를 보더라도 모든 지체가 온전할 때 전신이 온전할 수 있기 때문이다. 모든 지체는 서로 서로 연결되어 있기 때문에 아무리 작은 것이라도 해를 당하게 되면 나머지 부분에도 영향을 미치게 되며, 건강했던 부분도 병든 부분에 의해서 전염된다. 인간 사회라는 질서에서도 별 다를 바가 없다. 왜냐하면 한 사람은 다른 사람에게, 한 공동체는 다른 공동체에게, 한 민족은 다른 민족에게 전염시

---

[7] 코메니우스의 이러한 생각들이 부분적으로 경건주의의 선교적 노력에 자극을 주었다. Vgl. D. Tschizewskij: Comenius und die deutschen Pietisten, in: Aus zwei Welten, D. Haag 1956, S. 165-171.

키기 때문이다. 모든 사람이 건강하다면 모두가 함께 기뻐할 수 있을 것이다. 전 인류의 행복을 바라지 않는 사람은 결국 자기 자신에게 해가 되는 것이다. 만약 어떤 사람이 병자들 사이에서 건강한 사람으로, 어리석은 자들 가운데서 현명한 사람으로, 악한 자들 가운데서 선량한 사람으로, 불행한 자들 가운데서 행복한 사람으로 살기를 원한다면, 그는 자기 스스로에게도 참된 친구가 아닌 것이다. 그것은 자기 자신만 현명하고, 선하고, 행복하고자 원하지만 다른 사람에 대해서는 그렇지 않을 때 생기는 일이다.[8]

11 요약하자면, 하나님이 구별짓지 않은 곳에서는 인간 역시 구별 지어서는 안 된다는 것이다. 혹시 우리는 하나님께서 정해 놓으신 사물 세계를 달리 조종하려고 함으로써 하나님 자신보다 더 현명하게 보이려고 하는 것은 아닐까! 그러나 하나님은 인간의 본질을 구성하는 요소들을 창조하실 때 그 어떤 차별도 두시지 않았다.[9] 왜냐하면 하나님은 모든 사람들을 ① 한 핏줄로(행 17:26), 즉 한 요소로부터 창조하셨고, ② 동일한

---

8) 코메니우스는 여기 인류의 구성원들에서 다스리는 관계를 한 개체 인간의 부분들 하에서도 역시 발견한다. Juvenal의 말 'Mens sana in corpore sano sit'(건강한 몸에 건전한 정신이 깃든다)은 사회로서 인류에 대한 것처럼 개체로서의 인간에도 사용한다. Vgl. auch Kap. III,17,S.45.

9) 여기 코메니우스로부터 한 작은 특별한 인간학이 설계되었다. 그의 인간학은 더욱 그의 존재론의 부분이다. 인간은 전체 안에서 활동하는 전체의 기능이다. 코메니우스는 다음과 같은 인간의 네 가지 목적, 즉 아리스토텔레스가 칭한 모든 존재하는 것들에게 있는 네 가지 공동적인 원리로 되돌아간다. 1. $\dot{\eta}$ μορφη τὸ ἐιδος 2. τὸ ἐξ οὗ, ὕλη, 3. τὸ ὅθεν, ἡ ἀρχὴ τῆς κινήσεως 4. τὸ οὗ, ἕνεκα(1.형태 또는 본질 2. 질료 또는 물질, 운동하거나 작용하는 원인 4. 목적)(Met.A 2,938 a u.b). Die drei letzten Prinzipien gehen sachlich in eines zusammen(Phys.B7,198 a 24f.). Bei den Organismen ist die die Einheit dieser Prizipien(De anima B4,415 b 9).Auch bei Com.ist die innere Verwandschaft der letyten drei Bestimmungen auff'llig.-Vgl.L.R.P.:Causa est id,cujus vi res est,seu,est pricipium,unde aliquid suum esse accipit. Est quadruplex,propter quam, finis; perquam,forma; e qua vel in qua Materia; a qua,efficiens(CC II, S p. 873).

하나님의 형상의 참여자로서(창 1:26), 즉 하나의 모양(Form)으로 창조하셨으며, ③ 동일한 창조자에 의한 피조물로서(창 1:26), 즉 한 근원(Ursache)으로부터 창조되었으며, ④ 영원세계의 동일한 상속자로서(마25:3), 즉 한 목표로 창조하셨기 때문이다. 또한 ⑤ 우리는 세상이라는 동일한 학교에 보내심을 받았고, 우리에게 예비된 또 다른 세상을 준비하도록 요청받았기 때문이다. 그러므로 모든 것이 이와 같이 하나의 통일을 이루는 것이다. 전체 속에서 우리에게 적합하게 할당된 과제를 수행함으로써 우리는 비로소 완성될 수 있다는 사실을 생각할 때, 어찌하여 우리는 모든 사람들을 전체로 나가도록 허락하지 않을 수 있다는 말인가? 모든 사람들이 하나님의 무대에 들어갈 수 있는 입장권을 가지고 있음에도 불구하고, 전체를 볼 수 있는 가능성이 그 모두에게 주어지지 않았다고 한다면, 또한 모든 사람들이 천국에 초대받았음에도 불구하고 천국 가는 길이 그 모두에게 알려지지 않았다고 한다면, 이 얼마나 통탄스럽고 불의한 일인가! 모든 사람들이 모든 피조물을 관찰함에도 불구하고 마치 마차를 끄는 짐승처럼 모든 통찰력이 가로막혀 그 피조물의 본질이 무엇이고, 무엇을 위하여 존재하며, 어떻게 만들어졌는지를 알 수 없다면 어떻게 되겠는가!

12 고유한 인간 본성에 내외적으로 주어진 것들의 관계들에 대해서도 하나님께서는 우리 인간들 사이에[10] 과도한 차이를 원하지 않으셨다. 즉 위와 같이 주어진 것들에 있어서도 동일한 수단들이 사용될 수 있다는 여지가 똑같이 주어졌다. 태어나고 죽는 것은 모든 사람들이 동일하게 만

---

10) 사회적인 차이들은 사회적인 현상들로서 코메니우스에게 공정하다. 하나님의 피조물로서 그들의 목표가 다시금 하나님이 되시는 모든 인간들은 동일하다. So schon in: Listove do nebe(1619)(V.S.XV,1-25;OO III,S.163-184).Dieser Sozialismus des Com.wird von R.Alt, Derfortschrittliche Charakter der Pädagogik Komensk'ys, Berlin 1953 überbewertet(vgl. zu diesem Buch A.Flitner in: "Die Sammlung",1955,S.588f.);anders bei A. Molnar. Ceskobratrská výchova pred Komenským, Praha, 1956.

나게 되는 운명이다. 다만 살아가는 동안 삶의 방식이 다르다고 느낄 뿐이다. 하지만 그러한 생활 여건의 변화무쌍함 역시 유사한 패턴을 가지고 있다. 농부들이나 거지들이나 미개인들과 같은 단순한 사람들이 연약하며 동일한 운명을 지니고 있다는 점에서 왕족이나 귀족들이나 철학자들과 다를 바가 없다. 만약 우리가 이러한 고통에 대한 구원 방법을 알지 못한다면, 헛된 소망 속에서 짧은 생애는 헛되이 흘러가고 말 것이다. 구원은 참된 지혜에 대한 열망 속에서만 발견될 수 있는 것이다. 만약 누군가가 자신과 그의 가족들이 참된 지혜에 대해 열망할 필요성을 느끼지 않는다고 생각한다면, 그는 자기 자신과 자신에게 속한 자들을 보편적인 인간성에서 단절시키고 아무런 무기 없이 모든 시간적인 운명과 영원한 운명에 대처하려는 것과 같으며, 동시에 자신을 무분별하게 나타내는 것이고 억지로 이웃들로 하여금 자신과 의미 없이 관계하도록 하는 것과 같다. 그가 만나게 될 행운의 탁월성과 길을 알지 못하는 자가 빠지게 될 불행의 재난을 둘 다 모르는 자는 얼마나 불행한가! 그가 어떻게 불행의 늪에서 헤어나와 행운을 다시 갈망할 수 있겠는가?

13 [11] 결국 사물 세계도 모든 사람들이 이성적인 삶으로 교육을 받을 때 그 영향을 받게 되고, 지혜로운 사람들의 지혜로운 지도를 통하여 유익을 얻게 된다. 훌륭한 원예가 밑에서 정원이 잘 관리되고, 능숙하고 경험 많은 기술자에 의해서 작품이 더 훌륭하게 되며, 현명한 청지기에 의해 그 가족이 번영하고, 현명한 왕 밑에서 나라가 잘 되고, 현명한 목동 아래서 가축이 잘 되는 것처럼, 인간사 역시 우선권을 가지고 그것을 올바르게 다룰 줄 아는 사람에게 일이 맡겨질 때 성공할 수 있는 것이다. 솔로몬이 다음과 같이 고백한 것은 의미심장한 것이다. "의인은 자기 가축을 가엾이 여겨도 마음이 사특한 자는 잔인하니라"(잠 12:9). 하물며 사물

---

11) 여기부터 본래의 원고(손으로 직접 쓴 글) 내 숫자와 틀린다.

이 인간의 악의와 무지에 의하여 불법적인 목적으로 오용된다면 얼마나 잔인하겠는가! 이것은 바울에게도 의미심장한 것이어서 로마서 8:20에서 "피조물이 허무한 것에 굴복하는 것은 자기의 뜻이 아니요, 오직 굴복케 하시는 이로 말미암음이니라. 그 바라는 것은 피조물도 썩어짐의 종노릇 한 데서 해방되어 하나님의 자녀들이 영광의 자유에 이르는 것이니라"고 말하고 있다. 우리는 무조건 이러한 소원들이 성취됨으로 해서 만물이 올바르게 진행되고 결국에는 우리와 더불어 하나님을 찬양할 수 있는 근거를 가지도록 해야 한다(시 148편). 또한 우리는 사물을 근본적으로 이해하고 올바르게 사용하며 이용하도록 가르침을 받아야 하며, 그렇게 되기를 바란다.[12] 이는 인류에 대해 인간 전체를 회복하려는 교육이 없이는 결코 이루어질 수 없는 것이다.

14 그러므로 전체적으로 방향 지워진 완전한 교육(돌봄)의 필요성이 – 하나님을 위해서, 인류를 위해서, 그리고 사물 세계를 위해서 – 밝혀졌

---

12) 인식(Scientia), 이해(Intelligentia) 그리고 사용(Usus)은 코메니우스에게서 범지혜를 구성하는 잘문들에 병행되어 있다: quid, per quid und ad quid. 근거들 가운데서 지적인 통찰 또는 객관적인 세계의 근거들의 인식은 그것에 적합하다. Vgl.L.R.P.,Art.Intelligere: est...1. Actus mentis 2. rem quampiam sibi oblatam percipientis 3.per suam inimam rationem. – ntelligentia est rei per ipsam intimam ejus rationem cognitio(CC II, Sp.1034). – Intelligere는 이러한 목적에 적합하게 이 번역에는 인식하는 것으로 다시 사용되었다. 코메니우스는 이 동사를 '이해한다'라는 말로 독일어화하였다(ODO II,296). In der Physica definiert Com.: Intelligere est interlegere(Phys., Kap. XI, 14; Reber S. 304). Die rationes meinen die Gründe der Dinge, von denen her diese erst sind, was sie sind. Das pansophische Wissen muß in diese das Sein des Seienden konstituierenden Gründe Einsicht gewinnen. 본문은 이성이란 말을 인간의 능력으로서 사용하는 한, 오성(Verstand) 또는 이성(Vernunft)이란 말과 같은 의미로 번역해서 사용되었다. – 라틴어 Frui는 코메니우스의 사상과 관련하여서만 이용하는 말이다. In der fruitio sind die Dinge ihrem durch die Einheit in ihre Gründe enthüllten Nutzen zuzuführen. Daher gibt die Übersetzung die Wendung uti et frui als 'gebrauchen und nutzen'wieder.

다. 그러나 어떤 사람은 다음과 같이 말할지 모른다. "성공할 가능성이 없다면, 그러한 고매한 바램은 허무맹랑한 것이다." 만약 그렇다면 나도 인정한다. 그러나 나는 그렇다고 생각하지 않는다. 하나님은 지혜로운 분인데, 어떻게 목표를 이룰 수 있는 방법을 제시하지 않고 모든 것들에 그 목표를 정해 놓았겠는가! 우리는 바로 다음과 같은 점을 관찰하고자 한다. 우리는 인간이 인간성(Menschlichkeit; 역자주: 창조시 인간의 원래 본성)으로 발전될 수 있는 모든 방법들이 모든 사람들에게 주어졌다는 사실을 발견해야 한다는 점이다.

15 인간이 그 목표에 이르게 하는 수단에는 인간 자신도 속해 있다. 인간은 자신이 원하기만 하면, 자신의 온전함을 달성할 수 있도록 창조되었다. 만약 인간이 자신을 온전하게 할 수 있는 방법에 대한 올바른 정보를 안다면, 그는 그렇게 되기를 원할 것이다. 그러므로 그것을 원하지 않는 사람이 있다면, 그 책임은 전적으로 자신이 져야 하며 창조주는 그에게 다음과 같이 말할 것이다. "나는 원하였으나 너희가 원치 아니하였도다"(마23: 37). 만약 아담이 창조주께 순종함으로 자신의 자리를 지켰다면, 성경이 말하는 대로 그는 세상과 자기 자신을 다스리고, 순전하고 거룩한 하나님의 형상과 영광으로 남아 있었을 것이다(고전 11:7). 그러나 인간은 하나님의 질서에서 벗어났기 때문에, 신의 모습이 된 것이 아니라 무능력해진 인간이 되었다. 그럼에도 불구하고 그가 불신앙과 완악함 속에 머무르지 않는다면, 하나님은 그를 다시 회복시킬 수 있을 것이다(롬 11:23).[13] 모든 피조물들이 창조의 목적을 달성할 수 있는 도구를 자체 안에 가지고 있어서 그 구조를 분석해 보면 자신의 사명을 발견할 수 있는 것처럼, 인간 역시 자신을 점검해 보면 자신 속에 숨겨져 있는 천부적이

---

13) 믿음 안에 거하는 이들은 접붙임을 받게 되는데, 접붙이시는 능력이 하나님에게만 있기 때문이다.

고 신적인 목적을 인식하게 되며 그 목적을 주시하도록 이끌어질 수 있다.[14] 우리는 이러한 사실을 범지혜에 관하여 다루고 있는 책들에서 보았다.

16 그 밖에도 인간의 본성은 회복하기에 적합하다. 왜냐하면 그 본성은 매우 활동적이며 모든 변화에 영향을 미치기 때문이다. 모든 자연 만물의 행동방식을 관찰해 보면 귀납적으로 증명되는 것처럼, 본성도 활동하지 않은 채 존재할 수 없는 보편적 본성의 한 부분이기 때문에 이 사실은 분명한 것이다. 물은 당신이 수로를 만들어 주는 대로 흘러내린다. 하지만 당신이 그 경로를 정하지 않았다고 하더라도, 물은 스스로 자신의 길을 찾아내고 범람할 수 있다. 거울에 들어온 태양 광채를 당신이 원하는 대로 반사시킬 수 있다. 그러나 햇빛에 거울이 주어지지 않더라도, 그것은 물 위에 반사되며, 어느 곳에서든지 비춰지고, 자신의 빛을 분산시켜 들판 위에, 숲 속에, 구름 위에 쏟아지기도 한다.[15] 모든 것도 이와 마찬가지이다.

17 그 외에 하나님이 모든 사람들에게 허락하신 보조 수단에서도 부족함이 없다. 왜냐하면 인간을 진실로 지혜롭게 해 줄 수 있는 것들이 바로 인간에게 주어졌기 때문이다. 우선 그것들은 하나님의 책들이며,[16] 둘

---

14) 코메니우스는 이 방법을 그의 생애 동안에 인쇄하지 못하고 남겨둔 글 "Praecognitia"(1636 nach Turnbull) 가운데서 상세히 적용한다. 그리고 '인간의 최종적인 목적에 대하여' 란 제2권에서도 그렇다. 먼저 다른 피조물과 구별하는 인간에 대한 부분적인 진단이 중요하다(14장). 이것들은 결정적인 목표들에 이르게 하는 도구로서, 즉 그들의 목적에 관련하여 이해하는 것이다. 인간의 목표는 하나님과의 결합이다. 그러므로 이 세계에서의 삶은 준비로서 이해하는 것이다(Praecognitia, hrg. v. G. H. Trunbull: Two pansophical works.- Prag 1951,S.34ff.).

15) Zwei für Com. charakteristische synkritische Naturbeweise.Vgl. Kap.VI Anm.45.-Jedes Ding folgt seiner Natur; hierzu Did. m. XII,11; ODO I, p. 54.

16) 3권의 책에 대한 가르침은, 즉 세계와 인간의 이성 또는 인간적인 마음의

째로는 이 책들을 읽을 수 있는 도구로써 감관, 오성, 신앙이 있다. 자신의 눈앞에 매일 펼쳐지는 '세상의 책'에 대해서는 어느 누구도 의심하지 않을 것이다. 또한 지혜로운 사람이건 어리석은 사람이건 모든 사람들에 의해서 밤낮으로 읽히는 '정신의 책'에 대해서도 의심할 여지가 없을 것이다. 그러나 성경에 담겨 있는 '계시의 책'에 대해서는 의구심이 일어날 수 있다. 모든 사람이 성경을 가지고 있지 않으며, 가지고 있다 하더라도 그 모두가 읽는 것은 아니기 때문이다. 또한 많은 사람들은 이런 책이 있다는 사실조차도 모른다. 그러나 우리는 어린아이들까지도 말씀을 멀리해

책, 그리고 성경책인데, 벌써 교부들에 의하여 해석된 것이며, Areopagitica 안에서 더 결정적인 것이다. 새로운 시대에 해석의 방식이 Val.Weigel(Soli Dei gloria, 27)에 의하여 묘사되기로는 그것은 1569년 전에 쓰인 것으로 후에 출판되었는데, 수수께끼의 인물인 Bartholomäus Scleus에 의하여 더욱 발전되었다고 한다(Vater Unser,Amsterdam 1643,Theosophische Schriften, Amsterdam 1686). Vgl. Über diese Lehre D.Tschizewskij: Skovoroda - Studien, III. Scovorodas Bibel-Interpretation im Lichte der kirchenväterlichen und der mystischen Tradition(Zs. für slavische Philologie, XII,1935,S.53-78) und in dem Buche "Aus zwei Welten",'s-Gravenhage 1956, der Aufsatz Nr.IV: Das Buch als Symbol des Kosmos, besonders S.86-98. An diesem Orte finden sich auch Hinweise auf weitere Literatur. Für Com. konnte auch die cechische Tradition dieses Gedankens von einer gewissen Bedeutung sein: Die Vorstellung von der Welt als einem von Gottes Finger geschriebenen Buch begegnet bei Tomas Stitny,14-15Jh., in:Reci besedni 9,dessen Text direkt auf Hugo de St.Victore zurück geht(vgl.Tschizewskij, zit. Buch, S. 87ff.). Gleizeitig mit Com.entwickelt diesen Gedanken in einem Poem der cechische Barockdichter Friedrich Bridel(ebenda, S.88f.91ff.). Bei dem Lehrer des Com. in Herborn, Alsted, findet sich das Buch der Natur(Philosophia digne restituta.1612,Kap.32).Auf Com.konnte auch die Theologia naturalis von Raymund de Sabunde einwirken(Tshcizewskij,S.97ff.), die Com.1661 unter dem Titel Oculus fidei herausgegeben(neuerdings hrsg. v. E.Schdel in: J.A.C.:Ausgw.Werke,hrg.v.D. Tschizewskij u. K. Schaller IV,I, Hildesheim 1983,S.381-815) und mit einem symbolischen Titelkupfer begleitet hatte(Produktion bei Tschizewskij zwischen den S.112-113, vgl. die Erklärungen dazu S.351f.). Diespätere Tradition der Vorstellung von den drei Büchern wird noch von den Romantikern aufrechterhalten.(Vgl."Aus zwei Welten" zit. Aufsatz und auch D.Tschizewskij: Filosofija H.S. Skovorody. Warschau 1934(ukrainisch), S.57 u. 59).

서는 안 된다는 주님의 계명을 가지고 있다(신 31:12-13). 이 말씀을 주야로 묵상하는 자들은 복이 있을 것이다(시 1:2). 어려서부터 시작하는 것이다(딤후 3:15). 또한 모든 백성은 주님이 말씀하시는 것을 듣도록 독려받고 있다(시 49:1 등). 그렇기 때문에 적어도 세상의 종말 시점에는 이 책이 모든 사람들에게 동등하게 주어지기를 하나님께서 원하신다는 것은 의심할 여지가 없다. 한때 하나님께서는 우상숭배에 빠져 광란의 도가니에 있는 열방들에 대해 노여워하시면서 자신의 계명을 거두실 생각까지 하셨다(시 14편; 79편). 그러나 하나님께서는 다시 그리스도를 통하여 세상과 화해하시며 모든 피조물에 대한 구원의 비밀을 온 세상에 선포하실 것을 알리셨다(마 24:14). 즉 물이 바다를 덮음같이 여호와를 아는 지식이 충만할 것이라고 미래에 약속하고 계시는 것이다(사 11:9). 그러므로 최소한 종말의 시기에는 이 책이 모든 사람들의 공유재산이 될 것이다.[17] 모든 사람들이 이 책들로부터 지혜를 창출해 내고 동시에 이 책들을 읽을 수 있는 수단에 대해 의심을 갖지 않도록, 모든 사람들이 하나님의 모든 책들을 사용할 수 있는 방법을 알기를 바란다. 그 방법들로써 세상에 담겨 있는 모든 것들을 지각할 수 있는 '감관'(Sinne)이 주어져 있으며, 그 과정을 관찰할 수 있는 '이성'(Verstand)이 주어졌고, 믿음이 되는 증거들을 알리는 모든 것들을 받아들일 수 있는 '믿음'(Glauben)이 주어진 것이다. 그러므로 모든 사람들에게 풍성한 보조수단이 주어져 있다.

---

17) 코메니우스는 그의 시대에 동료들이 세상의 가까운 종말에 관하여 확신하고 있었는지에 관하여 Panorthosia 16장에서 그 수를 제기하고 있다. - Zum Ver-ständnis vgl.A.Molnar,Über eine günstigeere Beurteilung des Chiliasmus des Comenius(Krestanska revue,Prag,1950,S.171-175),H.Corrodi,Kritische Geschichte des Chilliasmus III.Band Fkft.u.Lpz.1783 und R.Haase, Das Problem des Chiliasmus und der Dreißgjährige Krieg. Diss.Leipzig 1933; s. Anm. 28(D.). Zum Chiliasmus des Com.neben Fr.Hofmann auch Stanislav Sousedik,Zu den theologischen Ausgangspunkten von Komenskys Allgemeiner Beratung, in: 20, S.187-205.

18 　그런데 완전케 하는 교육의 이러한 도구들은 어떤 특정한 민족의 사람들에게만 주어진 것이 아니라 전 세계의 모든 인류에게 주어져 있다. 여기서 나는 외적이고 내적인 모든 감관들, 그리고 그 감관들에 의해서 모든 대상들이 인식된다. 그리고 선천적인 지식(notitiae)[18]과 자연적인 본능(instinctus)과 공통적인 능력들(facultates communes)을 완전히 갖춘 정신이 있다. 그리고 나는 최고의 선을 동경하는 감정의 자리인 마음이 있다는 것을 말하고 싶다. 또한 의사 소통을 위한 혀와 항상 동일한 방식으로 동일한 것을 행하는 손과 도달되어야 하는 모든 것을 넉넉하게 해 주는 긴 성숙의 기간이 있다. 그것은 어떤 민족에게도 다르지 않다.

19 　모든 민족들뿐 아니라 모든 민족의 각 개개인에게도 이러한 도움의 수단은 주어져 있다. 왜냐하면 인간의 본성은 어디에서나 거의 동일하기 때문이다. 또한 인간의 내적인 구조는 외적인 신체 구조와 동일하다. 한 사람의 존재, 소유, 의지, 지식, 능력 등은 다른 사람들도 동일하게 가

---

18) In der Alternative, ob die Seele eine tabula rasa(Aristoteles, De anima,III, 11), vg. Kap. III Anm. 36-37, sei oder ob sieangeborene Wahrheiten(Vgl. auch Ianua rerum 1681,Ausg.Schadel 1989 cap. III) besitze(Platon),hat Com. nie eine klare Stellung bezogen. 우리는 코메니우스에게 있어서 하나가 다른 하나를 제외시키지 않는다는 것을 수용해야 한다. 이러한 인식론의 일치는 범조화론의 근거 위에서 인간과 세계가 서로 유비의 관계를 이루는 것이 가능하다. "Fecit enim Deus animam hominis rebus proportionissimam, sed proportio illa non innotescit nisi per collationem et applicationem,aeque ut mensurae ad mensuratum proportio,sola commensuratione patescit.Quo sensu recte Hippocrates dixit,Animas nasci sapientes, nec egere doctrina.Aptitudinem enim onni cognoscendi a se habent: cognitionem tamen actualem nonnisi a sensibus." - 하나님은 말하자면 인간의 영혼을 사물에 대한 하나의 밀접한 관련 속에서 지으셨다. 이러한 관계는 다만 관계를 한정하는 연결을 통해서 분명하게 될 것이다. 그리고 그것은 측정된 것에 대한 정도의 관련과 마찬가지로 측정하는 비교 가운데서 열린다. 이러한 의미에서 히포크라테스는 올바르게 말하였다. 즉 영혼들은 지혜롭게 탄생되었으며, 그것들은 가르침을 필요로 하지 않는다. 그것들은 모든 것을 인식할 능력을 그 자체 안에 가지고 있다. 그럼에도 불구하고 실제적인 인식은 다만 의미를 가진 것들에서 시작된다(Praecognita, LXXI, Turnbull, S. 71).

지고 있는 것이다. 우리는 다음과 같은 시(詩)로 말할 수 있을 것이다. "그들 중 한 사람을 안다면 그들 모두를 아는 것이다."[19] 지금 당신 자신을 읽을 수 있다면 당신에게서 전 인류를 측량할 수 있으리라! 만약 당신이 무엇인가를 원하고, 알고, 인식한다면, 다른 사람들 역시 동일한 것을 원하고, 알고, 인식하게 된다는 것을 깨닫게 된다. 왜냐하면 그들 역시 당신과 동일한 도구들을 부여받았기 때문이다. 그러므로 모든 사람이 동일한 방법으로 인도되었다면, 모든 사람은 동일한 목표에 반드시 도달되어야 한다. 엄격한 의미에서 인간들 사이에 차이가 있을 수 없으며, 다만 단계적인 차이가 있을 뿐이다. 어떤 사람은 다른 사람에 비해 빨리 이해하고, 좀더 깊게 확신하며, 좀더 나은 기억력을 가졌을 뿐이다. 한 사람의 천성적인 능력과 판단력, 기억력 등이 남과 비교해 볼 때 좀더 날카로운가 아니면 무딘가 하는 것은, 그가 인간인가 아닌가를 결정짓는 요소가 아니며 다만 좀더 빠르게 아니면 좀더 느리게 발전하느냐 하는 문제일뿐이다.[20]

만약 누군가가 "우리는 부패하지 않았는가?"라고 묻는다면, 나는 다음과 같이 대답할 것이다. (1) 우리는 새로운 아담으로 말미암아 새롭게 되었다. (2) 묵은 땅을 기경하고 가시덤불에는 파종하지 않음으로써 부패된 상태를 개선할 수 있는 능력이 우리에게 주어져 있다(렘 4:3). 이에 따라

---

19) 모든 사람들은 하나의 본성 또는 그와 같은 성질에서 존재하는 자들이다. 만일 하나를 알면, 모두를 알 수 있다. 만일 하나를 형성시키는 것을 이해하면, 모든 것을 만드는 것을 이해할 것이다(Cultura ingeniorum, ODO III, 79).

20) '보헤미아의 교수학'(dt.v.K.Schaller, Paderborn 1970, Kap.V.) 가운데서 벌써 코메니우스는 장미 십자군(Rosenkreutzer)에 대항하여 교회적인 논쟁의 주된 논증을 인용한다: vgl. Eine Kurze Beschreibung/ der Newen Arabischen vnnd Morischen Fraternitet...geschrieben durch Eusebium Christianum Crucigerum. Gedruckt zu Liechtenberg durch Fulgentium Nebelstürmer. S. Ciiv. und S. Ciii(D.). Über Komenskys Stellung zur Erbsünde, im Anschluß an Wyclif zwischen Luther und Erasmus,s.Robert Kalivoda: Komenskys Emendationsbegriff und reformatorisches Denken, in:20, S. 206-224.

인간의 온전한 회복을 위한 교육의 희망에 힘쓰게 되는 것이다. 만약 당신이 "어떤 사람은 너무 우둔하여 개선하기가 쉽지 않다고 말한다면, 나는 다음과 같이 대답하고 싶다. "두들겨 패서 쪼개지지 않는 장작이 없는 것처럼 고칠 수 없을 만큼 우둔한 사람은 없다. 정신적으로 우둔한 사람들은 대개 육체적으로 더 강한 법이다. 그러므로 노력하고 있는 당신은 더 능력 있는 사람이다. 그런 이유 때문에라도 당신은 도움 없이 살아갈 수 없는 것이다."

20 결과적으로, 사물을 오용하지 않고 올바르게 사용하도록 인간을 가르치는 것이 왜 가능하지 않다는 것인가? 인간들은 각자가 지정된 위치에서 자신에게 주어진 책임이 어떠한지를 알고 자신에게 속한 것들을 적절히 행하는 책임을 감당할 때에 사물 세계가 좋은 상태에 이르게 된다는 사실을 특별히 가르침 받아야 한다. 범지학은 – 모든 사람들은 이 글에서 그것을 경험할 수 있을 것이다 – 직접적이든 간접적이든 하늘이나 땅이나 물이나 공기 속에 그리고 그 밖의 어느 곳이든 인간에 의해 이용되도록 정해지지 않은 것이 없다는 사실을 보여 주었다. 자연계는, 올바르게 사용되지 않은 것은 이미 어떤 것도 자신의 목적에 부합되지 못한다는 사실을 우리에게 가르쳐 준다. 그러나 사물은 스스로 올바르게 사용될 수는 없다. 인간의 영향을 받는 세계, 즉 노동 세계(인간 활동의 세계)에서도 분명히 나타나는 것처럼[21] 오히려 그것들은 인간들에 의해서 이용되어야 한다.

---

21) '포괄적인 제언'이라는 범지적인 총체적인 작품의 세 번째 책은 범지학(Pansophie)이다. 자연의 세계와 인간의 활동 세계(노동세계)는 거기서 단계(gradus) IV. 자연의 세계(Mundus naturalis)와 V. 기술의 세계(Mundus artificialis) 이다. 또한 " 범지혜의 선구자"에서도 이미 이와같이 사물 세계의 비슷한 '단계'를 화제로 삼고 있다. 즉 자연은 원형상의 모사이며, 기술은 이 자연의 복사물이다(ODO I, 435). Zur Angewiesenheit der Dinge auf den Menschen vgl. Praecognita, lib. II, LXXXVI(Turnbull, S. 84): Patet id omnium creaturarum exemplis,quae ad usus humanos,quamvis eo destinatos,non veniunt,nisi aptatae manu nostra; auch L.R.P.(CC II.Sp.873), wo der mensch unter

모든 사람이 사물을 올바르게 사용하는 것을 배우게 된다면, 세상은 수치스러운 많은 남용과 오용으로부터 해방될 것이다.

21 그러므로 모든 인간은 예외 없이 자신의 인간성을 완성해야 한다는 우리의 제안이 절대로 불가능한 것이 아니라는 사실이 분명해진다. 그렇지만 무엇인가 가능하다고 하는 것만으로는 충분하지 못하다. 모든 사람이 의무적으로 언제나 그 빛을 찾으려고 애써야 한다. 그러한 어려움의 해결을 불가능한 것으로 간주하는 사람은 '유능한 자는 진전하려고 노력한다!'는 말을 이해하지 못하는 사람이기 때문이다. 하나님에 의해서 우리에게 주어진 방법들을 올바르게 사용할 줄 알고 또 그렇게 되기를 원하기만 한다면, 인간의 본성상 그 바람과 가능성이 어떠하든지 간에 쉽게 도달할 수 있는 일임을 분명히 고백해야 할 것이다. 우리는 이러한 주장을 다음과 같은 기술적인 문제에서 다루고자 한다.

문제 I[22)]

22 각 사물은 정해진 목적에 적합하게 배열될 수 있다. 인간의 경우도 마찬가지다.

여기에 특별한 기술이 요구되는 것은 아니다. 다만 해야 할 일은 본질

---

die causae secundae gerechnet wird, nach deren Erschaffung Gott nichts durch sich selbst, sondern alles durch diese tut.

22) '문제'는 코메니우스에 의하면 해결하는 과제로써 이해된 것이 아니라 문자적인 의미에서 전제로써, 거의 사상적인 생각으로 이해되었다. 직관적으로 소개된 정황에서 본질적인 것, 문제시 될만한 것을 밝히며, 원리로써 계속적인 사고과정을 위하여 적용되어야 한다.

적인 성향에 저해하는 장애물을 자신의 길에서 제거 해야한다. 자신의 질서에 충족하게 되도록 그 어떤 것도 강요 되어서는 안된다.[23] 이것은 둥근 물건을 굴릴 필요가 없고, 각진 물건은 둥글게 되도록 무거운 것으로 내리치지 않을 수 없는 이치와 같은 것이다. 모든 것은 그 장애물만 제거되면 자신의 목적을 따르게 되어 있다. 그러므로 인간의 통찰력을 무디게 하는 어두움의 요소들을 제거하기만 하면 되는 것이다. 그렇게 해서 결국 자신의 탁월성을 올바르게 파악하게 된다. 사람들은 사물을 올바르게 다스리고 자기 자신을 올바르게 훈련시켜서 영광스러운 하나님과 가까워지게 되려면[24] 무엇을 힘써야 할까 생각할지 모르지만, 여기서는 이미 충분하게 그것에 대한 자연스러운 욕구가 인간에게 주어져 있다.

그러므로 실제적으로 중요한 것은 강제적인 것이 아니라 현명하고 거룩한 지도 방법인 것이다. 자신의 내적인 것을 주장하고 외부 세계의 사물들을 유용하게 사용하며 자기 자신에게서 출발하여 하나님에게까지 가까워지려는 소망을 품지 못할 정도로 가치 없는 인간은 없기 때문이다. 또한 자신에게 주어진 모든 수단들, 비록 그것이 자기 자신을 망하게 하고 자신의 가치를 최상에서 저 구렁텅이로 떨어뜨리는 수단이라 할지라도 그것을 사용하기를 시도하지 못할 정도로 무능한 인간은 없다는 것이다. 이러한 목표를 손쉽게 도달하려는 모든 사람들에게 필요한 것은 단지 현명한 안내일 뿐이다.

---

23) 인간의 가르침의 방법은 자연을 따라야만 한다는 코메니우스의 요구는 이러한 사상적인 출발에 근거를 두고 있다. Vgl. Did.m., Kap. XIV, 7(Für die Übersetzung der Did.m. wird hier immer die deutsche Übertragung von A.Flitner,Düsseldorf 1954, herausgezogen).Vgl. auch Komenskys Wahlspruch: Omnia sponte fluant, absit violentia rebus(ODO, Titelvignette).

24) Vgl. hiermit die Forderung aus Did.m., IV, 6 : 자기 스스로 그리고 모든 다른 것을 인식하고, 지배하며, 그리고 하나님께로 향하는 것 – se(et secum omnia) nosse,se regere,se ad Deum dirigere.

문제 II

23 우리는 사람들에게 무엇이 선한 것인지를 깨닫게 하며, 그것을 사용하는 데 익숙해지도록 사람들을 교육시켜야 한다.

우리가 피조물들이 완전하다는 것을 관찰할 수 있도록 하나님이 제공하신 에덴동산의 학교를 모방함으로써, 우리는 하나님이 피조물과 다르다는 것을 인식할 것이다. 이를 통하여 인간은 자신에게 적합한 선(Gute)이 발견될 수 없는 상황에서는 이에 대항하여 자신의 근원으로 향하는 법을 배워야 한다. 왜냐하면 인간을 참되게 계몽하고 그로하여금 최고의 선을 인식하게 하며, 향유하게 하는 길은, 인간이 사물의 주변에서 자기 자신 안으로 들어와서 자신이 중심이 되어 모든 보이는 것들을 자신 안에서 반영하며 이로부터 모든 사물 세계의 최고 정상이신 하나님, 즉 보이는 모든 것들과 보이지 않는 모든 것들이 지향하고 있는 하나님에게로 인도되는 방법 외에는[25] 아무것도 없다. 이러한 방법을 통하여 인간은 곧바로 하

---

[25] 정신, 오성은 인간의 특별한 위치를 표시하는 것이다 : mens. Mens hominis immediate a Deo est(Physica,XI,Reber,S.298,ebenso Meth.n.,Kap.I). 라틴어 Mens는 이 책에서 정신(Geist)으로 번역되었다. 거기서 물론 각각의 피조물은 존재의 원리로서 내주하는 생명의 정신을 구별한다. Mens wird speculum verstanden. Mens...rerum sensu perceptarum interius speculum(L.R.P.-CC II, Sp.1074). U. Pinder의 Cusanus 인간학은 이러한 사상에 영향을 받고 있다. "Speculum intellectuale"(Nürnberg 1510). Vgl. Centrum securitatis, Kap. I. – 이와 같이 인간은 소우주가 될 것이다. Vgl. Prodromus pans.45, ebenso V.S.I, 302, 194, 286-7 u. a. and.O. sowie auch Anm.15 zu Kap. IV der Pamp. 이러한 개념은 르네상스 시대와 바로크 시대에 특별히 널리 퍼져갔다. 먼저 그는 필로에 의하여 상세히 발견한다. De opif. mundi 6(25), M.5,23(69), M.15f. und an zahlreichen anderen Stellen,auch bei Plotin IC,3,1, bei den Kirchenvätern, im Mittelalter vgl. Bonaven tura:Itinerarium....2,3ff.; in der neueren Zeit unter anderem bei Pracelsus,V. Weigel(Nosce te ipsum 15,56), Böhme(De tripl.vita VI, 49; De tribus principiis XIX,72), besonders bei R. Fludd(De Fluctibus: Micro-

나님께서 만물 위에 뛰어나시고 모든 것을 지키시며 살아 있는 근원에 선이 되신다는 사실을 인식하게 된다. 그러한 결과로 인간은 하나님의 도우심을 알게 되고 차지하게 되며 흡수할 수 있는 권리를 얻게 된다. 인간은 하나님께서 원하시는 바를 행하고 참을 때, 자신이 행복하다고 느끼게 되며 실제로 그것이 인간의 행복인 것이다.

문제 III

24 이성적인 피조물이 자신의 이성을 사용하도록 교육하는 일은 쉬운 일이다.

만약 누군가가 맹인에게 태양의 아름다움이나 색채의 화려함을 가르치려 하거나, 귀머거리에게 음색을 가르치려 하거나, 벙어리에게 읽는 법을 가르치려 한다면, 당연히 그는 쓸데없는 일을 하고 있다고 비난을 받을 것이다. 왜냐하면 그는 능력, 지식, 의지가 결손되어 있는 사람들에게 무엇인가를 요구하는 것이기 때문이다. 그러나 이와는 다른 시각에서 보면, 그 사람이 할 수 있고 그가 원하는 것으로 그를 이끄는 것은 의미 있는 일일 것이다. 모든 사람들이 자신의 능력과 의지를 인식하기만 한다면 말이다! 그렇기 때문에 그들을 가르치라. 그러면 그들은 지식과 의지와 능력을 소유하게 될 것이다.[26]

---

cosmos. Frankfurt-M.1619).Vgl. auch Alsted: Philosophia digne restituta. 1612, Kap. 32. Hierzu auch W.-E.Peuckert: Pansophie. Stuttgart 1936. Weitere Hinweise in dem in Anm.16 zu Kap.II zit. Buch von D. Tshcizewskij(Skovoroda), S.127ff.

    26) Über die Bedeutung von scire, velle und posse vgl. besonders auch das Schreiben des Com.an die Königlich Gesellschaft in London von 1668,§ 6(Kvačala,Korrespondence J.A. Komenského,1898, S.344). Hierzu R. Masthoff, Komenskýs Ratschlag an die regia societas in London vom Jahre 1668, in:20, S.245-255, sowie K. Schaller, Die Pansophie des Com. und der Baconismus der Royal sciety, in:Berichte zur Wissenschaftsgeschichte 1991.

문제 IV

25 사람들은 모든 사물을 올바르게 사용할 수 있도록 지도되어야 한다.

참된 지혜와 참된 행복은 올바른 사물 인식과 사물의 근거를 바라보는 통찰력과 그것의 올바른 사용에 근거하고 있음은 이미 충분히 알려져 있다. 모든 사람들은 사물을 올바르게 알고, 그것들을 그 근원에서 파악하는 법을 배워야 한다.[27] 그렇게 되면 손쉽게 그것을 사용하는 법을 자연스럽게 배우게 된다. 잃어버린 낙원이 회복되는 것, 즉 온 세상이 하나님과 인간과 자연을 위한 기쁨의 낙원이 되는 것을 통해서만 이것은 성취될 것이다. 우리는 이러한 상태가 영원 후에 비로소 완성된다는 것을 알고 있다. 그럼에도 불구하고 우리는 기대하고 소망하며 하나님의 도움으로 이러한 목표가 – 아직은 불완전하지만 – 이미 세상의 종말로 들어가는 영원 세계의 입구에 도달해 있음을 인정해야 한다.[28]

문제 V

26 모든 사람은 참으로 지혜로워야 한다.

---

27) 라틴어 *Intelligere*(행간을 읽다)는 전체 안에 있는 사물의 관계에 대한 지식을 의미한다. Vgl. Kap. II, Anm. 12.

28) 여기에 코메니우스는 미래의 왕국으로서, 소위 말하는 그리스도의 왕적인 통치의 천년왕국에 대한 신학적인 논쟁에 관한것을 말하는 것이지, 이 영원세계와 세상의 종말이 일치한다는 것에 관해 말하고 있는 것은 아니다(비교, 계 20:1-6). 종교개혁의 신앙고백은 유대인 가르침의 견해로써 재세례파들의 새롭게 된 천년왕국을 비난했다(Conf. Aug. XVII). 그것에 비하여 코메니우스 외에도 17세기에 로젠크로이쳐, 알스테드, 개별적인 아르미니안 주의자, 그리고 소치니안 주의자, 라바디의 추종자, 스페너와 같은 사람들도 천년왕국주의자로 알려졌다(D.).-Vgl. Kap. II, Anm. 1.7

모든 사람이 하나님의 책들을 읽고, 이에 기초하여 통찰력을 얻으며, 그리스도께서 주신 은사대로[29] 자신을 적용하여 바르게 사용하기만 하면 된다(엡 4:7). 만약 당신이 어떤 그릇을 호숫가에 던진다면 그릇은 자신의 용량만큼의 물을 채울 것이다. 이와 마찬가지로 세상의 깊이와 영혼의 심연과 성경의 비밀들 안에 수집된 신적인 지혜의 바다가 인간의 마음의 그릇을 채우게 될 것이다(이사야 55:10 이하를 보라).[30]

문제 VI

27 우리는 모든 원시적인 미성숙의 상태를 향상시켜야 한다.

이를 위하여 특별한 기술이 필요한 것은 아니다. 단지 원시 상태에 있는 인간, 즉 무감각 상황에 있는 인간을 이끌어 내어 감각으로 다양한 사물들을 인식하게 해서 이성의 능력으로 그것을 이해할 수 있는 가능성의 영역으로 이끄는 것과 그 사물들이 인간의 외부 세계에 존재하는 전달되는 정보들을 알아차리도록 하는 작업만이 필요한 것이다. 이렇게 되면 당신은 인간이 원래는 말못하는 피조물에서 나와서, 아나카르시스(Anacharsis)와[31] 같은 스키타이 인종으로 태어나게 된다는 사실을 알게 될 것이다. 이러한 과정을 모든 민족들에게 확장시키는 것을 방해하는 것은 무엇인가? 만약 한 사람을 사막이나 미로에서 안내하는 방법을 아는 사람이라면, 그는 열 명, 백 명, 아니 전부를 인도할 능력을 갖춘 사람이

---

    29) 인간에게 주어진 은사를 코메니우스는 하나님의 책들을 인식하는 이해의 능력으로 본다. Vgl. L.R.P. : Omnes capax capit secundum Capacitatis suae modum(CC II, Sp. 869).
    30) 사 55:10 이하 : "비와 눈이 하늘에서 내려서는 다시 그리로 가지 않고, 토지를 적시어서 싹이 나게 하며, 열매가 맺게 하여 파종하는 자에게 종자를 주며, 먹는 자에게 양식을 줌과 같이 내 입에서 나가는 말도 헛되이 내게로 돌아오지 아니하고, 나의 뜻을 이루며, 나의 명하여 보낸 일에 형통하리라."

라고 할 수 있다. 지혜로 인도하는 참되고 유일한 길을 제시하거나 유용성과 도움의 길을 제시하는 방법을 단순한 어떤 것을 통하여 알았다면, 이러한 일시적인 방법은 전 세계를 어둠에서 빛으로, 오류에서 진리로, 멸망에서 구원으로 인도하는 풍성한 지혜가 된다. 이러한 원칙이 사실이라면 역시 방법도 실제로 같다고 볼 수 있다.

문제 VII

28 다음과 같은 세 가지 언급으로 이 장의 진술을 끝마치고자 한다.

(1) 참된 지혜를 추구하고 마음을 가꾸는 일에서 어느 누구도 제외되어서는 안되며, 심지어 방해받아서도 안 된다.

왜냐하면 이것은 한 인간에게 불의를 행하는 것만이 아니라 전 인류에게 불의를 행하는 것이며, 모든 사물을 사용할 수 있는 능력을 부여하신 자연 만물의 아버지이신 하나님께 불의를 행하는 것이고, 무지한 인간들이 무모하게 사용하여 자신과 함께 멸망으로 몰고 가게 될 자연 자체에 대해서도 결국 불의를 행하는 것이기 때문이다.

(2) 또한 이러한 훈련에 있어서 어느 누구도 자기 자신을 제외시켜서는 안 된다.

---

31) 아나카르시스는 스키티아의 왕족에게서 나온 반 신화적인 인물이다. 그는 교양을 쌓기위해 여행을 계획하였다. 그리고 명실공히 솔론과 친구관계를 맺었다. 여행에서 돌아와 그는 스키티아족들에게 자신들이 생명을 대가로 내어 놓아야 하는 희랍의 교양을 도입하고자 했다. 그는 도덕적인 금언과 시를 지었다. Überweg-Heinz: Geschichte der Philosophie, I,1926,S.30 und Literatur in der bibliographie Beilage ebenda, S. 37.

왜냐하면 자기 자신에게 개인적으로 불의를 행하는 것은 개인에게만 국한되는 것이 아니라 자신이 몸담고 있는 인류 공동체와 관련되는 것으로써 개인이 현명하면 그것을 구원으로 인도할 것이고 개인이 어리석으면 멸망으로 인도할 것이기 때문이다. 어쩌면 그는 하나님의 명성을 증대하는 법을 알지 못하는, 마치 유기된 피조물 같이 되어, 오히려 인간에서 괴물같은 존재로 변해 하나님을 욕되게 할지도 모른다. 결국에 그는 자신이 다스리거나 언젠가 다스리게 될 사물 세계에 대해 불의를 저지르게 되고, 그것을 파멸시킬 것이다.

(3) 인간으로 태어난 사람이라면, 한 인간으로 살아가는 법을 배워야 하며, 인간이 되는 것을 포기해서는 안 된다.

물론 인간이 자신의 본질에서 벗어날 수는 없다. 왜냐하면 그는 하나님이 지으신 피조물이기 때문이다. 그러나 하나님의 작품들은 나름대로의 천직이 있다. 하나님에 의해 창조된 것이라면 변화되지 않는 것이 없다. 그렇기 때문에 인간 역시도 타락으로 인하여 잃어버렸던 인간 본성의 출발점으로 되돌아 갈 수 있는 가능성, 즉 말씀으로 창조된 인간 본연의 모습으로 되돌아갈 수 있다는 것이다. 그러한 가능성의 영역은 이성적 본질, 사물에 대한 지배력, 자기 자신의 통치, 그리고 창조자를 기뻐하는 것을 의미한다.

29 일찍이 남들을 지도하거나 가르치는 철학자, 신학자, 제왕들, 관리인들에게 참된 지혜가 필요하다는 것은 이미 알려진 바이다. 이 세상의 사물들을 올바르게 사용할 것을 구체적으로 깊이 생각한다면, 바로 그러한 이유에서라도 참된 지혜가 인간들에게 필요하다는 것이 명백해진다. 왜냐하면 개인이 처음에는 자기 자신의 교사요, 안내자요, 인도자가 되지만 결국에는 다른 사람을 가르치고 안내하고 인도하기 때문이다. 내 이웃을 돌보는 것은 모든 사람에게 주어진 하나님의 계명이다(예수 시락서 17:12). 이 명령은 전적으로 보편적인 인류애만을 다루는 것이 아니라, 어

리석은 자를 가르치고 오류에 빠진 자를 올바른 길로 인도하며 잘못을 저지른 사람을 훈육하는 구체적인 일과 관계 있는 것이다. 성경은 이러한 말씀으로 가득 차 있다. 그러므로 어떤 인간도 비철학적인 인간일 수 없는 것이다. 인간은 이성적인 피조물로 창조되었고, 사물 세계의 참된 이치를 생각하며, 그것들을 다른 사람에게 알리도록 위임을 받았다. 또한 자신에게 속해 있는 사물들을 자신과 이웃에게 알려 주도록 부르심을 받았기 때문에, 인간은 누구나 왕적인 기능을 가지고 있으며, 누구나 하나님의 이름과 속성에 봉사하도록 부르심을 받은 제사장인 것이다. 동시에 인간은 자기 자신과 다른 사람들을 이 일에 다시 부를 의무를 가지고 있다. 그러므로 아무리 높은 자리에 있는 사람이라 하더라도 참된 지혜를 필요로 하지 않는 사람은 아무도 없다. 그렇기 때문에 어떤 개인도 간과되어서는 안 된다.

30 어떤 사물을 충분히 인식할 수 있는 인식 도구들을 갖지 못한 맹인들, 귀머거리들, 벙어리들도 이러한 교육에 끌어들여야 하는지 문제가 된다. 나는 이것에 대해 다음과 같이 대답하고자 한다. (1) 인간이 아닌 피조물들은 완전하게 하는 돌봄인 교육에서 제외되었다. 모든 사람은 인간의 본성을 가지고 있는 한, 다른 사람들의 기대에 동참하게 된다. 특히 내적인 결함 때문에 그 본성이 자기 자신에게 어떤 도움을 줄 수 없는 바로 그것 때문에 밖으로부터의 도움이 필요한 것이다.[32] (2) 만약 인간이, 자신의 특정 부분의 발달 방향을 저지 당하게 될 경우, 그를 단지 도와주기만 한다면 그의 능력이 다른 부분에서 더욱 발휘되어 발달하기 때문에, 이른바 돌봄의 교육은 더욱 필요한 것이다. 예를 들면 이 사실이 더욱 분명해진다. 선천적으로 맹인이 된 사람은 청각의 도움으로 음악가나 법률가, 또는 연설가가 되는 일이 허다하며, 귀머거리인 사람이 특출한 화가나

---

32) 코메니우스는 이러한 사상적인 과정들로서 특수학교의 정당성에 대한 근거를 기초한다.

조각가나 장인(匠人)으로 양성되는 것을 볼 수 있다. 손이 없는 사람이 발로 글을 쓰는 것을 볼 수 있다. 이것만이 전부가 아니다. 언제나 이성적인 영혼들을 위한 출구가 어디엔가 존재하고 있으며 거기에는 반드시 광명이 비추어진다. 하지만 그 영혼에 이르는 통로가 없는 사람은 자신을 하나님께 맡겨야 한다. 그러나 나는 일찍이 그 누구도 그들의 영혼의 씨앗이 형성 될 때, 그들의 육체가 만들어지고, 각 기관들이 구성 될 때, 밖으로 난 창문이나 문이 설치되어 있지 않는 그런 통나무 같은 사람을 본적이 없다.

CHAPTER 3
PAMPAEDIA ALLERZIEHUNG

모든 것
(Omnia)

1-12항까지는 전체적인 것을 통하여 인간의 본성이 완전해질 수 있다는 것, 인간이 완전함으로 인도되는 방법에 대하여, 13-30항까지는 이러한 방식의 필수성의 논의에 대하여, 31-32항까지는 그 가능성에 대하여, 33-49항까지는 그 관철의 용이성에 대하여 다루었다.

1 모든 사람들의 세심한 돌봄의 필수성에 대하여 충분히 언급되었다. 이제는 이것을 명백하게 증명 하는 일이 우리의 일이다.

- Ⅰ. 일부분의 사람들만이 아니라, 모든것의 도움으로 모든 인간을 올바른 상태로 회복하는 것,
- Ⅱ. 인간 본성을 완성하게 하는 것,
- Ⅲ. 이것은 자연을 수단으로 가능 하다는 것, 그리고 결과적으로 어떻게 쉬운 방식으로 도달될 수 있는지를 증명하는 일이다. 물론 이러한 고귀한 소망의 근원은 이미 설명되었다는 것이며, 마찬가지로 부분적인 소망들이라는 것이다.

2 세계가 시작된 이래로 이미 통찰력이 뛰어난 사람들은 가능한 많은 것을 알도록 힘씀으로써, 전체에 관한 앎의 명성을 통해 하나님께 가능한 한 가까이 이르게 되는 것을 영예로 생각하였다. 이러한 요구는 단순히 병적인 호기심에서 생기는 것이 아니다. 오히려 세상의 창조자이신 하나님에게서 생겨난다. 그는, 세상이 아직 죄짓지 않았을 때, 우리의 조상 아담에게 전체에 대해 잘 정돈된 지식을 알 기회를 제공하였다. 아담 앞에 감탄할 정도로 다양한 사물들이 하나님의 지혜의 무대 위에 펼쳐져 있었을 뿐 아니라, 역시 창조된 세계를 상세하게 연구 조사하고, 각기 종류대로 분류하며, 이름 짓는 일을 통하여 서로를 구별하도록 하는 과제가 그에게 부여되었다.[1] 그리고 우리는 모두 아담의 후손들이 아닌가? 우리는 이 원조로부터 부여받은 이러한 특권의 상속자들이 아닌가?

3 후에 하나님은 솔로몬에게 바닷가의 모래처럼 넓은 마음을 주셨다(왕상 4:29; 5:9). 따라서 솔로몬으로 하여금 히말라야 삼나무로부터 이끼류에 이르기까지 자연의 온갖 사물들을 섭렵하게 하셨다. 솔로몬의 잠언은 윤리적 관계들의 영역에서 그가 인간의 모든 행위에 대해 날카롭게 판단할 수 있음을 보여 준다. 그의 다른 책인 솔로몬의 전도서는 삶의 우연에 대해 다루고 있다. 하나님의 섭리 하에서 그는 솔로몬의 아가서가 우리에게 확신시키는 것처럼, 결과적으로 교회와 함께 있는 그리스도의 자비를 인식하였다.[2]

---

1) 사물들에 이름을 부여하도록 아담에게 주신 임무, Vgl. Meth. n., Kap.III, 12.- 코메니우스는 사물과 말씀(이름) 사이의 관련을 보여 주기 위하여 이따금씩 창세기 2:19 이하의 말씀을 대체로 잘 사용한다. 「세계도해」(*Orbis pictus*)란 책의 서문에 나타난다: 주 하나님은 아담에게 그가 어떻게 이름을 짓는가 보시려고 땅 위에 있는 모든 짐승들과 하늘 아래에 있는 모든 새들을 데려왔다. Vgl. P. Hankamer, Die Sprache, ihr Begriff und ihre Deutung im 16. und 17 Jh.,Bonn 1927. Vgl. die Klassi-fizierung der Pflanzenwelt durch J. Jungius(Opuscula botanicophysica, Coburgi, 1747hrg. v. Joh. Albrecht).

2) 코메니우스는 그리스도 이후 2세기경 이래로 그리스도의 교회를 하나님의 종

4 전체와 관련된 그러한 지혜에 대한 요구를 많은 사람들이 하였다. 희랍사람들은 전체에 대한 지식의 총합을 '백과사전'(Encyklopaedia: omniscientae complexus)³⁾이라고 불렀으며, 로마인들은 '학문의 범주'(orbis doctrinarum)라고 말하였다. 그리고 여러 민족들 중에서 그러한 방식으로 가르침을 포괄적으로 받은 사람들이 점점 늘어났다. 어리석은 모방자들은 이들이 바로 그리스도인들의 소피스트들이라고 여겼는데, 이 소피스트들은 사실 어떤 주제에 대해 아무런 준비 없이 말하는 자들이었다. 그러나 진정한 철학자들, 즉 소크라테스, 플라톤 등은 그들의 말뿐인 허영의 가면을 벗겨 폭로하였다.

5 역시 오늘날도 태양 아래 있는 각 사물들에 대한 모든 관측들을 과학의 한 체계로 만들어, 백과사전(Encyklopaeodia), 박학(博學 : Polymathia), 로마법총서(Pandectae), 범세계적인 빛의 길(Panaugia), 그리고

교적인 관련에 대하여, 그리스도의 교회나 개인에 대한 것도 마찬가지로, 관련을 지운 하나님과 이스라엘 사이의 사랑에 대한 아가서의 통상적인 은유적 해석을 따른다. S.Martin Göbel, Die Bearbeitungen des Hohen Liedes im 17.Jh., Diss.Leipzig 1914(D.).

　　3) 그리스인들에 의하면 백과사전에서 파이데이아(Paideia)를 일반학문들의 범주로 표시하였다. 아리스토텔레스는 최초로 학문들의 백과사전을 설계하였고, 그 시대의 자연과학의 지식에다 세웠다. 스토이커들은 백과사전적으로 헬라적인 교양의 지식을 묘사하였다. 그러고서 백과사전적인 기획들로는 알렉산드리아의 철학의 수집을 말할 수 있다. 중세기에 백과사전적인 전집이 생겨났다. 보기, das Speculum maius des Vicenz von Beauvais oder die Origines seu Etymologiae des Isidor von Sevilla. 이러한 방식의 백과사전들에 대하여, 특히 코메니우스는 케커만(B. Kerkermann,1610)과 알스테드(Alsted,1629)의 백과사전에 대립하여, 그들에게 먼저 백과사전이 구성되어야 할 것 즉 관계가 결핍되었다고 평가한다. 그러므로 우리는 코메니우스에게서 다음과 같은 말을 읽는다 : 우리는 그것들을 거절한다. 왜냐하면 사물의 영혼과 질서, 그들의 묶음 진리가 다만 사물의 총체적인 조화에서 완전히 인정될 수 있기 때문이다. 모든 것이 모든 것과 어떻게 관련이 되는지를 주목하지 않는 자는 질서를 알지 못하는 자이다(Dilucidatio, II, 13; ODO I, 487). 범지학이 사물의 질서에 적합하게 지식을 세운다면, 코메니우스의 이해에 따르면 하나의 참된 백과사전이 되는 것이다. Vgl. hierzu J. Dolch, Lehrplan des Abendlandes – Zweieinhalb Jahrtausende seiner Geschichte, Ratingen 1959.

역시 범지학(Pansophia), 또는 이와 비슷한 많은 방대한 제목들을 붙여 세간에 알린 사람들이 있다.[4] 남들이 베풀 때 기꺼이 받아들이고 온전한 지식을 그들의 정신에 즐겁게 충족시키는 지혜로운 이들은 언제나 존재하기 마련이다.

6 우리는 또한 모든 인간이 다방면에 걸쳐 다양하게 교육받기를 희망한다. 인간은 알 수 있는 모든 것뿐만 아니라, 할 수 있는 것, 말로 표현되어야 하는 모든 것도 배워야 한다. 인간은 이러한 천성 때문에 말하는 기능이 없는 다른 피조물들과 구별되고, 이성과 언어, 사물 세계에 대한 적극적 활동들로 인해 높은 수준의 인식에 이르게 된다. 왜냐하면 이성적인

---

[4] Hendrich에 따르면 코메니우스는 P. Rauremberg에게서 '범지혜'(Pansophia)란 표현을 가져왔다고 한다(Panssophia sive paedia philosophica). Kavacala에 따르면 (Comenius, 1914, S. 9), Jacob Böhme의 '신비로운 지혜를 통하여' 왔다고 한다. 그런데 이 시대에 이 말은 새로운 것이 아니다. 벌써 유대출신 Philo에게서 그 말은 자주 나타난다. Vgl. D. Tshcizewskij, Aus zwei Welten, S. 148, Anm. 16; Über den traditionellen Charakter der Buchtitel des Comenius. vgl. ebendort Aufsatz IX: Der barocke Buchtitel, S.142ff., besonders S.148ff. (Über Pansophie im Trithemiuskreis s.K. Goldammer, Die geistlichen Lehrer des Theophr. Pracelsus.Carinithia I, 1957, S. 557. Ἡ πολυμαθια, Vielwissen, das Wort kommt schon bei Plato vor.Gesetze VII,811. Vgl. Boxhornius M.Z.: De Polymathia. Ludg. Bat.1632. – Pandekten sind Bücher,die alles enthaltten. Diese Bezeichnung hattte sich besonders für die Sammlungen des römischen Rechts, die unter Justinian zusammengestellt wurden, eingebürgert. Hier ist jedoch an die Pandektae des Georg Draudius zu denken- Georg Draudius, Pandektae Veteris et Novi Testamenti. Francofruti s.a. – wohl Ende des 16. – Anfang des 17.HI.(D.). – Unbeachtet blieb(s.Tschizewskij op. cit.), daß der italienische Renaissance – Philosoph Francesco Patrizzi(Patricius) alle Teile seines Systems der Philosophie (Nova Philosophia, Ferrara 1591) durch Komposita mit "Pan" bezeichnet und unter anderem auch das Wort "Panaugia" verwendet. Ἡαὐγη는 '빛', '광채'를 뜻한다. 코메니우스는 '포괄적인 제언'의 두 번째 부분을 '범세계적인 빛의 길'(Panaugia)이라 칭한다. 그리고 Panaugia의 머리말에 그것을 다음과 같이 특징 짓고 있다. "우리는 가능한 길들을 추구한다. 모든 것을 발휘하는 정신의 빛으로 인간적인 혼돈의 흑암을 효력 있게 몰아내는데, 사람들이 어떻게 유일하고, 밝고, 힘있는 빛의 길을 발견 할 수 있는지를 보여 준다. 이 부분은 바로 범우주적인 빛의 길로서 Panaugia라고 부른다"(Panaugia, Schöebaum, 1924, S. 5).

이해력은 인간 안에 있는 신적인 빛이며, 그 도움으로 인간은 자신의 내부와 외부의 사물들을 보고 관찰하여 판단할 수 있기 때문이다. 그런 후에 바로 인간에게는 진실을 추구하는 사랑과 열정이 생기는데 이를 통해 사물의 가치를 알게 되고 계속 추구하게 된다. 따라서 인간은 자신이 인식한 것을 통찰력을 통해 좀더 분명하게 설명할 수 있다. 활동은 결국 인간이 인식하고, 말하고, 능숙하게 처리할 줄 아는 능력을 가졌다는 것을 의미한다.[5]

7 기독교 철학자는 하나님께서 인간에게 세 가지 도구를 주신 것으로 보았는데, 그것은 옳았다. 그것들은,

Ⅰ. 필요한 것을 찾아낼 줄 아는 선천적인 정신력이며,
Ⅱ. 여기서 그에게 가장 도움이 될 수 있는 언어이며,
Ⅲ. 정신력의 도움으로 생각했거나 언어를 통하여 다른 것들을 경험했던 모든 것들을 완전하게 조작하는 손이다[카르다누스의 책(Cardanus: lib. de subt. XI)을 참조할 것].[6]

따라서 특별히 다른 피조물들을 지배하는 피조물은 전체를 극명하게 관찰하기 위해서 정신과 언어로는 마음속에 품은 생각과 사물 세계에 대

---

5) Dem Zusammenhang von ratio, oratio und operatio wird im Triertium catholicum(1650-1670, gedr.Leyden 1681) genauer nachgegangen.Dort findet sich unter dem Trigonus Sapientiae folgende Unterschift: Res mentis speculo exeptae,dant Cogitationem; Cogitatio,externis sonis Rem figurans dat Sermonem; Cogitatio et sermo in Opus transiens,iterum fit Res; Et sic redit in pricipium suum Ens seu Esse, unde tanquam e fonte suo, per Cogitationem,Sermonum,Operationumque rivos effluxerat.
6) Cardanus는 이태리 학자이다(1501-1576). 그는 가톨릭교인 이었지만, 범신론적인 자연철학을 신봉하였다. 자주 출판된 작품 : Hieronymi Cardani Mediolanensis De subtilitatew libri XXI(zuerst erschienen 1550). Die zitierte Stelle stammt aus dem XI. Buch, Abschnitt: Tria dona praecipua. (H.)

한 생각들을 다른 사람에게 전달하고, 손이나 그 외 신체 기관들로는 앞의 것들을 실행에 옮겨야 한다.

8 그리스도의 구원 사건은 인간이 창조주에 의해 만들어진 후 이러한 세 가지 활동과 관련되었다는 것을 증언한다. 인간은 다른 모든 피조물들을 다스리도록 창조되었다(창 1:28). 땅 위의 모든 존재들은 그가 볼 수 있도록 그에게로 이끌어졌다(창 2:19). 그리고 동시에 그로 하여금 그들의 이름을 짓게 하시고, 결과적으로 그를 에덴동산에 두사 그것을 다스리며 지키게 하셨다(창 2:15). 여기에 세 가지 활동이 언급되는데, 즉, 관찰하는 것, 이름짓는것, 행동하는것이다.

9 그 외에도 인간이 도모하는 모든 것들은 오늘까지 이 세 가지 영역으로 정돈된다. 즉, 사람들은 대개 생각과 말과 행동을 구분한다. 하나님은 최후의 심판에서 각 사람들에게 이 세 가지 과제의 성취에 대하여 물으시게 될 것을 암시해 주고 계신다.[7] 학교에서는 세상의 소금[8]이 되도록 가르쳐야 한다고 한 현자의 말은 옳다. 그것은 지식과 행동과 말에 대한 것을 뜻한다. "모든 사람은 소금으로 짜게 된다"고 하신 예수님의 말씀이 마침내 성취되도록(막 9:49), 우리는 이 말씀이 모든 사람들에게 확산되어 알려지기를 원한다.

10 이미 범지혜적인 글들을 통해 알려진 것처럼, 이 세상에 있는 각 사람들에게 세 가지 행로가 위임되어 있다. 따라서 그 행로가 여기서 유용하게 될 수 있는 방법에 대한 생각과 실제로 이루어지도록 하는 보살핌이 절대적으로 필요하다. 먼저 인간은 하등의 피조물을 알고, 사용하기 위

---

7) 비교, 마태복음 24-25장
8) Com. bedient sich hier des im Barock beliebten Anagrammt: Sapere – Agere – Loqui = Sal.

해 이것들과 접촉한다. 둘째로 다른 사람들, 즉 기쁨과 우정을 갖고 함께 살아야 할 형제들과 교제한다. 셋째로 그가 사랑과 인도하심과 보호하심을 입고 자비로써 영원한 삶으로 인도되도록 만물의 주인이신 하나님과 교제한다.[9] 이러한 인간의 특수한 지위를 5가지 특이점들로 분류하게 한다.

Ⅰ. 그는 정신적으로나 지식적으로 뛰어나다.
Ⅱ. 언어를 자유자재로 구사하는 능변가이다.
Ⅲ. 일할 수 있다.
Ⅳ. 미덕과 예의를 안다.
Ⅴ. 세상에서 하나님의 은혜로 경건하게 생활한다. 즉, 하나님의 은혜로 그는 가치 있게 되고, 영원히 하나님과 행복한 삶을 누리게 된다.[10]

11 우리가 인간의 선천적인 욕구(desideria)를 총체적으로 빠짐없이 관찰할 때, 인류의 참된 돌봄(교육)은 다음의 12가지 요소들(membra)을 포함한다. 인간으로 태어난 모든 이들은 다음의 선천적인 욕구를 지니고 있다.

Ⅰ. 존재하는 것, 즉 사는 것.
Ⅱ. 힘있게 사는 것. 즉 튼튼한 건강으로 기뻐하는 것.
Ⅲ. 세상에 대해 깨어 있는 의식, 즉 자신을 둘러싸고 있는 것들에 대하여

---

9) '범각성론' 안에 이 세 가지의 인간 행로가 역시언급되었다. "인간이 다루는 그리고 다룰 수 있는 그 모든 것을 주목할 때, 당신은 이 세 가지(학문과 정치, 종교)를 발견하게 된다." 그 omnia란 무엇인가? 그것은 자기 아래에, 자기 주위에, 자기 위에 있는 모든 것을 의미한다(Panergesia, IV,15, Schönebaum S.43).
10) 이 세 가지 가운데로 인도되는 인간은 그에게 주어진 세 가지 본질적인 일, 즉 학문과 정치와 종교를 완성시킬 수 있다. 그에게 이 세가지는 지혜와 도덕과 경건으로 표현된다. 이러한 세 가지의 첫 번째 것이 다시금 아는 것, 말하는 것, 행하는 것으로 구성되며, 코메니우스는 여기 묘사한 다섯 가지로 구분한다. lib. II, XLV, 4. (Turnbull S.49): Videamus igitur distincte apparatus istos, 1.ad Scientiam, 2.ad Operas,3.ad Sermonem, 4.ad Virtutes, 5.ad Pietatem.

아는 것.
Ⅳ. 명석한 것. 즉 자신이 알고 있는 것을 확실히 이해하는것.
Ⅴ. 자유로운 존재임을 아는 것, 즉 사물을 이해하고, 선을 원하고, 악을 피하고, 물리치며, 모든 것을 자신의 뜻대로 자유로이 처리하는 것.
Ⅵ. 행동하는 것, 즉 그가 선한것으로 인식하고 선택한 모든 것을 실제로 행동으로 옮기는 것.그렇지 않으면 모든 깨달음과 선택이 헛된 것이 되기 때문이다.
Ⅶ. 많은 것을 갖거나 소유하는 것.
Ⅷ. 소유한 모든 것을 마음껏 사용하고 이용하는 것.
Ⅸ. 두각을 나타내는 것과 존경을 받는 것.
Ⅹ. 자신의 지식과 의지를 타인에게 신속하고 재빠르게 전달하기 위하여 가능한 한 말에 재간이 있는 것.
Ⅺ. 시기하지 않고 오히려 조용하고 즐겁고 염려없이 살기를 원하는 사람들에게서 그들의 호의를 누리는 것.
Ⅻ. 한분 은혜로운 하나님을 믿는것 ; 그 하나님은 그의 가장 큰 기쁨이요, 그의 구원의 확실성이기 때문이다.

12 인간의 본성 자체가 완전해 지는것을 추구하고 있다는 점을 고려한다면, 우리가 Omnia(전체)를 어떻게 이해해야만 하는지 분명해진다. 우리가 이것을 경솔하고 건방지게 획득한 것이 아니고, 하나님의 뜻에 의해 그것이 우리에게 주어진 것이다. 이것은 인간 존재 깊숙히 뿌리내리고 있으므로 건강한 이성을 지니고 있는 한, 아무리 그것을 거부한다 할지라도 아무도 그렇게 할 수 없다. 그의 정서의 욕구에 관심을 기울이지 않는 사람은 그것을 건성으로 듣고 있는 것이나 마찬가지다. 그렇다면 그의 생명, 건강, 자유, 소유, 명예의 위협이 가해지고, 그는 자신에게 닥친 어떠한 것도 이해하지 못하며, 실행에 옮길 수도 없고, 그의 소유를 빼앗기며, 또한 이웃들은 그에게 친절하기 보다는 시기하고 인색하게 굴 수 있다는 것을

그로하여금 한번 알게 하자. 그로하여금 하나님의 진노와 처벌을 느끼게 하자. 왜냐하면 인간의 진정한 완성이란 이러한 모든 본능적인 욕구를 충족시키는 바로 거기서부터 기인되기 때문이다.

13 그 때문에 나는 모든 사람들이 주의 깊게 회복되는 돌봄(교육)을 통하여 모든 것에 인도되어야 한다는 것을 밝힌다.

 Ⅰ. 이것은 전적으로 하나님, 인간들, 사물 자체의 목적 가운데 놓여 있다.
 Ⅱ. 이것은 인간으로 태어난 사람이라면 누구에게나 가능하다.
 Ⅲ. 이것은 우리가 하나님의 친절하심 속에서 질서에 적합하게 일한다면 역시 쉬운 것이다.

이제 이러한 관점들의 각각을 우리는 논증하게 될 것이다.

14 인간은 하나님의 형상이기 때문에 하나님의 영광으로 불려졌다(고전 11:7). 모사(Abbild)는 원형상(Urbild)과 닮으면 닮을수록 더 영광스러운 것이다. 그에 반하여 그것의 원본인 원형상 유사하지 않다면, 그것은 동형상(ebenbild)이 아니라 왜곡된 상(Zerrbild)일 것이다. 그의 창조자의 영광이 아니며 그의 수치인 것이다. 그렇기 때문에 성경은 모든 인간이 죄를 지었고 하나님의 영광에 이르지 못한다고 말씀하고 있는 것이다(롬 3:23). 모든 인간은 하나님을 반영하여야 할 곳에서 죄와 실수를 저지르지 않으려 노력하지 않으면 안 된다. 그래야만 인간은 끊임없이 하나님께 영광돌리고 그의 칭찬을 받을 수 있다.

 하나님의 놀라운 능력은 (1) 전지 (2) 전능 (3) 거룩 (4) 충만한 자족이다. 지혜로움과 유능함과 존엄성에 의해 뚜렷이 구별되고 자신의 평온함과 만족 속에서 하나님을 찾고자 하는 인간은 확실히 하나님의 진정한 형상이요, 창조주의 참된 명성을 충족시키는 자라는 것이 확실하다. 온 세계가 하나님의 영광으로 충만하게 되기를 원한다(민 14:21). 모든 교회,

회막과 성막(출 40:34), 그리고 신자들의 가슴속에 하나님의 모든 충만이 깃들기를 원한다(엡 3:19).

15 11항에서 보았듯이 인간이 매우 열렬히 완전함을 추구한다는 점을 고려해 볼 때, 우리가 하나님의 행위를 의도적으로 묵살했고, 인간의 행복을 시기했다는 것 외에 사람들 중 어느 누구에게도 이러한 욕구가 충족되지 않은 채 남아 있기를 원해서는 안 된다. 우리에게는 하나님의 선하심과 일치되어야 할, 또한 모든 인간이 완전한 구원을 받게 할 의무가 있다. 이제 다양한 구원 행위에 대해 몇 가지 이야기하고자 한다.

16 인간은 현세의 삶을 사랑하여 영원히 계속되기를 희망하도록 가르침을 받아야 한다. 그렇다고 단순한 생명과 살아있다는 것만을 사랑하자는 말이 아니다. 왜냐하면 이러한 기대들은 누구에게나 있는 것이기에 단순한 삶을 사랑하라는 충고가 꼭 필요하지는 않기 때문이다. 오히려 먼저 반대로 충고해야 한다. 왜냐하면 많은 사람들이 자신의 삶에 지나친 사랑으로 살아가는 동안 죄를 더 많이 짓게 되기 때문이다. 그러나 그들은 자신들의 세상에서의 삶을 다음과 같은 관점에서 사랑해야 한다. 즉, 세상에서의 삶 뒤에 영원한 죽음이 아닌 삶이 계속되기 때문이다. 인간이 삶을 통하여 죽음으로 들어가야 한다면, 차라리 태어나지 않는 것이 더 좋았을 것이다.

17 자신의 건강을 잘 돌보는 것이 각 사람들의 관심사이다. 흙으로 인간의 완성시킨 육체인 덮개가 몇 가지 결함을 가지고 있거나, 나빠지고 약해졌다면 그 안에 내주하고 있는 천상(天上)의 손님 역시 악에 병이 들 것이고 그의 활동에서도 방해가 될 것이다. – 어떻게 달라질 수 있겠는가! 건강한 정신은 건강한 육체 안에 깃들게 되도록 소원해야 한다는 한 시인의 말은 전적으로 옳다.[11] 왜냐하면 활동할 수 있는 근거가 힘있는 활기

찬 삶, 즉 확고한 건강이기 때문이다. 따라서 우리는 평생 동안 건강에 철저히 주의해야 하고, 특히 삶이 시작되는 시기인 어릴 때에 병의 씨앗이 침투하지 않도록 하여 노년에 고생하지 않도록 주의해야 한다. 초기부터 싸워서 퇴치하지 않는다면 그 병은 불치병이 되고 말 것이다.

18 감각과 이성과 믿음으로 파악할수 있는 것을, 사람들이 이해하도록 하기 위해서, 많은 사물들에 관한 지식을 인간에게 해명시켜 주는 것은 대단히 중요하다. 그러므로 사람은 정신적인 결함- 의지와 행위에까지 영향을 미치고 필요한 사물을 인식하지 못하는 데서 생기는 정신의 결함- 을 미연에 방지해야 한다. 왜냐하면 모든 사물은 인간에게 유용하게 쓰이도록 인간을 위해 존재하기 때문이다. 그러나 이 모든 사물들이 그 어떠한 성과를 드러내도록 이용되지 않는다면, 아무 쓸모가 없을 것이다. 그러기에 알지 못하고 어떻게 유용하게 쓰일 수 있겠는가! 예수 시락(J. Sirach)도 그 같은 것을 생각한다: 작든지 크든지 소홀히 여길 것은 아무 것도 없다(예수 시락서 5:18).

19 그러나 사물 세계의 피상적인 지식만으로는 충분하지 않다. 오히려 인간은 내면적인 근거들을 바라보는 통찰로 인도되어야 한다. 그래야만 피상적으로만 관찰하고 그 근거들을 파악하지 못했던 사물들에서 발생하는 오류들을 피할 수 있다. 사람들이 모든 것을 감각들을 통하여 피상적으로만 이해하고 진리의 핵심 곧 속에 있는 진실을 파고들려 하지 않기 때문에, 오류를 범하는 경우가 허다하다. 그들은 사물 세계의 토대들을 통

---

11) 비교, Kap. II, 10. 거의 현대적으로 용기를 주는 인간의 총체적인 전시는 코메니우스의 여러 특별한 교수학적인 가르침 가운데 나타난다 : "인간은 놀이가 정신의 활동에서처럼 적어도 육체의 건강을 감소시키지 않도록 주의해야 한다."(Leges scholae beneordinatae, ODO III, 789) – "Dieses Müßiggehen der einzelnen Teile hat im Gefolge die Abspannung und Erschlaffung des ganzen Körpers und Geistes."(Fortius redivivus, ODO Ⅲ, 767)

찰하지 못하면서도 마치 알고 있는 것처럼 보이기를 원한다. 그렇기 때문에 세상을 혼란 속에 빠뜨리는 오류와 추측의 다양한 혼돈과 괴변들이 생기는 것이다. 반대로 단지 사물의 첫째 기반을 아는 지식이 도움을 준다. 전체에 대한 진정한 앎인 범지혜(Pansophia)는 이러한 것을 명확하게 제시하려고 노력했고, 반면에 전체의 참된 앎에 대한 가르침인 범교육(Pampaedia)은 범지혜를 사람들의 마음속에 심으려고 노력했다.

20 선택의 자유 안에서 하나님의 형상에 가까워지는 그 곳에서 인간이 가지고 있는 하나님의 형상이 적어도 흐려지지 않도록 하기 위해서는, 사물을 배우고 아주 잘 알고 있는 것을 골라서 자유자재로 다룰 줄 아는 역량이 전적으로 필요하다.[12] 인간들이 이러한 자유를 뺏기고 자신의 의지를 타인의 결정에 복종하도록 강요받는다면, 의욕은 무기력하게 되고 인간은 비인간이 될 것이다. 이러한 측면에서 세네카(Seneca)[13]는 다음과 같이 이야기하였다: 인간이 자신의 의지보다 타인의 의지를 더 따르고, 자신의 판단보다 타인의 판단을 더 신뢰할 때, 그들의 원형상과 모범에서 허물어진다. 그들은 양들처럼 무리를 앞서가는 자를 따르게 된다. 그들은 자신들이 가야 할 곳으로 가지 않고 사람들이 가고 있는 곳으로 나간다. 자유와 판단력에서 발생하는 인간의 이러한 엄청난 파멸은 노아의 홍수처럼 사물들에 대한 모든 진리와 선함을 침몰시키고 세상을 마비시키며 무감각하게 했기 때문에, 우리는 전체에서 그 치유 능력을 획득할 수 있는 구원의 수단을 소망해야 한다. 이러한 구원의 수단은, 사람들이 동물들처럼 항상 다른 이들을 따라가는 것에서 벗어나 하나님과 사물 자체, 그리고 그 사물을 통해서 올바르게 인도된 감각들, 이 세 가지를 자신의 의지에 횃불처럼 앞세우고 그 빛 속에서 걸어갈 때 발견된다. 그들이 하나님과 그의 인도하심을 따른다면, 즉 그의 입과 손과 정신적 계시를 따른다

---

12) Ebenso Descartes, Med. IV, Œuvres VII, 57, S. 14-15.
13) Seneca, Dialog, VII, Devita beata 1,3(H.)

면, 진정한 하나님의 형상임이 증명될 것이다. 실제로 같은 인간으로서 인간의 권위에 복종하는 사람들은 자기 스스로 인간 본성인 천성과 판단력을 포기한다는 사실을 잊어버린다. 다른 사람들에게 자신의 세계관을 강요하며 맹목적인 동의와 복종을 요구하는 이들은 인간의 본성을 왜곡하고 만다. 키체로(Cicero)[14]는 진리를 추구하는 것은 인간의 본성이라고 말한다. 이러한 추구가 인간의 존재방식인 한, 인간 본성으로부터 소외되어서는 안 된다. 모든 것을 음미해 보고 선을 취하라![15]

21 인간에게 있어 중요한 것은 기꺼이 수고하고 일하려는 사람이 되는 것이다. 꼭 소돔의 경우만이 아니더라도 게으름은 악행의 지름길이다(겔 16:49). 전 세계의 악은 나름대로 근원을 가지고 있다. 그것은 이미 하와가 한가로이 거닐다가 원죄를 저질렀던 에덴동산과 다르지 않다. 그렇기 때문에 아직 타락되지 않은 인간에게 타락을 방지하기 위해 피조물과 동산을 보살피라는 특별한 명령이 내려졌었다(창 2:15, 19). 마침내 타락 후에는 엄청난 죄과를 치르기 위한 수단으로 땀 흘리는 수고가 명령되었다(창 3:19). 바로 그것은 인간들의 진정한 의사이신 주가 명령하신 효율적인 치유책이다. 이에 관해서 이미 증명된 이방인들의 지혜가 알려져 있다: 게으름은 모든 악덕의 시작이다. 게으름과 무위는 인간의 삶과 힘을 파괴시켜 버린다. 게으름은 병에 걸리기 쉽게 한다. 게으름은 큰 악이다. '왜 환락이라는 말이 에기스(Aegisth)로부터 나왔는가'를 묻는다면 그 이유는 분명하다. 에기스(Aegisth)는 게으름뱅이였기 때문이다.[16]

그 외에도 비슷한 이야기들이 많이 있다. 명예로운 노동이 존경받는 곳에서는 악덕이 지배하지 않는다는 사실이 멸망되지 않는 백성들의 경우에서 나타난다. 타락하지 않은 사람들이 보여 주는 예가 있다. 자기 일에

---

14) Cicero, DE off.,1,4,13
15) 살전 5: 21.
16) Ovid, Remedias, 161/2.

묵묵히 최선을 다한다면 빈곤하게 살거나, 고통 당하거나, 부랑생활을 하지 않을 것이다. 물론 그 정반대의 경우는 게으르고 무위도식하는 사람들이 있는 곳에서 발견될 수 있다. 이러한 점에서 진지하게 열심히 살려고만 한다면 세상은 아주 행복하게 될 것이다.

22 사람들이 각자의 필요대로 풍성하게 소유한다는 것은 바람직한 일이다. 따라서 모두는 풍요롭게 되는 기술을 익혀야 한다. 그것은 모두가 분수에 맞게 행동하고, 욕심부리지 않으며, 남의 것을 탐내지 않고, 이러한 욕구를 통해 사물의 질서를 방해하지 않는 법을 이해해야 한다는 것이다. 아! 모두가 자신과 자기 것에 만족하고 내 것과 남의 것의 구별을 혼동하지 않는다면, 이 세상의 모든 관계 안에 평화가 지배하게 될 것이다. 솔로몬 시대와 같이 모두가 포도나무와 무화과나무 아래에서 살 수만 있다면!(왕상 4:15; 5:5)[17]

23 좀더 나아가서 인간 모두가 걱정 없이 삶을 영위할 수 있는 법을 배워야 한다. 걱정이 없다는 것을 나는, 자신의 재산을 방해받지 않고 편안하게 소유하고 누리게 되는 마음의 평화라고 이해한다. 물론 어떤 사람들은 특권으로 권력을 가진 자의 불법적인 침해에 대항하기는 하지만, 세상의 사물들이 불안정한 상태에 있으므로 모두에게 이러한 삶을 누릴 수 있는 것이 허락된 것은 아니다.

24 모든 인간은 영예롭게 살아야 하며, 어느 누구도 굴욕을 받아서는 안 된다. 왜냐하면 하나님이 인간을 피조물 중 단연 최고로 여기셨으

---

17) 코메니우스의 생각들은 사회의 계급구조에 근거하고 있다. 그것은 소위 신스토이즘의 영향으로 생각한다. Vgl.etwa den Begriff der 'modestia' bei J.Lipsius(Politicorum sive civilis doctrinae libri sex 1610. Lib.II,XV.) 'Sufficit' ist Symbolum J.V.Andraes(s. Pamp. II, 14; 31;VII, 28; L.R.P. : Autarkeia-).

며, 또한 인간은 굴욕에 맞서 대항하고, 참기 힘든 무시에 대하여 쉽게 복수심에 사로잡히기 때문이다. 그로 인하여 싸움과 전쟁, 살인과 끊임없는 다른 재난들이 생기는 것이다. 따라서 우리는 단 한 사람의 품위도 손상되지 않도록 이 모든 것들을 미연에 방지하도록 힘써야 한다.

25 누구도 침묵해서는 안 되며, 모든 사람은 자신의 관심사를 하나님과 다른 사람에게 말할 수 있어야 한다. 인간이 말하지 못하는 조각상으로 창조된 것이 아니기 때문이다. 원래 인간은 말하도록 창조되었다. 왜냐하면 인간에게 언어가 부여된 것은 창조주 하나님의 영광을 알리고, 모든 필요하고 선한 사물들에 대한 철저한 가르침을 통하여 그 자신과 이웃들을 빛에 참여하도록 인도하기 위함이다.

26 모든 사람들은 올바른 생활태도를 유지하도록 해야 한다. 그렇게 함으로써 날 때부터 좋은 성품을 지닌 사람들은 멸망되지 않게되며, 좋지 않은 성품을 가진 자는 올바른 성품으로 되돌아갈 수 있다. 한 시인이 말했듯이, 인간은 자신의 귀를 자연에 기울이기만 하면 누구나 평화의 길로 인도될 수 있을 정도로 모두가 유순하기 때문이다.[18]

27 특별히 중요한 것은 하나님의 명령 없이는 인간 안에서 아무것도 일어나지 않음으로 그들이 하나님의 은총에 이르게 되도록 하는 일이다.[19] 예나 지금이나 이후에도 인간의 감정이 신앙심으로 채워지게 하는 일이다. 그렇지 못할 때 인간은 우둔함이라는 새장에 갇힌 채 다람쥐처럼 헛되이 땀 흘릴 것이다. 우리가 외형적인 재능과 일상의 일들에 쓸모없이 정력을 낭비하면 할수록 점점 더 지치기만 하고, 세상이라는 새장

---

18) Horaz, Epist., 1,1, 39/40.
19) 코메니우스는 경건이 하나님의 인식과 결부된 것으로 본다. Vgl.L.R.P.(CC II,Sp. 1138f.)

외에는 달리 해방될 곳을 찾지 못하게 된다. 반대로 진정한 신앙심은 우리에게 날개를 달아 주어 우리가 원할 때마다 하나님과 함께 영원한 즐거움을 누리기 위해 즐겁게 세상을 만들어 가도록 해준다. 모세는 이렇게 말했다. 세상의 첫 번째 사생아이자, 라멕의 아들들이요, 두 아내를 통해 태어난 카인의 후예들은, 경건한 셋족이 하나님의 이름을 찬양하고 있는 동안, 외형적인 재능에 헌신하였다(창 4:17 이하). 사람에 대한 통치는 함의 손자 니므롯(Nimrod)에 의하여 이루어졌다(창 10:8).[20]

그때문에 그리스도가 세상을 새롭게 하고 우리를 공허하고 과장된 세상의 일로부터 해방시키고 영원한 걱정을 떨쳐 주려고 오셨을 때, 그분과 그의 사도들이 학문적인 지식으로 자신을 무장시키지 않았다. 그는 그의 제자들을 참된 지혜와 하나님께 대한 경외심으로 충만하게 하셨다. 그는 또한 인간이 그의 궁극적 목표에 이르는 길로써 꼭 필요한 것은 경건뿐이라는 것을 알게 하셨다. 그 필수적인 것이 없다면 모든 것이 헛되고 소용없게 된다. 그리스도께서도 모든 것을 염려하고 있었던 마르다에게 한 가지가 꼭 필요하다고(눅 10:42) 말씀하셨을 때 바로 그것을 생각하셨던 것이다. 이 절대적인 한 가지가 부족할 때, 인생의 모든 노력들이 아이들 장난처럼 되고 마는 것이다. 정말 걱정해야 할 것은 하지 않으면서 단지 휴식만을 찾는 사람들이나, 게으름뱅이들을 위한 놀이처럼, 지금 하는 일에 아무런 도움이 되지 않는 일이 있다. 이러한 놀이가 아무런 쓸모가 없기 때문에, 그들이 인생에서 가장 필요한 것을 이해하지 못하는 한, 이러한 놀이를 못한다고 책망하지 않는 것처럼, 외형적인 기술이나 학문은 마음에 단지 편안한 놀이터만 제공해줄 뿐이다. 그것들은 인간의 깊은 요구를 채워줄 수 없기에 인간에게 만족을 주지는 못한다. 사람이 학문을 다 알지 못한다고 할지라도, 예수님에 대해서 알게 되고, 세상에 대한 그의 지

---

20) Com. erklärt unter Hinweis auf Nimrod im Unum Necessarium(1668) Kap.II,10,daß so Krieg und Unterdrückung entstanden.
21) 신 중심의 태도와 학문관은 17세기에 이따금 어렵게 연결하는 긴장관계 안

혜가 풍부하지 않다 하더라도, 하늘에 대해서는 풍부하게 알게 되는 것이다. 즉 그는 단순하게 지혜로운 자 이상일 것이다.[21] 이와같이 꼭 필요한 한 가지는 하늘의 지혜를 얻도록 힘쓰는 것이다. 그러므로 우리는 이 논의가 진행되는 이전이나 지금이나 그 후에도 모든 이들의 마음속에 신앙심을 심어주어야 한다.

28 지금까지 전 인류가 전체를 통해서 회복되는 것이 하나님과 인간에게 왜 중요한지에 대해서 상세히 밝혀 보았다. 우리는 이제 사물들이 지혜로운 것에 의해서, 더 자세히 말하자면 가장 지혜로운 사람들에 의해서 다스려지게 되는 것이 사물 자체의 관심사라는 사실을 덧붙이고 싶다. 왜냐하면 그것들이 인간의 통치영역에 종속되어 있기 때문이다. 각 사람은 임의의 사물을 대하게 된다. 만약 인간이 사물들을 자연적인 순리대로 다루는 법을 이해하지 못한다면 그것들을 제대로 다룰 수 없게될 것이다. 이러한 경우, 사물 세계의 자연적인 질서에 폭력이 가해지게 될 것이다. 자연 질서는 허무한 것에 내 맡겨진 채 멍에를 메고 신음하며 통탄하게 될 것이다. 사물들은 섬길 준비를 하고 있지만, 인간이 무지한 상태로 그 것들을 다룬다면, 그 사물들은 올바르게 섬길 수가 없는 것이다. 이러한 생각들을 2장 13항에서 설명된 것들과 비교해 보라.

29 왜 모든 사람이 모든 것을 배워야 하는가? 수공업자는 수공업에 대해서만 알면 되는 것처럼, 각자 자신의 직업의 일들에만 종사하면 되는 것이 아닌가? 지금 이러한 질문을 하는 사람이 있다면, 나는 그에게 다음과 같이 대답할 것이다.

에 놓여있다. 그리고 이따금 서로 배타적인 관계에 있게 된다. S. dazu Chr. Besold im Anhang zu Campanella, Von der Spanischen Monarchy, o. O.,1623, S. 47f. Bei J.V. Andrae vgl. etwa: Vom besten und edelsten Beruff…Straßurg 1615 mit seinen Collectaneorum Mathematicorum Decades XI,Tubingae 1614(D.).

모두가 스포츠맨이나 작가나 학자나 연설가 등이 되는것은 아니라 할지라도, 모든 사물의 생산자인 자연은 모태에서 형성되는 각 사람에게 동일한 신체기관, 즉, 다리, 팔, 눈, 혀와 모든 것들을 형성시킨다.[22] 우리가 모든 이러한 신체 기관들을 우리의 삶에서 필수적으로 갖고 있기 때문에, 자연은 인간의 모든 욕구를 모두 돌볼 수 있도록 인간을 하나의 전체로 형성되게 한다. 어느 누구도 자신이 사용할 줄 모르는 과도한 기관들을 짊어지고 다니지 않도록, 인간의 숙련된 솜씨에 맡기는 두 번째 형성 과정에서, 왜 우리는 자연을 가능한 한 좋게 모방하려고 하지 않는 것일까? 다듬어지지 않은(교육받지 않은) 사람들에게 이러한 능력들이 성숙되지 않은 채로 남아 있는 것처럼, 야만인들은 감관, 정신의 능력, 판단력, 기억, 혀, 마음 등과 같은 능력들을 무익하게 끌고 다니기 때문이다.

30 그렇다면 우리가 모든 사람들에게 악에 대한 지식도 가르칠 것인가? 그래서 결국 모두를 전체적으로 악에 익숙하도록 만들 것인가? 계속해서 이렇게 질문하는 사람이 있다면, 나의 대답은 이렇다.

① 악에 대해 관찰하는 것 자체가 나쁜 것은 아니다. 하나님과 천사의 예에서 분명하게 나타난다. 이들은 악에 대해 매우 잘 알고 있지만, 그 때문에 악하지 않다. ② 악에 대해서 철저히 알게 되면 실제적인 악을 피할 수 있게 해 주기 때문에 악에 대한 철저한 관찰은 좋고 유익한 것이다. 하나님이 선악과에 대해서 아무것도 모르신 채 아담과 하와에게 그 선악과에 대해 말해 주셨을까? 아니다. 오히려 잘 알고 계셨고, 그것으로부터 보호하시려 한 것이었다. ③ 그러나 우리는 이미 타락한 상태에 있고 그러한 사물들이 우리의 감각을 유혹하기 때문에, 악을 모르고 있을 때는 확실히 덜 위험스럽다. 인간이 악한 것을 배우지 못하도록 예방하는 법에 대해서는 48항에서 계속 설명되어 있다.

---

22) 대교수학 안에서도 이것을 거의 그대로 발견하게 될 것이다. in: Did.m., Kap. X, 18(ODO I, S. 48.

31 지금까지 우리는 모든 사람들을 완전함에 인도하는 것이 가치 있는 일이라는 것에 대해 이야기했다. 이제 이것이 실제로 가능한가를 연구해야만 한다. 왜 불가능하겠는가? 모든 사람은 하나님의 형상으로서 하나님을 반영하도록 창조되었다. 본성에 의하여 인간의 마음에 놓인 능력들이 이 사실을 증명한다. 그래서 다양한 사물들을 ① 항상 알려고 하는 것과 ② 계획하려는 것 ③ 모든 행동에서 경건하고 올바르며 선하게 나타내고자 하는 욕구 ④ 가능한 한 다른 사람들에게는 적게 의존하고, 오직 자신에게만 의존하려는 욕구이다.[23] 많이 알고, 많이 할 수 있고, 좋게 보이고 싶고, 최소한 자신에게 만족하고 불필요한 일을 하지 않는 것이 명예롭다고 여기지 않는 사람이 어디 있었단 말인가? 그렇다면 이러한 동력은 어디서 생겨나는 것일까? 의지(Wollen)를 주었던 이가 이것을 이루는 능력을 주지도 않았고 줄 수도 없다는 것인가?[24]

32 우리에게 이러한 선천적인 욕구들을 해결할 수단이 주어지지 않은 것인가? 인간은 이러한 수단들을 사용해도 그의 욕구의 대상들에 이를수 없는가? 목표에 도달할 수 있는 방법을 마련하지 않고 목표를 세우는 것은 하나님의 지혜와 합치되지 않는 것이기 때문에, 11항에서 제시된 우리 마음의 12가지 욕망들에 대해서 사용하기를 원하기만 하면 그것들을 성취할 수 있는 많은 가능성들이 명확히 정리되었다. 다음의 사항들은 그러한 가능성을 관찰하기 위함이다.

Ⅰ. 신체적인 생명은 유기체적 자연의 전체이다. 기관의 상태에 따라 계속 유지될 수 있거나 혹은 파괴될 수 있다.
Ⅱ. 신체의 건강은 각 부분들의 확고한 연관성과 생명력을 보존하는데에

---

23) Vgl. den Wahlspruch Paracelsus:Alterius non sit, qui suus esse potest(D.).
24) Vgl. hierzu Abschn.14 dieses Kapitels: die vier virtutes der Gottebenbildlichkeit.

달려 있다. 따라서 우리가 건강을 해치는 영향들을 피해간다면 건강은 유지된다.

Ⅲ. 하나님의 세 권의 책에 수록되어 있는 전체를 알수 있다. 우리는 이 책들로부터 이것을 길러낼 수 있는 감각, 이성, 믿음을 도구로 받았다. 외적인 감각을 통해 모든 외부 세계가 우리안으로 들어오기 때문이다. 이성으로 대부분의 숨겨져 있는 것들은 연구해 낼 수 있다. 그리고 믿음을 통해서는 덮혀져 있는 것을 파악할 수 있다. 왜냐하면 우리가 이러한 것을 발견해내기를 하나님은 기뻐하시기 때문이다. 그렇다면 전체에 대한 지식의 보화를 얻기 위해 우리에게 부족한 것은 무엇일까?[25]

Ⅳ. 모든 것이 자신의 존재 근거를 가지고 있기 때문에 그 근원에 따라 실제로 인식될 수 있다. 각각은 원인으로부터 존재한다. 그러나 이러한 것들이 분명히 은폐되어 있을 경우에는 어느정도 특징들에서 밝혀 낼 수 있다. 이를 위해서 몇 가지 수고가 불가피한데, 대부분의 경우에는 (원리에 대한 인식) 가능성이 존재한다.

Ⅴ. 존재 기반이 알려진 사물들을 이용하고 자유로이 선택하도록 허락되지 않은 사람이 어디 있겠는가? 사물을 있는 그대로 인식하는 사람들이나, 잘 인식하고 있다고 자부하는 사람이라면 누구나 그렇게 할 수 있다. 어리석은 사람들은 통찰력 없이 자기 마음대로 사물들을 처리하려고 안달할 것이다.

Ⅵ. 인간은 도구를 간직한 목적대로 모든 것을 수행할 수 있다. 그리고 무엇 때문에 아무것도 받지 않았겠는가?

---

25) Vgl. Prodromus 7(ODO I, 406f.) "우리는 사물에 대한 범세계적인 인식에 이르러야 한다. 그 모든 영역에 놓여 있는 것을 포함하며, 서로 연결짓는 판조피에서 하늘에 있는 그 어떤 것도 모른 채 숨겨지지 않토록 한다." Auch Did. m.,V. 4(ODO I,26f.) "인간은 모든 것에의 접근에서 발견하고, 모든 것을 파악할 수 있도록 노력해야 하는가?" Vgl. auch Pracognita, Einl. IV(Turnbull S.32); L.R.P.: Omniscientia.

Ⅶ. 어째서 모든 좋은 것을 소유하는 것이 불가능하단 말인가? 하나님께서는 그의 집, 즉 세계를 우리에게 주셨는데, 우리가 잘 알기만 한다면 모두가 필요한 대로 넘치도록 충분히 받을 것이다.

Ⅷ. 각 사람은 하나님의 자비를 통하여 마음에 끌리는 모든 것을 사용할 수 있다. 하나님의 작품들[사람들] 중에 누가 이에 무능하단 말인가? 모든 것이 그 때가 있는 것이다(시락서 39:26, 40).[26]

Ⅸ. 사람마다 실제로 우수한 것이 무엇인지 그 의미를 정확히 이해만 한다면, 그리고 참된 높이로 인도하는 올바른 길을 알기만 한다면, 탁월한 일을 실제로 행할 수 있을 것이다. 우리는 창조 때 부여받은 특권 때문에 실재하는 피조물 중에 단연 뛰어나다(시 8:6 이하). 구속의 은혜를 통해 우리는 천사보다 높게 되었다(히 2: 16).[27] 거룩함을 통해 우리는 하나님의 존재에 참여할 정도로 높아진다(벧후 1장).[28] 이것은 참으로 위대한 일이다.

Ⅹ. 하나님께서는 우리에게 건강한 정신과 혀와 귀를 주셨으므로 말하는 것을 배울 수 있다. 실제로 단지 소수의 사람만이 이러한 것들이 없는 불운을 갖는다.

Ⅺ. 인간이 예의 바르게 행하고 자신은 물론 타인과 평화롭게 지낸다면, 예절과 친절을 자랑할 만하다. 이러한 행위가 누구에게 금지될 수 있겠는가?

Ⅻ. 사랑과 순종 안에서 하나님과 하나가 되는 것은 선(善)의 달콤함에 대해서 대가를 지불한 사람에게 가능한 일이다. 이 선은 샘물의 원천과 같으신 하나님 안에 거하고 있으며 그곳으로부터 모든 사람들에

---

26) 시편 8:6 이하 : (한글 성경은 4절 이하에 나타난다) "사람이 무엇이관대주께서 저를 생각하시며…영화와 존귀로 관을 씌우셨나이다." 주의 손으로 만드신 것을 손으로 다스리게 하시고 만물을 그 발 아래에 두셨다.

27) 히브리서 2:16 : 그는 천사를 취하지 아니하시고, 아브라함의 자손을 취하심이라.

28) 벧후 1:4 : "…너희가 신의 본성에 참여하게 되도록…."

게 흘러 넘치게 된다. 우리는 왜 모든 사람이 최고의 선을 맛보도록 시도하지 않는가? 하나님의 말씀은 거짓이 없다: 주가 얼마나 친절하신지 맛보아 알지어다(역자 주 : 개역성경 시 34:8).

이제 우리는 이미 그 가능성을 증명했던 욕구들이 어떻게 쉽게 충족될 수 있는지를 상세히 밝혀보려고 한다. 우리는 이것을 몇가지 문제점에서 밝혀 보려고 한다.

일반적인 문제

34 우리는 사람들이 원하는 모든 것을 얻도록 인도하기를 원한다.

(1) 본성적인(natualis) 욕구의 느낌이 그들 안에서 일깨워져야 한다. (2) 불가능한 것은 없다는 희망을 생생하게 보존하기 위해서, 그 욕구를 성취하는 방법이 제시되어야 한다. (3) 마지막으로 이러한 것들이 어떻게 쉽게 충족되는지를 밝히기 위해서 자신뿐 아니라 타인들의 예가 제시되어야 한다. 이것을 우리는 다음과 같이 각각의 장에서 밝히게 될것이다.

특별한 문제 Ⅰ

35 우리는 사람들이 자신의 미래의 삶을 사랑하고, 그것을 돌보도록 인도되기를 원한다.

현재의 삶 뒤에는 또 다른 삶이 기다리고 있다는 사실을 확실하게 알려 주어야 한다. 즉 삶의 원천이신 하나님과 함께 한 사람에게는 영원한 생명이 기다리고 있지만, 하나님으로부터 벗어나 방황하는 사람에게는 영원한 죽음이 기다리고 있다는 사실이다. 모든 사람은 자신의 첫 번째 거주지인 어머니의 몸 안에 있다가, 하늘 아래 있는 두 번째 거주지인 이 세상에 태어나 미래의 삶을 준비하고, 그 다음 세 번째 거주지인 영원세계로 들어가야 한다.[29] 거기는 출구가 없다. 어떤 사람은 영원한 빛 가운데 있는 자신을 발견하게 되지만, 어떤 사람은 영원한 어두움으로 떨어지는 저주를 받게 될 것이다. 그러나 어느 누구도 암흑세계로 추락하는 것을 원하지 않는다. 모두가 빛과 기쁨이 샘솟는 곳으로 들어가고 싶어한다. 따라서 우리는 아래의 사항을 기억해야만 한다.

Ⅰ 인간에게 있어서 그의 삶, 즉 현세의 삶과 내세의 삶에 요구되는 지식만큼 필요한 것은 아무것도 없다.
Ⅱ. '영원'을 가르치는 자가 실제로 지혜로운 자이다. 참된 지혜란 이후에 도래할 것을 미리 바라보는 것이기 때문이다. 하나님께서도 신명기 32:29에서 이것을 증거하신다. 최후의 미래는 곧 영원세계이다.[30]
Ⅲ. 이 시대, 즉 현재에서도 어리석지 않은 사람이 두 배로 현명한 것이다. 왜냐하면 어디에서나 항상 선한 일에 참여하는 것이 가끔씩 하는 것보다 훨씬 낫기 때문이다.

문제 Ⅱ

36 우리는 현세적인 삶을 영원한 세계에 들어가기 위해서 사는 것처럼 그렇게 살기를 바란다.

---

29) 이러한 사상은 코메니우스의 여러 글들에서 발견된다. etaw in Praecognita, lib. I, XXVIII(Turnbull S.41); Did.m., Kap. II, 10f. u. Kap. III.

30) Vg. Prodromus, 7(ODO I, 407) : "마침내 지혜가 복되게 할 것이다.…그렇지 않으면 그 모든 투자가 쓸모가 없이 될 것이다."

이것은 인간이 현세적인 삶을 단순히 즐기려 하기보다 삶을 유익하게 사는 것을 배운다면 가능하다. 그렇게 되면 과도기에 있는 현재의 전체적인 삶은 단순히 미래에 대해서 앞서 흘러가는 그 무엇이 아니라, 미래의 영원한 삶을 위한 준비가 되는 것이다. 이러한 목적에서 이 세상의 사람들은 영원한 생명 속에서만 그의 지식과 달콤함과 부유함을 발견할 수 있다는 것을 완전히 알고, 선택하고, 행하는데 익숙해야 한다. 모든 사람들은 이러한 일들이 어떤 방식을 가지고 있는지에 대해 가르침을 받기만 하면 알게 될 것이다. 만약 사람들이 허망한 가치에 현혹되지 않고 이것이 최상이라는 것을 올바로 통찰한다면 그들 모두가 이것을 선택할 것이다. 이러한 영원한 행복으로 가는 길을 올바르게 인식하기만 한다면, 이 고상한 목표를 성취하기 위해 모든 것을 바칠 것이다. 그 길은 좁고 힘들지만, 대신에 마지막에는 기뻐할 만한 것이다. 우리는 약하고 어리석어서 그 모든 것을 한번에 얻으려는 희망을 가질 수 없다. 그러나 일단 착수하기만 하면, 우리는 하나님께 영광이 되고 인간에게 구원이 되는 일을 하게 되는 것이다.

[보충] 가능한 한 현세의 삶과 사후의 삶을 확실하게 구별하는 것이 인간에게 매우 유익할 것이다. 즉 이승은 동요하는 데 반해 저승은 평안하고, 이승은 일시적인 데 반해, 저승은 영원히 존재하며, 이승은 순간인 데 비해, 저승은 끝없이 계속되고, 이승은 불안하고 폭풍우 치는 듯한 데 반해, 저승은 조용하고 평화로우며, 이승은 흔들리고 위험한 데 반해, 저승은 안전하고 확실하다. 즉 현세의 삶은 영원한 삶으로 향하는 데 있어, 온갖 장애물과 오류들이 존재하는 여정이라 할 수 있다. 하늘나라 아버지 집을 얻는다는 것은 많은 암초와 여울들과 폭풍우에 자신을 내맡긴 채 망망대해를 건너는 것과 같다. 따라서 인간은 속세에서 자주 부딪혀오는 것들을 하늘나라로 가는 데에서 만나지 않도록 주의에 주의를 더해야 한다. 예를 들면 바다에서 이는 파도 때문에 전혀 의도하지 않은 끔찍한 곳으로 - 아마 적들에게로 - 가게 되는 경우라든지, 폭풍 때문에 난파되는 경우들을 만나지 않도록 조심하자.[31]

문제 Ⅲ

37 현세의 삶에서는 지속적인 건강을 향유해야 한다.

이것은 쉽게 이룰 수 있다. 약해지기보다는 근면하고 경건하도록 몸에 해로운 것은 피하고 이로운 것만 취하면 된다. 그러나 만일 질병이 생긴다면, 의사를 만드신 하나님을 생각하고 그를 존중하라(예수 시락서 38:1).

다음과 같이 건강에 해로운 것들을 주의하자. 외부적으로는 상처, 멍, 낙마 등이 있고 내부적으로는 혹한, 무더위, 과다한 활동과 지나친 휴식 - 느릿느릿함과 게으름 - 그리고 과식, 과음 또는 극도의 배고픔, 단식, 약물 등이 그것이다.

영양공급, 운동, 수면 등과 같이 규칙화된 생활방식은 우리의 건강을 보존하는 데 도움을 준다. 지나치게 많거나 부족한 것도 해롭다. 절제하는 것이 좋다. 먹을 때는 양분을 골고루 그리고 적당량 섭취하고, 필요에 따라 운동과 휴식을 취하며, 건전하고 밝고 세심하게 돌보고, 하나님께는 당연히 영광 돌려야 하며, 그분이 당신의 삶의 주인 되심을 믿으며, 주님께 항상 기도하고, 그의 진노를 자극하지 않도록 경건하기에 힘쓰라. 그리고 다른 사람들과 불화를 일으키지 않도록 서로 인간적으로 교제하라. 그리

---

31) 쉼은 다만 하나님 안에 있는 것으로, 불안이란 개념 하에 세계 이해는 J. V. Andreas의 경건에 대한 결정적인 요소이다. Vgl.Geistliche Kurzweil, Straßburg 1619(an vielen Stellen), Mythologiae Christianae Argentorati(1619), p.240 Comoedia und p. 310 Quies. Es ist jedoch nicht mit dem einer quietistischen Mystik zu verwechseln(so etwa Angelus Silesius, Cherub.Wandersmann IV,197,198). Über sein Vorkommen in der Gesangbuchliteratur s.I.Roebelen, Theologie und Frömmigkeit im deutschen evang. - luth.Gesangbuch des 17. und frühen 18. Jh.,Göttingen,1957(Forsch.y. Kirch. u. 32) Dogmengesch.6), S. 225f. und S.311(D.). S. auch D. Tschizewskij, Scovoroda S.140-142.

고 좋은 기분을 가지라!

특별히 과거 로마시대 최초의 의사, 코넬리우스 셀수스[32]가 했던 말을 주목해야 한다: 만약 우리가 무더위와 추위, 수고와 휴식, 풍성한 식탁과 배고픔, 충분한 수면과 불면 등의 변화들을 잘 견디어 나간다면 우리의 육체는 그다지 빨리 약해지지는 않을 것이다. 셀수스는 덧붙이기를 인간이 확실히 알고 있어야 할 사항이 있는데 인간은 배고픔보다는 포식을, 불면보다는 수면을, 즉 좀더 편안한 쪽을 추구한다는 것이다.

문제 IV

38 인간은 전체를 이해해야 한다.

(1) 직접적인 관찰을 통하여 의미 있는 사물들을 감관에 가까이 가져오라. 즉 그에 상응하는 감관의 능력으로 그 사물들을 가져오라. (2) 비유와 상징을 통하여 그 의미를 파악하고 증명해 보라. (3) 설정된 가설이 실제로 사물과 일치하는지 사물을 직접 면밀히 조사해 보라.[33]

그렇게 함으로써 감각을 통해 대상을 인지하게 되고, 지성으로 파악하게 되며, 그 빛 속에서 신앙은 안식을 찾게 된다. 감각이란 인간을 둘러싸고 있는 외부 세계가 우리 안으로 들어오는 통로이기 때문이다. 이에 비해 오성은 자기 자신이 하나님의 형상임을 알게 하는 통로이며, 그 안에서 수, 양, 무게 등을 발견하게 되고, 그 도움으로 멀리 떨어져 있거나 숨

---

32) Aulus Cornelius Selsus는 A. D. 1세기경에 20권으로 된 백과사전을 만들었다. 그 가운데 I권 1-3장에 삶의 지도에 대하여 다루었다(H.).Vgl. L. R. P.: Diaeta.

33) Hendrich는 $αυτοπιζια$로 읽는다. 그리고 $οπιζομαι$에서 기술의 언어로 생각한다. 무엇인가에 대하여 경외심으로 돌보는 것. Nach Rzba hat Com.wahrscheinlich $αυτοπιστια$ gestanden, und der Abschreiber hat die Ligatur $σ+τ$ als $ζ$gelesen.

겨져 있는 사물들의 내부에까지 들어갈 수 있게 된다.[34] 마지막으로 신앙은, 하나님의 말씀과 이미 우리와 함께 하시는 하나님 자신이 들어오시는 통로이다. 보라! 인간은 그에게 주어진 모든 것을 자신에게 받아들일 수 있도록 창조되었다. 눈은 아무리 보아도, 귀는 아무리 들어도 만족하지 않는다.[35] 다른 감각 기관들 역시 끊임없이 받아들이며, 기억력도 감관이 제공하는 모든 것들을 수용하는데 결코 피곤한 법이 없다. 여기에서 아리스토텔레스가 인간 정신의 이해력과 비교한 '백지판'(tabula rasa)이 연상된다.[36] 태어날 때 우리의 정신에는 아무것도 쓰여 있지 않다는 것이다. 그럼에도 불구하고 감각, 지성, 믿음의 활동에 의해 모든 것이 새겨지게 된다.[37] 물론 이러한 비교는 적당하지 않다. 왜냐하면 이 판(板)은 물질적인 것이기 때문에 한계가 있고 채워지게 되면 더 이상 수용할 수 없게 되기 때문이다. 하나님의 특성인 무한성을 지닌 인간의 정신은 어떤 것으로도 채워질 수 없다. 즉 정신이 더 이상 수용할 수 없을 정도로 큰 대상은 없다는 것이다. 이러한 큰 선물에 대해 우리는 하나님께 무한한 감사를 드려야 한다.

문제 V

39 우리는 전체가 기초에서부터 인식되도록 돌보려 한다.

---

34) Zu dem in diesem Gedanken enthaltenen "Nosce te ipsum"(너 자신을 알라), vgl. Anm.25 zu Kap. II, 23. Zur Erkenntnislehre des Com. vgl. Anm.18 zu Kap.II,18 und vor allem Panaugia und Via lucis.

35) 전도서 1:8.

36) Aristoteles, de anima 3,11(H.).

37) Vgl.Did.m.Kap.V,9: "아리스토텔레스는 인간의 정신을 하나의 텅빈 백지판에 비교하였다. 그 위에는 아무것도 써두지 않은 것이다. 그리고 그 위에는 모든 것을 새겨 둘 수 있다."(ODO I, 29). 텅빈 백지판의 개념은 Demokrit에게서 나온 것이다. vgl. E. Hofmann, Pädagogischer HUmanismus,1955 S.214.

사물 세계 안에서의 통찰은 사물 근거의 질서에 적합한 연구를 통하여 얻어진다. 누군가 하나의 사물에서 통찰을 얻으려 한다면,

Ⅰ. 사물에 속한 상부개념과 특별한 목적에서 끌어낸 특수한 차이점을 통하여 – 그 사물이 무엇인지?
Ⅱ. 물질적인 원인과 영향을 미치는 원인내의 통찰을 통하여 – 그것은 어디에서 유래하는지?
Ⅲ. 전체를 구성하는 요소들과 그것들의 본체 형태와 연결하는 띠의 인식을 통하여 – 존재의 근거가 올바르게 인식될 때, 비로소 사물은 인식된다. 이러한 것들이 분명하게 드러나도록 준비하라. – 그것이 어떤 방식으로 존재하는지?

문제 Ⅵ

40 인간은 자기의 자유의지를 올바르게 사용해야 한다.

인간의 본성은 자기 고유한 의지를 통해서만 모든 일을 하도록 만들어졌다. 인간은 강요받기를 원하지 않으며, 강요를 받게 되면 그의 본성은 상처를 받게 된다. 이러한 사실은 과거, 현재, 미래를 경험하고자 하는 모든 인간의 욕구들이 증명해 준다. 거기에서 역사적 사건들에 대한 애정과 그를 둘러싸고 있는 모든 각각의 것들에 대한 마음의 관심이 생기게 되고, 예언에 대한 선호와 참여가 생기게 된다. 이런 욕구를 갖는 이유는 인간(사물의 지배자로 부름을 받음)이 모든 것을 다스리기 위해 노력하고, 현재의 준비를 통하여 미래의 사건도 조종하려고 노력한다는 사실에 있다. 만일 인간이 자신의 계획대로 어떤 일을 미리 준비할 수 없다고 하더라도, 그는 최소한 미리 알기를 원한다. 그리고 만일 한 사건이 이미 진행 중이

기 때문에 미리 아는 것이 불가능할 때는 최소한 어떻게 되어 갈 것인가를 알려고 한다. 인간은 사소한 일에는 끼어들려하지 않는 구경꾼이려고는 하지만, 어떤 주어진 일에서는 재판관이요, 조정자이기를 원한다. 따라서 인간은 모든 일에 날카로운 비판자로 자신의 통치권을 행사한다. 그의 앞에서 벌어지고 있는 일이나 이미 벌어진 모든 일에 있어서, 그 일이 잘 되었으면 칭찬을 하고 잘못 수행되었으면 책망을 한다. 그는 달리 행동할 수 없다. 보라, 모든 사물들에 대한 이러한 통치권은 인간의 가치를 드러내는 영원한 표시이며, 모든 행위에 있어서 영예로운 자유의 근거인 것이다![38] 그러므로 다음과 같은 것을 인간은 할 수 있다.

Ⅰ. 모든 사람들은 사물들이 그들의 근거안에서 올바르게 인식될 때에만, 사물에 대해 판단하는 것을 허용한다.
Ⅱ. 모든 사람들에게 자유로이 선택하는 것이 허락되었다. 그러나 그 전에 오류의 근거가 통찰력 속에서 찾는 것이 아님을 명백하게 하도록 좋은 것과 나쁜 것, 더 좋은 것과 더 나쁜 것, 최상의 것과 최악의 것들 사이가 정확하게 구별되어야 한다.[39]
Ⅲ. 스스로 선택한 것들을 따르도록 되어있다. 그러나 더 나쁜 것이 아니라 더 나은 것을 선택하는 바로 그곳에서만이 단지 허락된다는 것이다.

인간에게 적합한 이러한 자유가 어디서나 지배하게 된다면, 전체는 완전한 빛과 완전한 질서가 될 것이다. 자유로운 행위라는 잔잔한 조류가 강으로 흘러 들어간다면, 폭력적인 강요의 여울에 안전과 평화가 뒤따르게 될 것이다.

---

38) K. Schaller, Machet euch die Erde untertan und herrschet…, in: 20, S.128-132.
39) 데까르트에게서 비슷한 것이 발견된다. Med. Ⅳ, Œuvres Ⅶ, 62 Z.12-15.

문제 VII

41 우리는 사람들이 근면하고 노력하는 유능한 피조물이 되기를 원한다.

　인간의 본성은 생기 넘치는 활동과 근면을 좋아한다. 여기서 본성은 합당한 지도를 필요로 한다. 정신은 항상 무언가를 생각하고 의지는 끊임없이 무언가를 선택하는 것처럼, 실천력은 항상 생각한 것을 실행하고 선택한 것을 실현하는 쪽으로 향하게 된다. 이를 위해서 외적인 충동은 필요하지 않는데, 모두는 자신 속에 그 충동을 가지고 있기 때문이다. 이러한 충동은 자신의 궤도를 벗어나서 막무가내의 열정에 빠져들지 않도록 하기 위해 단지 조절을 필요로 한다. 여기에 다음의 세 가지 권고가 따른다.

Ⅰ. 사람들은 활발히 움직이고 바빠야 한다. 그것은 그들이 심혈을 기울여 고찰한 것을 다시 쉽게 잃지 않도록 준비하기 위함이다. 따라서 우리는 어린아이들이 무례한 것을 제외하고 무엇이든지 하도록 하고, 뛰어놀 수 있게 해주어야 한다.
Ⅱ. 또한 모두는 자기가 하는 모든 일에 나태하지 않고 열심이어야한다.
Ⅲ. (진지한 것이든, 놀이든) 모든 것은 영예를 획득하고, 성공을 이루기 위하여 한 목표를 바라보면서 시도되어야 한다. 근면한 정신의 바탕은 무조건 일에 몰두하는 것이 아니라, 스스로 세워놓은 목표를 바라보면서 어려움을 해결하고자 하는 마음가짐이다. 우리의 마음은 불꽃과 비교될 수 있다. 즉 그것이 점점 더 살아 움직일수록 더욱더 영향을 끼치는 것이다. 인간은 목표를 직시하면서 행동하는 것을 습관화해야 한다. 그들은 목표 없이 행동하고, 무익한 일에 시간을 보내는 일이 얼마나 무가치한 것인지를 보아야 한다. 한번도 필요한 것이 행해지지 않는다면, 그들이 일하지 않고 잠만 자는 사태가 벌어지기 전

에 덜 중요한 것이라도 시작하도록 해야 한다. 왜냐하면 그것은 나태함과 악마의 침입을 피하기 위하여 전적으로 진지하게 받아들여져야 하는 과제이기 때문이다.

문제 VIII

42 인간이 고난이 아닌, 넘치는 풍요 가운데 살도록 돌보기를 원한다.

하나님은 그의 자비로 항상 그의 복을 나누어 주셨다. 우리가 그것을 받을 손이 모자라지 않았을 만큼! 역시 우리의 본성은 스스로 만족하는 것이 아니라, 사람들의 견해에 따라 만족해 한다. 사람들은 적은 것으로 참으로 더 행복하게 살아간다. 왜냐하면 더 적게 구애받기 때문이다. 하나님과 그 자신의 능력에 만족하지 못하는 자는 아무것도 만족하지 못하기 때문이다. 마찬가지로 넉넉하게 되는 기술은 세 가지를 통해 가능하다. 즉 기도와 노동과 만족함이다. 사람들에게 이 세 가지를 가르치는 것이 왜 가능하지 않는가?

Ⅰ. 우리는 먼저 사람들에게 주시고, 그들의 간구를 거절하지 않으시는 하나님께 기도해야 한다. 우리는 우리 하나님의 약속을 가지고 있다. 즉, 구하는 자가 얻게 될 것이라는 약속의 기도이다.[40]
Ⅱ. 이러한 약속은, 찾고 두드리는 사람들에게 주어지기 때문에, 우리는 실제로 하나님의 하늘의 선물이 아무런 노력도 없이 우리의 품안에 떨어지리라는 것을 기대해서는 안 될 것이다. 우리는 더 많이 땅을

---

40) Dies und das Folgende bei Matth.7,7.

일구고, 정원을 가꾸며, 가축을 키워야 한다. 이와 같이 우리는 각자가 자신의 일터에서 신실하게 일해야 한다. 그렇게 할 때에 다음과 같은 최상의 진리가 말하는 것이 실제로 이루어질 것이다: 찾는 자가 발견할 것이요, 두드리는 자에게 열릴 것이니라.

Ⅲ. 우리는 찾고 두드림으로 보장된 모든 것을 감사의 손으로 받아야 한다. 즉 감사치 않음으로 하나님이 그의 계속적인 복을 허락하지 않으시거나 또는 이미 부여한 은혜의 선물을 다시 거두어 가시는 화를 우리가 당하지 않도록 말이다. 즉 가진 자는 더 주어지며, 갖지 않은 자는 그나마 가진 것마저 거두어 가시리라(눅 19:26).

요약하면, ① 지류보다는 원천을 찾고, 재물보다는 하나님을 더 찾아라.[41] ② 이러한 원천에서 너의 노력을 통하여 동산으로 흐르도록 길을 만들어라. ③ 너에게로 오는 복을 누리고, 감사함으로 사용하라.

문제 IX

43 사람들은 자신들의 소유를 기뻐하고, 악으로부터 그것을 지켜야 한다.

사람들이 자기의 소유를 남용하지 아니하고 올바르게 사용하도록 가르쳐진다면, 그 첫 번째는 이루어진 것이다. 두 번째는 그 누구도 하나님이나 자기 자신이나 또는 다른 사람들에게 화가 되거나 원수가 되도록 하지

---

41) S. dazu R.Bultmann, Das Evagelium des Johannes,11. Aufl., Göttingen 1950, S. 133f. Als Bezeichung Jesu vgl. F. J. Dögler, IXΘΦΣ, II,1922, S. 488f., S. 596, 4(D.).

않아야 한다는 주의를 경고함으로써 이루어진다. 하나님은 죄 때문에 진노하시고, 우리의 감정은 악한 것에 사로잡힌 나쁜 욕망과 정신 때문에 상처를 받으며, 계획된 고의적인 음모 때문에 고통을 받는다. 그 때문에 이러한 세 가지 일에 큰 염려로 주의를 기울이는 자는 가족들을 염려 없이 안전하게 살아갈 수 있도록 할 수 있을 것이다. 무엇인가 다르게 이루어질 때, 서두르지 않고 인내해야 하며, 인간들의 무모한 생각과 하나님의 지혜로운 예비하심으로 위로해야 한다.

문제 X

44 사람들은 명예롭게 살아야 한다.

그것은 신실하게 세 가지 방식으로 이루어진다. (1) 무엇인가 명예롭지 못한 것을 자신이나 그 어떤 사람에게서나 또는 사물 가운데서 허용하지 않을 때이며, (2) 무엇인가 있는 것 같은 것이 아니라 참으로 존재하는 것을 찾을 때이다. (3) 사람을 바라보는 것이 아니라, 진리를 보호하시는 하나님을 바라보며, 또한 자기의 양심을 보는 자이다. 그리고 가장 신뢰할 만한 증거들인 금언에서 말하는 대로이다 : 각자는 자신이 세계이다. 다른 곳에서 자신을 찾지 말라.[42]

당신이 참으로 이러하다면, 원형상이신 하나님을 통해서 영예롭게 될 것이다. 마찬가지로 당신이 세상에 알려져서 살아가든지 아니면 한 모퉁이에서 살든지 상관없이, 천사들과 선한 사람들에 의해서 영예롭게 될 것이다. 무리들이 당신을 존중하는지는 중요한 것이 아니다. 일반 백성은 그것에 대해서 이해하지 못하며, 이따금 제단 대신에 영락의 구덩이(Gosse)

---

[42] J.Camerarius, Symbolorum et Emblematum centurie quatuor, Mainz 1668.

를 경배한다. 무리들이 말하는 대로 돌아가지 말고, 선행의 보좌 위에 거하는 참된 영예를 바라보라.⁴³⁾

문제 XI

45 우리는 각 사람들에게 말하는 법을 가르치려 한다.

우리는 자신의 생각을 언어로 적절히 잘 표현하는 자를, 대개 기술적인 교육을 통하여 이루어지는 말을 많이 하는 수다쟁이가 아니라, 천성적으로 말을 잘하는 언어의 재주를 가진 능변가라고 부른다. 이러한 것은 사물 세계의 근거에 대한 통찰을 통하여, 사물을 서로 구분하고, 각 사물에게 그의 참된 이름을 부여하며, 결과적으로 서로에게 해당되는 낱말들을 잘 연결하는 법을 배운 자에게 확실히 주어지는 것이다. 말하자면 그는 단지 무뚝뚝한 도구에 대해 말하는 것이 아니다. 사물들에 관해 말하는 것을 이해하는 것이지, 형식을 갖추지 않은 소리로 사물을 말하는 것이 아니라, 의미를 가진 말로써 하는 것이다. 그렇게 될 때에 그는 사물과 정상적으로 관련을 가진 언어를 연결할 수 있을 것이다. 그러므로 가장 쉽게 그리고 말없는 사람도 이 말을 배우게 될 것이다. 예면 예, 아니면 아니오라고 간단하고 진실하게 말하는⁴⁴⁾ 사람들은 하나님께 계속해서 간구할 수 있을 것이다.

---

43) Ein aristokratisches Standesbewußtsein der Gelehrten, der respublica literaria, gegenüber der Masse der Menschen – die kritische Haltung drückte man schlagwortartig mit stereotypen Wendungen aus – findet sich bei fast allen Autoren der Zeit. S. z.B. J. Lipsius, Advers. Dialogistam Liber Antverpiae 1610, p.75. Bei den französischen Gelehrten s. G.Hesse, P.Gassendi, Jena1939, S.20, bei Montaigne s. Strowski, Pascal et son temps, Paris 1922, S. 181f.(D.).

44) 마태복음 5:37; 야고보서 5:12; 고린도후서 1:17

문제 XII

46 사람들에게 인격적인 품위를 지닌 태도와 선한 도덕을 촉구해야 한다.

윤리적인 행동의 시작은 자기를 다스리는 것과 낯선 다스림을 인내하며 받는 것에서 비롯 된다. 첫 번째의 경우는 인간이 클라우디아누스(Claudianus)[45]가 요구하고 있는 것처럼, 맹목적인 충동에서가 아니라, 모든 것을 깊이 생각하면서 행하는 일에 익숙하게 되는 것이 중요하다. 즉 자신의 주인이 되는 것에 성공한다면, 당신은 전체를 정당하게 소유하게 될 것이다.

경험이 부족한 청소년 시기의 사람들은 무엇이 유익한 것인지를 알 수 있는 건전한 지성을 소유하지 못하기 때문에, 선한 행동과 영예를 위한 두 번째 토대가 필요한데, 그것은 바로 다른 사람의 다스림을 인내로 참아내는 것이다. 스스로 올바른 사람만이 올바르게 행동할 수 있다. 그렇기 때문에 사람들은 먼저 (다른 사람에 의해서) 자신을 다스리게하고, 그런 다음 이웃과 다른 사물을 다스리기 전에 먼저 자기 자신을 다스리는 법부터 배워야 한다. 양자는 공동적인 방법의 도움으로 쉽게 이루어지게 해야 한다. (1) 현재와 역사에서 귀감이 되는 사람들을 통하여 (도덕과 예의에 이르는 길을) 보여 주어야 한다. (2) 왜 우리가 이것 또는 저것을 행하거나 하게 해야 하는지 정확한 규정으로 근거를 밝혀 주어야 한다. (3) 행동은 항상 주의 깊게 촉구되어야 하는데, 그것은 폭력적이거나 야만적인 것으로가 아니라, 친절하고 자유로운 방식으로 이루어져야 한다. 그럴 때 각 사람은 인간의 품위를 지닌 행동으로 자신을 움직일 수 있다.

---

45) Claudius Claudianus(um 400 n. Chr.): Panegyricus de quarto consulatu Honorij, V. 261/2(H.).

문제 XIII

47 특별히 우리는 인간의 마음 속에 신앙을 심어 주기를 원한다.[46]

성경은 분명히 신앙이란 가르칠 수 있다는 것이라는 것을 암시해 주고 있다. 신앙은 직접적으로 그리고 하나님에게서 인간에게 부어지는 기적적인 방식으로가 아니라, 가르침의 일반적인 방식에 의하여 접근된다. 아브라함이 그의 가정을 신앙으로 교육하지 않았다면 하나님은 그를 칭찬하지 않았을 것이다(창 18:9). 그리고 하나님은 부모들에게 그들의 아이들을 훈육과 훈계로 주님께 이끄는 일을 위임시키지 않았을 것이다(신 6:20; 엡 6:4 등).[47]

왜 신앙은 가르칠 수 없는 것이란 말인가? 신앙은 가르쳐질 수 있다는 것에 대한 보기를 들어보자. (1) 하나님 스스로 말씀하신 것을 생각해 보자: 너희는 거룩하라, 왜냐하면 내가 거룩하기 때문이다.[48] 그리고 사람들이 모든 경우에 어떻게 행동해야 할 것인지를 모범을 통하여 사람들을 가르치려고, 인간이 되신 그의 아들 예수 그리스도의 모범을 생각해 보자. 게다가 하나님을 섬기는,[49] 천사들도 참된 신앙의 모범들이다. 그리고 결

---

46) Vgl. Did. m. Kap. XXIV und Anm. 19 zu diesem Kapitel.

47) 코메니우스는 그 밖에도 신명기 6:20 이하도 암시해 주고 있다. "후일에 네 아들이 네게 묻기를 우리 하나님 여호와의 명하신 증거와 말씀과 규례와 법도가 무슨 뜻이뇨 하거든, 너는 아들에게 이르기를…."

48) 레위기 19:2 : 너희는 거룩하리라, 왜냐하면 나 여호와 하나님이 거룩하기 때문이다.

49) 이사야 6:3-9 : 천사론은 루터의 교리와 17세기의 설교의 문서 가운데 분명한 위치를 차지하고 있다. 여러 사람들의 폭넓은 문서들이 소개될 수 있다: Hutter, Campendium, Locus V., Joh. Gerhard, Angelologia sacra, Jenae 1623; Joachim Gifftheil, Errinerung von der Heiligen Engel Wesen…Straßburg 1583; Joh. Jac. Herrenschmidt, Theatum Angelorum…Libri II, Jenae 1629(D.). Bei Com. Pansophiea III, Mundus angelicus.

과적으로 구약과 신약에 나타나는 모든 성도들이다. 이들은 태양이 아름다운 빛으로 광채를 내는 교회의 영적인 하늘에 있는 이 작은 별들이다.[50] (2) 신앙 훈련을 위한 규례와 규범이 충분히 있다. 그것들은 성경 전체에 산재해 있다. 즉 경건하고 지혜로운 사람들은 그 규례와 규범을 수집하였는데, 아직 완성한 것은 아니다. (3) 일상 생활 속에서 신앙을 연습하고, 하나님의 온전한 사람으로서 모든 선한 행위가 숙달될 때까지 실수들을 고치는 기회를 놓치지 않아야 한다(딤후 3:17). 우리는 이러한 과제를 다음과 같이 정리해 볼 수 있다 :

I. 아이의 영혼이 실제로 손상 당하기 전에 이러한 가르침을 일찍 시작해야 한다. 하나님께서도 이 나이는 그 어떤 다른 연령과 비교할 수 없을 정도로 가르침을 깊이 이해하기에 가장 적합한 시기라고 말씀하신다(사 28:9).[51] 그리고 그리스도는 하나님의 나라가 이런 어린아이의 것임을 강조한다(막 10:14).

II. 사라지지 않을 예들을 소개해야 한다. 기회 있을 때마다 자신과 타인의 아이들에게 그리스도와 거룩한 자들을 암시해 주어야 한다.

III. 언제나 아이들로 하여금 모방하게 해야 한다. 그러므로 항상 규범과 규례를 제시해야 한다. 하나님의 약속과 위협을 암시해 주며, 아직 성숙하지 않은 아이들을 대신하여 그들과 함께 하나님께 올바른 기도드리기에 힘써야 한다. 참된 사랑으로 이 모든 것을 행하면, 그리

---

50) 그것은 다음과 같은 것들을 생각할 수 있다: Andreas Musculus, Hauss - Bibel…Erfurt 1569; Nic. Seneccerus,Tr;stliche Spr[che/ auss H.Schrift gezogen Leipzig 1586; Joh.Weidnerus,Gnomologia Biblica...Basileae 1587; Joh. Piscator, Expositio Dictorum selectorum, Herborn 1593(D.).

51) 이사야 28:9은 코메니우스가 자주 인용하는 구절이다. 여기 가르치는 지식을 누구에게 말하는가? 그는 누구에게 이해할 만한 설교를 주려는가? 이제 젖을 갓 뗀 자들인가? Vgl. Did.m., XXIV, 103, ODO I, 139. 코메니우스는 가장 초기에 있는 아이에게 벌써 신앙의 영향을 주도록 선지자의 역설적인 호소를 해석한다(s. Kap.V, Anm. 4f.).

스도가 스스로 자라는 씨앗의 비유에서 약속하신 것을 사람들은 진지하게 바랄 수 있는 것이다(막 4:26 이하).

문제 XIV

48 어떤 사람도 자신과 다른 이로부터 더우기 그의 선생으로부터 악한 것을 배워서는 안 된다.

허무한 망상을 가질 때 각 사람은 자기 자신에게서 게으름의 악한 것을 배우게 된다. 다른 사람들을 통해 나쁜 사회적 환경에 빠져들어 가고, 무엇인가 악한 것을 보고 듣고 행하는 그런 기회를 자주 가질 때 그렇다. 그리고 결과적으로 선생들로부터는 세상적인 지식과 이방인들의 책을 통하여 가르침을 받을 때 그렇게 된다.

Ⅰ. 이와 같이 그들이 죄를 지을 시간을 갖지 못하도록 선한 일을 언제나 힘쓰게 해야 한다. 그것은 다음과 같은 잠언을 의미한다: 나태함은 모든 악덕의 시작이다.[52]
Ⅱ. 다만 선한 사람과의 대화는 허용한다.[53] 악한 사람들과의 교제를 멀리하고, 그들을 가능한 한 피해야 한다. 우리가 어쩔 수 없이, 악한 사

---

52) 문자적으로 : 죄를 피하려는 자는 게으름을 멀리해야 한다.
53) Vgl.S.229f. 윤리적인 근본의 이해 위에서 - 기독교적인 것만 아니라 - , dem des vir bonus, beruht das Idealbild der res publica literaria des Zwingli als Bezeichnung der Bürger seines christlichen Gemeinwesens(Köhler,W., Zwingli, Leipzig 1954,2. Aufl. S. 225), bei den Hermetikern, bei Lipsius, Gassendi und J.V. Andrae(s.die handschift. erhaltene Abhandlung 'Vir bonus'). Com.spricht auch von Boni – Frommen,Orbis pictus(241)(D.).

람들과 만나게된다면, 눈을 돌리고 귀를 막고 길을 재촉해야 한다. 그럼에도 불구하고 운 나쁘게 무엇인가 악한 것을 바라보았다면, 손을 씻어야 하고, 양심을 청결하게 하며, 그런 일을 다시 만나지 않도록 분명한 계획을 세워야 한다.

Ⅲ. 인간들은 해가 되는 모든 것을 그것이 무엇이든지 간에 배워서는 안 되며, 도움이 되는 것은 무엇이든지 그 모든 것을 배우도록 노력해야 한다. 그 때문에 그들에게는 먼저 충분한 기회가 주어져야 한다. 그런 다음 거리를 두어 살피게 해야 한다. 왜냐하면 그들은 감각이 제시한 모든 것을 다 이해하기 때문이다. 그들의 눈앞에 제시되지 않은 것을 이해할 수는 없는 것이다. 마치 거울이 자신 앞에 놓여 있는 것을 다시 반사하는 것처럼, 하늘과 땅도 마찬가지라는 것이다. 그 때문에 모든 나쁜 책들, 모든 걸림돌이 되는 그림들은 없애야하고, 악한 것에 대한 모든 기회를 피해야 한다.

Ⅳ. 불가피하게 무엇인가 악한 것에 대한 지식을 취해야 한다면, 그것도 벌써 해로운 것인데, 그것을 대항하는 수단이 없이 알게해서는 안 된다. 예를 들면 성경을 읽는 사람이 가인의 살인과 라멕의 창살과 롯의 부정을 경험할 때, 동시에 그들의 죄에 대하여 뒤따르는 벌에 대해서도 그에게 가르쳐야 한다.

49 사도 바울의 말이 우리의 계획에 조언이 되기를 바란다. 즉 우리는 우리의 영과 혼과 육체가 우리 주님 예수 그리스도가 오실 미래에 벌을 받게 되지 않기를 바라며, 그것에 대하여 주의하기를 바란다(살전 5:23). 이것은 바로 단지 일부분의 사람들에게만 기대하는 것이 아니라 인간 전체를 고대하는 우리의 요구인 것이다. 그러므로 어떤 사람도 그 몸을 보존해 주는 것과 영혼을 키워 주는 것에 부족함이 없도록 – 예술과 학문에 부족함이 없도록 – 그리고 하나님의 형상인 우리의 고귀한 부분인 우리의 영적인 본체에 부족함이 없도록 돌봐주어야 한다.

CHAPTER 4
PAMPAEDIA ALLERZIEHUNG

모든 포괄적인 방법
(Omnino)

전(全) 인류는 전체를 통하여 근본적으로 완전해지도록 해야 한다.
1항은   그것이 무엇을 의미하며,
2-6항은   그것이 어떤 유익이 있는지,
7-11항은 철저한 회복의 가능성에 대하여,
12-18항은 그 진행방법의 용이성에 대하여,
19-22항은 다음 장으로 연결되는 내용을 다루었다.

1 예고한 대로, 지금 나는 인류를 개선함에 있어서 모든 사람들이 전체를 통하여 완전함으로 인도될 뿐 아니라, 각 개인이 근본적으로 완전하게 되도록 하는 것을 증명하고자 한다. 그렇다면 철저히 개선된다는 것은 무엇을 의미하는가? 그것은 외관상으로 치장하며 꾸미는 것을 의미하는 것이 아니라, 진리 가운데로 인도하는 것을 의미한다. 왜냐하면 이것만이 현재뿐 아니라 미래(내세)의 삶을 위한 유익을 가져다주기 때문이다. 각 사람은 지혜와 능변과 기술과 도덕과 경건으로 무장되어야 한다. 즉 그는 반쯤 아는 자가 아니라 완전히 아는 자가 되어야 하며, 뽐내기만 하는 서투른 사람이 아니라 전문성을 지닌 완전한 기술자가 되어야 한다. 그는

스스로 존경받을 만한 사람이 되어야하는데, 그것은 존경의 껍데기만을 의미하지 않는다. 결국 위선자가 아닌 성령과 진리 안에서 하나님을 경건하고도 거룩하게 경배하는 자가 되는 것을 의미한다.

2 우리가 (전체에 대한 참된 앎의 가르침인) 범교육론(Pampaedia)의 계획을 가지고 이러한 목표를 향하여 힘차게 나아가지 못한다면, 이는 시간만 허비하는 것이며 하나님과 우리 자신을 기만하는 것이고, 공적인 관계이든 사적인 관계이든, 어떤 방법으로도 그 관계를 개선하는 데 도움이 되지 못할 것이다. 성공하려고 애쓰지 않는 그런 시도는 차라리 처음부터 완전히 포기하는 것이 좋을 것이다. 도대체 사물에 대한 피상적인 지식을 통해 세상은 무엇을 얻을 수 있었단 말인가? 그런 지식에 현혹되어 세상은 기만당하고, 천차만별의 오류라는 독을 통해서 망치고 말 것이다. 설사 아주 날카로운 수다 능력을 획득했다 하더라도, 그 수다스러움을 통해서 무엇을 얻었던가?

세상은 풍부하지만 속이 텅 빈 욕구를 추구하는 공허감으로 채워지게 되었고, 모든 사람들은 서로가 끝없는 논쟁과 싸움으로 휩쓸리게 되었다. 참된 유익과 하나님의 명예, 인간의 구원이 아니라, 상당 부분이 단지 무가치한 속임수를 위해 사용되는 그런 많은 고안품들과 일들을 통해서 세상은 그 동안 무엇을 얻게 되었는가? 세상은 하나의 공허한 무대가 되었으며, 자신을 기만하고 있는 불빛에 기뻐하고 있었던 것이다. 결과적으로 인간들의 지배에서 그럴싸하게 보이는 온당함과 마키아벨리적인 교묘함[1)]

---

1) 마키아벨리(Nic. Macchiavelli)는 코메니우스 시대에 국가의 안녕을 위한 유익을 준비한 정치적인 사상의 주된 대변자였다. 그의 정치론에 종교와 윤리는 종속되었다. 그 때문에 안드레(J.V. Andrae)는 그것을 무신주의의 한 핵심으로 표현하였다. "christlicher Herkules" 제10장(Hercules Christiani Luctae XXIV, Argentorati,1615). Eine differnziertere Stellung zu Macchia velli läßt der Dialog 'Machiavelus'(Menicus Cosmopoli 1618, p.13) erkennen.Vgl.Fr.Meinecke, Die Idee der Staatsraison,1929, 3. Aufl.und R. Kunkel, Die Staatsraison in der Publizistik des 17.Jh.mit besonderer Berücksichtigung der deutschen Publizistik(Diss. Kiel),1992(D.).

을 통해서 세상은 무엇을 이룩해 왔던가? 세상의 모든 것은 가면을 쓰고 있기 때문에, 어느 누구도 다른 사람을 믿지 않게끔 하는 결과를 초래했을 뿐이다. 왜냐하면 모든 것이 거짓과 사기와 타락으로 가득 차 있고, 온통 기만과 속임수가 판을 치고, 허위와 위선과 함정뿐이기 때문이다.

약속, 계약, 맹세, 보증, 타협, 증거, 해명 같은 것들은 더 이상 믿을 수 없는 것이 되어버린 것이다. 더욱더 심각한 것은 모든 것이 잘못된 맹세, 깨진 계약들, 폭력, 전쟁, 불행 그리고 서로를 죽이는 폭력으로 가득 차 있다는 것이다. 하나님을 경외하는 데 있어서는 어떠한가? 사람들에게서 아예 그런 경외감을 찾아볼 수 없거나, 있다고 해도 그 모습은 일시적이며 불성실한 것이다. 어디에서도 진실한 예배를 찾아볼 수 없으며, 도처에 허위와 바리새적인 사상이 만연해 있다. 한마디로 말하면, 온 세상은 마치 가면을 쓰고 있는 것 같은데, 온전하며, 고상하며, 모범적이고, 훌륭하며, 하나님을 두려워하는 것처럼 보이고 싶어하는 곳에서도 마찬가지이다.[2] 하나님을 남몰래 섬기며 진리를 위해 헌신할 7000명을 하나님이 택하셨다(왕상 19: 18).

---

2) 이 장은 J.V. Andrae의 영향을 밝혀 준다. s. etwa Opuscula aliquot de restitutione Rei-publ. Christianae in Germania(Nürnberg) 1633. 반기독교적인 세계에 대한 안드레에의 비판, 특히 국가와 교회에 대한 비판은 그의 후기사상의 주를 이루었다. 그는 국가와 교회의 표면적이며 유틸리타리안적인 기독교성의 강조와 소위 자율적인 도덕을 비판하고자 했다. 안드레에의 비판은 그의 친구들의 학술모임에서 수용되었다. J.M. Moscherosch und B. Schupp(D.). 세계의 길들을 코메니우스는 1623년에 쓴 그의 책 「세상의 미로」 안에 묘사한다. 현재적인 상태 안에 있는 세계는 멸망되었다. 인간은 안경을 둘러쓰고 있는데, 그 안경은 세상을 거꾸로 바라보게 한다. 이러한 미로와 같은 비본질적인 세상은 하나님의 질서에 상응하지 못한다. 거기서 인간은 진정한 사물 대신에 다만 가시적인 모습만을 제시하는 안경들을 벗어던져야 한다(Physica, Praefatio, Reber S.32f.). 그것은 '선입견이라는 유리'로 만든 안경 때문에 비롯된다. - Vgl. die Lehre von den Idolen bei Bacon (Nov.Org.I,38)- in der Pansophia. Auch Cusanus spricht von einer Brille der Wahrheit in seiner Schrift "De Beryllo" Im einzeln hierzu D. Tschizewskij, Comenius Labyrinth of the World: its thems and their sources(Harvard Slavic Studies I,1953,S. 83-135).

3 세상이라는 무대를 바꾸려면, 우선 인간의 모든 배움이 근본적으로 뒤바뀌어야 하며, 더욱이 범지혜(Pansophia)에서 제시했던 방법을 통해서 변화되게 해야 한다. 사람들이 가르침을 받고 배우는 모든 것은 다음과 같은 것이어야 한다.

I. 단편적인 지식이 아닌,[3] 손상되지 않은 전체적인 지식
II. 피상적이거나 외형적인 것이 아닌, 확고하며 사실적인 지식
III. 어렵거나 강요된 것이 아닌,[4] 호의적이고 편안해서 지속적일 수 있는 지식

이제 지금의 방식으로 이 세 가지의 필요성과 가능성을 우선적으로 언급할 것이며, 결론적으로 사람들이 이성을 가지고 사물들을 충실하게 파악하려고만 한다면 이 계획이 얼마나 쉽게 관철될 수 있는지를 보여 줄 것이다.

4 이성과 경험에 비추어 볼 때, 만약 전체로써의 인간의 능력을 개체적인 사건에만 허비하고 사물 세계라는 전체를 위해 사용하지 않는다면 그 능력은 조화를 이룰 수 없고 해로운 방식으로 탈선하게 된다. 그러므로 전체적인 것이 축소되지 않은 상태로 인식되어야 하며, 부분적이거나 파편적으로 이해되어서는 안 된다. 인간은 자신의 모든 욕구(필요)를 동시에 함께 충족시키려고 시도해야 하는데, 이것은 서로가 조화를 이루고 상

---

3) 코메니우스는 여러 곳에서 그시대의 지식에 대한 Brockenhaftigkeit를 비난하였다. 보기, Did.m., Kap.XIX,6(ODO I,100). Was von Natur aus verknüpft war,wurde nicht in seiner eigenen Ordnung belassen, sondern getrennt.Diesen lebendigen Zusammenhang vermißt Com.auch in den zeitgenössischen Enzyklopädien, etwa Prodromus(ODO I,432) oder auch Dilucidatio(ODO I,458). Vgl.hierzu Pamp., Kap. III, Anm.3.
4) 역시 기준에 있어서 소위 효과를 지향한 현재의 학습방법 안에 학습의 간결성과 수용성은 학습자의 지속성을 돕는다는 사상이 항상 다시 대두된다.

호 보완적이며 연결되어 있기 때문이다. 그렇지 않을 경우, 대부분의 사람들은 인식의 대상에만 몰두하게 되고, 또 어떤 사람들은 의지의 대상에만 몰두하게 되며, 그 밖의 사람들은 행동의 대상에만 몰두하게 될 것이다. 그래서 그 밖의 다른 모든 것은 중요하게 생각하지 않으며 관심 밖의 것으로 간주하게 될 것이다. 그리고 만약 그들이 부분적인 지식으로만 가득 채워지게 될 경우, 무익한 것을 과도하게 추구함으로써 오히려 필수적인 것에 결핍이 생기게 될 것이다. 철저히 다른 사람에 대해 지배하려는 욕망을 갖고, 이 목적을 위해서 수단과 방법을 가리지 않으며, 그 외의 것에 주목하지 않는 사람을 예로 들어 보자. 실제로 이 욕구가 성취될 때에는 자기 자신뿐 아니라 다른 사람들까지도 패망으로 몰고 가는 폭군이 될 것이다. 오로지 향락에만 몰두하는 사람들은 다시 에피쿠로스의 무리 중에 있는 돼지들로 평가될 수 있다.[5]

또한 고상한 본체를 지닌 자들은 학문과 거기에서 얻어지는 보화를 위해서만 헌신하기를 원한다. 여기에서 그 한계를 모른다면 그들이 착수하는 것은 시작부터 공허한 것이어서, 자신들이 소유하고 있는 지식을 쓸모 있는 것으로 사용할 수 없다는 것을 알게 될 것이다. 어쨌든 이런 식으로는 그들 중 어떤 사람도 자신들이 추구하는 것을 이루지 못할 것이다. 왜냐하면 권력이나 지배만을 추구하는 사람들은, 그들이 온 세상을 얻게 되었다 하더라도 만족할 수 없기 때문이다. 알렉산더의 경우가 이 사실을 명백히 보여 주었다. 그러한 욕구를 지닌 사람들은 물을 마시면 마실수록 물에 대한 욕구가 더 심해지는 것과 같다.[6] 왜냐하면 그들의 입은 물을 마실수록 무디어져 버리기 때문이다. 단순히 지식 습득에만 몰두하는 사

---

5) 참조 Horaz, Ep., 1,4,15.
6) Ovid, Fast.1,216. -Vgl.auch Prodromus,31(ODO I,419):"우리가 빛 가운데 있으면서 빛을 향하고, 책들 가운데 있으면서 책을 향하고, 학식 있는 자들 아래서 교양을 향하는, 마치 물 속에 있는 탄탈루스(Tantalus)가 기갈을 느끼는 것처럼, 빛에 대한 결핍이 이러한 계몽된 세기에도 나타나고 있다."

람들은 솔로몬의 지혜를 얻는다고 하더라도 그들의 욕구는 끝이 없을 것이다. 왜냐하면 배우면 배울수록, 자신에게 결핍된 것이 무엇인가를 더 잘 알게 되기 때문이다. 지식의 단순한 증대는 결국 근심의 확대를 의미하는 것이다. 재물만을 축적하는 사람은 동시에 미움, 시기 불행도 쌓는 것이다.[7]

그럼에도 불구하고 일단 그것이 시작되면 그 욕망은 꺼질 줄 모른다. 왜냐하면 그들은 자신의 본능을 자제할 수 없으며, 권력과 소유만을 추구하게끔 하는 자신들의 욕망으로부터 헤어 나올 길이 없기 때문이다. 이러한 부패성에 대항 할 수 있는 보편적인 구제책이 있다. 그것은 우리가 이제 부분적인 수집에서 탈피하여 낙원에서 우리에게 약속된 유산, 즉 온전하고 소박하며, 일치된 유산에 관심을 돌리는 것이다. 지식과 권력과 명예를 서로 나누어 갖는 일을 중단하자, 서로에게 그것을 약속하자마자 곧바로 박탈하거나 그것 때문에 다투는 일을 중단하자. 한 부분이 아닌 전체(Omnia)[8]를 알고, 원하려고 하고, 할 수 있도록 애써야 한다. 단지 부분적인 것보다 전체적이며 하나인 것을 알고, 원하고, 할 수 있기를 하나님

---

7) 지혜가 많은 곳에는 번뇌가 많다. 많이 배운 자는 고통을 많이 받을 것임이 틀림없다(전 1:18).
8) 모든 것(Omnia)이란, 다양성으로 이해되는 것이 아니라, 통일성과 전체성으로 이해된다. 첨가하여 만들어지는 총합이 아니다. 전체는 항상 다만 전체의 지체로서 역할하는 여러 부분들로 구성된다. 결과적으로 이러한 통찰에 '옴니아'(Omnia)는 일반적으로 '전체'라는 말로 표현된다(Vgl.Pamp., K. Kap.I, Anm.2, und K. Schaller, παν a.a.O.S.69-74). 개별적으로 희미한 지식의 획득은 결코 참된 지식에 이를 수 없다. 그러므로 코메니우스는 범지혜자(pansoph)와 많이 아는 자(Polyhistor)를 구별한다(vgl. Prodromus,ODO I, 408). 그것에 비하여 개체가 전체에서 그리고 전체 안에서 얻어질 때, 그리고 그것이 언제나 전체 안에서 관계되어 있을 때, 이러한 지식은 단순한 지식이 아니라, 사물의 근원과 목표를 아는 지식이다. 그리고 이에 대한 질문에 답함으로써 범지적인 지식을 갖추게 된다. 이렇게 개체는 그들의 체계적인 지식을 지니게 된다. 많이 아는 자(Polyhistor)는 '모든 것'을 알려고 노력하지만, 범지자는 '전체'를 이해하려고 노력한다. Bei der vorliegenden Textstelle geht es um omnia scire re…non partem aliquam.

께서는 허락하셨다. 만약 훼손되지 않고 손상 없이 치유된다면, 결과적으로 우리들 각자의 행운은 부분적인 것이 아닌 충만한 것이 될 것이다.

5   우리는 또한 모든 사람들이 피상적으로가 아니라 철저하게 개선되도록 요구해야 한다. 사물 세계의[9] 망상이나 그림자를 좇아가는 것이 아니라 사물 세계의 진리에 맞추어서 개선되어야 한다. 왜냐하면 사물(의 빛)이 없이 희미하게 나타나는 것은 하나의 허상에 불과하기 때문이다. 이것은 무슨 결과를 초래하겠는가? 어떤이는 꿈 속에서 자신이 보화를 얻어서 부자가 되어 품위를 누리며 다른 사람들을 능가하고, 식당에 앉아서 태평스럽게 살아가고 있다고 믿을 것이다. 하지만 그가 잠에서 깨어나 자신이 헐벗은 채로 침대에 누워 있으며, 배고픔을 느끼는 것을 알았을 때, 그는 운명이 조소하고 있음을 깨닫게 될 것이다.[10]

이제 그는 진정 자신에게 유익한 것을, 선지자가 알려 주는 것처럼(시 73:20), 죽은 자들이 부활할 때에 놓치지 않아야 한다. 솔로몬도, 자신을 특별히 유능한 사람으로 여기는 자들도 유기된 자로 칭했다. "네가 스스로 지혜롭게 여기는 자를 보느냐 그보다 미련한 자에게 오히려 바랄 것이 있느니라(잠 26:12)." 주의해서 보면 세상은 온통 오만으로 가득 차 있기

---

[9] 이러한 첨가는 다음의 표현, apparentia sine re(사물없이 드러남)에서 그의 근거를 갖는다. 코메니우스의 진리의 개념은 스콜라적인 문장에 상응한다: 진리는 사물과의 이성인 일치를 뜻한다 (Veritas est adaequatio intellectus cum re). 코메니우스가 인간 사물의 개선에 관한 참된 지식에 대한 희망의 대부분을 '일치'(adaequato)로써 이해하는 진리에 대한 그의 이해로 거슬러 올라간다. 사물이, 있는 그대로 인식 될 때에, 그 지식은 참된 것이다(Prodromus,ODO I,433).-존재의 원리들은 인식의 최고 원리들이다(ibidem).

[10] Dieses Motiv fand in abgewandelter Form als Dramenstoff Verwendung. Vgl. Ludw. Hollonius, Somnium vitae humanae(1665), Neudr. d. Lit. Halle Nr. 95; s.dazu F.F.Gassner, Die Geschichte von tr'umenden Bauer als dramatische Fabel(Programm) Wien 1903, P.Blum, Die Geschichte vom tr'umenden Bauer in der Weltliteratur (Programm) Teschen 1908(D.). Vgl. auch Pancatantra, Buch V. Erzäh lung.9) nach Edgerton Buch V,1)(S.).

때문이다. 모든 것이 타락했고, 온통 바보들로 가득 차 있다는 것이 뭐 놀라운가? 자신과 남을 비교해서 그를 멸시하고, 각자 자신의 상상에서 나온 지혜에서, 그리고 위선적인 경건과 자칭 탁월하다는 생각에서 남들과 경쟁하게 된다. 이러한 악행에 대해서는 정말 치유책이 없다고 할 수 있다. 다만 그들로 하여금 구원에 봉사하는 것이 어떤 것인지 인식하게 하고, 맛보게 하며, 구하고 찾고 소유하도록 초대하고 이끌어 주는 방법밖에는 없다. 그렇게 함으로써 모든것을 확고히 하고 만족시킬 수 있는 가능성이 열린다.

6 인간은 평온하며 친근한 방식으로 도움을 받아야 하며, 개선의 성과가 완전하게 도달될 때까지 계속해서 자발적으로 자신을 숙달된 사람으로 증명해 나가며, 구원(행복)으로 인도되는 것에 서 있어야 한다. 이에 대해서 3가지의 근거가 언급될 수 있다. 첫째, 일찍이 어떤 철학자들은 단지 외적으로 즉, 겉보기에 그럴싸한 철학을 부도덕성을 정당화시키는 데 오용한 적이 있었다. 그 때문에 그들은 키니커(kyniker)[11]라 불렸는데, 그것은 개같고 지저분한 것을 의미했다. 오늘날에도 어떤 사람들은 경건성이라는 구실로 다른 사람들의 분별있는 삶의 양식을 업신여기는 경우가 있다. 이는 결코 용납되어서는 안 된다. 왜냐하면 모든 피조물들이 지니고 있는 최상의 것을 더러운 상태에 있는 정신과 언변과 일 속에 방치해 버리는 것은 합당치 않기 때문이다. 보석이라고 하는 것도 그것이 다듬어졌을 때에 빛을 발하기 때문이다. 친절한 방식의 지도를 요구하는 두 번째 근거는, 자신과 자기에게 속한 것들을 근본적으로 개선하려는 고상한 계

---

11) 금단적인 금욕주의 학파 키니커의 철학은 안티스테네스를 통하여 아텐에 세워졌다. 소크라테스가 죽은 후에 그는 키노사르게스 김나지움에서 가르쳤다. 아마도 키니쉬란 표시가 거기서 생겨났다고 본다. 학생들의 생활을 보면서 키온과 개에 관한 표시가 만들어졌고, 그리고 고대에서 이러한 의미로 잘 알려졌다. 코메니우스는 여기서 옛 키니커를 의미한다. Ueberweg-Heinze, Geschichte der Philosophie I ,12. Aufl. 1926 S.159ff. Litera-turbibel.Beilage S. 62ff.

획이 준엄한 태도나 불가피한 강제성으로는 손상되지 않는다는 사실에 있다. 우선 가능한 한 온화하며 친절한 지도를 통해서 자유롭게 자신을 준비할 수 있도록 감화시켜야 하며 타오르는 열정을 일깨워 주어야 하고, 가장 고결한 완벽성을 일단 갖추게 되면 다시는 그것을 잃어버리지 않도록 해야 하며, 습관적인 게으름과 나태함, 그리고 야만적인 모습으로 돌아가지 않도록 해 주어야 한다. 만약 당신이 공원을 경작하지 않고 나무들을 손보지 않아, 쓸모없는 상태로 방치해 버린다면 공원을 만드는 것이 무슨 유익이 있겠는가? 또한 칼을 잘 갈아서 연마시킨 후에 그것을 방치해 두어 녹이 슬게 된다면 무슨 소용이 있겠는가?

이처럼 모든 인류는 교만에 빠져서 실재적인 앎에 의해서가 아니라, 어리석음 때문에 노력하기를 포기함으로써 오히려 자기 자신을 멸망시키고 있는 것이다. 만약 적절하고,[12] 열정적이며 지속적인 인간에 대한 돌봄(교육)이 이루어지지 않는다면, 진리, 선, 그리고 모든 성취할 만한 것들에 대한 사랑이 인간에게 본성적으로 심겨 있다는 사실이 무슨 유익이 있겠는가? 도처에서 통상적으로 받아들여지고 있는 부분적인 것과 피상적인 것을 통해서는, 그리고 일시적인 노력을 통해서는 아무것도 얻을 수 없다. 오히려 모든 것이 혼돈으로 되돌아가 버리고 만다.[13] 학교를 한번 보라! 사람들은 끊임없이 논쟁하지만, 어느 누구도 상대방을 궁극적으로 설득시킬 수는 없다. 연설가는 말싸움의 소음에서 자신을 자유롭게 할 수 없을 뿐더러 남들도 의심으로부터 벗어나게 하지 못한다.

이번에는 예배의 경우를 생각해 보라. 많은 사람들은 일생 동안 하나님의 학교인 교회를 찾지만, 그럼에도 불구하고 그들은 종교의 근본 원리를 결코 모른다. 국가의 체제에 대해서도 살펴보라. 6천 년 동안 사람들은 세

---

12) Verus=realis(s.Kap.I,Anm. 4). 번역은 거기서 코메니우스에 의한 진리의 이해에 대하여 지지를 받는다. als adaequatio intellectus cum re.

13) Vgl. Phisica, Kap. II(Reber S.90), 빛의 본성에 관하여: 세상에 빛을 취하고, 모든 것은 혼돈 속으로 되돌아간다(Tolle a mundo lucem et omnia redibunt).

상을 통치할 수 있는 최상의 형태에 대해 숙고해 왔으며, 이 문제를 해결하기 위해 논쟁도 하고 전쟁도 치르면서 결국에는 많은 나라들을 멸망시키고 전 인류를 패망으로 몰아넣기까지 했다. 우리는 그토록 많은 피 흘림을 통해서 우리가 얻고자 했던 것을 발견할 수 있었는가? 우리가 필요로 하는 것들을 다른 방식으로 완벽하게 충족하기를 원한다는 것과 다른 방식으로 그것을 움켜잡고 관철시켜야 한다는 사실을 왜 아직도 깨닫지 못하고 있는가?

7 사람들은 우리가 지금 불가능한 것을 헛되이 동경하고 있고, 그것을 시도하는 것 자체도 헛된 일이며, 결국 모든 것을 이전처럼 혼돈으로 빠져들게 만들 것이라고 말할 것이다. 이에 대해 나는 다음과 같이 대답하고 싶다 : 인간에 대한 많은 탄식과 형벌들은 무엇을 의미하며, 그럼에도 불구하고 결코 중단되지 않는 하나님의 격려들은 어떤 의미를 갖는가? 우리들 자신의 마음속에서 우러나오는 계속되는 충동들은 어떤 의미를 갖는가? 더 좋은 것을 향한 동경심은 무엇을 의미하는가? 하나님과 자연은 그들의 계획을 결코 성취시킬 수 없다는 말인가? 우리는 곧 새로운 희망을 품게 될 것이다. 하지만 이러한 고상한 소망을 성취시키는 데에는 여러 가지 어려움들이 가로막혀 있다는 사실을 부정할 수는 없다. 그렇지만 어느 누구도 그 소망이 실현되는 것을 방해할 수는 없을 것이다.

8 인간을 완벽하게 개선시키는 데에는 나름대로 어려움이 있다는 것을 인정한다. 그것에 대해서는 4가지 근거를 들 수 있다. 첫 번째로 인간은 가장 정교하게 만들어진 피조물이라는 것이다. 그렇기 때문에 자신을 유지하려면 다른 피조물처럼 각별한 보호가 필요한 것이다. 인간이 공구나 도구를 사용하는 것을 보면 이것이 쉽게 이해될 수 있다. 공구라고 하는 것은 섬세하고 정교하게 만들어질수록 그만큼 위험성을 내포하고 있으며, 고장 시에 고치기란 더욱더 어려워지는 것이다. 이에 대한 적합한 예는 시계일 것이다.[14)] 벽에 고정되어 있는 해시계는 질서 있게 구조를 가

질 때 비로소 오랜 수명을 갖게 된다. 그것에 비하여 물시계나 모래시계의 바늘의 움직임은 약간 더 복잡한 구조를 지니고 있다. 그렇기 때문에 그 시계들은 망가지기가 쉽고, 그것을 다시 수리하는 것은 간단한 문제가 아니다. 자동시계는 그 문제가 더 심각하다. 톱니바퀴를 두서너 개만 갖추고 바늘도 하나인 시계는 거의 손볼 필요가 없다. 하지만 톱니바퀴를 더 설치하게 되면 시간을 알릴 때마다 그 시계는 그만큼 두 배의 일을 하게 되며, 15분 간격으로 알리려면 3배의 일이 필요하게 되는 것이다. 그렇게 따지면 전체의 운동을 알리거나, 어떤 노래 소리 기능을 갖추려면 그 만

---

14) 시계를 보기로 칭하는 일은 코메니우스와 그당시 동료들에게 아주 흔한 일이었다. Bei Com.z.B. :Did.m.,V, 15 u.17; XIII, 13; XIV, 6; Panegersia, IV,4; IX, 26,3 5; Gentis felicitatis, §106,135; schola ludus, II ,2,3 – und andere Stellen mehr.- In der Janua rerum(1643 -ungedruckte Schrift,von Turnbull zusammenmit Praecognita herausgegeben,Prag, 1951,S.151, 코메니우스는 시계를 보기로 들어 사물 세계의 모습을 밝혀 주었다. 역시 그가 수업을 시작할 때에 벌써 그의 글의 주제가 보여주고 있는 것처럼, 시계작업의 안전성을 보여주기를 원하였다: "자유로운 길에 있는 학교의 미로에서 나오는 출구 또는 많은 기술로 구성된 가르침의 기계"(ODO I,63-76). 어떻게 이 기계의 비교가 그의 체계에 어울리지 않는지는 밝혀져 있지 않다. 이것은 데카르트주의자들의 기계적인 세계관과는 아무 관련이 없다(Komenskys Kampf gegen Descartes und die Cartesianer in : 20 und U. Kunna, das Krebgeschwür der Philosophie-Komenskys Auseinandersetzung mit dem Cartesianismus, St. Augustin 1991). Erst Leibniz wuße, daß die Monade prinzipiell nicht mit einer Maschine zu vergleichen ist(Monadologie § 64).- (Vgl. jedoch Labyrinth, Kap. 37 und 40. 시계를 사람들은 기계적인 관점 하에서 그렇게 많이 평가하지는 않았다. 그것들은 과학과 신학을 위하여 기계적인 법칙과 실천적인 유익의 한 연결을 보이게 했던 데서 특히 주목되었다. 17세기의 범세계적인 생각은 시계를 통하여 학문론에서 노력한 자연과학과 신학과의 통일을 하나의 기계적인 도구 안에서 실현된 것으로 보았다. J.V. Andrae nennt in seinen Coll. Mathem, Decades XI, Tübingen,1614 p.(C4) die Uhrmacherkunst···illa nostor tempore fere coeli aemula. 시계에 대한 앞선 애착은 이따금 시계기술작업 안에서 실천적인 지식에 기인한다. J.V.Andreae는 그의 튀빙겐에서의 연구기간에 그것을 배웠다. 슈바벤의 경건주의자 Ph.M.Hahn이 18세기에 역시 그랬던 것처럼 그는 오랜 나이에 시계 만드는 일을 하였다. 여기에 역시 Perpetium mobile(영구적으로 움직이는 기계)를 위하여 코멘스키가 추구한 노력을 Clamores eliae에서 볼 수 있다(J. Novakova und K. Schaller in 20).

큼 더 일을 해야 하는 것이다. 어떤 구조 속에서 조작되는 개체적인 요소들이 많으면 많을수록 전체를 손보다가 보면 무엇인가가 더 쉽게 망가지게 되는 법이다. 인간도 그런 피조물인 것이다. 본질상 인간은 생명이 없는 자연, 식물, 동물, 천사와 같은 구성요소를 지니고 있다.[15] 또한 각각의 요소들은 또다시 세분화되어 있다. 이 세분화된 부분들도 더 작은 부분으로 연결되어 있다. 그것들 각각은 독립성을 가지고 있어서 각각의 부분에서 망가질 수 있는 소지를 가지고 있으며, 근접한 부분에 영향을 미치게끔 되어 있는 것이다.[16]

9 두 번째로, 인간 본성의 상태는 그 탁월한 특수지위 때문에 조종받기를 쉽게 허용하지 않는다. 인간은 움직이려는 본능을 통해서 어떤 사물에 접근하게 되거나 대부분의 경우에 있어서 완전히 결정된 방식으로 사물들과 연결되어 있는 돌이나 나무 조각이나 무언(無言)의 동물들과 비교

---

15) 모든 것에 대한 '인간의 참여'라는 사상은, 모든 것이 인간과 연결되어 있기에, 범지혜를 구성하는 근본 요소들 중의 하나이다. 코메니우스는 이러한 중세기에서 나아와 상존하는 전통들 중의 하나에서 인간을 하나의 소우주(Mikrokosmos)로 칭한다 (Neuplatonismus, Mystik, Cusanus, Paracelsus): "인간을 모든 것(τό πᾶν)이라고 명명하는 것은 적절하다. 왜냐하면 인간은 물질적인 원소들에서 몸을, 하늘에서 정신을 하나님에게서 마음을 받았기 때문이다. 그리고 자기 자체 안에 홀로 보이는 것과 보이지 않는 세계를 묘사하고 있기 때문이다." – "인간이 소우주로 불리는 것이 정당하다는 것은 앞서 말한 것들에서 밝혀졌다. 왜냐하면 1. 인간은 소우주와 같이 동일한 물질로 이루어졌기 때문이다. 즉 질료, 정신 그리고 빛에서 만들어졌기 때문이다. 2. 그는 지체의 상태를 통하여 세계 전체를 묘사하기 때문이다"(Phisyca, Kap.XI, Vom Menschen, Reber, S.309ff.). 소우주로서 인간은 그의 내면에서 큰 것(우주)을 작은 것(몸) 안에서 발견하는 거울로 해석되었다. U. Pinder에 의하면 여기 인용한 코메니우스의 사상은 말 그대로 다시금 '지적인 거울'(Speculum intellectuale)(fol.LVI)은 인간을 묘사된다: De eodem quomode tres partes hominis tribus mundi partibus repondeant.Scimus a Moyse mundum vocari hominem magnum. Nam si homo est parvus mundus: utique mundus est magnus homo.- Über die Mikrokosmoslehre im einzelnen vgl. Pamp., Kap.II, Anm. 25.

16) Vgl.hierzu Kap. III,17, Anm 11.

될 수 없기 때문이다. 오히려 인간은 영원한 존재자에 비교된다. 그는 끊임없이 많은 사물들을 이용하고, 매 기회마다 다양한 방식으로 변형시킬 수 있는 능력을 부여받은 피조물인 것이다. 그렇기 때문에 인간보다 더 불안정한 존재는 없으며, 고정된 틀로 규정하기에 인간보다 더 어려운 존재도 없다.

10 세 번째로, 우리 조상들의 불행한 타락은 이러한 혼란을 가중시켜 왔다. 우리 모두는 속임수와 같은 것에 사로잡혔다. 빛 속에서도 우리는 보지 못한다. 우리는 우리 자신을 개선하려고 훈계하는 사람들의 음성에 귀를 막아 버린다. 또한 우리는 촉각으로 느끼는 대상들에 의해 기만당함으로써 평지에서도 돌부리에 걸려 비틀거리며 넘어지게 된다. 우리는 악을 선으로 간주하고, 반대로 선을 악으로 간주한다. 또한 빛을 어둠으로 여기고 어둠을 빛으로 여긴다. 그러므로 우리는 생명의 길을 걷고 있는 것이 아니라 죽음의 길을 걷고 있는 것이다.[17]

우리는 하나님이나 하나님의 대리자들에게 복종하기보다는 오히려 우리들 자신에 얽매이는 경향이 항상 있고, 지성보다는 감성을 더 신뢰하며, 사물의 유혹에 기만당하고, 자유롭고 풍부한 감성의 능력보다는 얽매여 있는 감정을 더 따르는 경향이 있다. 이러한 태도는 아담의 후손들이라면 누구나 가지고 있는 천성적인 것이다. 이러한 부자연성은 한 사람에게서 또 다른 사람에게로 전가되는 경향이 있다. 그러나 하나님의 지혜는 우리를 참된 질서의 상태로 이끌어 주기 위해 인간 자신이 되셨으며, 바로 그 지혜가 어떻게 자신의 의지를 포기하고 하나님의 뜻에 순종할 수 있었는지를 알려 주는 모범을 주셨다.

하지만 사람들로 하여금 모범을 닮아가도록 하는 것은 어려울 뿐이며, 어린아이들이나 갓난아이들도 마찬가지이다. 그들도 다른 사람들처럼 어리석음에 빠져서, 이성적이고 규칙적인 지도를 따르기보다는 어리석은 피

---

17) 이 배경에는 성경말씀이 놓여 있다. 마태복음 7:13

조물들처럼 감정적인 것에 얽매어 버린다. 이것은 아무리 현명한 자도 오류를 범하고, 아무리 경건한 자도 죄를 짓기 마련이며, 아무리 훌륭한 지도에 의해서도 사람들은 변질되기 마련이라는 사실에 대한 이유가 된다. 그리스도의 성령은 여전히 교회에 역사하시며, 그 영은 세례라는 은총의 선물을 통해 지금도 풍요롭게 주시며, 경건한 자들의 탄식과 기도를 통해 은총을 내리시기 원하시고, 곤경에 처한 우리를 도우신다. 그리스도의 영이 없이는 어느 누구도 의롭게 될 수 없다. 하지만 그 은총은 인간의 본성을 제거하려 하지 않고, 다만 개선시키기를 원한다. 이에 대항하여 우리의 본성은 가능한 한 오랫동안 자신의 성향을 고수하려고 한다. 성경말씀에 알려져 있듯이,[18] 영과 육체 사이에는 투쟁이 있기 마련이다. 하나님 안에서 거듭난 사람은 자신의 몸에서 이것을 느낄 수 있다. 이런 싸움에서 영이 우위를 차지하게 되면 육신은 죽어지고, 육신이 우위를 차지하게 되면 영이 죽게 되는 것이다.

11 하지만 인간이 실제로 의롭게 되는 데에는 여전히 네 번째 어려운 장애물이 등장한다. 좋지 않은 예들로써, 아이들에게 곧바로 영향을 끼치고 또한 그들을 잘못된 길로 인도하는 부패한 도덕과 악한 말들이다. 키케로(Cicero) 자신도 그것을 관찰하고 인상적인 말로 언급한 바 있다. 우리는 그의 가르침을 물론 기독교적 의미로 해석해야만 한다. 왜냐하면 그는 첫 사람(아담)의 죄의 결과로 인간 본성이 타락했다는 사실에 대해 아무것도 몰랐기에, 그의 가르침이 아무런 유익이 되지 못할 수 있기 때문이다. 키케로는 다음과 같이 말했다: 우리의 마음에는 덕성이라는 씨앗이 심겨 있다. 사람들이 그것을 키우려고만 한다면, 그 본성은 스스로 우리를 행복한 삶으로 안내해 줄 것이다. 하지만 우리가 삶 속으로 들어가 거기에 빠져들다 보면 우리는 끊임없이 나쁜 관습 속에서 생활을 영위해 나가게 되며, 마치 그것은 우리가 유모의 젖에서 범죄를 빨아들인 것처럼 보이게 된다. 만약 우리가 전적으로 부

---

18) 로마서 8장 참조.

모님께 맡겨지거나 선생들에게 위탁된다면, 우리는 너무나 많고 다양한 오류들과 접촉하게 됨으로써 진실을 무가치 앞에 굴복시키며, 본성 자체를 시대 여론 앞에 굴복시키는 결과를 초래하게 될 것이다.[19]

예를 들어 도처에서 죄악에게 박수갈채를 보내는 저속한 대중이 많이 나타나게 된다면, 우리는 이들의 타락한 생활태도에 전염되어서 우리의 본성으로부터 이탈되어 버리는 것이다. 네 주위를 한번 둘러보라! 타락한 자들과 죄인들이 우리를 에워싸고서 우리도 함께 타락하고, 죄짓기를 권유하고 있다. 그리고 이것은 진리와 선이 왜 아이들에게 성공적으로 확실하게 각인(慤印)될 수 없는지에 대한 근거가 된다.[20]

12 이것은 또한 여기서 요구되는 돌봄에 대해 언급된 어려움들이 발생하는 실제적인 원인들이다. 그럼에도 불구하고 사람들이 그 원인들을 해결하려고 애쓰기만 한다면 그 어려움들은 제거되거나, 또는 적어도 감소될 것이라는 것은 자명한 사실이다. 우리는 이제 이런 순서에 따라 그것을 검토해 보려고 한다. 어떤 사람들은 단순성이 인간 본성의 불안전성에 대항하는 최선의 수단이라고 생각한다. 이러한 인간의 본성은 변화하려는 속성 때문에 모든 피조물에게로 향하게 되고, 그 피조물에 의해 영향을 받게 되며 전염되기도 한다.[21]

이러한 단순성은 인간이 가능한 한 감각을 통해 사물을 덜 접하고, 그 밖에 사물의 다양성과 여러면을 보지 않으려 한다는 사실에 있다. 우리가 이러한 관점에 동의한다면, 아이들을 반드시 사물에 대한 지식으로부터

---

19) Cicero, Tusc., 3,1,2.
20) 이러한 사상은 키케로의 뜻한 바에서 세속화되어 루소(Rousseau)에 의하여 등장한다: "사물을 지으신 자의 손에서 나아온 것처럼 모든 것은 선하다. 그러나 인간의 손 아래서 모든 것이 어그러져 버렸다"(Emile). 루소는 여기서 하나의 '부정적인 교육'을 귀결시킨다.
21) 코메니우스는 아마도 C. Besold와 그의 친구들의 모임을 비판한다. S. Axiomata Philosophico-Theologica, Argentorati 1616(D.).

보호해야 할 것이다. 이것은 말도 안된다. 이러한 방법은 의도에서 완전히 빗나간다. 또한 이것은 사람들이 기대하고 있는 것을 이루지 못한다. 이 방법은 또한 전체가 속해 있는 인간의 영혼으로부터 그 탁월성을 박탈해 버리며 기쁨마저도 빼앗아가기 때문에 적당치 않은 것이다. 이 방법은 다채로운 다양성의 창조자요, 인간 영혼의 설립자이신 하나님마저도 기만한 채 사용되며, 그에게 그 실수의 혐의를 뒤집어씌우게 된다. 이 방법은 마땅히 수행해야 할 것도 하지 못한다. 또한 감각은 하찮은 몇몇 사물을 전부로 알고, 환상은 육체와 영혼을 해롭게 하는 여러 종류의 무익한 사상에 빠지게 한다. 만약 인간 본성의 능력이 오로지 경미한 사물에만 정력을 쏟게 된다면, 감각이 사물의 다양성을 통해서 활기를 띠는 것도 점점 적어진다.

이러한 현상은 마을 주민들이나 야만인 종족들의 경우에서도 관찰될 수 있다. 그들이 감각을 통해서 받아들이게 되는 몇몇 사건들로부터 그들은 사물에 대한 가장 특출하고도 위험한 의견들을 형성하게 되고 가장 놀라운 관습들에 이르게 된다. 그들은 이 관습을 변경시키거나 남에게 개선시킬 수 있는 여지를 허락하느니 차라리 죽는 것이 낫다고 생각할 정도로 이 관습에 확신을 두게 된다.

이러한 상황에서 만약 당신이 그들을 변화시키려고 시도한다면, 가장 확실한 것은 그들을 모든 대상으로부터 격리시키거나 아니면 그들에게서 감각적인 것을 빼앗아 눈멀게 하고 귀머거리가 되게 하며 감각을 못 느끼게 하는 방법과 같은 것이 필요할 것이다. 우리는 어리석은 환상주의자들이 이곳저곳에서 이러한 상태를 드러냈음을 알고 있다. 다시 말해서 인간으로부터 비인간을 만들어 내는 것이다. 우리는 인간화(Vermenschlichung)의 방법을 모색하고 있는 것이지, 탈인간화(Entmenschlichung)를 위해 노력하는 것이 아니다. 그러므로 하나님께서 탁월하신 지혜로 정하신 질서를 그대로 지켜야 한다는 충고가 훨씬 더 성공적일 것이다. 가장 정교한 피조물인 인간이 모든 해로운 요소로부터 보호받아야 한다는 이러한 계획은 가능한 한 모든 안전장치를 통해서 무장되도록 요구한다. 그것은 오로지 범지혜(Pansophia)만이 수행할 수 있다. 범지혜는 모든 사물의 참된 사용법을 가르쳐 주며, 모든 사물들의 오용을 막아 준다.[22]

13 동시에 무제한적 자유의 격렬한 행동은 자제해야 하며, 모든 것에 자신을 던지려고 하는 의지의 욕구를 질서의 법을 통해서 조절해야 한다. 그것은 모든 것에 마음을 빼앗기면 결국 해로움을 당하게 된다는 사실을 직시하게 하고, 자신을 자제할 수 있게 하기 위함이다. 인간이 질서에 반(反)하는 것에 자기 자신을 맞추는 것이 익숙하다면, 낯선 지배를 통한 구속도 좀더 쉽게 견딜 것이다. 그것은 자신이 행해야 하는 그 어떤 것도 강제적인 것이 아니라, 이른바 자유로운 소원과 의지로 행하도록 모든 것을 조절할 때 성취되는 것이다.[23]

14 본성의 타락에 대한 해결로써, 인간이 되신 하나님의 아들이 자신의 유년시절에 보여주신 것보다 더 좋은 방법은 이 세상에 없다. 그것은 바로 하나님께 자신을 굴복시키고, 그의 뜻을 실천하며, 고난을 감수하는 결단이다. 예수께서 이 세상에 왔을 때, 그는 "보소서 내가 하나님 당신의 뜻을 행하기 위해 왔다"라고 히브리서 10:7에서 말씀하고 있다. 인간이 자기 자신으로부터 예수님과 같은 행동에 이르기 위해서는, 우리의 고유의지는 완전히 타락했으며, 우리 자신의 뜻대로는 망할 수밖에 없다는 것을 믿고 깨닫도록 배워야 한다. 또한 하나님이 인도자가 되셔서 인간을 아버지처럼 돌봐 주시며, 인간에게 무엇이 필요하고 무엇이 해로운지 우리가 아는 것보다 몇 천 배 더 잘 아신다는 것을 통해서 인간은 그에게 구하고 자신을 버리는 것밖에는 확실한 것이 없다는 것을 배워야 한

---

[22] 코메니우스의 이러한 개방에 그 본질의 한 특징이 나타난다는 것을 잘 알고 있다. 본질적으로 그의 교육론은 그것에 기인한다.

[23] '자발적인 것'(spontane)이란 표현은 벌써 스토익학파에게서 '자연에 적합하게 살며, 아무것도 강요받기를 원치 않는' 그런 뜻에서 사용되었다. 비교, 세네카, Ad Serenum de otio, 5장.

다. 그렇게 하면 인간은 패망으로 빠지지 않을 수도 있는 것이다.

이렇게 이성적이고 질서에 합당한[24] 복종이라고 하는 고상한 비밀을 물론 어린아이들, 특히 아주 어린 나이의 아이들에게는 그들이 이해할 수 있을 정도로 상세히 설명할 수는 없다. 하지만 아이들이 자신의 의지보다는 낯선 의지를 따르는 데 익숙하게 됨으로써, 즉 모든 것에 있어서 부모, 유모, 가정교사 등의 지도에 순종함으로써 이러한 통찰에 이르는 길이 준비될 수 있다. 그러므로 아이들이 이해하기 시작하는 시기에 어리석은 것이나 옳지 못한 것을 발견할 소지를 제공하는 무의미한 명령이나 요구는 절대로 해서는 안 되는 것이다. 왜냐하면 이 시기에 그런 요구가 가해지게 되면 그들은 알게 모르게 자신의 의지를 따르게 마련이기 때문이다. 우리가 이성적이며, 질서에 합당한 존재를 형성하기 원한다면, 우리는 그들을 단지 이성적이며 질서에 합당하게 다루기만 하면 된다.

15 어려움이 많겠지만, 그에 대한 해답은 쉽게 발견된다. 즉 '따라주기만 한다면!' 말이다. 사람들의 눈과 귀로부터 나오는 모든 어리석은 예들이나 기회들은, 특히 어린아이 때부터 멀리하도록 사람들은 주의를 기울여야 한다. 과오라고 하는 것은 모방 없이는 행해질 수 없는 것이며, 이 모방 역시 선례 없이는 일어나지 않는 것이다. 선례가 없으면 모방 역시 존재하지 않는다는 것이다. 그렇다면 어떻게 하면 나쁜 선례를 더 이상 없게 할 수 있느냐라는 당면과제가 생겨난다. 당장은 자연스러운 척도로

---

[24] '라치오'(ratio)란, 라틴어가 '이성'과 '질서'를(비교, 2장 각주 12번) 뜻하듯이 라치오날리스(rationalis)란 말도 '이성적인' 그리고 '질서에 적합한'이란 말로 이해될 수 있다. 이 양자의 의미의 방향들은 소우주와 소우주와의 관련에서 더 잘 이해된다. 사물세계의 질서는 동시에 소우주의 질서이며, 인간의 정신세계의 질서이다. 인간은 이러한 병행에서 결과적으로 사물의 질서를 알게 되는 능력을 가진 것이다 ; 즉 인간은 이성적인 존재인 것이다. 비교, 대교수학, 4장 3항 : "만일 인간이 모든 것의 근거들을 알게 될 때에 비로소 인간은 진실로 이성적인 본질의 칭호를 주장할 수 있을 것이다"(A. Flitner, S.34).

사용된 우리 의도에는, 그 의도가 성취될 수 없을 정도의 그 어떤 방해도 있을 수 없다는 사실을 지적하는 것에 만족해야 한다. 이제 앞으로 가능한 한 우리의 계획에서 방해가 되는 모든 요소를 제거해야만 하는 것이다.

16 정신[25]과 의지와 행동의 능력은 분명히 본질적으로 인간의 본성에 속한 것이다. 이러한 세 부분으로 된 인간의 본성은 진리, 선, 그리고 하나됨(하나가 되게 하는 힘이나 가능성)에 의해 길러진다. 인간의 본성은 거짓이라 할지라도 그것이 진리의 모양으로 나타나면 믿게 될 정도로 진리에 대한 경외심을 소유하고 있다. 또한 인간은 악이라 할지라도 그것이 선이라는 옷을 입고 있으면 그것 또한 획득하려고 할 정도로 선을 사랑한다. 그리고 불가능하다 할지라도 그것이 가능성의 흔적만 띠면 그것을 시도할 정도로 모든 가능성의 영역에 놓여 있는 선을 추구한다. 인간은 잘못된 것이라도 옳다고 생각되면 그 잘못된 것도 옳은 것으로 간주한다. 악이 선하다고 믿기 때문에 악을 사랑하게 된다.

또한 불가능한 것도 가능할 수 있다는 소망 때문에 불가능한 것을 실현하려고 애쓰는 것이다. 정신의 능력에 진정한 참된 것을 제공하라. 그러면 정신능력은 그 참된 것을 파악할 것이다. 의지에 선한 것을 보여 주어라. 그러면 의지는 그 선한 것을 붙잡으려고 할 것이다. 행동욕에 실제적인 가능성을 제공하라. 그러면 가능성이 눈앞에 닥쳐왔을 때 이 과제는 쉽게 처리될 것이다.

17 인간의 정신과 그것의 일부분들인 통찰력, 의지, 기억력 같은 것

---

25) '인게니움'(ingenium)이란 말은 범교육론에서 두 가지의 의미로 나타난다. 하나는 포괄적인 의미로(대부분 복수형으로) 이 책 앞장 제목에서 사용하고, "De cultura ingeniorum"(ODO III,71ff.)이란 글에서 설명하듯이 말하자면 '정신'과 '의지'와 '힘'('능력') 그리고 '언어'를 의미한다. 그리고 좁은 의미로는(대부분 단수형), 여기에서 사용되었듯이, 행동하려는 의지와 능력을 의미한다. 이에따라 이 말은 첫 번째 의미로 '인간'으로 번역될 수 있다.

들은 무엇으로도 채워질 수 없는 심연처럼 무한한 이해력에 비교될 수 있다. 이에 대해서는 많은 자양분이 끊임없이 필요하다. 만약 이 인간의 정신이라는 심연에 완전한 빛이 켜지지 않는다면, 고유한 정신적 능력(ingenium)의 생동력인 하나님의 영(Geist)이 그 위에 운행한다 할지라도,[26] 인간의 정신은 여전히 하나의 심연으로 남게 되고, 잘 정돈된 세상 만물의 모습을 받아들이지 않을 것이다. 그러므로 우리 안에 하나님의 세 가지 빛이 들어오게 하자 – 우리가 감관으로 살피는 하나님의 작품들에 나타나는 빛, 이성의 진술 가운데서 밝혀지는 하나님의 불꽃, 신앙을 가지고 이해하게 되는 하나님의 계시. 그러면 우리는 하나님의 능력으로 가능한 모든 것을 보게 될 것이다.

18 우리의 정신이 아무리 무한한 이해력을 가지고 있다 할지라도, 그 정신은 사물을 묘사하고 파악할 수 있는 그런 척도나 정의를 정하는 것을 막는 그러한 무절제성을 꺼린다. 이런 어려운 가운데서 만일 어떤 사물이 무한정한 공허로써가 아니라 그들의 존재성(essentia)의 확고부동하고, 분명히 정해진 경계가 제시된다면, 정신에 굉장히 도움이 될 수 있을 것이다. 모든 것을 시시콜콜한 세세한 것까지 제시하는 것이 아니라, 모든 것들의 주요 상황과 중심 부분들을 제시해야 한다. 이 중심 부분들은 저절로 세세한 것들을 자기에게 끌어당겨 사로잡아 이성과 의지와 능력 앞에 세워놓는다. 게다가 그 중심 상황만 파악할 수 있다면 두말 할 것 없이 자질구레한 세세한 것들은 무시될 수 있는 것이다. 왜냐하면 인간의 행복이라고 하는 것은 단순히 많은 재물을 축적하는 데 있지 않으며, 오히려 합법적으로 얻어진 재물을 향유하는 데 있기 때문이다. 이러한 것에 진정한 가치를 두는 사람은 적기는 하지만 시간을 낭비하지 않으며, 생활이 나아지게 되고, 점점 더 많은 평화와 기쁨을 누리게 되며, 많은 것을

---

[26] 창세기 1:2 : 하나님의 영이 수면에 운행하시다.

자신의 것으로 할 수 있는 확실한 소유자가 될 수 있는 것이다. 금, 보석, 비단을 다루는 사람들은 쉽게 그것들을 싼 것과 바꾸려 하지 않는다.

그렇다면 만약 우리의 정신을 이 세상에서 가장 고귀한 것에 사용하려 한다면, 티끌과 같은 세상의 일로부터 쉽게 벗어날 수 있을 것이다.

19 앞의 세 장에서 세 가지의 요구가 나타나게 된다. 인류를 개선시켜서 완성으로 인도해야 할 필요성에 대해 인식함으로 이제는 다음과 같은 것을 요구하는 것이다.

Ⅰ. 모든 인류의 각 개인은 개선되어야 한다. 전체의 표준을 따르고 모든 인간의 완성에 충족되는 돌봄의 장(場)으로써 학교가 필요하다. 이에 대해서 우리는 범지혜학교(Panscholia)라는 명칭을 사용한다.
Ⅱ. 오직 전체를 통해서만 인간은 자신을 도울 수 있다. 이를 위해서는 전체에 도달하게 해주는 도구들이 필요하다. 즉, 전체를 담고 있는 책들을 말한다. 우리는 모든 것을 다루는 책인 범지혜서(Pambiblia)를 언급할 수 있을 것이다.
Ⅲ. 인간은 철저하게 가르침을 받아야 한다. 이를 위해서는 전체를 조망하며 자신의 기본적인 가르침을 토대로 모든 사람들에게 전체를 열어 줄 수 있는 교사가 필요하다. 우리는 그들을 범지혜교사(Pamdidascalia)라고 부른다.[27]

20 지금까지 사람들은 이러한 세 가지 요구를 올바로 충족시키지

---

27) 여기 언급된 표시들은 5, 6, 7장의 소주제들이다. 이 자리에서 범세계적인 것, 즉 '판'(Pan)이라는 접두어에 관한 의미의 다양성이 특별한 방식으로 밝혀질 것이다. K.Schaller의 범세계에 관한 의미에 대하여 Παν, a.a.O., 그리고 Die Pampaedia des J.A.Comenius(Eine Einführung in sein pädagogisches Hauptwerk) Heidelberg 1957; Ders., Die Pädagogik des J.A.C. und die Anfänge des pädagogischen Realismus im 17.Jh., Heidelberg 1967.

못했다. 그리고 이에 대하여 세상은 좋지 못한 상태에 놓여 있었다. 어떤 민족들은 대개 학교도 없는 상태였다. 그렇기 때문에 완전해지는 돌봄(교육)을 받지 못했고, 완전 무지와 야만성 속에서 살았던 것이다. 다른 곳에서는 설사 학교가 있다 하더라도 좋은 상태가 아니었다. 거기서의 돌봄은 인간 본성을 개선시키기에는 부족하며, 부적합할 뿐 아니라, 오히려 사람들을 타락하게 만드는 것이었다. 물론 선하고 경건하며 거룩한 목표를 추구했던 학교들이 여기저기에 있기도 했다.[28] 그러나 그곳에는 올바른 질서가 없었다. 그곳은 하나의 일터였으며, 미로(迷路)였던 것이다. 그렇기 때문에 학교라는 것은 전 인류를 새롭게 하는 목적으로 설립되어야 함을 명심해야 한다. 학교는 하나님의 계획을 따라야 하고, 인간 속에 있는 하나님의 형상을 회복시켜야 하며, 모든 인간들을 위험한 행동으로부터 전향시켜 기쁨의 동산이 되도록 그 형상을 더럽히지 않아야 한다.

21 또한 어떤 민족들은 책을 전혀 갖고 있지 않았거나, 숨이 막힐 정도로 넘치게 갖고 있어서 인간을 도와주기는 커녕 인간을 압도했다. 그리고 그 책들은 철학적으로, 의학적으로, 정치적으로, 종교적으로 오류 투성이였고, 그것이 진실을 나타내고 있다 하더라도 잘못된 방법으로 된 것이어서 그 작품의 바람직한 사용을 기대할 수 없었던 것이다. 그리고 인류를 개선시키는 보살핌(교육)의 수단이 되는 이 책들은 어떤 민족에게도 부족함이 없도록 해야 하며, 셀 수 없이 많은 서적들은 제한을 해서 출판되는 그러한 방식으로 개선되어야만 한다.[29] 방황하는 학생들의 의지를 확실한 진리에 거하게 해주며, 그들이 가는 가시밭 같은 길에서 사랑스러운 길로 안내해 줄 수 있도록 넘쳐흐르는 내용들을 적당한 분량으로 축

---

28) 여기서 코메니우스는 글 가운데서 도움을 이루려고 찾는다 : Leges schola bene ordinatae(좋은 질서를 갖춘 학교의 법칙),ODO III,S.787ff.
29) S.P.Meuderlinus, Die güldin Ketten des Ewigen Lebens…Kempten 1612 S.aiiff. und S.aiiiv.(D.).

소시켜야만 한다.

22 방금 언급한 말은 인류를 교육시키는 교육자들에게도 해당되는 것이다. 교사가 부족해서는 안되며, 그는 선해야 하고, 학식있고 좋은 교사이어야 한다. 그는 인간을 인간되게 하는 '전체'를 통찰할 수 있어야 하며, '전체를 통해서' 남을 개선시킬 수 있어야만 한다.

23 이런 방법 속에서 질서 있게 제시된 요구들은 다음 장에서 기저를 이루게 되는 규범의 문제에도 결정적인 역할을 하게 될 것이다.[30] 거기에서는 인간에게 연령층에 맞는 학교, 서적 그리고 교사가 있어야 함을 보여 주게 될 것이다. 이 모든 것은 전체가 단계적으로 자신의 완성을 지향하도록 하는 범지혜(pansophia)를 가르치는 것과 관계 있다.

24 또한 다음과 같은 숭고한 과제 역시 주의해야 하며, 성취시키려고 노력해야 한다.

1. 정신을 사용하는 사람들은 자기 자신이 학교요, 책이요, 교사가 되어야 한다.
2. 각 사람은 교류를 통해서 자신들의 이웃들에게 학교요, 책이요, 교사가 되어야 한다.
3. 어디에서도 친근한 학교, 공공의 책, 교사가 부족해서는 안 된다.

---

30) Kap. VIII-XV.

CHAPTER 5
PAMPAEDIA ALLERZIEHUNG

범지학교(凡智學校)
(Panscholia)

이 장에서는 학교들이 곳곳에서 어떻게 설립되어야 하는가에 대해서 다루었다. 또한 학교 설립의 필수성과 가능성을 다루었고, 이 과제가 합당하게만(*ratio*) 착수된다면, 이 계획의 성공이 용이하다는 사실을 설명하였다.

1 세상은 태초부터 종말에 이르기까지 전 인류를 위한 하나의 학교인 것처럼, 각 개개인에게는 자신의 전 생애가 나서부터 죽을 때까지 하나의 학교인 것이다(태아에서 무덤까지). "배운다는 것은 어떤 나이에도 늦지 않다"[1] 는 세네카(Seneca)의 말을 언급하는 것은 충분하지는 못하다. 우리는 이것에 대해 더 많은 것을 말해야 하는데, 각 연령에 따라 배움의 내용이 정해져 있으며, 인간의 모든 삶과 모든 추구하는 바도 바로 이것을 위한것이다. 그렇다. 어떤 경우에도 죽음이라는 것이 인생의 삶에 한계를 지운 경우는 없으며, 세상 자체도 그렇게 하지는 못한다. 인간으로 태어난 모든 사람들은 이런 모든 것들을 뛰어넘어서 '천상의 아카데미아'(Academia)라고 할 수 있는

---

1) Seneca, Ep.,76;vgl. auch De brevitate vitae, III, 2(H.).

영원으로 들어가야만 한다. 이와 같이 앞서 진행되는 모든 것들은 단지 준비 과정이며 일터인 동시에 하나의 하위단계에 있는 학교라고 할 수 있는 것이다.

2 그렇기 때문에 모든 인간들이 자신의 죽음을 맞이하기 전에 인생을 완성시키고 미래의 삶에 대해서도 준비할 수 있도록, 인간의 모든 단계와 그 단계 안에서 성취되어야 할 과제들이 나누어져야 한다. 세상에 있는 모든 것들이 하나님의 지혜를 통해서 정돈되어 있기에 그 질서 안에 머물러 있기만 하면 자신의 의미를 충족시킬 수 있는 것과 같이, 우리의 인생도 마찬가지다. 단지 우리가 세상에 오게 된 목적을 잘 주시하고, 보냄의 목적을 성취할 수 있는 수단을 질서 있게 사용하기만 한다면, 우리 인생은 무엇을 위해 태어나게 되었는가 하는 문제의 해결점을 찾게 될 것이다. 우리의 삶의 각 단계는 결실을 맺도록 사용되어야 한다. 우리 인생을 하루도 헛되이 소비해서는 안 되는 것이다. 모든 점에서 우리는 나쁜 것보다는 좋은 것을 선택해야 한다. 지금 우리가 목적 없이 방황하고 있다면, 그것은 질서를 지킬 때 우리에게 요구되는 중요한 것을 얻기 위해 애쓰기보다는 중요하지 않은 것에 수고하는 결과를 초래하는 것이다. 이렇게 되면 우리는 끊임없는 혼란에 빠지게 되며 인생의 왕관(Krone)을 잃어버리게 된다. 모든 것은 최종 목적에만 이를 수 있도록 가르쳐져야 한다.

3 이를 위해서는 다음과 같은 것들이 유용하다. 우선 경건에 대한 노력이다. 그렇기 때문에 모든 인간은 경건을 위해 자신을 바쳐야 한다. 그렇게 되면 삶과 죽음에 있어서 은총의 하나님을 얻게 될 것이다. 두 번째로, 해로운 오류들로부터 우리를 보호해 주는 삶의 지혜이다. 세 번째로, 인간의 교류에 양념 같은 역할을 하는 숭고한 관습들이다. 네 번째로, 하나의 예의 바른 삶의 태도를 위해서 필수 불가결한 예술과 학문이다. 마지막으로 읽는 것과 쓰는 것이다. 왜냐하면 이것은 누군가 위급한 상황에[2] 처해 있을 때, 철자의 도움외에는 달리 다른사람에게 전달할 수 없고, 어느 누구도 듣지 못하도록 글자로만 말해야 할 경우가 발생할 수 있기 때문이다. 이러한 것들은

낮은 단계의 사람들이 직면할 수 있는 상황이며, 철자를 배우는 것은 그렇게 많은 수고를 안 해도 되는 것이므로 모든 사람들은 아니지만 중노동자정도는 이것을 배울 수 있기 때문에, 모든 사람들은 읽는 것과 쓰는 것을 배우고, 방금 위에서 상술했던 어려운 상황에서뿐 아니라 일생동안 매일 이 기술 사용하기를 애써야만 한다는 사실을 명심해야 한다.

4 만약 하나님에 의해서 사물 세계에 주어진 질서에 대한 목표 설정과 법칙이 잘 주지된다면, 모든 민족들 중에 있는 각 개인이 전체를 알게 되는 가능성은 결코 희박한 것이 아니며, 어떤 경우에도 어려운 것이 아니다. 왜냐하면 지혜로우신 창조자께서 자신의 형상인 인간에게 지성, 정신, 혀, 손과 그 밖의 것들을 개별적인 은사로 부여해 주셨기 때문이다. 그는 인간에게 무한성(infinitudo)을 줄 수 없었기 때문에, 적어도 유사성(similitudo)을 인간에게 선물로 주셨던 것이다. 또한 그는 그 유사성을 연령 단계별로 서로 구분해 놓았다. 즉, 유아기, 소년기, 청소년기, 청년기, 장년기와 노년기가 그것이다.[3] 이것에 유념하지 않는 사람은 자신의 생애가 날아가 버리게 될 것이다. 그것은 두 가지의 낭비를 의미한다.

첫째는 시간에 대한 낭비이다. 예를 들어서 어떤 사람이 유년기나 소년기에 배울 수 있었던 것을 결국 성숙기에 가서야 그 일을 하고 마는 경우이다. 혹은 성숙기나 청년기에 할 수도 있었던 것을 장년기나 노년기로 연기시키는 경우이다. 그렇게 되면 우리가 마땅히 해야 하는 궁극

---

2) 여기 첨가된 문장은 그 다음 문장에 사용된 전환을 통하여 정당화되었다: extra periculosos illos casus.
3) 코메니우스가 기초하고 있는 고대의 연령단계의 구분은 일반적으로 우리에게 익숙한 7년 리듬에 관련을 갖는다. 청소년들을 위한 '성숙의 기간'이란 번역이 소위 말하는 청소년의 기간(14-21세)을 젊은이의 기간(iuventus, 21-28)과 구별하기 위하여 선택하였다. 이러한 순수한 연령 단계 구분에 대한 우리의 심리적으로 기초한 개념들의 내용의 중계는 여기서 피해야 한다. Vgl. Franz Boll: Die Lebensalter. Lpz.-Berlin.1913 und in Neue Jahrbücher f.d.klassische Altertum, Bd. 31.

적인 일들을 위해서는 시간이 없게 되는 것이다. 그리고 만사를 서두르게 되면 모든 것이 잘못되게 마련이다.

두 번째로는 기회나 사물을 올바르게 다루는 능력을 상실하게 되는 것이다. 첫 번째 연령기에 적합한 것은 두 번째나 세 번째 혹은 그 밖의 시기에는 더 이상 의미가 없기 때문이다. 예를 들어서 어떤 아이가 임의로 언어를 손쉽게 배웠다고 한다면, 청소년기에 접어든 사람이나 청년기에 있는 사람들은 그것을 배우기가 오히려 더 어렵다는 것이다. 결국 장년이 그것을 배우기는 더욱 어려운 것이어서 결코 그 언어를 숙달할 수 없는 것이다. 이는 다른 것의 경우에서도 마찬가지이다. 지혜의 근본 토대는 시간의 현명한 사용에 있다. 자신의 전 생애를 현명하게 구분할 줄 아는 사람만이 온전한 지혜에 이를 수 있는 것이다.

5 그러므로 삶 전체가 학교가 된다는 것은 별 어려움 없이 이루어질 수 있다. 인간이 각 시기에 알맞게 적합한 것을 하려고만 한다면, 우리의 전 생애는 배워야 할 것과 실행에 옮겨야 할 것으로 충만해져서 인생의 열매를 거두게 될 것이다. 모든 날과 모든 해가 분할되어 있고, 이 분할되어 있는 것은 또다시 분할되면서 자신의 특이한 역할을 수행하는 것처럼, 우리의 전 생애도 마찬가지이다. 초기 유아기와 소년기를 아침이나 봄으로 비유할 수 있으며, 청소년기와 청년기를 오전이나 여름으로 비유할 수 있고, 장년기는 오후나 가을로, 노년기는 저녁이나 겨울로 비유될 수 있다는 것이다. 자연이 봄, 여름, 가을, 겨울을 통해 계절에 맞게 부단히 일하며 쉬지 않는 것처럼, 우리의 인생도 각 시기마다 해야 할 일로 충만해 있는 것이다. 우리의 인생도 이것을 원하며 올바르게 인도될 때 기뻐한다.[4]

---

[4] 코메니우스는 이러한 인식에서 나아와 10세에서 13세 사이의 아이들에게 이웃나라의 언어들을 배우게 해야 한다는 것을 추천한다(그의 대교수학 22장 10항). 비교, 역시 같은 책 소년기 학교 제 10장. 대체로 코메니우스의 이러한 요구의 해석은 모든 것이 적당한 시기에 가르쳐져야 함을 말하는 것이다. 비교, 대교수학 16장 7과 10항

6 사람들은 보통 인간의 전 생애를 몸과 정신과 영혼의 형성을 위해서 정해진 7부분으로 나눈다. 첫 번째 시기는 어머니의 몸 속에 잉태되는 것과 태중에서 육체의 모양을 갖는 것이며, 두 번째 시기는 출생과 유년기며, 세 번째는 소년기, 네 번째는 청소년기(성숙기), 다섯 번째는 청년기, 여섯 번째는 장년기, 일곱 번째는 죽음으로 끝맺는 노년기이다. 이와 동시에 인간의 단계별 완성을 위한 7개의 학교가 특징별로 있다. 그것은 다음과 같다.

Ⅰ. 1년의 시작인 1월과 비교될 수 있는 출생 이전의 존재 형성의 학교.
Ⅱ. 꽃 봉우리를 피우는 2월과 3월에 비교되는 유아기 학교.
Ⅲ. 식물들이 꽃으로 치장하게 되는 4월과 비교되는 아동기 학교.
Ⅳ. 모든 열매가 나기 시작하고 성장하는 5월과 비교되는 청소년기와 사춘기 학교.
Ⅴ. 모든 종류의 열매가 익어서 처음으로 맛을 보게 해 주는 6월과 비교되는 청년기 학교.
Ⅵ. 모든 종류의 열매들이 수확되고 다가오는 겨울을 위해 저장되는 7월에서 11월까지 모습을 닮은 장년기 학교.
Ⅶ. 일 년을 마감하며 끝나는 12월과 같은 노년기 학교.

7 첫 번째 단계의 학교는 인간이 태어나는 장소 그 자체이며, 두 번째는 각 가정이,[5] 세 번째는 각 마을이, 네 번째는 각 도시가, 다섯 번째는 각 영역 국가나 지역이, 여섯 번째는 전 세계 속이, 일곱 번째는 노인들이 사는 곳이 바로 학교가 되는 것이다. 처음 두 번째까지의 단계를 사적인 학교라고 명명할 수 있을 것이다. 왜냐하면 그들의 부모들이 사적인 영역에서 돌봐주

(벌써 파라셀수스는 자연적으로 성숙의 관점에 상응하는 인간의 발전을 요구한다(I.Abt. XII, 406 u.ö.) Vgl. Anm. III, 50.(D.).
    5) 각자의 집에 있는 어머니 학교, 역시 대교수학 27장 3항 ; ODO I, p. 165.

기 때문이다. 중간에 속해 있는 세 단계들은 공공학교라고 이름 붙일 수 있을 것이다. 그것들은 교회나 관청의 감독 하에 있기 때문이다. 마지막 두 개의 개별적인 학교들은 개인학교라고 부를 수 있다. 왜냐하면 각자는 이 연령에 이르게 되면 누구나 스스로 자기의 행복의[6] 조련사가 될 수 있으며, 자신을 하나님에게 맡겨야 하는 시기이기 때문이다.

8 여기에서는 무엇보다도 공공학교에 대해 다루어야 한다.

Ⅰ. 그것들은 무엇이며, 왜 도처에 설립되어야 하는지에 관하여.
Ⅱ. 이것이 가능하다는 것에 관해서.
Ⅲ. 이 학교는 매우 편리하고 친근해서 고통에 가득 찬 빵집이 아니라, 참으로 정신의 놀이터(ludus ingeniorum)가 되어야 한다.

9 마을 전체 혹은 한 도시나 한 영토의 아이들이 그룹으로 모여 특별히 존경할 만한 남자들이나 여자들의 감독 하에서[7] 기술과 학문, 올바른 관습과 참된 경건을 연습하는 모임들을 나는 공립학교라고 부른다. 이를 통해서 도처에 잘 교육받은 사람들이 충만하도록 해야 한다. 이를 더 잘 이해하기 위해서 우리는 좀더 상세히 설명해야 한다.

10 마을 전체나 전 도시 혹은 한 영토에 속한 모든 아이들을 위해서

---

6) Faber의 글 가운데서(fortunae sive ars consulendi sibi ipsi(1637,V.S.I,S.435-471), 코메니우스는 그의 이전의 제자였던 Bogislav와 Ladislav Leszczynski, 리싸에서 온 새로운 사람들에게 참된 인간성의 이상들로서 자립성과 겸손을 제시하였다.
7) 여성들은 벌써 중세기에 수녀학교에서 선생으로 일하였다. 역시 종교개혁시대에도 특히 소녀들의 학교에서 여교사들로 하여금 가르치도록 힘썼다. 마찬가지로 소녀들을 가르쳐야 함을 제시한 코메니우스도(대교수학 10장5항), 결과적으로 여성의 교사 참여를 거론한다.

가족들 그룹이 사는 곳에 양육을 위한 공동의 장소들이 설립되어야 한다는 것을 뜻한다. 그것을 위한 적절한 근거가 있다.[8]

첫째, 부모들은 자신의 자녀들을 교육시킬 수 있는 충분한 시간이 없다는 것이다. 그들 중 대부분이 교육을 받지 못하여 교육에 대해서 이해하지 못하고 있기 때문이다. 반면에 또 다른 사람들은, 즉 부자들이나 향락만을 추구하는 자들은 자녀들에 대한 애착심에 반(反)하는 것이기 때문에 이 자체를 원하지도 않는다. 또 다른 부모들은 너무 과다한 노동 때문에 이를 할 수 없는 경우도 있다. 그렇기 때문에 우리는 어떤 아이도 등한시되지 않는 공공의 학교를 설립해야 하는 공동의 과제를 직시해야 한다. 모든 사람들은 학교에 다닐 수 있는 권리를 가져야 하며, 자신들의 자녀를 학교로 보내는 것이 모든 부모들에게 주어진 신성한 의무인 것이다.

둘째, 더 많은 학생들이 함께 교육을 받는다면, 수고를 덜 뿐 아니라 학생들과 교사들에게 더 많은 기쁨을 만들어 주게 되며, 끊임없는 모범과 서로의 경쟁심을 통하여 더 빠르고 확실한 성과가 나타나게 된다.

마지막으로, 하나님이 교회의 모임을 만드셨다는 것과 인간의 지혜를 통해서도 시민들의 모임이 생겨났다는 데 그 근거를 둘 수 있다. 이른바 공공의 학교들은 교회생활과 국가생활을 위한 전주곡과도 같은 것이다.[9] 즉 모든 사람들은 영적이며 세계적인 교류에 익숙해야 하며, 상호 일치와 공공복리에 기여하는 법칙 하에 이루어지는 생활에 익숙해져야만 한다는 것이다. 이것을 통해서 도처에 공공의 학교들이 경제생활의 완화로서, 그리고 교회와 국가를 위한 토대로서 세워져야 한다는 사실이 확고부동해지는 것이다.

---

8) 비교, 어머니의 언어학교로서 일반적인 초등학교의 근거를 대교수학 8, 9, 29장에 제시한다.

9) 이러한 사상은 코메니우스에게 자주 언급되었다. 대교수학 서론 33항, 코메니우스는 여기서 Cicero의 Dedivinatione, lib.II, c.2 §4에 의지한다.

11 한마디 더 하자면, 이 학교들을 감독하는 일은 특별히 존경할 만한 남자들이나 여자들에게 위탁되어야 한다는 것이다. 이는 다시 말해서, (1) 아무에게나 이런 중요한 사안이 맡겨지는 것이 아니라, 가장 탁월한 사람들에게 맡겨져야 한다는 것이다. (2) 또한 자기 자신도 제대로 통제할 수 없는 젊은 사람이 아니라 완벽한 도덕성을 지닌 어느 정도 원숙한 나이의 사람이어야 한다는 것이다. 그리고 (3) 각 세대는 특별히 온순하게 교육되어야 한다. 이것은 무엇을 위한 것인가?

12 우선 지구상에 있는 모든 사람들은 읽는 것과 쓰는 것을 배워야 한다. 거기에 특별한 삶의 능숙함도 더해진다. 후에 아무런 유익도 가져다주지 못하는 그런 일을 젊은 사람들에게 짐 지우는 일이 학교에서 일어나지 않게 해야 한다. 대신에 학교는 그들이 삶의 과제 속으로 직접 들어가도록 해주는 그런 일에 종사해야 한다. 이 시점에서 우리는 키케로(Cicero)가 「연설에 대하여」(*de oratore*)[10]라는 자신의 두 번째 책 속에서 말했던 훌륭한 진술을 적용해 본다. 연설을 위한 훈련은 싸움을 앞두고 전쟁터에서는 막상 써먹지도 못하는 창을 가지고 연습하는 삼리족들(Samnitern)의 경우와 같아서는 안 될 것이다. 연설자의 경우도 연습 삼아 하는 것이라도 체계 있게 실행하여서 논쟁의 장(場)에서도 써먹을 수 있는 것이라야 한다. 나는 청소년들도 학교를 졸업한 후에 어떤 어려운 일이 닥쳐와도 써먹을 수 있는 훈련 방법을 통해 교육받아야 한다는 것을 말한다.

13 보편적인 관심사로, 아이가 공적인 교육시설에서 부단히 예의바른 정숙함으로 인도되어야 한다는 요구를 제기해야 한다. 몇몇 사람들은 단순한 교제만으로도 타고난 나쁜 품성이나 부족한 가족교육을 통해서 생겨난 나쁜 품성을 다른 사람들에게 전염시킨다는 점에서, 아이들은 대중과의 접

---

10) Cicero, De oratore, II, 80, 325.

촉을 통해서 가장 쉽게 타락해 버린다. 그러므로 공공의 빛 속에서 지속적인 모범을 통해 숨겨진 정숙함의 불씨를 붙이며, 상호 경쟁을 통해 타오르도록 배려하는 것보다 선한 덕성을 요구하는 데 더 영향력 있는 것은 없을 것이다. 먼저 우리는 모든 공적인 학교가 아이들이 자기도 모르게 오류에 가득 찬 어떤 것을 배우는 곳이 아니라, 선한 행동의 보편적인 장(場)이 되도록 해야 한다. 습관으로부터 벗어나는 것은 어려운 일이다.11) 청소년들이 그것에 대해 깊이 생각하지 않아도 학교를 졸업한 후에는 불명예스러운 일에 저항할 수 있도록, 그들은 점차적으로 예의바른 태도에 익숙해져야 한다. 플라톤(Platon)에게 교육을 받았던 한 소년에 의해 보고된 바로는, 그 소년이 부모 집으로 돌아왔을 때, 그의 아버지가 큰 소리로 웃는 것을 듣고 불쾌한 마음이 들었다고 한다.12) 그는 플라톤에게서 그런 행동을 찾아볼 수 없었다고 말했다. 만일 집-(어머니 학교)-에 있는 아이들이 부모들의 미숙함이나 무관심에 의해서 부도덕한 습관에 빠졌다면, 그 아이들이 공적인 학교에서는 이 나쁜 습관을 버릴 수 있는지에 대해 진지하게 생각해야만 한다. 사람에게서 더러운 것을 씻어내지 않는다면 목욕탕이 무슨 소용이 있으며, 오류나 나쁜 품성을 근절시킬 수 없다면 학교가 무슨 소용이 있겠는가?

14 아이는 경건성에 대해서도 공적인 학교에서 교육받아야 한다. 경건성이라고 하는 것은 당연히 가르침의 총체적인 정신이며, 삶 전체의 정신이라고 할 수 있다. 그러므로 이것은 가르칠 만한 것이고, 모범과 규범과 모방을 통해서 가르쳐질 수 있으며, 배울 수 있는 것이다. 이것을 위해 성실하고도 겸손하게 노력한다면, 성령께서도 함께 역사하신다.

---

11) 그 당시 습관으로서 통상적인 교육의 이해에 대하여 한 좋은 예를 베이컨의 에세이에서 발견한다(습관과 교육, 39장) : "지금 습관은 알려진 대로 이른 시기에 길들인 습관보다도 아무것도 다르지 않은 이것을 교육이라고 부른다"(Fr.Bacon Esseys. Hrg.v.L.L. Schückung, Wiesbaden o.J.S.182).

12) Cunradus Lycosthenes는 Apophthegmata 안에서 설명한다, 교육의 장, Paris 1581, S. 290(H.).

15 아이는 그룹 방식으로 교육되어야 한다는 것을 나는 두가지 의미로 이해한다. 나는 먼저 아이들 무리가 학교에 위임된 사람들에 의해서 동일한 배려로 사랑을 받고 돌보아져야 한다는 의미로 생각하고, 그 다음 그들이 훈련되어야 하는 지식 영역의 그룹을 생각한다.[13] 이런 방법으로 아이들에게 공적으로 더 많은 가르침이 전해질 수 있으며, 더 좋은 습관을 심어 줄 수 있을 것이다. 또한 시간이 흐를수록 오류가 제거되는 것이다. 만약 가장 훌륭한 교사들이 모든 이에게 필수적인 것을 지도하기 위해서 개개인이 아니라 모든 사람을 위해서 책임을 다한다면, 결과적으로 수고와 돈이 절약될 수 있다. 그렇게 함으로써 각 공공의 학교는,

I. 사람들이 건강하게 사는 법을 배우는 건강을 위한 공적인 장소가 된다.
II. 전 생애에 필요한 것들을 빠르고 활발하게 연습할 수 있는 시합장이 된다.
III. 개개인의 정신을 학문이라는 빛으로 빛나게 해주는 계몽의 장소가 된다.
IV. 개개인이 언어에 대한 지식과 화술을 배우게 되는 연설 학교가 된다.
V. 학교에서나 졸업 후 인생에서 어느 누구도 풀밭에서 찌르륵거리며 한가한 소리로 시간이나 낭비하는 귀뚜라미가 되서는 안 되며, 자신의 일터에서 항상 일하는 개미와 같은 이가 되도록 하는 일터로서의 학교가 된다.[14]

---

[13] 그룹 학습이나 학급의 수업요구에 대한 말이 대교수학 가운데 벌써 나타난다(19장). I.Coetum in classes distribuendo, II.Neminem seorsim,omnines coniuntim poliendo(V.S.IV,S.273). 여기 팜패디아에 코메니우스는 물론 대교수학에서처럼, 희미한 자연비교로서 근거를 제시하지 않는다. die agmina Juventitus werden hier mit Blick auf die agmina disciplinarum begründet. 그 어떤 기술적이며 교수학적인 질서는 너무 많이 아는 자의 질서로 스스로 다시 이끌리게 된다. 거기서 모든 형태에 기초해야 할 것이 무엇인지를 찾는 것이다. Diese Einsicht drückt sich sprachlich aus im Ablativus instrumentalis(quibus)und im Modus passiviöexercri debent).

[14] S.o. Kap. I, 12, S. 15.

Ⅵ. 모든 시민들이 전체를 통하여 철저하게 인격적으로 개선되는 도덕성의 작업이 된다.
Ⅶ. 하나의 작은 국가처럼 모든 학생들이 복종하는 것과 명령하는 것을 교대로 배워서, 어렸을 때부터 사물과 자기 자신과 남을 다스리는 것에 익숙해지는 시민생활의 자화상이 된다.
Ⅷ. 마지막으로 모두가 영혼의 목자들이나 양심의 파수꾼에 의해서 하나님에 관한 가르침을 받아들이고, 하나님을 경외할 수 있는 가시적 교회가 된다. 그들은 일요일에만이 아니라 매일 신앙으로 교육받아야 하고, 어린 나이에 맞는 설교를 들어야 하며, 여러 가지 신앙의 가르침들 속에 나타난 훈계와 위로를 통해 인도되어야 한다.

16 결과적으로 훈련에 대해서도 언급된다. 모든 공적인 학교에서는 모범과 실천적 수행에 모든 주의가 기울여져야 한다. 이것은 지름길인 동시에 효과만점의 방법이며,[15] 규칙을 통한 길고도 어려운 방법보다는 더 나은 것이다. 이런 방법을 클레나르두스(Clenardus)에게서 전수받은 호른베크(Hoorn-beck)가 기술한 방법론에 따라서 모하메드(Mohammed)의 사람들이 자신의 학교에서 아라비아어를 가르치고 있다는 것은 놀라운 사실이다.[16] 그들에게 다음과 같은 풍습이 있다고 한다: 어려서부터 그들은 먼저 코란(Koran)을 암기하는데, 이해되지 않는 한 권의 책을 머리 속에 담아 놓는 것이다. 어느 학교에서도 그들에게 이것을 알려주는 곳이 없으며, 대신에 학교선생은[17] 자신의 기억력으로부터 어떤 일부분을 말해 주고, 흑판에 어린이

---

15) Ein bekannter Ausspruch Senecars,Epist.,6,4(H.).
16) Hoornbeck, 네델란드 개혁파 신학자(1617-1666). 16세기의 유명한 문법학 Nic. Clenardus(1493-1542)는 Leuven과 Salamaca에서 가르쳤다. 그리고 아라비아어를 배우기 위하여 아프리카에 체류하였다. 그런 후에 그는 그리스어, 히브리어,아랍어의 문법을 저술하였다(H.).
17) 'ludimagister'란 표현은 '기초교육을 위한 교사'란 고대로마의 표시이다. 학교에 대한 근원적인 말은 'ludus'(놀이)이다. 이 말은 짐작컨대 아이들에게서 준비된 고대 제사행위에서의 축제놀이에 연결된다(비교, O. Willmann, Didaktik, Bd.I, S. 200).

들이 기억하는 것을 쓰는 것이다. 그리고 다음날에는 선생님이 전과는 다른 부분을 써놓게 되는데, 1년이나 2년 안에 코란 전체를 암기하게 된다는 것이다. 코란을 집에 소유하고 있는 사람보다, 머리 속에 담고 있는 사람이 더 많다는 것이다. 이 사람들이 그 가르침을 종이가 아닌 가슴에 담고 있다는 것을 생각해 보라. 그것도 끊임없는 연습의 선행을 통해서!

17 마지막으로, 잘 교육받은 사람들이 엄청나게 많아지도록 하는 그런 공공학교를 세우는 제안에 대해서 다루어 보자. 만약 사람들이 양육 받지 않고 성장하게 된다면, 그들은 가시덤불, 쐐기풀, 인목과 같은 야생덤불이 될 것이다. 과일나무나 정원 같은 사람들이 되게 하려면, 성실히 심고 물도 주고 가지도 쳐주어야 하는 것이다. 학문과 학교가 있는 민족들의 경우에는, 아이들이 노인들보다 더 많이 배우고, 알고, 이해한다. 이것이 사실이라면, 학교의 설립을 통해서 모든 민족 가운데 배우고 알아가며 통찰력 있는 사람들이 생겨나는 일이 가능할 것이다. 그렇게 되면 우리가 찾고 있는 것을 갖게 되는 것이다.

18 그것에 대하여 이의를 제기할 근거는 아무것도 없다. 물론 우리는 누구나 들어갈 수 있는 학교들을 가지고 있다. 그렇지만 그 학교에서 열매들을 얻지는 못했다! 그러므로 우리는 지금까지 왜 그런 상태에 있었는지에 대한 원인을 살펴보아야 한다. ① 지금 현존하는 학교들은 아이들을 받을 때, 이미 망가진 아이들을 받고 있다. 아이들의 나쁜 습관을 제거한 후에 더 나은 것을 가르쳐야 하는 이중적인 작업을 가지고 있는 것이다. 그것은 어리석은 것이고 성가신 일이며 성공할 수 없는 것이다. ② 아이들이 학교에 완전히 위탁된 것이 아니라 단지 몇 시간 동안만 맡겨져 있다는 것이다. 그래서 매일 아이들은 다시금 자신의 옛 습관으로 돌아가서 날이 갈수록 타락하며, 결국 바람직한 것에 대해서 거부감을 느끼게 되는 것이다. ③ 무엇보다도 아이들을 어떻게 하면 선행에 묶어둘 수 있는지가 지금까지 거의 알려지지 않은 상태였다. 그 때문에 대부분의 학교 선생들은 불친절, 엄격함, 그리

고 편애를 통하여 학생들을 때리며, 결국에는 학생들이 학교를 등지게 했던 것이다. 여기서 충고되어야 할 것은 완전히 다르다. ① 올바른 지도를 조기에 시작함으로써 예의범절과 감관이 손상되지 않도록 보호해야 한다. ② 아이들은 현명하고 존경할 만하며 근면한 사람들의 모임 속에서 지혜와 명예와 성실을 보고 듣고 행하게 되어야 한다. ③ 6장과 7장에서 언급된 것처럼, 그것은 지루한 방식이 아닌 흥미로운 훈련과 친절한 협력이 부단히 이루어질 때 생겨날 수 있는 것이다.

19 이러한 입장에서, 학교 안에 귀족과 평민이 섞여 있어야 하는지 말아야 하는지에 대한 질문이 제기되기 마련이다. 이에 대해서 나는 다음과 같이 대답한다. 이 두 입장에 대한 근거는 충분히 있다. 자신의 아들 솔로몬을 개인교습 시키기 위해 나단 선지자에게 맡겼던 다윗의 예를 보면,[18] 미래의 선민들은 일반 백성들과 뒤섞여서는 안 된다는 사실이 추론될 수 있을 것이다. 하지만 그 당시에도 우리가 생각하는 공적인 학교가 존재했었는가에 대해서는 확실하지 않다. 아마도 없었을 것이다. 사자도 소들과 함께 풀을 먹기 시작하며 어린 사자가 송아지 옆에 누워 있게 된다는 그 유명한 예언의 성취를 지금 시작해야만 하는지에 대해서 생각해 보기를 제안한다.[19]

20 자연의 은사라고 하는 것이 가능성의 상태에서 실현의 상태로 변화되기 위해서는 인간이 태어나는 곳 어디에서나 인간교육이 필요하기 때문에, 모든 장소에 학교를 설립할 것을 권유하는 바이다. 만약 모든곳에 학교가 설립된다면, 어떤 사람은 다음과 같이 자주 이야기할 것이다 : 다른 사람을 교육시킬 만한 자질을 갖춘 사람들이 없다. 혹은 교사직은 생계수단이 되

---

[18] 비교, 삼하 12:25. 코메니우스는 사로스파탁(Saros Patak)에서 일하고 있는 동안에 그 시대의 통상적인 귀족의 자의성에 대한 주목할 만한 고백을 해야만 했었다.

[19] 이사야 11:7 "암소와 곰이 함께 먹으며, 그것들의 새끼가 함께 엎드리며, 사자가 소처럼 풀을 먹으며…."

지 못한다. 이에 대해서 나는 다음과 같이 대답 한다 : 본질적으로 교사들, 학생들, 좋은 책들은 한 학교에 속한 것이며, 좋은 책들을 통해 지식과 예의 범절과 경건성이 가르치는 자들에게서 배우는 자들에게로 전해지게 된다. 부수적인 의미로서, 사람들이 함께 모이는 이 건물에서 교사는 보수를 받고, 존경받으며, 지도자로 일을 하는 장이 되도록 해야한다. 질서 있는 공동체에서는 이러한 것들이 빠져서는 안 되는 것이다.

21 아이들이 태어나는 곳이라면 세상 어디든 학생들이 부족하지 않다. 왜냐하면 우리는 출생하자마자 학교와 같은 인생으로 보내지기 때문이다. 건축 재료인 돌, 나무, 점토 같은 것이 부족하지 않은 곳에서는 학교 건물들이 세워질 수 있는 것처럼, 학교의 재료라고 할 수 있는 젊은이들이 부족하지 않은 곳에서는 학교들이 있을 수 있는 것이다.

22 자신의 동료보다 나이나 지식이나 기술 면에서 뛰어난 사람이 있는 곳에서는 교사들이 부족하지 않다. 왜냐하면 남을 가르친다고 하는 것은 바로 가르쳐져야 할 말과 보기에 있어서 앞서가는 것과 같은 의미이기 때문이다. 그렇기 때문에 단지 앞서가기만 하면 이미 하나의 학교가 존재하는 것이며, 마치 목공과 벽돌공의 손이 미치기만 하면 하나의 건물이 올라가는 것처럼 가르침은 진행되는 것이다.

23 또한 교사와 학생이 있는 곳에는 서적도 부족할 수 없다. 여기서는 하나님의 책들을 의미하는 것이다: 창조라는 거대한 책, 즉 세상을 모든 사람들은 언제 어디서나 가지고 있다. 그들은 그것을 읽는 법을 배우기만 하면 되는 것이다! 그 밖에 보다 작은 책으로서, 타고난 지혜와 필요와 실행욕구 속에서 나타나는 정신을 지닐 수 있다.[20] 그들은 역시 그러한 것에 대해서도 주의하는 법을 배워야 한다. 하나님의 계시를 나타내는 세 번째 책도 모든 민족들이 손쉽게 구할 수 있는 것이다. 광범위하게 그 민족들의 말로 번역되어 있거나 번역될 수 있다. 결국 수고만 하면 다른 좋은 책들도 부족

함이 없는 것이다.

24 자신의 가족들의 생계를 위해서, 가축들을 지키기 위해서 한 사람 혹은 그 이상의 목자를 세우는 사람들이 도처에 있다. 즉 황소 떼, 돼지 떼, 양 떼와 같은 것. 그렇다면 자녀라고 하는 작은 무리를 위해서 한 사람 혹은 그 이상의 사람을 감독자로 세우는 것은 불가능한 것인가? 왜냐하면 인간의 후손(자손)이라고 하는 것은 마땅히 가축들보다는 더 많은 배려가 있어야 하기 때문이다. 그러므로 그 목축에서 얻어지는 수확의 한 부분이 아이들에게 도움이 되어야만 한다. 어리석은 일이 합리적인 목적에 기여하게 되고, 몸을 위한 음식은 그 영혼을 돌보게 되는 것이다.

25 만약 누군가가 아직도 어려움을 느끼고 있다면, 오늘날 아이들의 일부분만을 교육시키고 나머지는 소홀히 하는 방법보다는 이런 방법으로 하는 것이 모든 것에 있어서 수월하다는 것이 그 사람에게도 더욱더 확실하게 될 것이다.

첫째, 지금과 같은 많은 사(私)교사들보다는 전체 아이들을 위한 교육자를 더욱더 손쉽게 갖출 수 있는 것이다.

둘째, 교사는 학생들을 각각이 아니라 한꺼번에 강의할 수 있을 것이다. 교관에게, 신병들을 개인적으로 연병장에 불러 군사교육을 시키기를 원하는지, 아니면 단체로 지도하기를 원하는지 질문해 보라.[21] 분명 그는 두 번째 방식을 선택할 것이며, 그 방식이 더 쉽고 좋은 것이라고 답할 것이다.

셋째, 학생들 자체도 역시 혼자보다는 함께 경쟁함으로 더 쉽게 배우게 된다. 한 시인은 유능한 말(馬)은 다른 말을 앞서 달려 따라잡을 수

---

20) 여기 "천성적"이란 말은 유전생물학적인 것이 아니라, 존재론적으로 이해하는 것이다.

21) 비교, 대교수학 19장 38항; ODO I, p. 108.

있을 때, 출발점에서 더 빨리 달려나간다고 말했다.22)

26 공적인 학교를 위해서 아이들이 쉽게 다닐 수 있는 한 장소를 찾는다면, 그것은 아주 편리한 일이 될 것이다. 학교는 도시 한복판에 세워져야 하며, 될 수 있으면 교회 가까이 있어야 한다. 물론 아이들 자체가 공동체의 성전이라고 할 수 있다. 또한 될 수 있으면 학교는 울창한 나무들, 잔디들과 조각품들로 둘러싸인 아름다운 장소와 근접해 있어야 하며, 특히 각 반별로 충분한 장소를 제공해 줄 수 있는 곳이어야 한다.23) 시간적으로는 아이들이 서로 함께 지낼 수 있으며, 어떤 경우에는 하루종일이라도 함께 보낼 수 있는 가능성을 만들어 주어야 한다. 이렇게 되면 아이들은 등하교길에 시간을 낭비하거나 방금 배운 것을 다시 반복해서 배우게 되는 어리석은 짓을 하지 않게 될 것이다.

27 또한 모든 일에 있어서 하나의 엄격한 질서는 큰 편의를 제공해 준다. 학교라고 하는 본질은 하나의 지체가 다른 것과 연결되어서 전체라고 하는 관계를 만들어내는 사슬과 같은 것이며, 조그만 톱니바퀴가 다른 것들과 맞물려 돌아감으로써 손쉽고 조화롭게 시간을 알려 주는 시계와도 같은 것이다. 모든 학교는 목표들에 이르기 위해서 지나가야 하는 각각의 간이역들과 함께 정해진 목적지와 출발과 도착을 갖는다. 그러므로 모든 학교와 학급은 한 해가 경과하는 것처럼, 배우는 일과 관계해서 하나의 순환기를 거치게 되는 것에 주의해야 한다. 일 년(한 해)의 시작과 끝이 겨울에 있는 것이 가장 자연스러운 것처럼, 개학 역시도 겨울에 시작되어야 하며, 다른 시기에 있어서는 안 될 것이다. 이러한 것을 요구하는 것은 첫째, 모든 개체적인 것을 전체적인 것과 일치시키기 위함이고, 둘째, 이 시기에 사람들은 다른 시

---

22) Ovid, Ars amandi 3, 595, 6.
23) Vgl. J.V. Andrae, Reipublicae Christianopolitanae Descripto. Argentorati 1619 p. 174 und T.Campanella, Civitas solis petica,Ultraiecti 1643 p. 10(D.).

기보다 공적인 의무에 덜 얽매이기 때문이며, 셋째, 사람들의 마음 – 아이들 역시도 – 이 봄, 여름, 가을보다는 겨울에 내적으로 더 조용히 집중되기 때문이다. 왜냐하면 이 시기에 농축된 공기가 모든 생물체에게 자연의 힘을 집중시켜 주기 때문이다. 그래서 학교들이 다양하게 참여하기 시작하는 그레고르(Gregor) 축제도 겨울에 있는 것이다.[24]

28 전체적이며 실용적인, 그러면서도 마음에 드는 작업(노동) 방법이 가장 훌륭하게 작용하게 된다면, 그 방법을 통해서 학교는 진정으로 하나의 놀이가 되고, 인생의 기분 좋은 서막이 될 것이다. 삶에 필요한 모든 노동은 어린아이들에게 맞는 형태로 되돌려질 때, 즉 그들을 이해시키기 위해서 뿐만 아니라 기쁨을 위한 방식일 때에 위에서 언급한 것을 이룰 수 있는 것이다. 그러므로 모든 노동은 자신의 나이에 다만 즐거움을 줄 수 있는 그런 직종과 연결되어야 하는 것이다. 아이들이 일단 학교를 떠나서 삶의 과제에 당면하게 되었을 때, 그들이 심각한 의무 속에서 어떤 새로운 것을 보는 것이 아니라, 단지 새롭고 마음에 드는 놀이 방식을 보는 것과 같아야 한다.[25] 그러므로 각 학교는 다음과 같은 모습으로 세워진다면 좋을 것이다.

Ⅰ. 균형 잡힌 작업 순서를 통해서 하나의 작은 경제가 되는 것.
Ⅱ. 시민계급, 집정관들, 대법관, 원로원, 재판관 같은 10인조의 참여로 구성되어 가장 최선의 규칙 속에서 모든 것을 시작하고 끝맺는 작은 로마식 공화국이 되는 것.[26]

---

24) 성 그레고르의 축제일은 3월 12일이다. 학교의 시작은 그 당시 10월 16일인 성 갈루스의 날을 결정하였다(H.).
25) Vgl. Schola ludus 1657,2. Aufl. Praefatio, V.S.Ⅸ, S.129ff.
26) 암스테르담 시당국에 라틴어학교를 자신의 계획에 따라 세우도록 한 그의 제안에서 코메니우스는 어떻게 공화국 로마를 따라 하나의 학교 국가를 세워야 할 것인지를 말하고 있다(Latium redivivum,in:ODO Ⅳ,76-84). – 인문주의자들 아래서 Val Trotzendorf는 슈레진의 골드베르그에서 멜랑히톤의 자극으로 그러한 학교를 세웠다. –

Ⅲ. 충만히 하나님을 찬양하며, 거룩한 예배가 이루어지는 작은 교회가 되어야 하며, 기쁨이 넘치고, 즐거운 산보가 있으며, 우연이든 아니면 생각을 위해서 만들어진 것이든 간에 아름다운 대화가 오고가는 작은 낙원이 되어야 한다. 결과적으로 질문에 답해져야 하며 편지들이 쓰여야 한다. 존경할 만한 화술법을 터득하기 위해서는 연극무대 상연이 이루어져야 한다. 이것이 다 갖춰진다면, '진정한 학교, 즐거운 놀이터!'라는 옛 격언이 유효한 것이다.

29 학교가 세워질 때 모든 것이 질서 있게 경영되기 위해서는, 학급선생과 교장을 제외하고 학교마다 이른바 감시, 감독하는 책임자가 세워져야 한다. 관청, 성직자, 시민계급에서 선택된 사람도 좋을 것이다. 모든 것을 질서 있게 유지하기 위해서, 이들이 반드시 유식한 사람일 필요는 없지만 진실하고 경건하며 총명해야 한다. 사람들은 이것을 이해해야 하며, 매우 엄격하게 질서에 반(反)하는 것들을 구별할 준비가 되어있어야 하고, 이를 위해서는 그들에게 공적인 권위가 부여되어야 한다.

30 이러한 학교는 전체에 관한 참된 앎의 학교, 즉 범지혜의 학교라 불리며, 단계별로 ① 감각성의 총체성, ② 지적인 것의 총체성, ③ 영적인 것의 총체성, 즉 물리학, 형이상학, 초물리학(Hyperphysica)[27]을 펴낼 수 있는 학교를 뜻한다. 이러한 것은 그냥 도달될 수 있는 것이 아니라 7단계의 연령 관계를 통해서 가능하며, 바탕과 초보에서부터 점점 더 높은 단계로 올라가야 하고, 결국 이 세상에서 사람이 오를 수 있는 가장 높은 정상에 서게 되는 것이다. 범지혜의 학교에서 특별히 어려운 것이 없으며, 모든 것이 쉽

18세기까지 결절된 과제를 성취시킨 학생들을 'Konsulen', 'Censoren'이라고 불렀다.
   27) 물리학, 형이상학 그리고 초물리학으로서 전체(Omnia)의 목적에 대하여, vgl. das Schreiben an die Königl. Gesellschaft in London von 1668,Abschnitt 16,17,18.(Kvacala, Korespondence J.A. Komenskeho,I., 1898, S. 345) und OO 14, S.285-292.

게 이루어질 것이다. 어느 누구도 서적이나 선생님 및 교육방법론에 있어서 궁핍함을 느끼지 않는다. 왜냐하면 서적이라고 하는 것은 ① 각자 자기 자신일 것이며, ② 도처에 있는 모든 피조물일 수도 있고, ③ 전체에 대해서 알려고 하는 학생들이라면 지니고 있어야만 하는 성경이기 때문이다.28)

    교사라는 것도 ① 각자 자기 자신일 것이고, ② 질서대로 정교하게 만들어진 하나님의 피조물들이며, ③ 언제나 겸손히 구하시며 우리를 내적으로 가르치시는 하나님의 영이기 때문이다. 결과적으로 그와 동일하게 단순하고 쉬운 방법론이 있을 것이다: 항상 이론으로 시작하고, 그 다음 실습을 거쳐서 결국에 사용의 단계에 도달하는 것이다. 이에 대해서는 다음 장에 더 다루도록 하자.

---

    28) 이러한 사상들은 파라셀수스의 전승에서 넘겨받은 것이다. Vgl. B.Figulus, Pandora, Straßburg 1608 S. XXiiii(D.).

CHAPTER 6
PAMPAEDIA ALLERZIEHUNG

범지혜서 : 전체의 책들

여기에는 전체로부터 정돈된 인간의 완성에 도구로 사용될 책에 관하여 언급되었다.

1 이 장은 범유기체론(panorgania)으로 불릴 수도 있을 것이다. 즉 전체의 도구들에 관한 이론이다.[1] 이러한 도구들은 인간의 천성적인 능력을 정제시키는 데 기여할 것이다. 또한 이 도구들이 어떻게 사용될 것인지에 대해 여기서 다루었다. 말하자면, (1) 감관 앞에 직접적으로 제시된 사물들에 관해서, (2) 그려졌거나 입체적으로 형성된 사물들의 모형에 관해서, (3) 이른바 책이라고 부르는 사물에 대한 언어적 표현에 관해서 다루어졌다. 하지만 모든 사물(사건)을 학교 단계에서 모두 제시할 수 없기 때문에, 그리고 그림으로 제시하는 것도 항상 어려운 일이므로, 우리는 항상 그것에 적합한 책을 참고하는 것으로 만족해야만 한다.

---

1) 코메니우스는 유기체에 대한 관찰과 도구들을 모든 책들에 대하여 다룬 이 장에서 한정하고 있다.

2 그렇기 때문에 범지혜서(凡智慧書)란 전체를 지향하는 완성을 위하여 준비되고, 전체를 고려하여 획득된 방법론의 법칙을 따라 연결된 서적의 총체적 내용을 특징으로 한다. 모든 것이 완비된 도서관과도 같다고 할까? 지혜롭게 되기를 원하는 사람들은 많은 책을 읽어야만 하고, 모두를 위해서 책들이 충분하지 못하면 소수만이 지혜를 얻을 수 있다고 하는 생각은 통례적인 것이다. 하지만 하나님께서는 전체에 대하여 충분한 세 권의 책을 우리에게 주셨다. 즉 그것은 우리를 둘러싸고 있는 피조물로 이루어진 창조세계이고, 우리 안에 있는 이해력의 진리와 함께 있는 정신이며, 우리 시대 이전에 이미 말씀으로 저술된 성경의 계시들이다. 이 세 가지에 대해서 지혜자 지라흐(Sirach)는 다음과 같이 말했다.

가장 고귀한 하나님의 말씀은 지혜의 샘이다(1장 5절). 이 말씀은 하나님의 세 가지 말씀과 관계되어 있다. 즉 그것은 생각된 것, 말씀된 것, 그리고 행해진 것에 관한 말씀이다. 하나님의 행위는 바로 그의 작품이라고 할 수 있는 피조세계이다. 하나님의 말씀은 성령에 의해 감동받아 쓰인 책이다. 하나님의 사상은 하나님의 형상대로 창조되어서 그의 원형상의 반영체라고 할 수 있는 우리 영혼의 자극제인 것이다. 이 세 가지의 책이 지혜의 근원이다. 이 책들과 비교해 볼 때, 인간의 가장 훌륭한 책이라는 것은 개인의 관찰이라고 하는 빗방울이 모여서 흐르게 되는 수로와 같아서 금방 있다가도 흘러가 버리고 마는 것이다. 그러나 모든 하나님의 책은 지하에 흐르는 하나의 큰 협곡과 같고, 영원한 샘에서 흘러넘치는 것이다. 혹은 안개와 구름이 항상 떠 있는 넓은 대양과도 같은 것이다. 인간의 책이라고 하는 것은 작은 방을 비춰 주는 작은 등불이라고 할 수 있고, 길거리를 다니는 사람을 위해 반짝이는 불꽃과도 같은 것이다. 하지만 하나님의 책들은 온 세상을 밝게 해주는 태양과도 같은 것이다.

3 하나님의 지혜를 담은 이 세 가지의 책들은, 현재와 영원토록 인간이 알고, 믿고, 행하고, 소망해야 할 모든 것에 관한 진실되고 완벽한 장서인 것이다. 즉 완전히 신뢰할 수 있는 규범이다. 그것은 순수한 지혜로 인도될 준비

가 되어 있는 사람들만을 위한 것이다. 이러한 길에 처음 들어서는 사람은 자신을 하나님의 완전한 책들로 인도해 줄 몇 권의 안내 소책자를 필요로 한다. 이 소책자는 어떻게 구성된 것이어야 하는가가 다음에 설명되어야 한다. 그것에 대한 가장 중요한 전제조건은 그것들이 실제로 완성으로 이끄는 인류의 보살핌인 그들의 책무에 직접적이고, 완전하며, 포괄적으로 상응하는 바로 그것이다.

4 **직접적인 것** : 이 길로 인도된 사람은 누구를 막론하고 자신의 참된 목적지를 벗어나서 잘못 가게 되는 경우는 없다는 것이다. 그것은 우리의 가장 큰 소망 되시는 하나님께서, 지금이나 영원토록 동일하게 최상의 원리를 제시하실 경우에 이루어지는 것이다. 그는 전체의 생명이며 영혼이다. 그는 우리를 살게 하시며 우리의 영혼을 하늘나라까지 끊임없이 살아 있게 하신다.[2]

5 **완전한 것** : 이 길로 인도되는 사람은 어느 누구도 자신에게 지금이나 영원토록 선한 것들 중 어떤 것도 잃어버릴 수 없다. 이것은 인간을 전체 안에서 개선시킬 목적으로, 즉 인간을 정신에 있어서 현명하게 만들고 의지에 있어서 거룩하게 만들며 행위에 있어서 하나님 안에서 능력 있게 만들 목적으로, 하나님께서 자신의 무대에서[3] 공연하셨던 모든 것이 여기에서도 상연된다면 이루어진다.

---

2) 하나님은 여기서 모든것을 운동 가운데 유지하는 영원하고, 현저히 속한 것으로서 도구(Perpetuum)로서 표시하였다. 여기서부터 움직이는 도구의 계시의 의미가 이해될 것이다. 즉 코메니우스가 그의 엘리아의 소명(Clamores Eliae, Bochum 1977)을 위하여 노력했었다. Vgl. die diesbeyüglich Arbeiten von J. Novakova und K. Schaller in: 20.

3) 세계와 정신과 성경은 하나님이 주신 세 권의 책이다. 코메니우스는 이 책들에 대하여 Praecognitae란 책 3권 4장 이하에서 상세히 언급하고 있다(Turnbull, S. 87ff.; vgl. Kap. II, Anm.16). – 'Theatrum'의 모습은 오래된 것이다. 벌써 풀라톤(Nomoi 644 D, 803 C)과 풀로틴(III,216;VI,9,9)과 스토이커들에서도(E.Benz,Das Todesproblem bei Stoikern. Stuttgart 1931,S.62f.) 발견된다. 어거스틴(Enaratio,27)은

6 **포괄적인 것** : 이 길 위에 있는 사람은 어떤 것에도 미치지 못함이 없다는 의미이다. 이것은 우선, 가능하면 책의 용량에 놀라지 않을 정도의 적고 간략한 교과서가 채택될 때 가능한 일이다. 즉 필요한 것이 없어서도 안 되며, 그것들이 과다한 부담을 줘서도 안 되는 것이다. 두 번째로, 그 책자의 내용은 새로운 만족을 주어야 하고, 끊임없는 빛을 비추도록 해주어야 하며, 흥미를 유발시키는 적합한 방법론이 되어야만 한다. 또한 항상 동일한 것이 이해되지 않은 채, 서투르게 반복됨으로써 지루함을 유발시키지 않아야 한다. 셋째로, 전체 내용이 아주 명확하여 논박할 여지가 없도록 제시됨으로써, 모든 사람들이 하나님의 책 속에 나타나는 모든 것들을 통찰할 수 있는 열쇠를 가질 수 있도록 해줘야 한다. 이 점에 대해서는 각각 더 상세히 다루어져야 할 것이다.

7 분량 면에서 읽는 사람으로 하여금 공포를 일으키지 않게 하기 위해서 몇 권의 소책자가 필요하다고 말했다. 더 구체적으로 모든 사람들이 요람에서 인생의 절정까지 오르게 되는 데 연령층에 맞게 구별해 주는 몇 권의 소책자들이 필요하다. 사람이 두 가지 삶의 단계를 동시에 살 수 없고 단계적으로 차례차례 살아가듯이, 인간의 과제 역시 그 연령에 맞게 분배되어서, 인생을 실패하게 하는 모든 기회들을 제거한다. 다시 말해서, 한꺼번에 인생의 사다

고린도전서 4:9 안에서 해석하였다. 새로운 시대에 루터에게서(Glosse zu Ps. 104, WA. 4,171 und an anderen O.), 세바스티안 프랑크에게서(Paradox 16), Daniel Czepko에 의하여(Ausgabe von W.Milch I,22) 등등, Vgl. dazu noch E.R. Curtius: Europäische Literatur und lateinische Mittelalter, Bern 1948, S.146f. und D.Tschizewskij: Skovoroda(oben zitiert), S.167-9. – 코메니우스에 의하여 이따금 세 가지 전시무대에 관한 말이 나타난다. 그의 학생시절부터 시작하여, 그가 체코어로 쓴 'Amphiteathrum(oder 'Theathrum') universitatis rerum'을 계획하고 설계했을 때이다 (Hierzu J.Patocka, Die Philosophie der Erziehung des J.A.C., Paderborn 1971, sowie in: J.P.,J.A.K., gesammelte Schriften zur Comeniusforschung, Bochum 1981, S.422-450). Vgl. Praecognita, lib.II,LXIII ff.: Triplex hoc Sapientiae Dei theatrum,mira arte constructum, ut unum includat alterum Mundus…Scriptura…Conscientia (Trunbull, S.65ff.).

리를 무리해서 오르려고 하는 사람은 현기증을 느끼게 되고, 눈과 손과 발이 혼란을 일으켜 떨어질 수 있는 위험에 빠지게 된다는 것이다.

8 그러면 그러한 소책자는 지금 몇 권이나 있어야 하는가? 연령 그룹에 따라 정해진 학급과 그 학급의 목표에 적합한 분량의 책들이 있어야 한다. 학교의 학급이라고 하는 것은 동일한 교육과정으로 서로 묶여있는 학생들의 모임이다. 그들은 동시에 같은 규칙을 배우고, 동일한 연습을 하며, 서로 간의 경쟁을 통해서 앞서가는 법을 배우게 되는 것이다. 하지만 이러한 동일한 배움이 이루어지는 학급 내부에서도 주목할 만한 세 부류의 그룹, 즉 초보자, 중급자, 숙련자로 구분되어야 한다.[4]

9 그 내용이 간략하기만 하다면 여기서 몇 권의 소책자가 더 있다고 해도 해롭지 않을 것이다. 이는 그 책이 참된 진리와 현세와 영원한 삶에 명백하게 필요한 것을 담고 있을 때 가능하다. 여기에서 하찮은 것이나 예외나 다툼거리를 찾을 필요는 없다. 왜냐하면 욕지거리를 계속하거나 싸움을 조장하는 일 따위는 우리의 과제가 아니기 때문이다. 그런 식으로 해석될 수 있는 일로 아이들의 마음이 채워져서는 안 된다. 우선 사람들은 명확하게 파악될 수 있는 것을 알아야 하고, 이중적인 길이 없는 곳이 어디인지를 알아야만 한다. 그것은 아이들을 미끄러지는 길로 인도하는 것보다 더 나은 것이다.

그들은 시작부터 확실한 것을 믿는 습관을 길러야만 한다. 이런 방법으로 그들은 하나의 기초가 되는 삶의 지혜를 터득하게 되는 것이다. 우리가 쓸데없는 것들을 배워 왔기 때문에 필요한 것을 알지 못한다는 세네카(Senca)의 탄식은 우리에게 적합하지 않다.[5] 하지만 애매하고 이중적으로

---

4) 여기서 코메니우스는 보헤미아 형제단의 옛 교회의 구성체를 따른다(s.Anm. 7). vgl. A.Monlar,Ceskobratrska vychova pred Komenskym,Praha 1956; Ders Pocinaijci, dokonali,in: Jednota Bratrska, Praha 1956,S.147-165.

5) Seneca, Ep. 66(H.).

해석되는 일들이라도 알고 싶어하는 마음이 늦게라도 생긴다면, 학교라는 문을 통해서 언어와 사물계 그리고 인간의 사상을 통찰하는 데 이르자마자 그 사람에게 모든 저자들의 장이 열리게 된다. 하나님께서는 노아의 방주에 벌레, 해충, 파리, 하루살이 같은 것들의 종족을 보존하시기 위해 그것들을 함께 태우라고 명령하시지는 않았으며, 대신에 큰 동물들만 승선시키게 하셨던 것이다. 왜냐하면 그런 작은 피조물들은 자연의 놀이에 불과하기 때문이다. 태양이 자신의 능력을 발휘하는 곳이라면 어디서든지 그런 것들은 자연히 생겨나는 것이다.[6] 이와 유사하게 정신이라고 하는 빛도, 그 토대가 올바르게 놓여 있다면, 타고난 능력을 통하여 엄청난 것을 발생시킨다.

10 이런 책을 위해서는 또한 사물에 대해 명확하고도 자명한 판단을 내리는 데에 유리한 다른 형식의 소책자를 필요로 한다. 다시 말해서 학교에서 쓰이는 소책자는 초보자, 중급자, 숙련자에게 각각 도움을 주도록 출판되어야 한다.[7] 이러한 각 단계에서는 암호통지 같은 것은 제시되어서는 안 되며, 각 장(章)에 나타나는 포괄적인 적요(摘要)나 방주(旁註) 등도 제거되어야 한다.[8] 이것은 본문 자체에 주어진 과제들이 구별될 수 있는 문자 형태를

---

6) 코메니우스의 자연관은 그 시대의 과학의 사상들에 상응한다. 그러므로 그는 죽은 물질에서 나오는 Insekten?과 Gräser?의 발생에 대하여 가능성을 수용한다. 죽은 물질에서 나오는 생명체의 근원적인 생산의 가르침은 아리스토텔레스에게서 상세히 다루어졌다. 그들의 토론은 Empedokles?와 Hippokratiker?들에게서 오늘날까지도 계속되고 있다; hierzu Th.Ballauff:Die Wissenschaft vom Leben,München u.Freiburg i.B. 1954, S. 48.(Vgl. bei Com.Physica,Kap.V.10 Reber,S.131) - 코메니우스는 그에게 잘 알려진 코페르니쿠스의 가르침을 거절하였다(vgl.L.R.P.Artikel Coelum 4,CC II, Sp. 882: Coelum non quiescere,sed moveri asserimus:quia cum sidera sint flamma,flammae autem proprium sit et localiter moveri,et vicina secum rapere,impossibile est Coelum ipsum ab ignibus isti locu non moveri.) 아마도 Tycho Brahes의 영향 하에서 그의 생의 마지막에 판조피아 안에서 몇 가지 변화들이 gradus quartus?를 해석하는 자리에 helio 중심의 가르침의 그의 평가를 바꾸었다.

7) Vgl.Com.in: Ratio disciplinae ordinisque eccleastici in Unitate Fratrum

통해 나누어짐으로써 이루어질 수 있다. 초보자들이 읽어야 하거나 암기할 내용은 대문자로 표기되어야 하며, 중급자를 위해서는 로마체가, 숙련자를 위해서는 이텔릭체가 적합하다는 것이다.

예를 들어서, 존재하는 모든 것의 원천이신, 그리고 시작이 없이도 이러한 시작이신 하나님이 무한한 힘과 지혜와 자비의 고귀성을 나타내기를 원하셨고, 아무것도 없는 가운데서 가시적인 세상을 무에서 창조하셨으며, 그의 영원한 아름다움과 풍부함과 친절함의 탁월한 전시로서 그 세계를 무한한 다양성 가운데 있는 아름다운 피조물들로 장식하셨다. 초보자는 대문자로 표기된 것만 읽게 하는 것이다. 그러면 그들은 하나님이 세상을 창조하셨다는 세 개의 단어로 구성된 문장을 접하게 된다. 중급자는 먼저 대문자를 읽은 다음 로마자로 표기된 것을 읽게 된다. 그러면 그는 조금 확대된 문장을 접하게 되는 것이다 : 하나님은 그의 무한한 힘과 지혜와 자비의 고귀성을 보이기를 원하셨으며, 아무것도 없는 가운데서 가시적인 세상을 창조하셨다. 다음에는 숙련자에 의해서 이텔릭체가 포함되어 있는 전체 문장이 읽히게 되면, 풍성한 연결 문장을 얻게 된다.[9]

11 교과서와 핸드북[10] 등도 이런 형태로 인쇄할 것을 추천하고 싶다. 그

Bohemorum Amsterodami 1660; L. Hutter,Compenium Loc. Theol. Witteb. 1610; s.auch:이것은 세 가지 종류의 질문을 담고 있는 글인데, 첫째는 초보자들을 위한 것, 둘째는 발전된 자들을 위한 것, 세 번째는 완성된 자들을 위한 것이다. 말하자면, 일반적인 기독교 신앙 안에 있는 아이들과 청소년들과 성인들을 위한 것이다. Podolec… 1523; s.bei Müller, Die Deutschen Katechismen der Böhm. Brüder, Berl. 1887. M.G.P.IV S.77(D.).

8) Summen sind Kapitelüberschriften,Marginalien die Erklärungen am Rande(H.).

9) 라틴어 텍스트 안에 42개의 낱말로 풍성하게 맞추어진 문장. 우리는 여기서 코메니우스가 인쇄 이전에 얼마나 심혈을 기울였는가를 본다. 그는 1657년의 Typographaeum vivum(ODO IV, 85-96)이란 글에서 역시 대교수학 32장에서처럼 학교 안에서의 총체적인 작업을 하나의 인쇄하는 일과 비교한다. 이러한 움직임은 문자로서 책의 발견에 대한 경험은 2세기 이상 영향을 주었다. – 책으로서의 세계에 대하여, 2장, 각주 16번.

10) 'Manuela'란 말은 간략하게 저술된 핸드북들이다 ; 비교, 코메니우스가

것은 다음과 같은 근거들에서 기인한다. 우선 사물에 대한 포괄적인 지식이 완전한 실행을 위한 핵심인 자명하고 정확한 지식에 선행되어야 하기 때문이다. 여기에 이러한 인쇄에 의하여 기회가 끊임없이 주어져야 한다. 우리는 요약이나 각주에 익숙해져 있지만, 나는 여기서 본문의 내용을 줄이지 않고도 멋있게 절약할 수 있는 방안을 제시하고자 한다. 더욱이 책의 가장자리 여백을 포기할 수 있다면 종이나 무게까지도 절약할 수 있다. 결국에는 젊은 독자들의 판단 능력이 근본적으로 날카로워지게 되고, 이런 문장에서 - 그것과 더불어 사물들과 그 사물들의 개념적인 이해에 대해서도 - 본질적인 것이 무엇인지와 부수적이며 장식에 불과한 것은 무엇인지를 쉽게 알게 되는 것이다.

12 이러한 모든 소책자들은 등급별로 나뉘어야 하며, 동시에 서로서로 연결을 통해 사슬로 묶여 있어야 한다. 나무에서도 잔가지로부터 모든 새로운 가지, 모든 잎, 모든 꽃, 모든 열매가 자라나는 것처럼, 모든 후손들이 자신의 조상들로부터 자라나게 되는 것이다. 이런 책을 쓰려는 사람은 자신의 책에 대한 모든 것에 관해서 다음과 같이 말해야 한다: 우리의 책은 색인이나, 그것을 설명해 줄 후견인이 필요 없습니다. 왜냐하면 모든 것이 올바른 질서와 빛 가운데 있기 때문입니다.[11]

13 이러한 모든 소책자들은 명확한 방법에 따라 기술되어서 책 속에 제시된 것들은 학교에서 쉽게 터득할 수 있을 뿐만 아니라, 졸업 후에도 스스로 학습할 수 있게끔 해야 함을 특별히 명심해야 한다. 이러한 것이 공적인 학교교육을 받을 기회를 얻지 못한 사람들에게도 주어진다면, 그들도 읽는 법을 터득하여 이러한 소책자의 도움으로 성실하고 끈기 있게 배우게 되어, 결국

1658년에 암스테르담에서 체코어로 출판한 성경적인 핸드북(Manualnik).
    11) 코메니우스는 이 구절을 계속해서 사용한다. 의미는 우리의 책들은 그것들을 설명해 주는 그 어떤 참고도표나 보조물을 사용하지 않는다는 뜻이다. 왜냐하면 모든 것이 올바른 질서와 빛 가운데 있기 때문이다.

자신의 결핍이 제거되고 자신으로부터 벗어나 전체적인 것으로 들어감으로써 동일한 목표를 성취할 수 있게 되는 것이다. 이러한 방법들에 있어서, 독학으로 공부하는 사람들은 학교에서 교육받은 사람들과는 구별되는데, 후자인 경우는 완벽하게 교육받아서 그들의 지식이 확실한 반면, 전자의 경우는 모종의 불확실한 것이 남는다. 하지만 그들 모두가 자신에게 필요한 것들을 알게 된다는 점에서는 같다.

14 만약 이러한 책들이 대화형식으로 기록된다면 더할 나위 없이 유용하고 좋을 것이다. 왜냐하면 "질문하는 것은 대답하는 것보다 쉽다"[12]라고 한 플라톤 트레이지마코스(Platons Trasymachos)의 말이 옳기 때문이다. 여기에 선생과 학생들의 일을 쉽게 해줄 수 있는 길이 있음을 보라! 이러한 방법에 따라 질문을 학생이 하든지 선생이 하든지 간에 모든 것에 대해서 진실로 지혜롭게 질문하고 이러한 질문에 대해서 현명하게 대답해 주는 것에 각자가 익숙해져야만 한다. 자신이 배우든지 시험하든지 간에 이 두 역할을 감당하는 데 익숙해져야 한다. 만사에 대해 현명하게 질문하고 대답하는 것을 배운 사람은 모두 진실로 현명한 사람이 되는 것이다.

15 이러한 방법으로 다음과 같은 사실에 당면했다. 즉 지금까지 사람들이 말한 대로 소책자의 교과서는 '교양과 지혜의 보고'가 아니라 오히려 하나의 통로와 같은 것이라는 사실이다. 즉 하나님의 지혜가 담긴 세 권의 책으로부터 나오는 모든 것들을 독자(讀者)들의 정신 속에 흘러 들어가게 하는 깔때기[13]와 같은 것이 되었다는 것이다. 이제 학생들에 대해 교사의 할 일은 바로

---

12) Platon, Politeia, I, 338f.
13) Trichter의 모습(특히 뉴른베르그의 것)은 Georg Philipp Harsdörffer (1607-1658)를 통하여 코메니우스의 잘 아는 사람이요, Pegniz-Blumen 단체의 지도적인 구성원으로 알려졌다. 1650-1653년에 그는 다음의 글을 발표하였다: Poetischer Trichter,die Teutsche Dichtund Reimkunst ohne Behuf der Lateinischen Sprache, in 6 Stunden einzugießen…3pt. Nürnberg.

빛이 가득한 책들로부터 빛을 퍼내서 빛이 가득한 정신 속에 흘러 들어가게 하는 것이다.

16 다음과 같이 요약해 보자 : 새로운 시대의 각각의 책은, 특히 각 교과서는 범지혜론(Pansophia), 범교육론(Pampaedia), 범언어론(Panglottia), 범개혁론(Panorthosia)으로 가득 차야 한다.[14]

- Ⅰ. **충만한 범지혜론** : 이러한 책들은 간결하든지 산만하든지 간에 각자의 단계에 적합하고도 총체적인 완전한 지혜의 정수를 전해 줄 것이다.
- Ⅱ. **충만한 범교육론** : 각자의 단계에 맞게 모든 사람들에게 전체 안에서 올바른 도움을 줄 것이다.
- Ⅲ. **충만한 범언어론** : 그것들은 간결한 문체에 의해 모든 민족의 말로 번역된다.
- Ⅳ. **충만한 범개혁론** : 이 책들은 범개혁론으로 가득하게 될 것인데, 이를 통해서 문란한 질서를 바로 잡아주고, 이전의 오류 등을 효과적으로 개선시키는 데 각각 그 처한 자리와 방법으로 도움을 주게 될 것이다.

17 이것은 어떻게 이루어져야 하는가? 세상의 회복을 위해서 만들어지는 동시에 모든 사람들이 쉽게 대할 수 있는 책들 - 즉 범지혜론, 범교육론, 범언어론, 범개혁론 - 을 완성시킴으로써 가능하다. 더욱이 범지혜론적인 글들 속에서는 진실한 것이 거짓된 것과 구별되어야 하고, 범교육적인 글들 속에서는 유리한 것들이 불리한 것들과 구별되어야 하며, 범언어론에서는 광명이 어둠과 구별되어야 하고, 범개혁론에서는 치료하는 것이 상처를 입히는 것과 구별되어야만 한다. 위에서 언급된 두 종류 중에 하나는 항상 있어야 하는 것이

---

14) S.o. Eingang, Anm.1, S.9

고, 그 반대적인 것은 제거되어야 한다.[15]

18 책을 편집하는 데 특별한 원칙을 제시하는 것이 필요하다. 장래에 이런 책을 펴내는 데 헌신하고자 하는 모든 사람들과 마찬가지로, 빛의 동료 모임도[16] 이러한 원칙을 따라야만 한다. 이에 대해서 다음의 12가지 원칙이 제시될 수 있을 것이다.

I. 계몽된 시기에는 더 이상 많은 책을 만들어 낼 생각은 할 필요 없으며, 대신에 해롭고 무용한 책들을 제거하고 선별해서 좋은 것들은 적합한 형식을 갖춘 유익한 책으로 만드는 것이다. 말하자면 책 속의 기쁨을 증대시켜야 하는 것이지, 책 숫자를 늘리는 것은 아무 의미가 없다는 것이다(사 9:3). 그리고 시온(Zion)으로 향하는 평탄한 대로가 준비되어야 하는 것이다(사 35:8).

II. 그럼에도 책을 쓰고자 하는 사람은 남의 것을 베껴 쓰지 않는 조건에서 그 일을 수행해야 할 것이다. 아테네 사람 아폴로도루스(Apollodorus)는 어떤 크리시푸스(Chrysippus) 사람에 대해 다음과 같이 말했다: 만약 어떤 사람이 자신의 모든 낯선 서적으로부터 멀어지려고 한다

---

15) 동일한 과제가 장미십자군의 글 'Fama fraternitatis' 안에서 형제들에게 제기 되었다. z.B.S. 63 ed. Maack. 코메니우스는 그것들을 특히 '빛의 토론장'(Collegium lucis)을 가르치고 있는 것처럼 보인다(D.).

16) 빛의 토론장(동료의 모임)에 대하여 코메니우스는 빛의 길(Via lucis) 18장과 Panorthosia 16장에서 언급하고 있다. Vorbild waren ihm dabei u.a.neben Platon Th.Campanellas Sonnenstaat,J.V.Andreas Gesellschaftschriften, die Gesellschaft des Hauses Salomon in Bacons New Atlantis. Hierzu s.H.Staedtke, Die Entwicklung des enziklopädischen Bildungsgedankens und die Pansophie des J.A.Comenius,Leipzig 1930,S.99(D.). – 다음의 12가지 원칙들 : 비슷한 방식으로 코메니우스는 그의 물리학의 설계를 정당화한다. 그는 거기서 아콘티우스(Jacobus Acontius)를 의존한다. 그가 자극을 받은 글은 볼피움(H.Wolfium)의 'Epistola de ratione edendorum librorum'이다 (vgl. Reber a.a.O. S.4 und 36).

면, 단지 공허한 종이짝만 쓸모없이 남게 될 것이다.[17] 우리 시대에도 책을 짜깁기해서 편찬하는 사람들이 무수히 많다. 그렇게 생겨난 책들이 무수히 많다는 것이다. 하지만 그런 것의 대부분은 새로운 것에 대해서나 새로운 발견에 대해서는 어떤 내용도 담고 있지 못하다. 이러한 저작들은 아무런 의미가 없으며 반드시 제거되어야만 하는 것이다. 이러한 책들은 부담만 주는 것이며 머리를 어지럽게 하는 것들이기 때문이다.

Ⅲ. 책을 쓰거나 만들려는 사람은 결코 쓰레기 같은 것을 시도해서는 안 된다. 이것은 모든 저자들에게 각각 해당하는 관습과도 같아야 할 것이다. 조악한 생각이나 허영심으로 가득 찬 사람들이 이러한 관습을 더럽혀 왔던 것이다. 이런 사람들이 자신이 했던 말에 대한 분명한 증거를 제시하지 못할 경우, 사람들은 그를 믿지 않게 되고 원고료를 지불하지 않게 되며, 분노를 터뜨리게 되는 것이다. 이렇게 되면 아마도 그는 자신이 많은 책을 읽었다고 하는 환상에서 깨어나게 될 것이다. 이렇게 되면 그는 자신의 사상과 문장과 단어를 암시라고 하는 것으로 치장하게 될 것이다. 그러면 모든 노고에도 불구하고 독자에게는 악한 것만 남게 되며, 짧게 표현될 수도 있는 문장은 사소한 말장난으로 왜곡되고 마는 것이다. 그러므로 이러한 일이 앞으로 발생하지 않도록 명심해야만 하는 것이다. 그것에 대한 의견으로서가 아니라 이 일 자체가 눈앞에 제시된 것이다. 하나의 진술이 적합한 것이어야 한다면 모든 사람들에게도 적합한 것이어야 한다. 다시 말해서 이런저런 요구를 알리고 하는 사람이라면, 격언을 수집한 색인[18]을 책 속에 제시해 주어야만 한다는 것이다. 그

---

17) 주전 2세기의 유명한 문법가인 아텐의 Apollodorus는 트로야 몰락에서 주전 144/143년까지의 연대기의 윤곽인, κσονικα를 썼다. S.Pauly-Wissowa, Neue Bearb. I, 2855ff(D.).

18) Gnomologie는 von ἡ γνωμη(인식, 견해) - 시와 절귀에 있는 간략한 금

러한 것은 독자가 본질적인 것을 구할 때에, 부수적인 것 때문에 탈선하지 않도록 하기 위함이다. 예를 들어서 사냥을 할 때 당신은 사냥개들의 품종이 무엇이며 사냥용 창은 누구에게서 빌려 왔는지 하는 그런 자질구레한 얘기를 설명하기 위해 지체하지는 않는다. 마찬가지로, 식탁에 음식을 나르는 종업원도 그 음식이 어느 농장, 혹은 어느 도살장에서 온 것인지 설명하지는 않는다는 것이다. 그것은 요리사가 자신이 만든 요리가 즙으로 되어서 사람의 위로 들어가 흡수되지 않으면 어쩌나 하고 고민하지 않는 것과 같은 이치이다.

Ⅳ. 새롭고 훌륭한 인식을 내용으로 담은 서적만이 출판되어야 할 것이며, 사물계의 비밀을 알기 위해 더 훌륭한 통찰력을 얻어내고 사물을 적합하게 사용하게끔 하기 위해서, 이전에 출판되었던 내용에 대해서도 새롭고 쓸모 있는 발견이 있어야만 할 것이다. 이미 알려진 사안에 대한 책을 편집하려고 하거나, 남의 것을 베껴 쓰려는 시도는 다 타버린 석탄으로 온도를 높이려는 것과 같아서, 중지하는 것이 좋을 것이다. 만약 어떤 사람이 작가로 데뷔하려고 문체만 바꿔서 자신을 위해 애매한 사상 작품을 팔아먹으려고 한다면, 그는 영혼을 팔아먹는 사람으로 간주될 것이고, 플라톤(Platon)의 향연에 나온 대로, 다른 사람이 이미 향료를 뿌려 놓은 것에 또다시 향료를 뿌렸던 사람처럼 비웃음을 살 것이다.[19]

Ⅴ. 일단 새로운 인식을 얻었거나, 혹은 이전의 인식에 대해 새로운 발견을 한 사람은 그 인식의 내용이 이전에 알려진 것과 혼합되지 않은 상태에서 세상에 알리는 것이 좋다. 책의 전체 내용을 오로지 새

언들이다. Gnomologie oder Pangnomicon: 그러한 금언들의 수집(Vgl.Pauly-Wissowa Supl.-Bd.VI, 74ff.). 아마도 사람들은 그 말을 ὁ γνωμων에서 끌어냈을 것이다. – 표준 또는 높은 태양의 확실한 자리를 위하여 결정적인 지팡이(s.E. Hoffmann: Pädagogischer Humanismus, Zürich 1955, S. 90).

19) Plautus, Pseudolus, Szene XI.

로운 발견을 위해서만 쓰려는 시도도 사라져야만 할 것이다. 보석도 모래더미나 진흙 속 혹은 왕겨 더미에 묻혀 있는 것보다는 차라리 아무 것도 장식되지 않은 채로 남들 앞에서 빛나는 것이 더 좋은 것이다. 여기에 대해서는 많은 근거를 들 수 있다:

① 그리스도께서 등불이 말 아래 놓이는 것에 대해 경고하셨다. 등불이라고 하는 것은 등경 위에 올려놓아서 집안 모든 사람을 비추게 해야 하는 것이다.[20] 이미 알려진 것이라고 할 수 있는 쓸모없는 잿더미를 훌륭하게 관찰한다 할지라도, 숨겨진 불꽃마저 깨뜨리는 결과 외에 무슨 의미를 갖겠는가? 그러므로 알려진 것은 흥미로운 것이 아니다.
② 발견자가 진실로 현명한 사람이라면 자신의 현명한 경험을 통해, 급격히 유명해지기 위해 세상에 대한 자신의 아름다운 사상을 수단으로 하는 것에 관심이 있다는 사실이다. 만약 어떤 사람이 자신의 보석을 숨기지 않고 빛 가운데 제시한다면, 지혜라는 보석을 갈망했던 모든 사람들은 그것으로부터 배우게 될 것이다. 그리고 그것과 더불어 보석을 발견한 사람의 이름도 알려지게 될 것이다.
③ 시건방진 경솔함이나 망중한(忙中閒)을 야기하는 서적의 무분별한 범람 역시 제방으로 튼튼히 막아야만 한다. 이러한 것들은 자체에서 아무것도 제시되지 않을 때 그대로 나누어야 한다. 이렇게 되면 그것은 세상의 (맹목적인) 활동성을 본질적으로 줄이게 될 것이다. 속도를 늦추게 되는 것이다.
④ 그러므로 학문적인 책이 더 쉽게 이해될 수 있다는 결론이 나온다. 범람으로부터의 해방은 다른 말로 불필요한 어려움으로부터의 해방을 의미하는 것이다.

---

20) 마태복음 5:15

제 6 장 범지혜서: 전체의 책들   149

⑤ 만약 새로운 발견들이 인간 지능의 한계 안으로 들어오기만 한다면, 지혜 자체를 증대시키는 데 기여하기는 할 것이다. 지각이 없는 사람이라면 훌륭한 고안으로 밝혀지게 된 것들을 매년 관찰할 수 있다는 것에 대해 기뻐할 것이다. 이러한 참여를 통해서 자신도 새롭고 훌륭한 불꽃을 얻게 되는 것이다.

⑥ 이는 정치적인 경험에서도 적용되어야 한다. 어떤 시민도 자신의 재산을 세무하는 데 있어서 억울한 세금을 내서는 안 되는 것이다. 마찬가지로, 사열식을 할 때 책임자는 자신의 병력을 내세워야 하지 다른 무기나 병사를 내세워서는 안 된다.

⑦ 결국 우리는 옛 성현의 발자취로 거슬러 올라가게 된다. "지혜자의 말씀은 찌르는 채찍 같고, 회중의 스승의 말씀은 잘 박힌 못 같으니"(전 12:11). 이 말씀은 어느 것에나 적합하다. 그리스의 칠성현들은 대부분의 명인들이 했던 것처럼 자신들의 정해진 격언들로 유명하게 되었던 것을 알 수 있다.[21] 사람들이 믿는 바대로, 히포크라테스(Hippokrates)도 신탁이라고 하는 짧은 표현을 통해서 유명해졌다. 영국 귀족 출신인 보터너스(Wottonus)라는 사람은 자신의 묘비에 다음과 같은 말만 쓰기를 원했다: "여기 최초로 다음과 같은 명언을 남긴 자가 잠들어 있노라 – 논쟁을 즐기는 것은 교회가 구하는 것이다."[22]

VI. 인간에게 빛을 더해 주거나 유익을 끼치지 않는 책은 결코 출판되어서는 안 된다. 대신에 지금까지 알려지지 않은 것들을 발견해 내고 혼란스러운 것들을 정돈해 내며 유동적인 것들을 확고하게 할

---

21) Über die Spruchsammlungen s. Paulyß Wissowa, Neue Bearb.2. Reihe II, 2, 2254ff.(D.).
22) 먼저 그 진술에 영향을 준, 그것이 묻혀 있다 : 논쟁에서의 기분은 교회의 찾음이다. – Henry Wotton, 1568-1639,Diplomat und Schriftsteller, s. Enc. Brit. 23, 799(D.).

필요가 있다. 이와 같이 사람들은 추측이라는 안개, 숨겨진 모호성, 분열의 안개로부터 해방되어서 아름다움과 빛의 능력으로 인도되어야만 한다.

Ⅶ. 진리를 보증하지 않거나 쓸모가 없는 내용이라면 저술되거나 출판되어서는 안 된다. 어거스틴(Augustinus)은 다음과 같이 말했다: 아무리 작은 진리라 할지라도, 그것은 의도적으로 생각해 낸 모든 것보다는 더 훌륭한 것이다.[23] 위대한 사람들의 오류라고 하는 것도 다른 사람들의 마음을 빼앗기 쉬운 것이다. 그렇기 때문에 주의해야 한다. 만약 진실이 아닌 것을 진실한 것으로 출판했다는 사실이 밝혀지면, 공적인 모욕이 그의 형벌로 주어질 것이다.

Ⅷ. 이제 새로이 출판되는 책들은 수학적인 방법론[24]에 따라 기술되어야 할 것이다. 말뿐인 것이 아니라, 모든 것이 증명되어야만 한다는 것이다. 그 일 자체가 질서와 문체를 갖추려고 한다면, 모든 것이 태양 빛과 함께 있는 것처럼 묘사되어야 한다. 좋은 시력을 지닌 사람은 양초가 필요 없고, 망원경도 필요 없으며, 자신을 손수 인도해 줄 사람만 필요한 것처럼, 건강한 정신을 소유한 사람은 이러한 책들을 읽을 때에, 그것에 대한 주석이 없어도, 명확하게 제시된 진리를 파악해 낼 수 있는 것이다. 명백하게 비난받는 글을 쓰지 않으려면 긍정이나 부정의 형태로 글을 쓸 것이 아니라, 미결 상태로 제시해야 하는 것이다. 이러한 일은 양측에서 성실히 연구되어야 하고 진리가 어디에 놓여 있는가에 대해 명확하게 제시되어야 하는 것이

---

23) Augustinus, Cof. III, Kap. VI, 10
24) 여기에 J. Jungius의 영향으로 생각되는 것이 있다. Vgl. die 'Leges societatis ereuneticae' in: M.Vogel,Historia Vitae et Mortis Joach.Jungii, aber abgedr.von Witten,H.Memoriae philosophorum Vol.II, Fraft.1679, p.275, Vgl. auch Kap. VI, 19, 5(D.). 벌써 St. Dunin-Borkowski는 스피노자에 의한 윤리학의 기하학적인 건축(그리고 데카르트의 철학의 논문과)은 코메니우스의 Panaugia의 영향 없이 생겨난 것이 아니라는 짐작을 하였다.; 비교. D.Tshcizewskij, Johanes Bauer, ein deutscher Philosoph in der Slowakei, in: Südost-Forschungen,1956,S.475.

다. 그러므로 저자는 자신의 판단을 피하고 독자에게 자유로운 결정을 할 수 있도록 맡겨야 하는 것이다. 하지만 저자는 독자가 그 내용에 대해 충분히 연구하는 데 수고를 아끼지 않도록 자극해야 한다. 이것을 통해서 저자는 자신이 억제하고 있었던 것에 대한 정당한 이유를 가지고 있음을 보여주게 되는 것이다. 또한 이것을 통해서 저자는 다른 사람들에게, 판단에 있어서는 서두르면 안 된다는 좋은 모범을 제공하게 되며, 그들은 진리를 연구하려고 좀더 애쓰게 된다. 그러므로 우리가 이러한 제안을 하는 때를 즈음해서 빌립보서 3:15과 고린도전서 3:13에 나타난 사도들의 명령을 지켜야 할 것이다.[25] 의심에 쌓여 있는 사람들이 공개적으로 더 이상 판단할 수 없는[26] 거기서 우리는 고대의 칭찬할 만한 순진무구함을 본받게 될 것이다. 이렇게 함으로써 우리시대에 널리 만연되어 있는 흑사병과 같이 되어 버린 항의문서(논박서)와 같은 것들이 근절될 것이다.

IX. 어느 누구도 성급하게 책을 만들어 내서는 안 된다. 누구나 자신의 글을 다시금 검토하는 습관을 길러야 하며, 책을 완성할 때까지 폴리크라이테스(Polykleites)의 요구에 정확히 부응하도록 해야 한다.[27] 성급히 생겨난 것은 또한 성급히 사라지게 마련이다. 그러나 정성을 다해서 한 작업은 수백 년 동안 남게 된다. 초이식스(Zeuxis)는 얼마나 빨리 그림을 그릴 수 있는가에 대해 자랑했던 아가타르크(Agatharch)에게 다음과 같이 말했다고 한다. "나는 영원을 위해 그리기 때문에, 천천히 그림을 그린다네."[28] 페르질(Vergil)은 한때,

---

25) 빌립보서 3:15 "그러므로 누구든지 우리 온전히 이룬 자들은 이렇게 생각할지니…" 고린도전서 3:13 "각각 공력이 나타날 터인데, 그 날이 공력을 밝히리라."

26) Non liquet – 불분명한 행위 성립 때문에 어떤 판단도 내릴 수 없을 경우에, 로마법정은 '그것은 분명하지 않다!'고 해명한다.

27) Polycleitos von Argos, Erzgießer des 5.Jh., verfaßte eine Schrift κανων die eine Proportionslehre zum Hauptinhalt hat.S. Pauly-Wissowa. Neue Bearbeit XXI, 2, 1707ff.(D.).

3일 내내 시 3줄도 제대로 못쓰고 생각만 하고 있던 중, 하루 만에 시를 300줄이나 썼다고 자랑하는 사람을 보고 한탄하면서 다음과 같이 말했다고 한다. "가능한 일이지! 하지만 자네의 시와 내 시는 차이가 있다네. 자네 것은 3일을 위한 것이지만 나의 시는 영원한 것이라네!"

X. 색인이 없는 장서(臧書)를 만들어서는 안 된다. 색인 없는 책은 창문이 없는 집과 같으며, 눈 없는 육신이요, 목록 없는 재산과도 같은 것이다. 당신에게 그러한 것들은 쓸모 없는 것일 것이다. 대충 훑어봐도 다른 것과 비교해서 자신의 입장을 대변해 주는 내용이 어디에 있는가를 알 수 있을 정도로 일목요연하게 쓰일 수는 있을 것이다. 나아가서 내용을 일단 사실적으로 정돈해야 할 뿐 아니라, 내용 관계를 철자에 따라 구별해서 표시해 준다면 이 책은 명확성을 확보하게 될 것이다. 이즈음에서 다음 시인의 말을 고려해 볼 필요가 있다.

"우리의 책들은 그것들을 밝혀 주는 그 어떤 색인이나 참고자료가 필요하지 않습니다. 왜냐하면 모든 것이 올바른 질서와 빛 가운데 놓여 있기 때문입니다."[29]

XI. 앞으로 새롭게 만들어질 책들은 하나님의 책에 대한 열쇠요, 안내서가 되어야 할 것이다. 왜냐하면 자연에 대해서, 성경에 대해서, 그리고 고유한 사고의 생산 공장을 위해서 우리 인간은 하나님으로부터 가르침을 받아야 하며,[30] 인간에게는 가르침이나 훈계를 받을 만한 것이 없기 때문이다. 주 하나님을 인식한다는 것은 어느 곳에서든지 그가 행하신 기사와 말씀과 영감을 통해 큰 자나 작은 자나 모두가 하나님을 보고, 느끼고, 듣고,

---

28) Lycosthenes, Apophthegmata, S. 834(H.).
29) 이 장의 각주 11번. 비교, 여기 그 귀절이 약간 다르게 인용되었다.
30) θεοδιδακτοι는 θεοπνευστος(딤후 3:16)과 유비적 관계를 형성한다.

깨달을 수 있다는 것을 의미한다. 이는 예레미야 31:34에 약속되어 있다.[31]

XII. 빛의 동료 회원들이 책에 대한 결점을 알거나 동의함이 없이는 어느 누구도 책을 만들어서는 안 된다. 이것은 신학자나 정치가가 없이는 교회나 국가에서 어떤 것도 할 수 없는 것과 마찬가지이다.[32] 그 밖에 자신의 의향대로 아무렇게나 쓰인 인쇄물들을 출판하는 모든 남용들, 즉 모든 혼돈의 원천이 되는 것들은 무조건 고갈시켜 버려야 한다. 어떤 여지도 남겨 놓아서는 안 된다.[33]

19 이제 우리는 이러한 충고를 훌륭한 것으로 받아들이고, 성령에 충만한 모든 사람들에게 범주적이며 범지혜적인 목록을 제하고자 한다.[34] 이렇게

---

31) 사물의 표시들은 그들의 성격들을 보이는 것이다. 표시들에 관한 가르침은 코메니우스에 의하여 자연의 해석으로 나타나는 것처럼 형태 안에서 Paracelsus에게로 되돌아 간다(vgl.B.S.von Waltershausen,Paracelsus am Eingang der duetschen Bildungsgeschichte, Leipzig 1942). und auch Jacob Böhme(s.seine Schrift De signatura rerum). Vgl. 대교수학, 14장 3항 : "우리는 창조물 전체 안에서 신성의 발자취를 느끼는 한 하나님을 찾는다. - Vgl. zu dieser Stelle allerdings bereits Platon,Timaeus 52B,52 D. Politicus 258C; Philo, De opit.mundi; Sebastian Franck,Paradox 135. 칭한 사람들에 있어서 모든 사물은 하나님의 '흔적'이거나 또는 '발자취'로 이해한다.
32) Panorthosia 16장에서 코메니우스는 세 가지 신분을 구별한다. 그것들은 인간의 일들을 돌보는 자들인데, 학자들과 신학자들과 정치가들이다. 각각 이 세 신분은 그의 조직체를 가진다. 그 신분의 책임자들은 세 가지 국제적인 총회를 갖는다. 학자들은 빛의 토론장(동료 등의 모임)을, 정치가들은 세계의 재판법정을, 그리고 신학자들은 교회연합의 종교회의를 형성해야 한다.
33) 손으로 쓴 원본에는 여기서부터 숫자가 틀림.
34) Praedicamenta란 말은 그 당시 자주 수사학적인 표현의 원리로 이용하였다. Vgl. etwa die Tractatio Melidaei per Praedicamenta(G. Bauch, Valentin Trotzendorf und die Goldberger Schule. Berlin 1921, S.457). 코메니우스는 여기서 Raimundus Lullus의 사상으로 되돌아간다. 즉 그가 각 개념을 여러 가지 범주에 따라 다루는 것이 가능한 대로 그의 대기술론에서 논쟁을 한다. 코메니우스는 다시 Triertum Catholicum의 14장에 이러한 방법을 설명한다(vgl.dazu J. Hendrich, Komenskeho logika…Komenskeho, XIV, S. 135ff.). - 13번 아래에 칭한 관계설정과 빈번성(combin-ationes und conglobationes)의 범주들이 코메니우스의 범주론을 위하여 특징을 짓게 한다; vgl.

함으로써 우리는 다음 문장들 속에서 어떤 유익한 것들이 요구됨을 알게 될 것이다.

(1) 본질적이며 유익한 것에 관한 책을 쓰기 위해서는 본질의 범주가 요구된다. (2) 빛의 자녀들에 의해서 동경되고 환영받는 빛의 열매로서, 흘러가는 세월 동안 만들어진 모든 책들을 한번에 널리 알릴 수 있는 시간의 범주가 필요하다. (3) 장소의 범주는 세상의 불꽃이 다만 빛의 가장 훌륭한 장소인 대학에서 나와야 하며, 그 어떤 다른 지역에서 나와서는 안 된다는 사실을 상기시킨다. 그것은 전적으로 질서의 모순을 예방하기 위함이다. (4) 사람들을 지루하지 않게 하고 신선하고, 새로우면서도 쉽게 소화되고, 생산될 수 있게끔 분량이 적으면서도 내용적인 면에서 어렵지 않은 양의 범주가 필요하다. (5) 모든 것을 명확히 증명해 주며, 순전히 말만 즐기는 것이 아니라, 진리의 밝은 빛을 퍼뜨릴 수 있는 질의 범주가 요구된다. (6) 행동의 범주는, 만약 사람들이 이 길로 걷기만 한다면 큰 장점으로서 세상을 위해서 작가들은 줄어들고 작품들은 더 훌륭히 개선될 것을 우리에게 약속해 줄 것이다. (7) 세계의 모든 학교가 훌륭한 책이 새롭게 만들어진 해에 즉시 목록들을 서로 교환하게 되면, 이 새로운 책들은 즉시로 모든 사람들에게 알려지게 될 수 있으므로, 이를 위해서는 인내의 범주가 요구된다. (8) 질서는 현세에서 생겨난 모든 혼돈과 솔로몬 시대부터 있어 왔던 현인들의 탄식이 제거될 수 있다는 사실을 우리에게 약속해 줄 것이다.[35] (9) 또한 전 세계에 복지를 가져다줄 유용성이 필요하다. 결국 세계는 책이 범람하는 것을 중단할 것이고, 우리도 더 이상 위장된 권위에 의해 놀림을 당하지 않게 될 것이다. 모든 사람들이 볼

L.R.P.; Janua rerum(1681). Kap.13. 코메니우스는 벌써 Janua rerum 1643판 제 3장(Turnbull,a.a.O.S.163ff.)에서 그의 범주론을 묘사한다. 거기서 그는 물론 Praedicamenta의 자리(loci)에 classes rerum이란 표현을 사용한다. 그는 그 아래서 이와 같이 존재하는 것들의 근본종속들을 이해하며, 이 가르침과 함께 아리스토텔레스에게로 돌아간다.

35) 전도서 12:12 "여러 책을 만드는 것은 끝이 없고, 많이 공부하는 것은 몸을 해치느니라."

수 있고 참여할 수 있도록 모든 사물이 자명하게 제시될 것이다. 이렇게 됨으로써 세계는 말뿐인 억측에서 해방되어 진정한 진리를 파악하게 될 것이다. (10) 기쁨을 가져다주는 사랑이 필요하다. 온 세상은 빛 속에서 아름다운 시기에 계속 머물게 될 것이다. (11) 이제 모든 결핍이 제거될 수 있다. 이렇게 아름답고 잘 정돈된 두뇌 경쟁을 통해서 어떤 구멍인들 막지 못하겠는가? (12) 문학의 영역에서 잘못 교육된 것이 있을 수 있겠는가? 어느 것도 있을 수 없다. 모든 것은 다시 교정될 것이다. (13) 연결과 축척에 있어서 두 사람 혹은 그 이상의 학자나 연구원들이 이러한 기회를 적절한 작업으로 일구어 낼 수 있다면 나쁘지 않을 것이다. 이렇게 되면 사람들은 자신의 출판물을 하나의 작품으로 요약해 내는 수고를 하지 않아도 되며, 서로서로 분리되어서 책을 펴내는 것이 아니라 통일된 단 권으로 펴낼 수 있게 되는 것이다. 그렇게 되면 배우는 사람들은 보편적인 모든 일이나 다른 사람들을 자신의 편에서 판단하는 그런 일은 없을 것이다.

20 이러한 빛을 증대시키기 위해서는 빛의 동료모임 회원들이 우선적으로 전체를 파악할 수 있는 책, 예를 들면 범우주론, 범역대기, 범역사기, 범교리, 범지학과 같은 서적을 위해 수고해야 한다.[36] 그 밖에 선지자들과 사도

---

36) 빛의 길(Via lucis) 14장에 코메니우스는 다만 세 가지 범세계적인 책, Pansophia(범지혜서),Panhistoria(범역사서), Pandogmatia(범교리서)를 칭했다. 여기 본질적으로 더 많은 것이 있다. 하나의 히브리어와 그리스어 학습서가 유명한 그의 라틴어 견본에 따라 그에게서 21장의 방법론 가운데 추천되었다. 지혜의 Ventilabrum(ODO IV, 42-64) 안에 59번 아래서 그 계획은 발전되었다. 그것은 그리스어를 배우도록 신약성경에 대한 그리스-라틴어를 서로 병행시킨 텍스트의 12장 안에서 하나의 간략한 개요를 보여주는 것이었다. 비슷한 방식으로 히브리어 교재도 계획되었다. (범세계적인 책들이 로젠크로이쳐의 글들 가운데, 그리고 캄파넬라의 태양의 도시 가운데 하나의 중요한 역할을 한다. 캄파넬라의 태양의 시계들은 놀랄 만한 간결함으로 요약된 하나의 모든 학문들의 강요서인 유일한 책을 가진다. 로젠크로이쳐의 명실공히 '철학의 도서관'은 '세계의 책'(liberi mundi)의 두 가지 독립적인 부분에서 생겨났다. 하나의 작품은 총체적인 우주의 운동에 대한 세계법칙의 공리를 보존한다. 다른 하나는 역사적이며 점성학적 작품인 하나의 월력이다; 프로테우스의 한 책은 형제들에게 미래를 발

들에게 각각 히브리어와 헬라어로 전해졌던 성경말씀에 대한 범조화적인 주석을 위해 애써야 한다. 왜냐하면 선지자들과 사도들 자체의 말로도 우리는 화자에게로 인도될 수 있기 때문이다. 여기에 대해서는 완전한 범금언론(Pangnomica), 보편적인 해결책, 매듭을 풀어 주는 역할을 하는 책들, 그 밖에 시간이 흘러감에 따라 관찰해 볼 만한 책으로 판명되는 것들, 그러한 것들이 합당할 것이다. 이제 우리의 시선은 이러한 책으로 열릴 것이며, 그 동안 서적과 개선책에 대해 그토록 오랫동안 끌어와서 미안한 일이지만, 독자들 자신도 이제 범개혁론의 본질적인 부분이 되어 버린 것이다.

21 범우주론(Pancosmia) 혹은 범우주지리학(Pancosmographia)도 육지와 하늘, 그리고 양(兩)반구에 대한 정확한 지리적 도표를 가지고 있는 책이라면 완벽한 책이라 할 수 있을 것이다. 이는 각 나라별로 자신의 나라에 대해 정확히 묘사하기를 노력해야만 가능하다.[37] 이로써 우리는 총체적인 조망을 얻어 낼 수 있게 된다. 먼저 자국을 알게 되면 모든 민족들이 자기 자신을 이해하게 되고, 이웃나라를 올바르게 평가할 수 있게 되는 것이다. 이는 그들이 지구 전체 중 어떤 부분을 차지하고 있고 또 어디에 위치해 있으며 자연과 문화의 혜택을 어느 정도 누리고 사는지 가늠할 수 있기 때문이다. 그 외에 우리는 발견자나 기념일을 따서 이름을 붙인 섬이나 산맥 그리고 강들의 이름에 대해서도 알 수 있을 것이다. 이 일에 또 무엇이 첨가되어야 하는가? 그곳에 거주하는 민족들을 기재하는 것이 좋은데, 이는 그들 자신이 부르는 명칭대로 기재해야 한다. 나의 이름은 요한인데 왜 어떤 사람은 나를 바울

견하게 하는 것이다. S. Fama fraternitatis ed. Maak, S. 56(D.)
    37) 코메니우스는 벌써 청소년들에게 그의 고향 모라비아 지방의 지도를 가르칠 재료를 수집하였다. 이것은 역시 1628년에 인쇄, 출판되었다(Moraviae nova et post omnes priores accuratissima delineatio). 1645년에도 출판되었고, 후에 새로운 것이 더 많이 뉴욕(1955)과 Prerov에서 출판되었다. Vgl. Matzura, Die ältesten und älteren Landkarten von Mähren, Brünn 1896(Annales vom Museum Francisceum). Vgl. die Notizen über Pavel Aretin in :20, S. 31-33.

(Paulus)이라고 부른단 말인가? 왜 마다가스카(Madagaskar) 섬을 성 라우렌티우스(Laurentius)라고 불러야 한단 말인가?

22 범연대기론(Panchronologia), 범연대론(Panchronia)[상세히 설명하지 않았다].

23 범역사(Panhistoria).[38]

24 각 민족들의 세계(사물계)에 대한 서로 다른 관점들을 제공해 주는 책을 범교리론(Pandogmatia)이라 부른다. 이러한 책을 정확히 파악하게 되면 다음과 같은 3가지의 편리한 점이 있다.

Ⅰ. 고서(古書)들은 그것에 대해 일단 한번이라도 전체를 섭렵할 기회를 갖게 되면 사람들에게 큰 이해력을 가져다줄 것이다.
Ⅱ. 또한 오류와 자만의 흑암을 뚫고 들어온 하나님의 풍성한 은총과 진리의 권능이 모든 인류 안에서 확산되는 것을 볼 수 있을 것이다.
Ⅲ. 결국 많은 종류의 집요한 오류들은 정의로운 빛으로 빨려들어 가게 되고, 범지혜적인 진리의 빛은 점점 더 확고하게 되고 재조명될 것이다.

어쩌면 수백 년 동안 점철된 오류를 이사야의 예언(사 43:18; 65:16f; 66:22)과 에스겔의 예언(겔 39:12 이하)에 근거해서[39] 잊어버리고 묻어버

---

38) '빛의 길'(via lucis) 15장에, 코메니우스는 벌써 범세계적인 역사에(Panhistoria) 대한 그의 사상을 서술하였다. 그는 범세계적인 역사에서 성경적인 구원의 역사와 자연의 역사, 발견의 역사들과 세상에서의 도덕규범의 역사, 종교적인 관습들의 역사, 백성들과 국가들의 역사를 이해한다. Vgl. auch Kap.VII, Did.m., Kap. XXX,16(s.auch S. Studion,Naometria, datiert 1604. Handschrift in der Landesbibel. Stuttgart, Theol. Philos. Fol.

39) 이사야 43:18 "너희는 이전 일을 기억하지 말며, 옛적 일을 생각하지 말

리는 것이 좋을지 모른다. 그러나 진리에 확실히 거하는 사람들에게는 오류들을 고찰해 보는 것도 해가 되지 않을 것이다. 오히려 그러한 오류들에 대한 관찰은 하나님의 위대하신 자비와 영감을 찬양한 것처럼 느끼게 할 것이다. 위와 같은 방법으로 학문을 하는 사람들은 자신이 다시금 오류의 흑암으로 빠져 버릴지도 모르는 균열을 막을 수 있는 기회를 얻게 된다.[40] 여기에서 생기는 모든 것이 선이 되기를!

 인간이 항상 찾아왔던 것, 그것을 바로 여기에서 가르쳐 주어야 한다. 인간이 언제, 어디에서 살며, 또 어떤 사회에 속하고, 철학적으로, 의학적으로, 신학적으로 어떤 경향에 속하는지에 관해 쓴 책이나, 또 그것을 말한 사상가를 여기서 간과해서는 안 된다. 그들의 이론은 항상 새롭게 관찰되고, 연구되어야 하며, 또한 진리라는 시금석[41]에 의해 항상 검증되어야 한다. 이렇게 해서 도처에 산재해 있는 사물계에 관한 진리들이 모아지고 하나가 되는 것이다. 왜냐하면 오류라고 하는 것도 진리와 관계하기 때문이다. 다시 말해서 오류는 하나의 왜곡된 진리이며, 잘못 파악된 진리라고 할 수 있는 것이다. 하지만 이러한 오류들이 발견되고, 고쳐지고, 그렇게 해서 진리로 남게 되려면, 전체적으로 산재해 있는 진리들을 하나의 총체적이고 조화로운 진리로 결합시켜야만 한다. 이것은 에니우스

라. 이사야 65:16이하 : 보라, 내가 새 하늘과 새 땅을 창조하나니," 사 66:22 "나의 지을 새 하늘과 새 땅이 내 앞에 항상 있을 것같이." 에스겔 39:12 이하 "이스라엘 족속이 일곱달 동안에 그들을 장사하여 그 땅을 정결케 하실 것이라."

   40) Bei U. Pinder(Speculum int. Augs.1510, S.69) ist Com.mit den beiden sich durchdringenden Pyramiden des Lichtes und der Finsternis des N.Cusanus(De conjecturis) bekannt geworden.-Auch Leibniz kennt noch diese Figur der christlichen Platoniker(Philos.Schr. I-1663-72-, Darmstadt 1930, S.538). Hierzu J. Koch, Die ars conjecturalis des Nikolaus von Kues. Köln 1956.

   41) Lapis Lydius erscheint häufig als Bestandteil von Buchtiteln in der Barockzeit,auch in den Werken J.V. Andreaes. Z.B. Ant.de Burgundia,Mundi lapis lydius,1639; – R.Fludd, Sophia cum Moriae Certamen, in quo, Lapis Lydius… M.Mersenno,…reprobatus,…1629; Fr. Breckling, Speculum sive lapis lydius 1660.Vgl. auch Labyrinth 18,13(D.).

(Ennius)⁴²⁾의 진흙에서뿐만 아니라, 페르질(Vergil), 키케로(Cicero), 세네카(Seneca)와 그 밖에 하나님에 대해서 모르는 다른 사람의 작품에서도 금을 걸러내야 한다는 의미이다. 범지학의 창시자들도 간과해서는 안 된다. 아무리 환상적인 역설이라 할지라도 그 안에 들어 있는 숨겨진 진리가 무엇인지 파악하기 위해서 반드시 연구되어야 한다.

이렇게 함으로써 우리는 가장 미세한 오류도 물리칠 수 있게 되고 우리의 정신 속에 영원한 진리의 왕국을 공고히 할 수 있는 것이다. 중독되었다가 해독된 사람에게서 무엇인가를 얻어내는 것보다 독에 대해 아는 더 효과적인 수단은 없다. 즉 자연에서는 독과 연관되어 있는 것이 독에 감염되는 것을 막아주는 힘을 가지고 있고, 비록 그 독이 다른 것에 옮겨졌다고 하더라도 그 독에 대항할 수 있는 동일한 힘을 가지고 있다는 것이다. 그러므로 진리에 참여하는 길은 가장 극악한 오류의 굴레로부터 해방된 진리를 맛보는 것이 가장 효과적이다.

25 언젠가 이 세상을 지배했던 오류들의 목록을 관심 있게 서술할 수도 있을 것이다. 그러한 오류들은 이 책 속에 나타난 진리의 권능으로 제거될 것이고, 결과적으로 모든 인간이 모든 오류로부터 근본적이고 성공적으로 보호받게 될 것이다. 이에 관해서 야코부스 프리미로시우스(Jacobus Primirosius)는 의학에 대한 오류를 지적하면서 한 예를 지적했다.⁴³⁾

---

42) 코메니우스는 여기에서 어떤 고대 시인들의 도덕적 가치에 대한 논쟁을 다룬다. 에라스무스와 그를 따르는 인문주의자들에게서 말하자면 가벼운 기분전환의 놀이들이 특히 Terentius와 Plautius로부터 그들의 상호교환적인 대화 때문에 학교 수업에서 이용되었다. 벌써 루터는 그것에 대하여 반대하였고, 코메니우스는 대교수학 15장 가운데서 이방인 저자들의 강연을 대체로 비난하였다. 그는 물론 후에 제한적인 이해를 가진다. (z.B.Meth.n. Kap.XXVII). J.Novakova, Die Antike im Werk des J.A. Comenius, in:20, S. 93-110.

43) In der Schrift Destructio fundamentorum medicinae a Jacobo Primirosio, Rotterdam 1657, werden die Grundlagen der Medizin polemisch behandelt(H.).

만사가 어느 누구도 논박할 수 없을 정도로 명확하게 증명되어야만 한다는 것이다. 철학자가 철학자에 대해서, 신학자가 신학자에 대해서 습관적으로 하는 것처럼 다른 한쪽만의 오류를 일방적으로 매도하는 방식으로 글을 써서는 안 된다. 이렇게 되면 오류를 저질렀던 사람은 자신의 오류를 고치려 하지 않을뿐더러 더 많은 오류를 저지르려고 하기 때문이다. 그것은 일단 오류를 지니게 되면 오류를 증가시키게 된다는 것을 의미한다. 즉 오류라고 하는 것이 충분히 명확하게 인식되지 않거나 드러나지 않게 되면 사람들은 자신의 입장에서 광기를 발동시키게 되므로, 이런 식으로 오류로부터 헤어 나올 길이 없으며, 오히려 눈이 어두워져서 점점 더 빠져 들어가기 마련이다.

주의하라 : 어떤 경우에도 오류에 관해 언급하지 말 것이며, 단지 진리만을 가르치는 것이 방법론적으로 기본이 되는 법칙인 것이다. 그렇지 않으면 어떤 오류든지 간에 위험한 방법으로 영혼을 지배하게 된다. 그러므로 이 오류들을 진리의 근본단계로부터 어떻게 하면 끄집어 낼 수 있는지를 제시하는 것도 나쁘지 않을 것이다. 이 오류들은 범지혜의 평탄한 길을 방해할 지도 모른다. 그렇기 때문에 이에 관해서도 적합한 책이 저술되어야 하는 것이다. 즉 범철학을 위한 추가물(epitagma pansophicum)이 필요하다는 것이다. 또한 여기에 또 다른 종류의 책들도 연결될 수 있을 것이다: 오류의 이중 길. 이러한 내용을 담은 책 속에서는 철학자들이나 신학자들이 어떻게, 혹은 어디에서 오류를 범하는지를 제시해 줄 수 있을 것이다. 잘못된 억측에도 불구하고 마치 진리인 것처럼 생각케 하는 이러한 모든 오류들은 진리에 근거하고 있는 것이므로, 사람들이 이러한 오류에 어떻게 빠지는지 반드시 밝혀져야 한다. 이 것은 다음과 같은 공리와 관계 있다.

"우선 먼저 있던 것이 제거될 때에만 하나의 결정적인 형태가 질료에 부여될 수 있다." 이것을 예를 들어 설명하자면 다음과 같이 말할 수 있을 것이다: 반드시 옛 모습을 제거해야 한다고 하는 필요성은 아리스토텔레스(Aristoteles)로 하여금 해방이나 약탈을 원리들 중 하나로 받아들이도록 부추길 수도 있을 것이다. 아리스토텔레스(Aristoteles)는 이를 통해서 위의 두 가지가 접근해

왔을 때 거기에 큰 의미를 부여했던 것이다. 세상의 빛은 지혜의 작품, 즉 하나님의 아들의 작품이라는 사실이 설명된다면 다음과 같은 언급이 덧붙여져야 한다:

이것은 '마니교도' (Manichaer)[44]로 하여금 그리스도 대신에 태양을, 사물 대신에 징표를, 창조주 대신에 피조물을 섬기도록 유혹했다. '사물의 안락함이 선의 핵심이다'라는 말이 제시되려면 또한 다음과 같은 말이 덧붙여져야 한다. "쾌락을 가장 높은 선으로 여겼던 에피쿠로스는 바로 여기에서 오류를 범한 것이다."

26 이 범지학은, 자신과 비교해서 다른 모든 것들이 혼돈으로 나타나게 되고 오로지 자신만이 하나님의 완전한 체계인 세계라고 하는 기계와 유사할 정도로 완벽하게 완성되어야 한다. 완성될 때까지 수행되어야 하는 이 범지학은 모든 단위 서적들의 규범이 되어야 할 것이다. 그것은 자연이라는 작품이 인간 예술을 통해 발생하는 모든 것들의 규범이 되는 것과 같은 이치이다. 최상의 개념에서 하위 개념의 종(種)으로 하락된 형상, 규범, 범지학의 토대, 사물계의 질서와 같은 것들은 우리에게 있어서 하나의 빛으로 간주되어야 할 것이다. 범지학이라고 하는 것은 확실히 자기 자신에 근거하는 것이지만, 우리 자신은 모든 질서에 주의를 기울이지 않기 때문에 우리 자신에 근거한다고 할 수 없는 것이다. 그것은 한 가지 예로 설명될 수 있다. "지금까지 지구상에 살았던 사람이나, 지금 살고 있는 무수히 많은 사람들은 모두가 한 핏줄에서 나왔으며, 한 뿌리를 두고 있다. 그것도 아담 한 사람의 조상으로부터만 아니라, 노아 대홍수 시기에 세계의 조상이 되었던 노아로부터 이어받은 것이다." 사람들은 말하기를, 유럽인들은 노아의 아들인 야벳에게서 기원했으며, 아시아인들은 셈에게서, 그리고 아프리카와 아메리카 사람들은 함에게서

---

44) Mani라는 창시자의 이름에 따라 마니교라 불린 종교는 3세기에 생겨났으며, 기독교의 요소들과 동방종교들의 요소를 결합시켰다.

기원했다고 한다. 그들의 아들들로부터 서로 다른 민족들이 생겨났고, 또한 그들의 손자들로부터 친족들이 생겨나게 된 것이다. 우리로부터 다른 사람들까지, 얼마나 많은 친족 단계를 거쳐 왔던가를 말할 수 있는 사람이 과연 누구이겠는가? 만약 언제 어디서나 증명만 될 수 있다면 우리의 거대한 계보를 통해서 일련의 조상들의 이름을 모조리 열거할 수도 있을 것이다. 그렇다고 하더라도 우리는 서로 서로에게 놓여 있는 친족의 간격이 어떻게 되는지는 알 수 없다.

유대인들의 경우는 자신들의 족보에 대해 엄격하게 명심을 하고 있다. 하지만 이것 역시 모든 것이 뒤죽박죽되어 있다. 우리는 더 이상 이것을 풀어낼 도리가 없다. 왜냐하면 이것은 과거에 속한 일이며, 그것의 발생을 파악하는 것은 용이하지 않기 때문이다. 여기에서는 모든 통찰력이 우리에게 소용없는 것이다. 하나님께서 이상적이고 현실적인 세계 속에서 창조하셨던 사물 세계라고 하는 구조물은 영원히 계속될 것이며, 우리의 정신으로 이해할 수 있을 것이다.

최상의 개념의 종(種)에서 하위 개념으로 타락해 버린 사물 질서는 백 세대가 넘는 동안은 내려온 인류와 같은 목록은 만들어내지 못한다. 인류의 계보를 연구하는 것은 불가능하다 할지라도, 사물 계의 종류를 숫자와 그룹별로 분류해 내는 것은 가능할 것이다. 이것을 완성한다면, 믿을 수 없을 정도로 훌륭하고 유용한 일이 발생할 것이다.

27 더 자세한 범지학적 주된 구성 요소(Pandekten)를[45] 작성해야만 한다. 바두스(Wardus)가 자석광석을 새롭게 함으로써 야스피스(Jaspis)석을 지적했던 것처럼,[46] 하나님께서도 인간 활동 세계 내지는 덕과 실수를 가지고

---

45) Pandekten이란 모든 것을 포괄하는 주된 구성요소를 표시한다.
46) Seth Ward(1617-1689),Theologe und Astronom in Oxford. Heliotropus 와 같은 자기석은 몸의 질병을 치료하는 데 이용하게 되었다. Vgl.William(Guilelmus) Gilbert:De magnete. London 1600(Neudruck 1893), für Com.maßgebliche Enzyklopädie der damaligenm Kenntnisse von Magneten.

있는 도덕 세계 그리고 정신 세계를 위해 모범이 될 수 있는 모든 것을 자연계에 수록하셨기 때문에, 전 자연영역을, 즉 세계와 성경과 우리의 정신을 담은 책들을 개별적인 주제로 다루는 것이 좋을 것이다. 예를 들면,

Ⅰ. 아브라함(Abraham)은 진실하고 생동력 있는 신앙을 소유한 바른 사람들에게 모범으로,
Ⅱ. 아합(Achab)은 독재자의 모범으로,
Ⅲ. 압쥔트(Absynth)는 십자가상에서 사용했던 것으로 암시되는 쓴 쑥의 효력을 알게 해주며,[47]
Ⅳ. 치차니아(Zizania)는 경건한 자들 사이에서 태어나기는 했지만 하나님을 잃어버린 예로 사용된 잡초와 같은 것으로 여겨지며,
Ⅴ. 카니스(Canis)는 질투의 한 예로서 개를 연상케 하며,
Ⅵ. 우르주스(Ursus)는 참을성 없이 포효(咆哮)하는 곰으로 비유된다.

이러한 방법으로 지금까지 우리에게는 가치 없게만 느껴졌던 현상적이며 자연적인 모든 특성들이 예술, 지혜, 경건성 그리고 영원성과 같은 것들의 비밀을 밝혀 주는 데 도움을 주게 된다. 그 밖에도 이 일은 풍미스러운 일이며 유용한 것이다.

---

[47] 여기 사용된 예들은 코메니우스의 종합적인 방법을 가리킨다. 즉 그는 표면적인 자연에 나타난 앞선 것과의 비교에서 역시 자연 밖의 영역 안에 증명의 능력을 약속한다. 이따금 이러한 비교들은 우리에게 기적적인 것으로 보이기도 한다. 그것들은 그 당시 자연관에 따라 이루어진 것이다. 대개는 바로크의 예술 가운데 여러가지 시기의 상징으로 사용되었다. 대교수학 안에 자연이 인간 교육에 본보기가 되는 종합적인 방법론이 이끌어졌다. 일반적인 교수학의 작업에서처럼, 종합적인 방법의 정당성을 코메니우스는 교수학전집 4장 42-64페이지에 시도한다(Ventilabrum sapientiae,32-36). 이러한 방법은 범조화론의 가정에 의하여 다만 자격이 주어졌다. Vgl. Janua rerum (1681), Kap.XXXI,S.72ff.und XXXII,S.77, J. Kyrasek, Synriticka metoda v dile J.A.Komenskeho, Prag 1964.

28 세상, 정신, 성경과 같은 것들을 다루고 있는 하나님의 책(神書)들에 대한 하나의 포괄적인 주석 아래에서, 3가지 책들을 세 가지로 이해하게 된다.[48]

그것들에 대한 해명은 다음과 같이 이루어진다.

Ⅰ. 세상은 ① 세상 자체를 통해 해명된다. 또한 자연은 자연을 통해 해명된다. ② 이성을 통해서, 즉 우리의 정신에 뿌리박고 있는 진리를 통해서 설명된다. 이것은 만물이 존재해야 하는 당위성을 증거한다. ③ 하나님의 책인 성경을 통해서 설명된다. 이것은 우리 눈앞에서 행해지는 모든 것들이 하나님의 계획 속에서 결정되는 것임을 제시해 준다.
Ⅱ. 정신은 ① 사상들을 비교하며 제시함으로 설명된다. ② 정신이 선포해 주는 모든 것들을 감각적으로 느낄 수 있도록 실례를 제시함으로써 설명된다. ③ 성경의 증거를 통해 설명된다.
Ⅲ. 성경은 ① 성경 자체에 나타나는 일관된 조화를 통해 알 수 있다.[49] ② 모든 사물에 대한 자연의 빛으로부터 얻어낸 이성적 사고를 통해 파악된다. ③ 진리를 감각적으로 느낄 수 있도록 실례를 제시함으로써 이해된다.[50]

이에 대해서 나는 특히 분명한 한 예를 잊지 않고 있다. 그것은 - 그 말

---

48) 하나님이 주신 세 권의 책, 세계, 정신 그리고 성경은 어떤 내용에 있어서는 동일한 것이다. 말하자면 전체를 말해 주는 것으로 그들 가운데 일어나는 조화로움을 보여주는 해설서들이 가능한 있어야 한다. 범조화적인 해설서들에 대하여는 이 책 6장 20항과 2장 각주 16번 참고.

49) Vgl.August D.J.Evangelische Kirchen-Harmonien Teil 2.,Wolffenbüttel 1644,1645;(August D.J.,) Geschichte des Herrn Jesu des GesalbtenLeyden,Sterben und Begräbnisse,1640; (Chemniz,M.,)Harmonia Quatuor Evangelistarum, Genevae 1655(D.).

50) Vgl. das Schema bei Khunrath,Amphitheatrum p.15-16(D.).

씀이 이성이나 감각으로도 파악될 수 없는데 – 하나님이 하신 말씀을 열렬하게 믿는 한 사람의 경우이다. 이 사람은 혈과 육에는 고통스러운 일이라 할지라도 하나님께서 명령하셨던 것을 열정적인 순종으로 애착을 가지고 행한다. 결국 이 사람은 하나님께서 약속하셨던 모든 소망에 대해서 열정적인 신뢰를 느끼게 되며, 그 소망을 이루게 된다.

성경에 대한 주석을 성경 자체로부터 제작할 수 있다는 것의 주요 장점은 모순되어 보이는 것 같지만 사실은 성경의 입장에 일치하는 것임에 틀림이 없다는 것이다. 그리고 장래에도, 성경에 나타나 있는 외관상의 모순들이 모두 서로 일치될 수만 있다고 한다면 그 내용은 축소될 수 있고 명확해질 수 있다는 것이 내 생각이다. 그러기 위해서는 모순을 제거하고 극복하기 위한 관건이 되는 성경 자체의 요구를 분열된 곳의 중앙에 위치시켜야만 하는 것이다. 이렇게 함으로써 논쟁하기 좋아하는 신학자들은 자신이 단지 부분만을 보고 있을 뿐 전체적인 것을 파악하고 있지 못하다는 것을 분명히 알게 될 것이다. 이들은 논쟁적인 진술을 통해 어떤 부분에만 강력하게 집착하고 있기 때문에 항상 모든 것을 대립시켜 놓는다. 하지만 성경을 전체적으로 파악하고 모순적인 것도 하나의 통일적인 시각으로 바라보려고 애쓰는 사람은 언제나 염려 없다.

29 누가 어디에선가 한번쯤은 해 보았던 것으로, 알파벳의 순서에 따라서 재치있고 아름답게 꾸며진 내용들을 담아놓은 파난테아(Pananthea:화보집)[51] 혹은 금언집(Gnomologia)이라 불리는 책이 있다. 책의 제목이 무엇이냐 하는 것은 저자의 이름에 달려 있다. 그 행운은 용기 있는 사람에게 주어진다. 두려워 떠는 사람에게는 행운은 멸시를 보낼 것이다 – 페르질(Vergil).[52] 속박이 없으면 우리 모두는 더욱더 나쁘게 될 뿐이다 – 테렌즈

---

51) Pananthea = allgemeine Blumenlese, Florilegium(Anthologie).
52) Vergil, Aeneis, 10, 283; Terentius, Heautontimoroumenos, 483.

(Terenz). 왓슨(Wottons)도 다음과 같이 말했다 : 논쟁을 좋아하는 것은 교회가 구하는 것이다. 일련의 말을 따라서 생겨나게 되는 어떤 사물에 대해서도 마찬가지이다.

30 단어 부호들을 비교할 수 있게끔 해주며, 모든 언어에 나타나 있는 문법을 비교해 줄 수 있는 범언어 사전과 범언어 문법책이 반드시 필요하다. 이에 대해서는 4장 범언어론(Panglottia)에서 다루어졌다.[53]

31 인류에게서 나타나는 지식의 결함에 대한 목록은 다음과 같은 것들을 포함한다. (1) 하나님의 은총으로 지식의 결함이 이미 밝혀진 것이 명시되어야 한다. (2) 그러한 결함이 발생하자마자 반드시 그것은 제거되어야 한다는 내용이 명시되어야 한다. (3) 진리의 힘으로 극복될 수 있다거나, 혹은 사람이 극복해야만 하는 오류들 역시 명시되어야 한다.

이러한 전체적인 것이 결국에는 낙원의 삶을 허락해 주고, 도처에 흩어져 있는 진리와 하나님의 진리를 보게 해주며, 그의 은총과 영화로움을 누리게 해주는 것이다.

---

53) In Panglottia, Kap. IV – Der erste Weg zur Beseitigung der Sprachverwirung – führt Com.diese Idee nähe aus.Vgl.H.Geißler, Comenius und die Sprache, Heidelberg 1959.

CHAPTER 7
PAMPAEDIA ALLERZIEHUNG

범교사론[1]
(Pandidascalia)

이 장은 사람들을 올바르게 보살피려는 자들에 관해서 다루고 있다. 이 사람들은, 모든 사람들에게 전체라는 기준에 따라서 모든 것을 근본에서부터 가르치는 것을 이해하는 사람들로서 범교육의 교사들이다. 더 나아가서 그러한 교사들의 필요성과 이러한 돌봄에 필요한 것이 무엇인지에 대하여 언급하고 있다.

1 범교육에 관한 서적들이 올바른 방법으로 제작되었다면, 모든 관심을 다음과 같은 사실에 쏟아야만 한다. 즉 학생들이 학교에서 가르쳐지는 책만을 터득할 것이 아니라 그들의 정신과 그들의 마음과 그들의 화술과 그들의 손이 실제로 세련되도록 하며, 그들이 일생 동안 책 안에서만 지혜를 구하는 것이 아니라 자신의 가슴 속에 지혜를 담고 행동으로 옮길 수 있도록 돌보는 것이다.

---

1) 'Pandidascalia'란 주제의 번역은 어려움을 준다. '전체의 가르침'으로 번역할 수도 있다. 그럼에도 불구하고 여기 다루어진 대부분의 내용은 4장과 22장에서 언급된 것처럼 교사들에 관한 가르침이다.

거기서 그들은 책을, 한가로이 뒹굴거나 달콤한 잠에 빠져들 때 필요한 침대로서가 아니라 진리에 조금이라도 더 빨리 도달하게 해 줄 수 있는 자동차나 배로 사용해도 좋을 것이다. 그러므로 훌륭한 책을 가지고 있는 것으로는 불충분하며, 그것을 성실히 읽어야 한다. 하지만 읽는 것만으로도 안 되고, 그 내용을 올바로 이해하여서 기억 속에 남겨 놓으며, 또한 행동으로 옮겨야 하는 것이다. 진리의 종국에는 모든 사람들이 이런 상태에 있어야 하는데, 여기에는 전체를 아는 진실한 교사들을 통한 지도가 필요하다.

2 그렇다면 전체를 참되게 가르쳐 줄 범교사(Pandidascalus)란 어떤 사람인가? 그 사람은 범교육론에 대해 학식을 가진 사람으로, 범교육학 교사로서 '모든 사람을 바르게 기르치고, 철저하게 개선시키고, 인간의 본성을 완전하게 하는 모든 방법을 사용하여 완전함에 이르도록 인도하는 자'를 말한다. 이런 종류의 학식을 가진 자들은 그리스도에 의해서 임명되었던 사도들이었다(골 1:28).[2] 이제 우리는 사도 이후의 시대에도 이런 계획을 원하며 실행할 수 있는 사람이 있다는 사실에 눈을 돌려야만 한다.

3 전체를 참되게 가르칠 만한 교사를 선발할 때에는 다음과 같은 전제조건을 명심해야 한다. (1) 그는 학생들이 그렇게 되기를 바라는 것과 같은 그런 사람이어야 한다. (2) 학생들을 지도할 만한 기술을 갖고 있어야 한다. (3) 자신이 하는 일에 최선을 다할 수 있는 사람이어야 한다. 요약하자면, 범철학자들과 관련을 맺으면서 그 범철학을 이해할 수 있는 능력이 있는가

---

2) 골로새서 1:28 "우리가 그를 전파하여 각 사람을 권하고, 모든 지혜로 각 사람을 가르침은 각 사람을 그리스도 안에서 완전한 자로 세우려 함이니" – 비교 : 교사-사도는 코메니우스에게서 이따금 사용된 말이다. 다만 범지혜인이 범지혜인을 만들 수 있을 것이라는 근본원칙은 벌써 Delineatio와 Deliberatio 안에 논의되었다   (ODO III,S.16 u. 54).

하는 문제이다.

4 이러한 인간 교육자는 또한 정선(精選)된 사람으로서, 경건하며 신중하며 진지하며 근면하며 총명한 사람이어야 한다. 우리는 종국의 민족으로서 다음과 같은 교사를 소망한다. 계몽되어 있으며, 우호적이고 믿을 만한 사람을 원한다. 그들은 하나님에게 전적으로 순종한다는 의미에서 경건해야 한다. 그러므로 그들은 하나님의 도우심을 얻을 수 있다. 또한 그들은 사람들이 존경할 만하며 그들 앞에서 순결해야 한다. 그리고 온화한 절제를 가지고 만사를 성취할 수 있기 위해서는 신중해야 한다. 결코 자신의 과제에 싫증을 내거나 부끄러워하지 않도록 근면해야 한다. 자신이 일하는 도중에 바로 모든 일이 와해되지 않도록 한다. 그러기 위해서는 현명해야 한다. 인간들에게 천성적으로 주어진 능력들은, 특히 프로테우스(Proteus)의 경우처럼,[3] 그것들이 확고하게 붙들려 있지 않거나, 완고한 질서라는 굴레를 통해서 묶여 있지 않으면, 다양한 모습을 가진 오용된 형상으로 변질될 수 있는 것이다.

5 이러한 교사들이 성공적으로 영향을 끼치기 위해서는,

Ⅰ. 자신의 직업에 대한 과제와 목표를 인식하고 있어야 하며,
Ⅱ. 그것에 유용한 방법론을 가지고 있어야 하고,
Ⅲ. 그 방법론의 풍부함을 완전히 지니고 있어야 한다.

---

3) 희랍의 바다 신 'Proteus'란 말은 그가 현저히 자신을 변화시켰던 것을 통하여 모든 후견을 회피하였다. '질서'란 사물세계의 기초가 되는 질서로 이해될 수 있다. 모든 사물이 어떻게 모든 것과 연관되어 있는지를 주목하지 않는 자는 질서를 모르는 자이다(Delucidatio,Kap.Ⅱ,13,ODO I,S.467)라는 말에서 코메니우스의 질서의 의미를 이해하는데 참조할 수 있다. 질서만이 오직 사물의 영혼이다. 왜냐하면 발생하고, 생존하며, 번영하는 모든것은 질서를 통해 생겨나고, 생존하며, 번성하기 때문이다 (Dilineatio, 32, ODO Ⅲ,S.17). – Vgl. auch Did.m., Kap. XIII,1 u.2.

6 하나의 사건에 있어서 그 마지막 목표는 항상 그것을 성취하는 데 사용되는 수단에 대한 척도이다. 그러므로 각 사건에 있어서 더 많은 목표가 제시될 수만 있다면, 전체를 목표로 하는 참된 지도 방법은 올바른 토대 위에 서게 되고, 사건에 대한 통찰력을 얻게 되며, 이러한 올바르게 인식된 근거에서 얻어진 기준에 따라 적응하려고 애쓰게 되는 것이다.

7 참된 교사라면 누구나 자신 앞에 있는 인류를 완전하게 전인격적으로 개선시켜야 한다는 목표와 그것에 대한 남다른 사명감이 있어야 한다. 이들이 갖게 되는 교육의 목표는 그동안 잃어버렸던 하나님의 형상으로 인간을 인도하고, 선을 선택하며 악을 버릴 수 있는 자유의지를 회복시키는 데 있다. 그렇게 하기 위해서는 진리가 무엇인지를 알아야 하고, 선을 소망해야 하며, 필수적인 행동을 하는 법을 배워야 하는 것이다. 그것은 다음과 같은 것을 의미한다. (1) 한두 푼 때문에 큰 돈을 버려서는 안 된다. (2) 과거 때문에 영원을 낭비해서는 안 된다. (3) 무가치한 것과 가치 있는 것을 바꿔서는 안 된다.

인간이 위에 언급한 세 가지를 지키지 않는다면, 차라리 가축으로 태어나는 것이 나을 것이다. 왜냐하면 가축은 영혼이 죽어지기 때문에 죄로 인한 형벌이 없기 때문이다. 그러므로 인간을 교육시키는 사람들은 무엇으로 우리 마음속에 다시금 하나님의 형상을 일깨워 줄 수 있는지에 대한 의무감을 명확히 깨닫고 있어야 하며, 무엇보다도 모든 사람들로 하여금 다음 세 가지 종류의 하나님의 책을 신뢰할 수 있도록 만들어야 한다.

 Ⅰ. 사물에 대해 알아야 한다. 즉 현명해야 한다는 것인데, 자기 자신과 세상과 하나님에 대한 철저한 통찰력을 지녀야 한다.
 Ⅱ. 자기 자신과 세상과 하나님을 움직이게 해야 한다.[4]

---

4) Vgl.Kap.Ⅱ, Anm.4 Hendrich weist auf die Schrift Komensky's Boj s

Ⅲ. 선하고, 경건하고, 자비로우며, 의로워야 한다.

　　이 세상의 혼돈을 회복하기 위해 오셨던 임마누엘 하나님 자신이 우리 인간성을 나타내는 좋은 예일 것이다. 이사야 7:15에서 나타난 대로, 버터와 꿀이 알레고리컬하게 이를 위한 확실한 수단으로 나타난 것을 보면 쉽게 이해될 수 있다. 좋은 예는 버터와 꿀에 대한 거룩한 소식이다.[5] 이 두 가지는 성경에서 특별하게 얻어질 수 있다. 교사이라는 것은 모름지기 모든 젊은이들을 모든 방면에서 교육시킬 수 있는 정선(精選)된 사람이어야 한다는 것은 이미 말한 바 있다. 또한 그들은 교회의 사제들이나 마을의 대표자들처럼 현명하고 훌륭해야 하며, 그들을 더 능가해야 한다. 왜냐하면 여기에서 교회와 국가의 토대가 놓이기 때문이다.[6] 그 때문에 사람들은 그들을 유의해서 선출해야 하고, 그만큼 존경해야 하며, 그만큼의 대가를 지불해 주어야 한다. 이것이 하나님의 형상을 잃어버린 인간들을 다시 회복하는 일을 성공하기 위해서 교육자들에게 해주어야 할 첫 번째 공통된 목표인 것이다.

8 참된 교사라면 자신의 교수법을 세 가지 관점에서 보아야만 한다.

Ⅰ. 전체를 꿰뚫어보는 통찰력이 필요한데 이를 통해서 모든 사람들을 전체적으로 가르칠 수 있다.
Ⅱ. 확실한 방법으로 확실한 목표에 도달할 수 있는 단순성이 필요하다.
Ⅲ. 하나의 놀이처럼 모든 사람들이 받아들일 만하며, 즐길 수 있는 자발

Bohem modlitbami - Kampf mit Gott durch Gebet, Lissa 1655, hin. Zugänglich ist der Text y.T. nur in der 2. Ausgabe, Halle 1765, und im Nachdruck von L.B. KKaspar: Komenskeho kazani. II. 1893.
　　5) 이사야 7:15 "그가 악을 버리고 선을 택할 줄 알 때에 버터와 꿀을 먹을 것이다."
　　6) Vgl. Kap.V, Anm. 10.

성이 필요하다. 그리고 자발적인 놀이학교가 있어야 하는데 우리는 이곳을 인간교육의 포괄적인 장소로 명명할 수 있을 것이다. 요약하자면, 참된 교사라면 모든 사람들을 할 수 있는 한 전체적으로 가르쳐야만 한다.

9 '모든 사람들이(omnes), 모든 것을(omnia), 철저히 알아야 한다(omnimode)'는 명제에서[7] 무엇을 이해해야 하고, 이러한 요구는 얼마나 필요하며, 가능한 것인지, 얼마나 쉽게 관철될 수 있는지의 문제들은 지나간 범교육론의 주제에서 철저히 다룬 바 있다. 이것을 반복한다는 것은 귀찮은 일일 것이다. 그렇기 때문에 다만 전체를 가르칠 수 있는 참된 교사를 결정해 줄 수 있는 세 가지 요소가 무엇인지 간단히 설명한 다음에, 참된 교사들이 학교와 책을 통해 모든 사람들에게 전체를 어떻게 가르쳐 줄 수 있으며, 어떻게 해야만 하는지를 지적해 주는 몇 가지 문제들을 다루고자 한다.

10 모든 사람을 가르친다는 의미는 모든 연령층에 있는 사람들과 선천적으로 사고할 수 있는 능력을 지닌 사람들로 하여금 사물 세계에 대하여 완전하게 인식할 수 있도록 해 주는 것이다. 전체를 가르친다는 것은 인간의 본질을 완벽성으로 지향시켜 줄 수 있는 모든 것을 가르친다는 것을 의미한다. 즉 우리는 참된 모든 것을 알아야 하고, 선(Gute)한 모든 것을 선택해야 하며, 삶과 죽음에 있어서 필수적인 모든 것을 실천해야 한다는 것이다. 철저히 가르친다는 것은 (1) 믿을 만하고 (2) 확실하게 용이하며 (3) 기쁨이 되게 빠르다는 것을 의미하며, (4) 어디에서나 지혜롭게 가르치는 것을 의미한다.

---

[7] 'Omnimode'란 말은 대부분 Omnio란 말을 사용했던 것과 같은 뜻이다. 전체의 모양들은 그의 존재 근거를 가지고 있다. 그리고 범지혜의 지식은 사물세계의 존재 근거로 다시 돌아갈 때 거기에 있는 것이다.

이제 우리는, 참된 교사가 어떤 방법과 수단을 통해서 이러한 세 가지 목표에 도달할 수 있는지를 보여 주기 위해서 다음과 같은 문제점들에 착수하고자 한다.

문제 I

11 모든 사람들은 하나님의 전체적인 지혜를 자신에게 지니고 있어야 한다. 이를 위한 세 가지 방법이 있다.

I. 가능한 한 이른 시기에, 특히 어렸을 때가 좋은데, 자신을 개선시키는 교육과정에 순종해야 한다.
II. 가능한 한 오랫동안 훌륭한 정신의 경기장에 머물러 있어야 한다. 최소한 자신의 직업 인생이 시작되기 전까지 지속되어야 한다.
III. 하루의 시간을 정확히 나누어서 신중하고도 정확하게 사용해야 한다. 그러면 자신이 추구하는 바를 성취하게 될 것이다. 젊은 시절의 시간을 유용하게도 오로지 이 과제에 집중한다는 것은 얼마나 쉽고, 올바르며 이성적인가! 자기 스스로가 이웃과 하나님을 위해 살 수 없는 한 어느 누구도 자유로운 삶을 살 수 없다!

문제 II

12 이러한 완전한 돌봄은 모든 사람들로 하여금 고상한 예의범절에 이르도록 해 준다.

이러한 고상한 방법[8]은 사람에게 모범들로 제시되어야 하며, 규범들을

---

8) 숙련성(elegantia)의 이상은 르네상스 때에 이미 형성되었다. 그것은 대략 우리의 개념으로는 태도에 해당한다.Vgl. E. Cohn, Gesellschaftsideale und

통해서 밝혀져야 한다. 그런 후에 사람들은 그 것들을 파악하게 되고 좋아하게 되어야 한다. 물론, 이것은 교사의 감독 하에 지속되는 훈련을 통해 강화되어야 한다. 이렇게 모든 나무로 메르큐리우스(Mercurius : 희랍신화에 나오는 주피터의 아들을 가리킴 - 역자 주)[9]를 조각할 수 있다. 거기서 우리는 나무를 본성으로 이해하며, 동시에 메르큐리우스(Mercurius)는 훌륭하게 정제된 것으로 이해할 수 있다. 물론, 고상한 예의범절에도 어느 정도의 차이점과 등급이 있다.

문제 Ⅲ

13 모두는 전체를 배워야 한다.
우리는 자신의 감각을 모든 감각적인 것에 맞추고, 자신의 지성을 모든 개방된 통찰력에 집중시키며, 자신의 신앙을 모든 계시된 것에 돌려야만 한다. 그러면 전체라고 하는 것은 모든 사람들 속으로 유입(流入)되게 된다.

문제 Ⅳ

14 모든 참된 것을 알고, 모든 선(善)한 것을 선택하며, 필요한 것을 행하는 것, 이것이 목표이다. 이를 위해서는 세 가지 방법이 있다.

Gesellschaftsroman des 17. Jhdts. Berlin 1921(Germanische Studien Heft 13), S. 4ff.(D.).

9) "사람들은 나무로 Mercurius(상업의 신)을 조각해 낼 수 있다." vgl. Did.m., Kap. XII, 13. - 그리스 속담에 '사람들이 모든 나무로 Mercurius조각상을 만들 수 없다란 말이 있다. 이말은 Pythagoras에게로 거슬러 올라가는데 그는 청원자들을 그의 공동체에 받아들이기 전에 주의 깊게 시험을 했다. 그가 말하기를 "먼저 Herme신의 주상을 조각하기전에 그 나무를 검토해 보아야 한다"라고 하였다.

1. 모든 인간의 감각과 정신은 사물과 자기 자신, 그리고 하나님께로 향하게 하는 것이다. 이를 위해서는 총명한 인식에 주어진 세 가지 하나님의 책이 지식과 지혜와 경건의 무한한 샘으로서 도움을 준다.
2. 그것은 고유한 의지가 더 높은, 아니 최고의 의지에 굴복하는 것인데, 이는 영원 전부터 인간을 위해 선한 것만을 보시는 그분을 따르는 순종을 의미한다.
3. 인간의 외적, 내적인 힘을 안일한 상태에서 시들어 버리게 하는 것이 아니라, 끊임없는 역동성으로 자신의 목표를 향해 부단히 애쓰는 것이다.

문제 V

15 모든 사람들이 하나님의 모든 책들을 부담 없이 죽 훑어야만 한다. 사람들은 단계별로 지나가야 한다.

다시 말해서 우리의 감각에 접근하는 사물들로부터 시작되어야 한다. 정신으로 파악되는 것은 그 이후부터 대강 훑어 나가야 하며, 결국에는 계시를 찾으려고 애써야만 한다. 하나님 자신은 우리에게 다음과 같은 방법으로 자신을 나타내신다. 하나님께서는 먼저 감각 세계를 창조하셨고, 그 다음 인간에게 이성을 허락하셨으며, 자신의 음성을[10] 인간에게 들려 주는 천부적인 것을 주셨던 것이다. 동일한 방법으로 그리스도는 감각 세계에서 영적인 세계로, 가시적인 것에서 비가시적인 것으로 자신을 드러내셨던 것이다. 인간에게 있어서도 이러한 능력들은 동일하게 다가온다. ① 유아 시절에는 감각

---

10) Vgl. Methodus mechanica, 31(ODO IV, S. 69) : 모든 형태는 모든 사물이 하나님에게서 생산된 그 질서 안에서 이루어진다는 것이다.

이, ② 성숙기에는 지성이, ③ 그 다음에는 신앙이[11] 발생하는 것이다.

우리는 범지혜 안에서 이러한 방법을 따르게 된다. 하지만 성령의 빛을 선두로 내세워야 한다는 사실은 예외로 하더라도, 감관 세계에 친밀한 사람들에게 말해 주어야 하기 때문에 위와 같은 방식이 필요한 것이다.

문제 VI

16 철저하게 가르치라!

1. 그것은 정신, 언어, 손의 꾸준하게 병행된 연습을 통하여 세 가지 존재 방식[12]의 내면에서 일어난다.

이 세 가지를 학교에서 철저히 교육해야만 하는 것이다. 그것은 ① 모든 것이 학교에 의존하고 있기 때문이고, ② 사도행전 7:22에서 스테반(Stephanus)이 모세에 관하여 언급하기를, 그는 이집트의 모든 학문을 섭렵함으로써 말과 행동에 있어서 능력이 있었다고 증거하고 있기 때문이며, ③ 인간의 몸을 입고 세상을 살아가셨던 하나님의 아들이신 하늘의 스승도 다음과 같은 방법으로 가르치셨기 때문이다.

예수께서는 자라실 때에 성전에서 율법학자들과 토론하면서 최초로 자신의 지혜를 나타내셨다. 또한 그는 남성으로서 그 자신의 가르침의 지혜 외

---

11) 하나님에 대한 믿음은 청소년의 시기가 지난 후에 형성되었다는 것은 다른 곳에서는 모순적인 것으로 보인다. 특히 코메니우스에게서 천거된 아이의 신앙의 돌봄에 관한 글 'Informatorium'에서 그러하다. 범교육학 8장 7항을 비교.

12) 세 가지 존재 영역에 있어서 : vgl. Janua rerum(1681), Kap. VIII: trs existendi modi notitiones, Verba,Res; auch L.R.P.: Ens est, quidquid est, dicitur, et cogitatur…Ergo est Reale, Mentale, Verbale. 여기서 인간에게 천성적으로 주어진 능력의 세 부분, 즉 그 능력(ingenium)은 어쨌든 그를 인간이 되게 하는 것인데, 이러한 세가지 영역에 병행하여 불려졌다.

에도, 기적을 통하여 자연을 복종시킴으로 그의 권능을 드러내 보이셨다. 승리하신 예수께서는 인간들 사이에서 교통되는 지혜와 신앙의 경로라 할 수 있는 언어의 선물로 성령을 보내셨다. 물론 예수께서는 이러한 모든 것이 서로 서로 분리되도록 가르치기를 원하시지 않았다. 다만 단계적으로 구할 때만 얻을 수 있으며, 그렇게 해야만 한다는 것이다. 이 세 가지 능력은 하나가 될 때에 비로소 힘을 갖게 되는 것이다. 즉 사물 세계에 대한 통찰력 없이는 어느 누구도 하는 일에 성공할 수 없으며, 통찰력을 얻지 못한 상태에서 하는 일에 힘이 없다면 어느 누구도 참되게 말할 수 없는 것이다. 그리스도는 하나님의 은사를 사용함에 있어서 올바른 질서가 유지되게 하기 위해서, 단계적인 방식으로 성장하는 길을 가르치시기를 원했다.

우리가 무엇을 어떻게 작용해야 하는지를 통찰하기 위해서는 우선 성령의 빛 속에 거(居)해야 한다. 그런 다음에 전 생애를 통틀어서 창출해 내야 하는 것이다. 결국 우리는 통찰력으로 가득 차서 어떠한 일에나 숙련성을 발휘해서 다른 사람들을 지도할 수 있는 경지에까지 이르러야 하는 것이다. 연령별로 볼 때 소년기나 성숙기에 배워야 한다는 사실을 깨닫는 것은 쉬운 일이다. 소년들은 숙련성을 갖추려는 만반의 준비가 있어야 한다. 이를 통해서 자신의 생애를 꾸려 나갈 수 있으며 남들까지도 도야시킬 수 있는 능력을 갖게 되는 것이다. 예수 그리스도도 소년이 무엇을 배우는데 대부분의 시간을 바쳐야 하는지를 몸소 본을 보여 주심으로 가르치시지 않았던가? 우리의 지혜는 하나님을 아는 데 힘써야만 한다. 그의 사역과 계명을 주시하며 그를 경외하기를 힘써야 한다. 우리의 능력은 타락한 인간의 본성을 회복하는 일에 사용되어야 한다. 하나님의 위대한 사역을 찬양하는 데 언어를 사용해야 할 것이다(행 2:11).[13]

---

13) 사도행전 2:11의 오순절 기적에 관한 말 : 우리가 다 우리의 각방언으로 하나님의 큰 일을 말함을 듣는도다. Vgl. Meth.n. Kap. XXVII, 10. 코메니우스에 의하면 슬라벤(역자주 : 체코슬라비아 사람들)들은 벌써 그러한 전통을 가지고 있었다는 것이다. 더욱이 남쪽의 프로테스탄트 슬라벤들에 의하여 그렇다고 한다. vgl. Ernst Benz :

2. 철저히 가르친다고 하는 것은 우리가 항상 모든 모범들과 법칙들과 훈련들을 서로 연관시킬 때 가능하다.[14]

모범이 없으면 배우기 매우 어려우며, 법칙이 없다면 질서에 대해서는 아무것도 배울 수 없다. 그리고 적용이 없으면 어느 것도 확정지을 수 없다. 귀라고 하는 것은 타인을 믿게 되며, 눈은 자기 자신을 믿게 되고, 손과 혀와 정신은 사물을 규정하기 때문에 우리는 사물이라고 하는 것이 귀에 의해서 눈으로 옮겨지게 되고, 눈에 의해서 손으로 옮겨지게 된다는 사실에 주목해야만 한다. 우리는 이러한 일련의 과정을 명심하고 있어야만 한다. 왜냐하면 (1) 모범들이 감각 능력을 인도해 주는 사물로 곧바로 직행해야 하고, (2) 정확한 법칙이 제시해 주는 통찰력으로 사물은 파고들어야 하며, (3) 그 통찰력은 빈번한 시도와 정확한 연습을 통해 얻어지며, 사물을 사용하는 능력에까지 도달해야 하기 때문이다.

3. 철저히 가르친다는 것은 완전한 방법론의 적용을 통하여 이루어진다. 즉 분석, 종합, 비교 연결을 통해 이루어짐을 뜻한다.

만약 어떤 사람이 어떤 사물의 정교한 건축 구조를 알고자 한다면 예를 들어서 그것은 시계의 구조를 손으로 잡고 신중하게 (1) 그것을 분해 하여 (2) 다시 조립하는 것처럼 그는 시계가 얼마나 많은 부분으로 연결되어 있는지와 각 부품이 어떤 기능을 하는지에 대해서도 숙고하게 된다. (3) 또한 그는 다양한 형태의 많은 시계들을 서로 비교하고, 사람들이 그것을 부수지

Hans von Ungnad, ZKG III. Folge, Bd. IX, 1939, S. 416, auch S. 395f., S.409f., S. 413f.

14) 여기 배경 가운데 코메니우스를 위한 라트케(Ratke)와의 논쟁이 놓여 있다 (vgl. Meth. n. Kap.X, ODO II, 100f.). 라트케는 오직 교사가 행하는 것과 학생이 수용하는 것을 보기를 원했다. 코메니우스는 그것에 비하여 생동력 있는 학생의 자립적인 행위를 위하여 개입한다.

않도록 하여 그것을 다르게 조립해서 시계로서의 역할을 할 수 있도록 함을 배운다. 이와 유사하게, 사물 세계의 구조 안에서 올바른 통찰력을 얻기 위해서 분석, 종합, 비교 연결이 필수적이다.

분석(Analysis)이라고 하는 것은 전체를 부분으로 나누는 해체 작업을 의미한다. 즉 분석은 실제적인 지식에 있어서 가장 근본이 되는 토대라고 할 수 있다. 나눠지지 않고 구분되지 않는 것은 하나의 혼란이다. 감각과 정신과 그것 자체가 혼란스런 것이다. 구분 속에 빛이 있다. 구분에는 다음과 같은 세 종류가 있다.

- 다른 전체에서 하나의 전체를 구별하는 것(distinctio)
- 전체에서 개체적인 것으로 분배하는 것(partitio)
- 전체에서 종류별로 분류하는 것(distributio)

분석이란 매우 정확하게 이루어져야 한다. 그렇지 않으면 사물에 깊숙히 침투할 수 없으며, 그 인식이 어둡고, 모호한 것이 되고, 거짓된 것에 불과할 것이다. 해부학자와 도살업자를 한번 보라! 그들은 살아 있는 생물의 몸체를 잘라낸다. 하지만 이 두 사람의 차이점은 무엇인가? 전자(前者)는 관절, 혈맥, 인대 등을 세심한 주위를 기울여 해부함으로써 원래 연결되어 있던 것이 서로 찢어지지 않도록 한다. 그는 이에 대해서 정확하게 주목한다. 그러나 후자(後者)는 원래 있던 상태대로 관절을 잘라내며, 원래 있던 대로 혈맥을 끊어 버린다.

사물로부터 얻어지는 인식에 대한 소득 역시 근본적으로 다르다. 해부학자는 이런저런 해골을 통해서 전체적인 신체 구조를 배운다. 하지만 도살업자는 수천 번의 반복되는 도살에도 불구하고 결코 자연의 예술품에 대하여 파악하지 못한다. 사물 자체의 방향에 따라 사물 세계를 분석하는 사람들과 자신의 의향대로 아무렇게나 행동하는 사람들 속에서 나타나게 되는 차이점도 이와 유사하다.

전자는 사물에 대해서 애착심을 가지고 분석하려는 정신의 빛을 통하여 통찰력에 도달하게 되지만, 후자는 오히려 사물 세계를 파괴시키는 폭력, 어둠, 기만 등에 빠지게 되는 것이다. 여기 유명한 잠언 말씀이 있다. 플라톤(Platon)의 증언에 따르면 "분별력 있는 사람이라면, 당대의 철학자 중 가장 지혜로웠던 소크라테스(Sokrates)가 다음과 같이 말하곤 했다는 것을 가르쳐야 할 것이다. 사물계를 분할시킬 줄 아는 지도자를 발견한다면 나는 하나님의 발자취라고 여기면서 그의 뒤를 따를 것이다."[15]라고 하였다. 실로 그는 사물을 그 맥을 따라 분할할 수 있는 기술을 높이 평가했던 것이다. 우리는 사물을 분석함으로써 명확하고도 경건한 희생정신을 파악하려고 해야 한다.

종합(Synthesis)이란 부분을 적합한 전체로 재결합하는 것이다. 그것이 올바르게 이루어지려면 사물 세계에 대한 정확한 인식이 절대적으로 필요하다. 부분을 관찰하는 것만으로는 어떤 유익도 생기지 않을 뿐만 아니라, 그것이 무엇에 소용되는지를 통찰하는 것은 쉬운 일이 아니기 때문이다. 부분이 다시금 올바른 질서를 갖추고 서로 결합된다면 그 부분이 어디에 소용되며, 어디서 분할되었는지, 그것이 재결합된 시간을 파악하는 방법을 즉시로 제시해 주게 된다.

마지막으로, **비교 연결(Synkrisis)**이란 부분과 부분을 비교하고, 전체와 전체를 비교하는 데 필요하다.[16] 이는 사물에 대한 인식을 매우 명확

---

15) Palton, Phaidros. 266 B.
16) Vgl. VI, Anm. 47. 지식들의 찾음에 있어서 비교연결 방법이 코메니우스에게는 특별한 의미를 갖는다. 그것은 범조화론에 근거하고 있다(Vgl. Panaugia, Kap. IX, 5ff.). 우리는 그것이 모든 것 가운데 적용된 것을 본다. 예를 들면 대교수학에서는 자주 사용된 자연의 비교들이다. - 잃어버린 글 : 지혜는 두번, 그리고 세번은 눈으로 보는 것이 하나님의 세 권의 책들인, 세계, 정신 그리고 계시가 얼마나 서로 일치하는가를 묘사한다. 즉 그것은 하나에서 충분히 분명해지지 않으면, 다른 두 가지의 비교를 통하여 인식될 수 있도록 의도한 것이다(H.). J. Patocka sprach i ndiesem Sinne von der Isomorphie der drei Seinsbereiche: Zakladni filosoficke myslenky J.A.Komenskeho in: J. A.K., Nastin zivota a dila, Praha 1957, S. 94-128. J. Kyrasek, Synkriticka metoda v dile J.A.K., Praha 1964.

하게 해주며, 그것을 무한히 증대시켜 준다. 왜냐하면 대부분의 사람들이 그러는 것처럼 사물을 개체적인 것으로 이해한다는 것은 부분적인 일에 불과하기 때문이다. 하지만 모든 것이 일치하게 되는 사물계의 조화를 통찰할 수 있다면, 만물에 비치는 빛을 정신에 투영할 수 있게 된다.

문제 Ⅶ

17 우리는 각 사람이 그가 알아야 하고, 원하며, 할 수 있어야 하는 것이 무엇인지를 실제로 알고, 원하며 할 수 있는 상태에 이르기를 바란다.

이것을 보증하기 위한 하나의 훌륭한 기술이 있는 것 같다. 하지만 실상은 그렇지 않다. 물론 하나님께서는 자신의 형상인 인간이 알고 원하며 할 수 있기를 바라고 계셨다. 이런 이유에서 하나님께서 인간에게 이러한 능력을 내려 주셨던 것이다. 그는 인간에게 알수 있는 것에 대한 지식의 뿌리를 바랄수 있는 것에 대한 소망의 뿌리를, 그리고 할 수 있는 것에 대한 능력의 뿌리를 심어 놓으셨던 것이다. 이 뿌리들은 독학자들에게서 볼 수 있듯이 자생하는 것이다. 하지만 이것이 사람으로부터 도움을 받게 되면 더 손쉽게 된다. 자신이 알지 못한다는 것을 알고, 원하지 않는 것을 바라며, 할 수 없는 일을 할 수 있는 사람이 얼마나 많은가! 이는 자신이 알고 있다는 사실에 대해서 모른 채 많은 것을 알고 있고, 자신이 원하고 있다는 사실을 깨닫지 못한 채 무엇인가를 원하며, 그것을 할 수 있다는 것에 대해 이해하지 못한 채 할 수 있는 것을 의미한다. 이것을 위해 우리는 무엇보다도 인간이 자기 자신을 인식하는 것으로부터 출발해야 함을 명심해야 한다.[17] 즉 자신이 하나님의 피조물이라는 것과 무엇을 위해 창

---

17) Vgl. Kap. Ⅱ, Anm. 24.

조되었으며, 자신의 존재 목적에 도달 할 수 있도록 어떤 도구들을 부여 받았는지를 인식해야 하고, 이러한 목표에서 이탈하지 않으려면 올바른 방법으로 위에 언급했던 것을 사용해야 함을 인식해야 한다. 이것을 분명히 인식했을 때에 비로소 우리가 원하고, 할 수 있고, 알고자 하는 바가 행복을 위한 추구로 귀결될 수 있는 것이다. 진실한 노력과 참을성 있는 신뢰에서 하나님의 은총은 언제나 당신을 도울 준비가 되어 있다.

문제 VIII

18 우리는 완전한 무지의 어둠에서 인간을 분명한 인식의 빛으로 인도하기를 원한다(그것도 완전히 확실한 방법으로).

1. 인간에게 불꽃을 점화시킨다는 것은 그에게 사물을 눈앞에 제시해서, 자신 속에 숨겨 있는 진리를 일깨워 주며, 결국 하나님께서 그것에 대해 말씀하시는 바를 들을 수 있게끔 해 주는 것이다.
2. 인간의 눈을 전체를 향해 열어 준다는 것은 사물에 대해 자신의 감각을 사용하게 하고, 내적인 진리를 아는 데 이 법을 사용하게 하며, 하나님을 증거하는 신앙을 갖게 하는 것이다.
3. 인간을 단계적으로 앙양시킨다는 것은 그가 특수한 것과 분리된 것에 도달하기까지는 보편 지식이 특수 지식에 선행해야 하며, 전체적 지식이 부분적 지식에, 나뉘지 않는 지식이 나뉘는 지식에 선행해야 한다는 것이다. 왜냐하면 내적인 빛도 사람의 눈을 어둡게 했던 것에 대해 외적으로 치료하는 매일 매일의 빛에 점화되기 때문이다(막 8:24 이하). 우선 그는 달려가는 사람을 나무로 잘못 보았지만, 나중에는 사람으로 파악할 수 있었던 것이다.

인간이 감각에 일치하는 모든 것들을 받아들이려고 한다면, 즉 정신과 일치하는 전 세계와 모든 충만한 사상과 모든 믿을 만한 것들과 계시의 보고를 얻고자 한다면, 그것은 전체를 통찰하기를 원하는 것이다. 이것이 가능하려면 인간에게 처음부터 끝까지, 최상에서 최하까지, 가장 큰 것에서 가장 작은 것까지 지시해 주어야만, 비로소 지혜의 불타는 빛이 나타나게 된다. 일단 배우는 데 있어서, 확실히 알고 있는 것에서 출발한다면 어떤 방법으로 시작하느냐 하는 것은 중요하지 않다. 일단 시작만 하면 최근에 불확실했던 것도 작은 것에서 좀더 큰 것으로, 나중에는 가장 큰 것으로 발전하게 되는 단계를 거쳐 인식에 이르게 되는 것이다. 예를 들어서, 초보자는 A에서 시작하든지 Z에서 시작하든지 아니면 다른 철자에서 시작하든지 간에 알파벳과 읽는 법을 배울 수 있을 것이다. 우선 그는 모든 철자를 익혀야 하며, 그런 다음에 음절을 연결시키고, 단어를 만들고, 그 이후에 문장을 만들어야 하는 것이다. 이것은 모든 다른 것에도 적용된다. 지구상에 냇물을 이룰 만한 원천이 없다고 생각해 본다면 당신을 좀더 큰 하천으로 인도해서 결국에는 바다로 인도해 줄 힘이 없다는 것과 같은 것이므로, 다른 인식의 요소들과 결합함으로써 확대되고, 결국에는 인간에게 도달할 수 있는 전체에 대한 가장 심오한 인식에 도달하게 되는 것이다.

문제 IX

19 우리는 모든 인간을 확실한 방법으로 모든 선에 이르도록 안내하기를 원한다. 보편적으로, 이 명제는 세 가지 방법으로 성취된다.

1. 우리 스스로가 하나님께서 우리에게 허락하셨던 것을 소망하며 그에게 구함으로써, 우리의 의지가 하나님의 의지와 하나가 되어야 한다.
2. 우리 자신이 바라고 있는 삶의 목표로 인도하시려는 하나님의 배려에 우리의 명철을 복종시켜야 한다. – 우리의 길을 축복하소서!

3. 인간의 시작이 하나님께서 약속하신 도움과 연결된다면 그 일은 분명히 발전한다. 인간이 하나님의 뜻을 따라 선을 행하려고 애쓴다면 하나님께서는 그 도움을 거절하실 수 없을 것이다. 인간 역시 올바로 인식된 삶의 과제를 긍정하며 그것을 기뻐해야 하는 존재인 것이다.

문제 X

20 우리는 인간이 완벽한 것을 완성하는 데 익숙하기를 원한다.

1. 인간이 무엇을 해야 하는지와 어떤 오류를 조심해야 하는지에 대한 훌륭한 모범을 제시하라.
2. 학생들에게 폴리트크라이트(Polykleit)의 표준을 손에 쥐어 줘서 그것의 사용법을 말과 예로 가르치라.[18]
3. 모방하게 하라. 그러면 능력자를 만들어 내는 것이다. 불행히도 그것이 이루어지지 않는다면, 그가 더 이상 오류를 범하지 않을 때까지 그를 격려하라.

문제 XI

21 우리는 각 사람의 인격이 견고하게 형성되어서 다시는 타락이 재발되지 않도록 영향을 끼치기를 원한다.

어떠한 능력자도 자신이 착수하고 있는 일이 타락하게 되는 것을 저지할 수 없다. 그러므로 수없이 다양한 오류의 길을 헤매는 인간과 같은 피

---

18) Vgl. Kap. VI, Anm. 27.

조물이 어떻게 확고한 법에 따라 인격이 형성될 수 있단 말인가? 이에 대해서 예레미야 29:1 이하에서[19] 하나님께서 증거하고 계신다. 하지만 우리가 교육하는 사람 중에 어떤 사람이 타락한다면 그것은 우리의 잘못 때문이 아니라 그 사람 자신의 잘못 때문이라는 것을 명심해야 한다. 다른 곳에서처럼 여기에서도 우리는 인간의 본성이 타락하지 않도록 보존하기 위해 모든 기술과 배려를 집중시켜야만 한다. 인간의 본성은 항상 운동하고 있는 풍차와 같다. 인간의 정신에서 오류를 멀리하고, 자신의 의지에서 악을 멀리하며, 행위에 있어서 헛된 것을 멀리하라. 다시 말해서 인간에게 실제로 참되고 선하며 유용한 것을 제시하는 데 주목하라. 그러면 타락은 저지될 수 있을 것이다. 우리가 하나님께 은총을 구하기만 한다면, 하나님께서는 우리에 대한 도움을 저버리지 않을 것이다.

문제 XII

22 우리는 모든 것이 완벽하게 가르쳐지도록 하기를 원한다.

1. 어떤 일을 시작했으면, 그것이 끝날 때까지는 그 일에서 눈을 떼면 안 된다.
2. 모든 것을 이론(Theoria)과 실제(Praxis)와 사용(Chresis)에 따라 배우게 하고, 법칙과 모범, 그리고 사용법을 통하여 배우게 하며, 분량이 적으면

---

[19] 예레미야 18:3-6 "내가 토기장이의 집으로 내려가서 본즉 그가 녹로로 일을 하는데, 진흙으로 만든 그릇이 토기장이의 손에서 파상하매, 그가 그것으로 자기 의견에 선한 대로 다른 그릇을 만들더라 때에 여호와의 말씀이 내게 임하여 가라사대, 나 여호와가 이르노라 이스라엘의 족속아 이 토기장이의 하는 것같이 내가 능히 너희에게 행하지 못하겠느냐 이스라엘 족속아 진흙이 토기장이의 손에 있음같이 너희가 내 손에 있느니라." – Über diese auch in der cechischen Literatur traditionelle Sybolik vgl. D. Tschiževskij: Aus zwei Welten(oben zit.), V. Zwei cechische geistliche Lieder, S.66-84.

서도 명확한 법칙과 합법적인 모범과 특출나게 실용적인 사용법을 숙달할 때까지 배우게 해야 한다.

문제 XIII

23 우리는 일단 가르친 것을 다시금 반복하지 않도록 한다.

하나님께서 인간에게 배울 수 있는 본질을 허락하셨기 때문에, 인간은 잊어버리는 것보다 배우는 것이 더 쉽다.[20] 그러므로 소크라테스(Sokrates)는 간직할 수 있는 것보다 망각할 수 있기를 더 간절히 원했다. 왜냐하면 그는 그가 보고 들었던 것을 쉽게 회상할 수 있었으므로, 자신이 어리석은 일을 경험했던 일들을 그가 원하는 대로 잊어버릴 수 없었기 때문이다. 그럼에도 불구하고 기억이란 어떤 것을 좀더 쉽게 각인(刻印) 하고, 확실하게 인식하며, 만사를 좀더 빨리 대처하고, 별 어려움 없이 어떤 오래된 일을 확실하게 재현시키는 기술적인 도움들[21]을 막지 못한다.

문제 XIV

24 우리는 모든 것을 확실할 때까지 가르치기를 원한다.

1. '그것이 무엇임'을 증명하는 것은 감관의 인지 없이는 소용없다.[22]

---

20) Platon, Phaidon, 115 A.
21) Zur Ars mnemonica s.K. Schaller, Die Päd. d. J.A.C., Heidelberg 2. Aufl. 1967, S. 430ff.
22) 감관들은 사물의 존재방식을 제시한다. 감관주의자들의 영향 하에(예, Bacon) 코메니우스는 감관의 인지들을 의지하였다. 감관(sensus), 이성(ratio) 그리고

2. '그것은 왜 그런가', '다른 것은 왜 될 수 없는가'라고 판단하는 일은 이성 없이는 안 된다.
3. 우리의 감각 기관과 이성이 우리를 기만하지 않는다는 가장 중요한 사실을 알려 주는 것은 하나님 말씀의 증거가 없으면 안 된다.

또한 우리는 다음과 같은 사실에 유념해야 한다.
4. 어떤 위험한 것과 무례한 것도 감각을 방해해서는 안 된다.
5. 이성 역시 아무 데나 방치되어서는 안 되며, 정말 필요한 곳에 사용되어야 한다. 즉 모든 사람들에게 의심적인 것으로 드러난 일이나, 아직 미흡하게 드러나서 이런저런 사람들에게 의심의 여지를 제공할 만한 일에 사용해야 한다. 사람이 만사를 이성적인 근거에 따라 처리한다면, 그것은 하나의 장난에 불과할 것이다. 그러므로 하나님은 제일가는 명령(계명)만을 하셨을 뿐, 그 다음가는 명령은 언급하지 않으셨던 것이다.[23] 왜냐하면 다음의 명령(계명)을 보면 잘 나타나 있다. "살인하지 말라! 도적질하지 말라!" 이것은 자연법에도 잘 나타나 있으므로 따로 증명하지 않아도 될 것이다. 그것에 비하여 의미와는 거리가 먼 계명들에 근거를 가졌던 것으로 특히, 한 시대에, 여러 신(神)들 가운데서, 그리고 우상숭배에서 정제된 것이어야만 했다. 만약 누군가가 익숙하지 않은 것이나 거의 알려지지 않은 것을 대하게 된다면, 완전한 토대를 설립해야 한다. 그 복종은 신적인 일에서나 인간적인 일에서나, 이성적이며 자율적이고 신중한 것이어야 한다.
6. 하나님의 말씀에 대한 증거에 대해서도 동일하다. 사람들은 어떤 사안이 요구될 때마다, 이를 증거해야 하며, 그렇지 않을 경우 이 증거는 오히려 장애물이 될 것이다.

신앙(fides)은 그에게 동일한 방식으로 인식하는 문들이다. 그들의 상대적인 결합성에 대하여 vgl. Physica, Praefatio(Reber, S. 20)를 참고하라.
23) 출애굽기 20:2.

배우는 사람들에게는, (1) 예외 없는 진실된 법칙을 제시해야 하고, (2) 그것에 적합한 많은 모범들을 제시하여, 그것을 따르게 해야 하며, (3) 그에게 습관이 되도록 엄격한 훈련을 해야 한다.

이렇게 함으로써 당신은 배우는 사람에게 모든 것을 극복할 능력을 부여하게 된다. 연습의 힘이라는 것은 매우 능력 있는 것이어서, 매우 예외적인 일도 이러한 자연적인 결정으로부터 나오는 것이므로 이에 대처할 수 있게 되고, 예들이 증거하는 바와 같이 말 못하는 생물에게도 적용될 수 있다. 그래서 개, 말, 코끼리 등을 마술사가 자기 마음대로 부릴 수 있는 것이다. 이것을 고려해 볼 때, 이성을 부여받은 피조물인 인간에게 이러한 것이 불가능하겠는가? 인간이 바로 우리의 재판관이 될 것이다! 리쿠르고스(Lycurgos)는 매우 상이한 방법으로 암캐 새끼들을 조련했다고 한다. 스위스의 한 목사님은 개, 고양이, 쥐, 새로 구성된 식탁 동료들을 가지고 있었다. 그는 부드러운 훈련과 습관화를 통해서 그것들이 서로 서로에게 신뢰할 수 있게 만들었고, 그가 원할 때면 아침이나 점심이나 저녁을 막론하고 그 동물들이 한 접시에서 식사를 하게 했다는 것이다. 이것은 자신의 눈으로 직접 목격했던 사람이 말해 준 것이다.[24]

문제 XV

25 우리는 모든 것을 쉬운 방법으로 가르치기를 원한다. 다음과 같은 충고를 지킬 때 이것이 이루어질 것이다.

1. 시간에 관해서 : 빨리 질문하라! 부단히 가르치라! 만약 당신이 실천적인

---

24) Lykurgos – wahrscheinlich aus Lycosthenes, Apophtegmata, Abschnitt De educatione. – Schweitzer Pfaarer. s. Hieronymus Drexelius S. J., Aurifodina artium et scientiarum omnium, exerpendi scientia, Monachii, 1653, 14(H).

행동을 달콤하게 한다면 당신은 최상에 이를 것이다.
2. 도구에 관해서 : 단순하며 목적에 잘 맞는 모든 것을 갖춘 것이 좋을 것이다.
3. 대상에 대해서 : 우선 모든 것을 감각을 통해 받아들이고 실천 속에서 검증하며, 마지막에는 그것에 관해 언급해 보는 것이다.
4. 단계별 과정에 대해서 : 우선 피상적이고 겉핥기식으로 이루어진 다음에 미세한 부분에 대해서 확고하고도 정확하게 접근해야 한다. 전체에 대한 관심은 결국 개체적인 것에까지 침투하게 될 것이다.

문제 XVI

26 우리는 인간이 모든 것을 기쁘게 배우는 데 이르기를 원한다.

당신이 원하는 바를 상대방에게 권하는 모든 것은 그들의 본성에 달려 있는 것이며, 즉시 그것을 실행하기를 기뻐해야 한다는 것을 우선적으로 알아야 한다. 또한 그들 역시 자신이 원하는 바를 본능적으로 할 수 있다는 사실을 깨달아야 한다. 그들은 그것을 즉시로 할 수 있다는 것에 대해 기뻐할 것이다. 또한 그들은 자신이 모르고 있다고 생각하는 것을 알고 있다는 것을 알아야 한다. 그러면 그들은 그것을 알게 되는 것에 기뻐할 것이다. 왜냐하면 인간(人間)의 본성(本性)이란, 감각, 통찰력, 의지와 모든 능력들이 끊임없이 자신의 먹이를 구하게끔 만들어져 있기 때문이다.

만약 당신이 그것들에게 먹이를 공급해 주지 않는다면, 이내 그것들은 비탄에 빠지고 지쳐서 잠들게 되며, 결국 죽게 된다. 만약 당신이 그것들을 잘 돌본다면, 그것들은 기뻐서 되살아나 모든 요구들을 성공시키며 만족시킬 것이다. 하지만 당신이 만약 너무나 많은 양을 그것들에게 쏟아 붓게 된다면 당신은 그것들을 약화시켜서 타락하게 만들어 무용지물(無用之物)로 만들어버리게 될 것이다. 그러므로 지혜가 필요하다. 올바른 방법으로 빛을 밝히라! 그러면 당신이 항상 원하는 것이 빛에 거하게 될 것이다. 통찰력에 사물의 지혜를, 의지에 선(善)을 부여하며, 모든 권능에 재료와 도구를 첨부하라! 그러면 당신은 눈과 내·외적 감각기관들이 만물을 어떻게 받아들이며, 의지가 그것을 어떻게 골라내고, 작물을 만들어 내려는 인간의 노동 능력이 그것에 어떻게 작용하는지 보게 될 것이다. 신의 연극무대라 할 수 있는 세상, 정신, 성경 등이 명확하게 드러난다는 것은 이미 다른 곳에서도 제시한 바 있다.[25]

하나님의 작품인 빛은 모든 인간을 계몽시키며, 하나님 말씀의 빛은 모두를 밝혀 준다고 한다면, 고정된 철학을 통해서가 아니더라도 대중적으로 전체라는 것이 인류에게 제시될 수 없다고 말할 수 있는가? 철학의 고정성은 무엇인가? 공정한 교수법으로 사물에 관해 전달하는 것이다. 대중적이란 무엇인가? 사물을 요구, 충고, 격려 등을 통해 전달하는 것이다. 즉 명령이 아니라 당부를 통한 방법, 권고와 격려의 기술적인 방법[26]을 말한다. 왜냐하면 전자(前者)는 강제적이며, 정서를 파괴하는 것이지만, 후자(後者)는 타고난 본성의 빛을 일으키는 것이기 때문이다.

폐쇄적이거나 협소하지 않고 넓고 풍부해야 하는 것이 빛의 본질이다. 만약 당신이 인간에게 내적인 빛, 즉 영원하며 변하지 않고 자신을 알려주는 진리를 제시해 준다면, 전체에 이르게 하는 방법과 그 내적인 빛을 다른 모든 개체 사물에 사용하는 법을 가르치는 것만 남게 된다. 만약 당신이 정신적인 눈앞에 비춰진 그 빛 자체를 사물에 방향 지운다면, 더욱 좋을 것이다. 그렇게 되면 배우는 사람은 사물의 진리와 오류에 대해 정통하게 될 것이다. 그러므로 염려하며 새로운 증명을 제시할 필요가 없으며, 사물계의 진리가 그 자체에서 발산되는 빛으로 들어가면 되는 것이다.

---

25) Vgl. Kap.VI, Anm. 3.

26) prokreptisch -durch hinwendenden Aneiferung(H.). 소크라테스적인 방법의 본질의 특성으로서 Protreptik과 Elenktik이 있다. s.W. Jäger, Paideia II, Berlin 1954, S. 85f. 그것에 따르면 Prokreptik이란 사물의 적용을 젊은이들에게 행할 때, 경고와 격려의 기술을 뜻한다.

문제 XVII

27 우리는 모든 것들이 무조건 근원에서 파악되도록 가르치기를 원한다. 아이들에게 읽기와 쓰기를 가르치는 것은 쉬운 일이며, 그 나머지 것들을 제시하는 것 역시 쉬운 일이다.

1. 모든 것이 동일한 방법으로 기술적으로 연결되어야 하고,
2. 작은 시작으로부터 교육이 이루어져야 하며,
3. 이전에 일어났던 것으로 다음 단계를 준비하게 되는 계단식 단계별 교육이 이루어져야 한다.

그렇기 때문에 전체를 가르치는 참된 교사인 범교육자는,

1. 학생들이 배우는 대상을 명확히 파악할 수 있도록 사물을 전체적으로 제시해 주어야 한다.
2. 그런 다음에 가장 중요한 부분을 명확히 볼 수 있도록 사물을 기술적으로 분해시켜야 한다.
3. 학생들로 하여금 모방하도록 권유해야 한다. 학생은 대상을 지시해야 하고, 그것을 이론적 사물과 관련 있는 것으로 명명해야 한다. 그리고 그것에 대해 실천적인 것을 배우게 되면 실행에 옮겨야 한다.

동시에 다음과 같은 사실에 주의해야 한다.

4. 부단한 지도가 필요하다.[27] 첫걸음은 안내자 없이는 시작될 수 없다. 왜냐하면 미숙아는 쉽게 길을 잃어버려서 대로(大路)로 나가 버리기 때문이

---

27) 다음의 교수법적인 규칙들은 코메니우스가 10장 다음에 있는 방법론에서 소개한 187가지의 교수법 원칙에 속한 것이다. dt.von F.Hoffmann, Analytische Didaktik und andere päd. Schriften, Berlin 1959.

다. 하나의 오류라고 하는 것은 자신에게 위험을 가져다주며, 최소한 처음부터 새롭게 시작해야 하는 수고를 안겨 준다. 처음에 잘못 달려가서 먼 길을 다시 되돌아오는 것보다는 처음부터 아예 떠나지 않도록 하는 것이 더 낫다. 만약 선생이나 지도자나 도움을 줄 사람이 없다면, 초보단계의 학생은 자기 자신을 방치시켜 쓸데없는 것을 염려하며 오류를 자신의 것으로 삼기보다는 차라리 놀면서 쉬는 것이 낫다.

5. 처음의 시도는 느리면서도 정확하게 이루어져야 하며, 그 다음 시도는 자유롭게 되어야 한다. 왜냐하면 모든 것은 시작이 중요하기 때문이다. 더 많은 연습을 통해 정확성과 민첩성을 얻어야 할 것이다. 시작부터 어려움을 극복하는 수고를 감수해야 한다. 그리고 처음에 오류가 없다면 그 다음으로 이어지는 오류의 원천도 없다는 것을 깨달아야 한다. 이것은 5번 문제인, "모든 사람들은 하나님의 모든 책들을 부담 없이 통독해야 한다"는 것에 속하는 것이다.

문제[28] XVIII

인간은 많이 알아야 한다. 이를 위해 세 가지 방법이 있다.

1. 많은 책들을 독서하는 것 : 이러한 근면은 학식을 풍부하게 해 준다.
2. 다양한 경험을 쌓는 것 : 이것은 무엇인가에 정통하게 해 준다.
3. 보편사물과 개체사물을 있는 그대로 파악하는 사상 영역에 대한 통찰력을 기르는 것 : 이것은 사람을 현명하게 만든다.

첫 번째 길은 가장 쉬운 길이기는 하지만, 완전히 샛길이다. 그 길을

---

28) 원고에 밑줄을 치고 고치는 것들은 코메니우스가 여기에 새로운 문제를 이끌어들일 의도를 가지고 있었던 것으로 결론을 짓게 한다. 그는 그것을 그의 수표시로 여기지 않았다.

가는 사람은 오류에 자신을 내맡기는 것이다. 그 길은 근본적으로 사물, 증거, 보고에 관한 묘사를 하고 있다. 사람들은 이것들에 믿음을 부여해야 한다. 이 길에 빠져든 사람들이 모두 그렇듯이, 구걸한 빵으로 살아가게 된다. 두 번째 길은 더 어려운 길이지만, 확실한 길이다. 이 길은 기만하지 않고 올바로 제시된 감각의 증명과 관계되어 있다. 하지만 이 길 역시 우회도로인 것이다.

물론 우리의 인생이 대략 키미카(Chymica)와 같은 한 가지 기술을 터득하기만 할 정도로 짧고 곧바른 길은 결코 아니다. 하지만 이 길을 가는 사람은 매일 돈을 지불하고 빵을 사는 사람과 같다. 세 번째 길은 가장 어려운 길이지만, 올바르게 가기만 하면 가장 단거리이며, 가장 아름답고 확실한 길이 된다. 이 길을 선택하는 사람은 땅을 일구어서 빵과 물과 포도주와 돈과 모든 재산을 얻게 되는 확실한 수확을 거두는 사람과 같다. 이런 종류의 사람은 모든 것 속에서 모든 것을 파악하며 영원에서 영원까지 관찰하는 하나님을 아는 사람이다. 천사 역시 이러한 지식을 상당부분 소유하고 있다. 왜냐하면 그들은 시행착오 없이도 사물에 대한 통찰력을 얻을 수 있기 때문이다. 우리는 여기에서 선지자나 탁월한 지혜자를 언급할 수도 있을 것이다.

우리는 이 세 가지 길을 단계별로 연결시켜야만 한다. 우선 학생들은 다른 이의 견해를 신뢰해야 하고, 일단 그것을 따르는 법을 배우게 되면 어디에서나 자신의 감각을 사용하여 결국에는 사물 세계에 대한 추상적인 인식도 함께 얻어내는 법을 배우게 된다. 이렇게 함으로써 학생들은 학식이 풍부해지고, 경험이 많아지며, 현명해지는 것이다. 학생들에게 다양하게 전달해 주기를 원한다면,

1. 가르치기 쉬운 사람을 선택하여 시작하라!
2. 시간을 충분히 가지라! 일 년 배우는 것이 한 달을 배우는 것보다 더 많이 배울 수 있다. 어떤 순간도 낭비하지 말라!

3. 학생들의 감각, 통찰력, 의지와 활동능력에 많은 것을 다양한 방법으로 제공해 주어라! 용이한 방법을 다양하게 제시하라! 그러면 당신은 훌륭한 성공을 거둘 것이다.

학생에게 전체를 가르치기를 원한다면, ① 전체를 파악할 능력을 지니고 그것을 원하는 사람을 선택하라! ② 그의 전 시간, 즉 모든 청년 시기와 전 생애까지도 요구하라! ③ 쉴 새 없이 매일 단계별로 교육하라! 더 이상 남는 것이 없을 때까지. 왜냐하면 인간의 정신이 무한한 자와 닮은 것으로 빚어진 상은 모든 것을 파악할 수 있는 자질을 가지고 있기 때문이다. 다만 한계가 있을 뿐이다. 그러므로 정신은 한꺼번에 모든 것을 받아들여서는 안 되며, 하나하나 부분적으로 받아들여야 한다. 그러면 점점 더 전체에 접근하게 된다.

인간으로 하여금 전체를 알게 하기 원한다면, 하나님의 연극무대로 안내하라! 그에게 선과 악의 차이점을 제시해 준다면 그가 최상의 선(善)을 원하고 있다는 사실을 알게 될 것이다. 또한 그들이 할 수 있어야만 하는 모든 것에 자신의 힘을 쏟는 훈련을 한다면 그는 모든 것을 할 수 있을 것이며, 그것에 익숙하게 될 것이다 - 역설(Poradoxon). 올바르고 참된 지식을 학생들에게 부여하려면, 많은 것을 알게 하지 말라. 즉 대중이 종사하는 어리석은 증거들을 가르치지 말라.

문제 XVIII

28 우리는 모든 것이 자기 자신으로부터 흘러 넘치기를 원한다.[29]

---

29) 코메니우스는 그의 여러 작품에 내세웠던 그의 상징의 시작을 여기서 인용한다.

1. 모든 것은 이제 새로운 것이 강의될 것이라는 약속 하에 가르쳐져야 한다. 왜냐하면 모든 사람들은 새로운 것을 즐겁게 배우기 때문이다.
2. 모든 것은 청중이 기쁨을 가질 수 있도록 친근한 방식으로 가르쳐져야 한다. 왜냐하면 이러한 방법으로 자신이 고상하게 되기를 원하지 않는 사람은 아무도 없기 때문이다.
3. 모든 것은 개방적이고 거짓 없는 증명에 의해 가르쳐져야 한다. 왜냐하면 어느 누구도 속는 것을 좋아할 사람은 없기 때문이다.
4. 모든 것은 '자기관찰'이라는 방법으로 가르쳐져야 한다. 왜냐하면 모든 사람들은 남들보다 자기 자신을 더 믿기 때문이다.
5. 모든 것은 '자율성'에 의해서 가르쳐져야 한다. 전체를 배우는 것에 있어서는 배우려는 사람의 의지에 맡겨야 한다. 왜냐하면 사람이란 낯선 의지보다는 자신의 의지를 더 따르기 마련이기 때문이다.
6. 모든 것은 '자력'에 의해 의존해야 한다. 전체를 배우는 것은 배우려는 사람의 능력에 맡겨야 한다는 것이다. 모든 사람들은 스스로 시험해 보고 시도해 봐야 하는 것이다.
7. 모든 것이 '충만한 데까지' 이르러야 한다. 전체를 배운다는 것은 모든 학생이 전체를 통해 충만함에 이르렀다는 사실을 인식할 때까지 넉넉함에 이르러야 한다는 것을 의미한다.

문제 XIX

29 우리는 방앗간이나 일터에 있던 모든 학생들을 놀이터로 이주시키기를 원한다.

1. 우리는 이것을 연령 단계에 신경을 씀으로 이룰 수 있다. 모든 것이 제때에 착수되어야만, 자연이 소생할 때에 그 익은 열매를 거둘 수 있게 되는 법이다. 즉 인간이란 태어날 때 자연에 도움을 줄 뿐 그 이외에는 아무것

도 할 수 없다. 만약 우리가 격앙되는 충동력을 올바르고 친근하게 유도한다면, 모든 학교는 하나의 우주적인 놀이터가 될 수 있다. 왜냐하면 인간의 본성이란 거의 자기 자신에게서 출발하여 모든 인간적인 행동에 이르기를 요구하기 때문이다. 그 본성을 방해한다는 것은 어려울 것이다. 하지만 그것을 유도하는 것은 쉬울 것이다. 오두막집을 세우고, 병정놀이를 하고, 싸움을 벌이고, 전투를 수행하여 지도자를 선출한 다음, 관공서를 운영하게 하고, 서로 서로가 법을 지킨다고 해서 국가가 세워질 수 있단 말인가? 자신의 본성은 서로 서로가 어디로 이끌고 가는지를 지시한다.

그렇게 함으로써 우리는 젊은 사람들을 자신에게 맡겨 버리지 않고 부단히 인도하는 방법을 분명히 알 수 있다. 만약 누군가가 말 타기를 원한다면, 그에게 고삐와 안장과 등자(鐙子)를 가르쳐 주면서, 그 이름을 언급해 주어야 한다. 그러면 그는 승마에 속한 것들을 즐기면서 배우게 된다. 만약 누군가가 집을 짓는다든지, 낚시를 한다든지, 싸움하는 법을 배우기 원한다면 그것을 위한 도구를 지시해야 하며, 사용법도 가르쳐 주어야 하고, 건축술의 토대를 그에게 가르쳐야 한다. 한 국가를 지배하려고 한다면, 그것을 직접 그에게 경험하도록 해주어야 한다. 즉, 관공서의 명칭과 거기에 속한 책임자의 이름을 설명해 주어야 하며, 법정 재판을 그에게 보여 주어야 한다. 당신은 이러한 모든 기회를 그에게 제공해야만 한다.

모든 일에 있어서 사람은 젊은이들의 인격 형성을 위해 올바른 기회를 사용하도록 애써야 한다. 우리는 서둘러서는 안 된다. 인간의 본성에 도움을 주기는커녕 파괴시켜 버리는 그런 이른 시기가 아닌, 적합한 시기가 언제인지에 관해 질문해야 한다. 산모가 출산을 강요받을 수 없는 것처럼 어떠한 영혼도 이른 시기에 통찰력을 출산해 내지 못한다. 혹 출산한다 하더라도 기형아가 되는 것이다. 모든 일에는 때가 있는 법이다. 만약 한 어리석은 산파가 말과 약으로 아이를 강제로 조산시키려 한다면, 이는 산모와 아이에게 동시에 해를 줄 것이다.

또한 산모가 그 시기를 놓쳐 버린다면, 그 불행은 결코 치유될 수 없을 것이다. 아무리 작은 새라도 둥지에서는 다리가 부러지지 않는다. 하지만 이 새가 이른 시기에 둥지에서 나와 날려고 한다면 쉽게 상처를 받을 것이다. 우리는 너무 성급한 것을 억제해야 한다. 그래서 우리는 아이들이 호기심에 차서 돌아다녀도 상처를 입지 않도록 아이들이 돌아다니는 것을 제한하곤 한다. 여기에서 우리는 아이들을 조숙한 나이에 박사나 철학가가 되도록 엉뚱한 요구를 하는 것 이상으로 더 심각한 죄를 저지르게 된다. 만약 아이들이 갑자기 한꺼번에 과중한 짐을 지게 된다면, 그들은 서서히 파멸되거나, 바보 아니면 정신적으로 연약한 사람이 될 것이다. 사람은 미네르바의 의지를 위반해서는 안 된다.[30] 자기 스스로 자신을 형성하지 않는 인격은 우리들에 의해서도 형성될 수 없다. 자체적으로 형성되는 인격은 거짓 없는 증거에 의해 알려진다. 이러한 의미에서 카토스(Catos)의 격언은 옳다. "자연은 가장 훌륭한 지도자이다." 동시에 키케로(Cicero)가 했던 말도 정당하다. "만약 우리가 자연이라는 지도자를 신뢰한다면, 그것은 결코 우리를 오류로 빠뜨리지 않을 것이다." 세네카(Seneca)도 이와 유사한 말을 했다. "우리가 자연이 지시해 주는 길만을 지켜 나간다면, 우리는 결코 곁길로 가지 않을 것이다." 어느 누가 만사가 쉽고 자유로운 길로만 갈 수 있겠는가.[31]

바꿔 말해서 학생들이 결정적인 연구에 대하여 감수력을 가지고 있다는 사실을 알고 있는가? 그들이 즐겨 원하는 것이 무엇인지를 앞서 이끌어 주어라! 다른 것들로부터 모범을 보이고, 만일 그들이 그것을 모방하기 시작한다면 그 다음부터는 그대로 내버려 두라. 그들은 스스로 극복하기도 하고 오류를 저지르기도 하며 개선시키기도 할 것이다. 만약 그들이 질책에도 불구하고 더 행동하기 원한다면, 당신은 이 때가

---

30) S. Pauly-Wissowa. Neue Bearb. XV, 2, 1799(D.).
31) Der Ausspruch Catos ist Allgemeingut der stoischen Philosophie; Cicero, De officiis, I, 28, 100; Seneca ,Epist., 112, 19(H.).

바로 본성에 있어 궤도가 어긋나는 시기임을 명심해야 한다. 그런 다음에 계속 이를 진척시켜 가르치고 개선시키라. 그 일은 성공할 것이다. '우리는 이것을 해야 한다'는 기본 명제를 유념한다면, 무엇보다도 유년 시절에 외적 감각을 훈련할 수 있다. 왜냐하면 이 외적 감각이라고 하는 것은 각각 시기를 구분해서 전개되며 특히 거기에 상응하는 대상들을 사용하기 때문이다. 하지만 성숙기에는 이성적 확신, 청소년기에는 순수한 통찰력, 성인기에는 사물에 대한 활동성과 그것의 활용력에 있어 가장 왕성한 시기이다.

2. 이제는 우리의 목표를 뜨거운 열정으로 일깨워 줌으로써 모든 것이 기쁨으로 행해질 수 있도록 한다. 원하기만 하는 사람에게는 어려움이 없을 것이라는 사실이 드러나게 될 것이다. 그래서 어거스틴(Augustin)은 다음과 같이 말했다. "우리가 사랑하는 일이 있다면, 그것은 더 이상 일이 아니며, 그 일 자체가 기쁨이 되는 것이다."[32] 도대체 우리는 이 열정을 어떻게 깨울 수 있는가? 우리는 이 일을 다음과 같은 조건을 통해 찬양할 수 있으며 호의적인 방법으로 직면할 수 있게 된다.

　① 스스로 바라보는 것을 통하여,
　② 스스로 읽음으로써
　③ 스스로의 실천을 통하여
　④ 스스로의 적용을 통하여

학생들에게 전체적으로 가르쳐 줄 때 그들은 스스로의 눈으로 보게 되며, 자기 스스로 모든 감각을 동원하게 된다. 다시 말해서 그들은 이에 대한 답을 발견하게 되고 회피하기도 한다는 것이다. 원숭이도 물론 어떤 것을 모방하기를 즐긴다.

결국 우리는 학생들에게 이러한 지식이 얼마나 유용한지와 그 지

---

32) Augustin, De bono' viduatis, Kap. XXI, 26. CSEL Bd. 41, S.338.

식을 어떻게 음미할 수 있는 지를 제시하기를 원하는 것이다. 그럼으로써 사람들은 어리석은 본질을 위해서도 수고를 달게 감당할 수 있다. 오, 이것이 자연의 취침 상태에 대하여 항상 활동하고 있는 하늘의 선한 도움이 아니고 무엇인가? 올바른 규범 준수는 경건성과 신선함을 유지해 준다. 모든 것을 척도를 가지고 하라![33] 이를 위해서는 어쨌든, 학생들로 하여금 처음부터 끝까지 고상한 일에 관심을 쏟게 만들었던 많은 교사들의 강력한 열정들을 거부해야만 한다. 우리는 소크라테스에게서도 이와 유사한 것을 발견하게 된다. 그는 태양이 뜨면서부터 질 때까지 한 자리에 서서 사색에 잠겼고 마치 자신의 영혼이 육체로부터 분리되는 것처럼, 자신의 눈을 태양으로 돌렸다고 한다. 왜냐하면 그는 태양의 본질에 대해 숙고함으로써 자신의 영혼을 숭배했기 때문이다(S. Gellius I. 2. C. 1).[34] 만약 우리가 항상 바라보아야 할 이상과 하나님의 말씀을 이 태양과 비교한다면 그것은 다만 그 열정에 감사하는 것이지 그것 자체에 대한 것은 아니다. 왜냐하면 하나님께서 태양을 만드신 목적은 그것 자체를 보게 하려는 것이 아니라 그것을 통해 다른 것들을 보게 하기 위함이기 때문이다. 우리는 장님이 되어서는 안 되며, 열린 시야를 가져야 한다.

3. 만약 우리가 처음과 나중에 항상 시작하고, 최상과 궁극적인 것을 관철하려고 한다면, 우리는 마침내 우리의 목표점에 도달하게 될 것이다. 동시에 우리는 최악의 경우도 극복할 수 있을 때까지, 가장 쉬운 것에서 시작하여 좀더 어려운 단계로 발전해야 한다. 사람은 항상 가장 작은 단일성에서 출발하여 작은 집합체를 통과하여 가장 커다란 연결체로 발전한다. 독서하는 방법에 있어서도,

---

33) zugeschriebene Gnome s. Pauly-Wissowa, Neue Bearb. XX, 2, 1872(D.).
34) Gellius, Noct. Attic. lib. II, cap. 1(D.).

① 알파벳에서부터 시작하여
② 문자 배열을 통하여
③ 단어들, 진술, 의미 있는 문장, 중심 문장에 도달하게 되는 것이다.[35] 산수와 그 밖의 것도 이와 유사하다. 초보자는 항상 눈에 보이는 것으로 시작해야 한다. 그것은 성공하게 될 것이다.

4. 우리는 완만한 진행을 통해 – 특히 시작에 있어서 유념하면서 – 우리의 목표에 도달하게 된다. 이러한 진행을 통해 학생들이 하나의 과제를 이미 극복했다면 또 다른 수고가 자신들에게 부과된다는 사실을 깨닫게 된다.

5. 전체라는 것이 단계별로 혼란을 가져올 때 우리가 우리의 목표에 도달하기란 요원한 것이 된다.[36] 이는 지도자의 경우에도 해당된다. 당신이 만약 사다리의 횡목을 하나나 두 개 혹은 세 개를 제거한다면, 당신은 매우 오르기 힘들어지며, 위험을 향해 올라가는 것이므로 떨어져 죽게 될 것이다. 사물계의 체계란 한마디로 통일성이다. 그것은 빈틈없이 연결되어 있다. 이것을 자신의 질서에 맞추어 파악하려는 사람은 완전히 새로운 것은 발견할 수 없을 것이나, 대신에 다음 단계에 필수적으로 따라오는 현재의 우연한 단계로서 새로운 것을 발견하게 된다. 인간의 정신도 이와 유사한데, 사물에 대한 인식이 연결되어 하나의 사슬로 엮여 있다고 볼 수 있으므로, 소년기나 청년기나 장년기에는 새로운 어떤 것도 만날 수 없으며, 다만 옛날에 알았던 것의 특수성만을 만나게 되는 것이다. 그렇기 때문에 어렸을 때에 전체에 대한 뿌리가 박혀야 한다. 아이들은 이것에 대해 아무것도 모르며, 이것을 깨달았을 때에 비로소 자신이 (1) 삶

---

35) 코메니우스가 독서학습의 과정을 소개한 것처럼, 호프만의 '첫 번째 글 읽기와 글 쓰기 수업에 대한 코메니우스의 사상'이란 책 9장을 비교하면 이를 경험하게 된다. in:Unterstufe 1959, S.1-3.

36) Vgl. dazu H. Khunrath, Amphitheatrum, p.19. – Eine prarallele Stelle zum folgenden in Did. m., Kap. XVI, 45(D.).

(2) 건강 (3) 활동성 (4) 다루는 능력 (5) 도덕성 (6) 그리고 경건성을 소유했다는 사실을 알게 된다.

6. 우리가 6장 2항에서 요구했던 모범과 법칙과 실천의 부단한 결합을 통하여 우리의 목표에 도달하게 된다.

7. 우리는 존재의 세 가지 영역, 즉 정신, 언어, 손의 철저한 평형을 통해 얻게 되는 가르침을 통하여 우리의 목표에 도달하게 된다.

8. 소년기, 성숙기, 청소년기 등 모든 단계의 학교가 오락과 경쟁의 형태에 있어서 연령에 따라 변모하는 것을 통해 우리는 우리의 목표에 도달한다. 그래서 나는 이미 라틴어 초보학습을 9개의 무대장면으로 변형시킨 바 있다. 또한 그 밖의 나머지들도, 물론 범철학도 모든 학생들과 학급을 위하여 직접적인 장면과 활동성으로 장면을 옮길 수 있다.[37] 또한 알파벳, 독서 놀이, 쓰기 놀이, 지시 놀이, 물리학 놀이, 지리학 놀이, 음악 놀이, 종교적 놀이 등으로 탈바꿈할 수 있다. 무엇보다도 성경의 역사로부터 연극이 요구될 수 있다. 동시에 우리는 이러한 총체적인 시간 과정과 세계사는 새로운 무대 과정으로 들어올 수 있다는 사실을 명심해야 한다.

다시 말해서,[38]

---

37) 사로스 파탁에서 많은 공감을 주었던 놀이학교의 내용은 초보적인 언어학습(Janua linguarum)의 드라마화를 묘사한다. 학생들은 개별적인 사물을 미리 알거나 그것들을 그림으로 보여준다. 그 부분들은 행동을 많이 하지 않는다. 그것은 질문과 대답의 놀이이다. 그것은 Ptolomäus 왕이 그에게 자문하는 자들과 함께 사용했던 것이다.- 그 첫번째의 학교놀이를 코메니우스는 리싸(Lissa)에서 작성하였다: Diogenes cynicus(1638), vgl. ODO III, p. 42. ;Abrahamus patriarca(1639),vgl.ODO III,p.50. Der erste Versuch, die Janua zu dramatisieren, stammt von J.S. Macer, der nach Com. Rektor am Lissaner Gymnasium war. Com. nennt diese Arbeit ein non 'inelegans exercitium',vgl.ODO III, 832. Zum Schulspiel vgl. Did .m. XIX, 50.

① 창조부터 노아 때까지 – 비극
② 노아부터 바로 때까지 – 동일함
③ 모세에서 다윗까지
④ 솔로몬에서 바빌론 왕정의 몰락 때까지 – 비극
⑤ 스룹바벨부터[39]
⑥ 그리스도부터 반그리스도인들까지 – 1600년[40]
⑦ 반그리스도인들의 몰락까지 – 비극
⑧ 기쁨의 천국인 그리스도 왕국
⑨ 세계 종말 – 비극[41]

9. 우리는 육체와 영혼을 다양한 방법으로 회복함으로써 이 목표에 도달하게 된다.
① 뛰기, 달리기, 격투기는 건강에 도움을 준다.
② 모든 새로운 것, 즉 그림 같은 것들을 관찰하게 되면 감각에 도움이 된다.
③ 다양한 경쟁은 정신적 능력을 배양시켜 준다.
④ 반복학습은 기억력을 높여 준다.
⑤ 충고와 비판은 판단력을 길러 준다.
⑥ 일을 지혜롭게 분배하면 기쁨을 얻게 되고, 종사할 일에 대한 운명을 정해 준다.

---

38) Vgl. J. V. Andreae, Chymische Hochzeit ed. Maack S. 66ff.(D.).
39) 퀴로스 왕의 칙령 이후에 유대인들을 팔레스타인으로 돌아오게 했던 유대인의 지도자 중에 한 사람이 스룹바벨(s. Esra 2,2; Neh. 12,47 usf.).
40) Panorthosia 2장 16항에 코메니우스는 그리스도가 1600년 동안 적들 가운데서 통치하셨고, 지금은 하나의 새로운 시대의 시작이 다가와 있다는 것을 서술하고 있다(H.). S. auchStudion, Naometria, fol. 429(Stuttgart, Landesbibel. Handschr.Theol. Philos. Q. No. 23a.) und W. E. Peuckert, Die Rosenkreutzer, Jena, 1928, S.8ff.(D.).
41) 비교, 에스겔 38:1이하, 요한계시록 20:7이하.

⑦ 자유로운 대화와 편지와 말하기 연습은 언어의 민첩성에 도움을 준다.

이렇게 함으로써 하나의 놀이 장소로서 학교에 대해 말할 수 있게 된다. 경쟁에 대한 참고 : 만약 인간이 서투른 숙련성을 가지고 경쟁한다든가, 좋은 것보다는 급하게 인식된 사물에 근거하고 있다든가, 아니면 신중한 노력으로 모든 것이 성취될 수 있다는 신념을 요구한다면, 과연 인간이 무엇을 성취할 수 있는지는 의문이 가는 일이다. 왜냐하면 신적이고 영원한 힘, 얻어지기 쉽고 성취하기 쉬운 한계성이 우리 안에 작용하고 있기 때문이다. 그 힘은 방향을 돌리지 않는 한 충만한 희열로 밀려오며, 편안하게 다가올 것이다. 만약 우리가 사물계의 한 기본 고리의 관계 속에서 인식하게 된다면, 한 기계가 일단 완벽하게 완성되면 계속해서 많은 작품들을 만들어 낼 수 있는 것처럼, 그 시야는 무한한 세계로 열리게 된다. 건강한 다리로 끊임없이 많은 길을 달릴 수 있고, 좋은 시력으로 끊임없이 많은 사물을 바라볼 수 있으며, 숙련된 입술로 끊임없이 말할 수 있는 것이다. 요약하자면, 이것은 본능 혹은 본능의 아버지로부터 발산되는 것이므로 의지의 결핍만 없다면 가능한 것이다. 마의 여신을 불러내는 시인의 축제적인 관습은 역시 우리에게 선물로 주어진 은사를 일깨워 주는 것이고, 기억을 되새겨 주며, 천성적인 능력을 펼치게 해 주는 신적인 것을 의미한다.

10. 결론적으로, 우리는 강제적이지 않은 온화한 교육을 통해 우리의 목표에 도달하게 된다. 이에 대해서는 20장에서 다루기로 하자.

문제 XX

30 우리는 교육을 통해 학생들에게서 배움에 대한 두려움을 없애주기를 원한다.

이에 대해서는 세 가지 방법이 있다.

1. 엄격한 교육이나 체벌은 처음에는 절대로 필요하지 않다는 것을 명심해야 한다. 만약 당신이 교육에 관해 순수한 언급으로만 유도하며, 학문의 목초지에 감각이라는 편안한 풀더미를 덮고, 그러한 감각들을 무수히 많은 표현들로 어렵게만 만들지 않는다면 가능할 것이다.

2. 우리는 이러한 교육 방법이 실행되더라도 추호도 불쾌한 영향을 끼치지 않게끔 올바로 사용되기를 원한다. 즉 세심하고, 현명하게, 또한 적합하게! 광포하게 하는 것이 아니라 엄격한 체벌을 하는데 있어서도 사랑을 보여 주어야 한다. 어떤 경우에도 이러한 척도를 넘어서는 안 되며, 항상 가장 온화한 수준에서 타이르는 방식이나 꾸짖는 방식으로 시작해야 한다.

3. 우리는 무능력하고 연약한 학생이나, 권태로움 때문에 배우기 싫어하는 학생을 채벌하는 것을 원하지 않는다. 다만 가르침에도 불구하고 고집을 피우며 개선하려고 하지 않는다면 징계해야 할 것이다. 하지만 그것 역시 그로 하여금 자신의 고유 의지에 대한 어긋남을 인식하게 하고 다른 기회에 신중하게 받아들일 수 있게끔 해 주는 기회가 되어야 한다.

근거 없이 학교를 놀이 장소라고 부르는 것은 아니다. 학교 안에서는 모든 것이 놀이하는 것처럼 교육되어야 하고, 또한 즐거우며 친근하게 행해져야 한다는 것을 암시하는 것이다. 하지만 놀이를 하는 데 성을 내거나 악을 쓰는 사람이 있다면 그 사람은 따귀를 때리거나 채찍질을 하는 것이 아니고 무엇이겠는가? 기술을 가르치는 일에 있어서는 결코 이러한 일이 없어야 한다. 학문을 가르치는 일에 있어서도 마찬가지가 아니겠는가?
어떤 경우에도 이런 일은 없어야 한다. 세상에 내재해 있는 신적인 지혜가 피조물, 특히 인간에게 작용하는 것처럼, 스승이란 그들의 작은 세계 속에서 맡겨진 사람들에게 영향을 끼쳐야 하는 것이다.[42] 자연스럽게 생겨난 것들이 설득력 있고 인격에 도움을 준다는 것, 고유한 충동으로부터 자연스럽게 발생한다는 것, 하나님께서 항상 인류에게 행하셨던 것은 초대요, 권유요, 유도하는 방식이라는 것은 모든 사람들에게 자명한 사실이다. 그러므로 우리 역시 이용하는 것뿐 아니라 즐기려고 해야 한다는 것이 중요하다.

편안한 방식의 가르침이 갖는 가능성에서 언급될 수 있는 것들은 다음과 같은 근거들로 요약될 수 있다. 소크라테스(Sokrates)가 말한 대로 교육의 뿌리는 가르칠 때는 매우 쓰지만, 그 열매는 단 것이다.[43] 그리고 사실이 그렇다. 하지만 그 뿌리가 달콤하게 될 수 있는지 없는지를 시험해 봐야 할 것이다. 만약 다음과 같은 것이 된다면 가능할 것이다.

1. 만약 학교에서 학생들에게 지루함과 성냄을 제거한다면,
2. 다시 말해서 모든 것이 완전하게 조망되고 자유롭게 행해진다면,
3. 그 밖의 것에서는 매혹적으로 실행된다면 가능할 것이다.

(1) 좋지 못하고 모호한 예들이 도태되는 반면에, 아름답고 훌륭하며 편안한 예들이 계속해서 제시되는 방법을 통하여, (2) 모든 것이 자상하게 설명되고, 감각으로 받아들일 때까지 명확해지는 방법을 통하여, (3) 종전보다 더 온화한 교육을 통하여 도달할 수 있다. 두 번째(II) 경우는 다음의 세 가지를 통해 도달하게 된다. ① 본성(Natur)이 여기저기서 스스로 활동하며, 봉우리와 꽃을 피울 수 있는 시기를 제시할 때까지 적당한 시기를 기다린다. 즉 교육자는 본성의 봉사자[44]인 학생이 스스로 자신을 제어할 수 있을 때까지 기다

---

42) 솔로몬의 잠언 8:31; 비교, 제 6장 서문.
43) J.Combesius, Enchiridion Apophtegmatum philosophorum⋯Franf. 1582, S. 146 spricht das Wort Demokrit zu, sagt aber, daß andere es von Sokrates berichten. Bei Diog. Laert. lib. V. 5 wird es Aristoteles zugesprochen.
44) Paedagogus tantum naturae minister,vgl.Did.m.,XVII,34: '⋯der Jugendbldner

려 주는 것이다. 충분히 능력을 갖추기 전에 마차(학생)에 물건을 채우는 것(교육)은 안 된다. ② 학생이 성급하게 도약하고자 하더라도 학생의 본성에 중압감을 주지 않게끔 심사숙고함으로써 더욱 성공적으로 도달할 수 있다. 급히 먹는 밥은 체한다. ③ 학생의 요구가 점점 더 자극제가 되도록 사랑스럽게 그를 붙잡도록 해야 한다. 세 번째(Ⅲ) 것은 매혹적인 강의 형태를 통해 도달할 수 있다.[45]

문제 XXI

31 우리는 학생들의 감각, 정신, 손이 매우 빠르게 전체를 자신의 것으로 삼는 데 성공하도록 시도한다. 당신의 원하는 바를 자유롭고 자연스럽게 학생들에게 제시하라. 모호하거나 혼돈스럽거나 복잡한 것이 아닌 명확하고 확실한 것을 제시하도록 명심하라. 그에게 사물을 파악할 수 있는 지점을 제공하라. 그러면 모든 것을 빨리 파악하게 될 것이다.

문제 XXII

32 우리는 모든 것을 빨리 익히기를 원한다.

각각 개체적인 것을 따라 얻을 것이 아니라,

---

ist, wie der Arzt, nur Diener und nicht Herr der Natur.'-Vgl. hierzu Thomas von Aquin, De magistro.Questiones disputatae Bd. 3(De Veritate) Questio 11, Bächerei der St.Paulus Vereinigung,Paris 1883,S.412ff., auch Schoelen-Haerten, Pädagogisches Gedankengut des christlichen Mittelalters, Paderborn 1956, S.98. Hierzu auch E. Hoffmann, Pädagogischer Humanismus,Zürich-Stuttgart 1955, S. 212.

45) 원고 안에 내용이 비어 있음.

1. 우선 적합한 방법으로 가장 중요한 것을 파악하고,
2. 불필요한 것을 제거하고,
3. 흩어져 있는 그 나머지를 요약하라! 사람들로 하여금 이러한 방식을 부단히 실천하도록 하라. 믿을 수 없이 짧은 시간에 감각과 정신과 손을 통해 많은 것을 얻게 될 것이다. 짧은 인생 동안 위대한 일을 성취했던 알렉산더 황제가 좋은 예가 될 것이다. 그는 어떤 경우에도 화를 낸 적이 없다고 한다.[46]

그는 한 도시나 한 민족을 정복하고서도 거기에 머문 적이 없고, 한니발처럼 진영에서 휴식을 취하지도 않았으며, 항상 전진만 했다고 한다. 그는 모든 도시와 성을 정복하지 않았고 그러한 것에 인생을 소비하지도 않았다. 대신 가장 중요한 것을 정복했던 것이다. 그 중요한 것을 얻음으로써 그 나머지 것들은 저절로 주어졌던 것이다. 단지 그의 이른 죽음만이 그의 승로(勝路)를 중단시켰으며, 전 세계를 소유하는 것을 가로막았던 것이다. 하지만 이러한 일은 우리의 작은 알렉산더(Alexander) 학생에게는 일어나지 않는다. 그렇기 때문에 우리는 무엇보다도 그들의 생명을 연장시켜 주거나, 혹은 최소한 생명을 지키도록 하는 데 애를 써야 할 것이다. 하지만 여기에서도 모든 것이 더 수월해질 수 있는 방법적 수단이 있다.
왜냐하면 전체적인 것은 자체적으로 닫혀서(결정되어서) 서로 충돌하지 않고, 자체적으로 흘러넘치며, 한 강줄기로 흘러가기 때문이다. 죽음 자체도 우리의 노력을 깨뜨릴 수는 없다(죽음은 우리의 노력을 훨씬 이전에 밀쳐내고, 영원의 계승자들을 영원한 완전으로 몰고 간다). 완전한 지혜를

---

[46] 알렉산더는 이러한 관련에서 코메니우스에게 더 많은 본보기가 된다. so etwa Did.m., XV, 4 oder auch Praecognita, lib. III, L(Turnbull,S.122): Quo facto, caetera omnia ultronea deditione ad victorem transeunt.(물론 여기에 알렉산더의 이름은 거론되지 않았다). – 반대적인 예로서 한니발은 이탈리아에서 그의 군대를 잃어버렸다. 왜냐하면 로마로 가는 길목인 트라지멘에서의 승리후에 너무 시간을 끌었기 때문이었다.

소유하려는 이러한 노력은 인생의 시간상 한계가 있고, 사물 세계를 그것의 질서 속에서 파악하는 데는 우리의 무딘 정신력으로는 아마도 어려움이 있겠지만, 그럼에도 불구하고 우리는 알렉산더(Alexander)와 같이 우리 정력을 특히 가장 중요한 것에 쏟아야만 한다. 그러면 그 나머지 모든 것은 자연스럽게 나타나거나, 침묵이 강요된다. 왜냐하면 우리는 모든 것을 손아귀에 넣고 있기 때문이다.

진실로 모든 중요한 것들은 지식의 토대가 된다. 가장 중요한 것이 올바로 파악되면, 그 나머지 것들은 저절로 결정되는 것이다. 무엇보다도 이러한 토대를 학생들에게 주지시켜야만 한다. 꽃과 열매로 풍성한 정원을 원하는 사람이 있다면, 그는 여기저기에서 나무나 관목이나 식물들을 옮겨 심을 것이 아니라, 씨를 뿌리고 훌륭한 종자들을 접붙여야 할 것이다. 그 다음에는 햇볕과 하늘의 은총만으로도 모든 것은 저절로 번성하게 된다. 해가 거듭될수록 수확은 더욱더 많아질 것이다. 이것과 마찬가지로 잘 심긴 지식의 토대도 무한한 수확을 얻어낸다. 여기에서 다음과 같은 말이 적절할 것이다. "당신의 학생이 많이 알면서도 근본적인 것을 알기 원한다면, 그에게 많은 것을 알도록 가르치지 말고, 많은 사람들이 빠지기 쉬운 어리석음을 가르치라!"[47]

문제 XXIII

33 우리는 교재들이 학생들에게 유용하도록 하기를 원한다.

1. 교사가 책을 한 권 입수하게 되면, 우선 거기에 있는 오자(誤字)를 제거해야 한다. 오자가 많은 책을 가지고는 강의 역시 오류가 많아지기 때문

---

47) Vgl. Paradoxon zu Problem XVII.

이다.
2. 개에게 뼈다귀를 던져 주듯이 책에 대해 아무런 도움 없이 제시하지 말며, 마치 유모가 아이에게 음식물을 씹어서 주어 이빨 없이도 양분을 흡수할 수 있게끔 먹여 주듯이 해야 한다. 어디서나 우리는 조력자로서의 역할을 다해야만 한다.

3. 우리가 항상 올바르게 제시된 예들을 통해 강의를 하고, 사람들이 충분히 따라할 수 있는 종류의 일을 제시하고, 학생들로 하여금 그것을 모방하게 하며, 그들에게 생겨난 오류를 극복하게 해 준다면 우리는 성공할 수 있다.

이를 위해서는 다음과 같은 작업이 부단히 이루어져야만 한다.
① 예를 들어서, 학문에 있어서는 감각을 통하여 사물을 꿰뚫어보는 통찰력이 뒷받침되어야 한다. 동시에 사물 자체를 때때로 보고, 듣고, 냄새 맡을 수 있도록 제시해야 한다. 또한 학생들이 그 사물을 올바로 파악했는지 알아보기 위하여 사물을 어떻게 경험했으며 검증했는지를 설명하도록 해야 한다. ② 기술 분야나 실천 분야에 있어서도 마땅히 해야 할 바를 위와 유사하게 가르쳐야 한다. 먼저 시범을 보여 주고, 그 다음은 따라 하도록 하라. 오류를 저지른 학생에게는 그것을 고쳐 주되, 모든 것을 온화하게 하라. ③ 말하는 법을 가르칠 때에는 학생이 스스로 할 수 있을 때까지 먼저 읽고 따라 읽도록 하라. 실제적으로 파악되지 못했다면, 아무리 손 안에 주어졌다 할지라도 결코 소유할 수 없는 것이다. ④ 계속해서 주어지는 다음의 요구에 우리는 전심을 다해 유념해야 한다. "모든 학생들은 사물에 대해 정확하고 조직적이며 명확하게 파악하는 것과 파악된 것을 언어로 재현하는 것 및 그 사물을 성취해 내는 일에 근본적으로 익숙해져야만 한다. 우리의 인생에서 생겨나는 모든 오류는 이 세 가지 요구에 놓여 있다." 우리는 사물을 단지 희미하게 파악하기 때문에 이것과 저것을 혼돈하게 되는 것이다. 전 생애를 통틀어서 나타나는 인간의 사상, 말, 일 등의 오류와 혼돈은 바로 여기에 기인한다. 이러한 병은 인간의 조

기 교육을 통해서만 치유될 수 있다. 사물, 말, 사상 등에 대한 접합과 근본적 설계보다 더 중요한 것은 아무것도 없다.

문제 XXIV

34 우리는 모든 것을 단계에 맞게 가르치고자 한다.

이것은 나중 것에 선행해서 전 단계의 것을 가르치고, 전 단계가 끝난 후에는 그 다음 단계를 가르치는 과정을 통해서 가능하다. 이에 대해서는 모두에게 알려진 호라젠(Horazen)의 시구(詩句)가 인용될 수 있다. "유용한 것에 달콤한 것을 섞는 사람은 만인에게 갈채를 받는다."[48] 달콤한 것과 유용한 것에 존경할 만한 것과 경건하고 거룩한 것이 첨가된다면 더욱 그러할 것이다. 왜냐하면 민족들은 달콤한 것과 유용한 것을 찾아 자기 땅에서부터 나와 경쟁해 왔기 때문이다. 이것을 우선적으로 배울 필요는 없다. 이것은 저절로 익혀지는 것이기 때문이다. 하지만 세 번째, 즉 존경할 만한 것은 분명하게 주지되어서, 사람으로 태어나는 모든 사람은 자신의 소명에 대해 생각하며, 달콤한 것이나 유용한 것에 대해서만 아니라 자신의 명예심에 대해서도 추구하게끔 되어야 한다.

이러한 명예심은 우리의 의도와 행위에 있어서 항상 토대이고, 방향점이며, 근본적인 부분이라 할 수 있는 것이다. 만약 이러한 명예심을 유용한 것과 자연스럽게 연결시킬 수만 있다면 더할 나위 없이 좋을 것이다. 이렇게 되면 거기에 달콤함을 첨가하는 것도 가능하게 되며, 모든 것이 더욱더 아름답고 용이한 것이 되는 것이다. 그러므로 우리는 호라젠의 시구를 다음과 같이 고쳐야 한다. "우선 명예심을 받아들이고, 그 다음에 유용한 것을, 세 번째에는 달콤함을 받아들이도록 애써라." 하지만 이 어리

---

48) Horaz, Ars poetica 343.

석은 세상은 반대로 맨 나중 것을 가장 우선적으로 위치시킨다. 맨 첫 번째에는 인간의 양식이라 할 수 있는 경건이, 두 번째에는 인간의 공동체를 유지하기 위한 기준이 되는 훌륭한 관습이, 세 번째에는 인간 정신의 목초지라 할 수 있는 지식이 와야 하는 것이다.

무엇보다도 인간에게는 경건성이 흘러넘쳐야 한다. 왜냐하면 이생과(현세) 저생에(내세) 대한 약속이 매우 중요하기 때문이다. 궁극적인 것을 바라보는 동시에 궁극적인 것으로 인도해 주는 모든 방법을 바라볼 수 있는 사람은 지혜로운 사람이다. 이것이 바로 영원에 대해 자신을 준비하는 현세의 목표인 것이다. 이러한 준비를 하지 않는다면 인생을 낭비하는 것이다. 하지만 우리는 죽음을 통하여 영원을 얻게 된다. 그 때문에 인간은 올바른 죽음을 예비해야만 하는 것이다. 물론 훌륭한 죽음이라고 하는 것도 성공적인 삶을 통해서만 얻어질 수 있는 것이다. 그렇기 때문에 우리는 시작부터 성공적인 삶을 살도록 준비해야 한다. 훌륭한 습관을 통해서만 훌륭한 인생에 도달할 수 있다.

그러므로 아이들은 초기부터, 그들이 선하게 행할 수 있는 모든 것에 익숙해지도록 해야 한다. 하지만 선하게 행동하는 습관은, 오로지 계속적인 훌륭한 모범을 제시함으로써 나쁜 것을 거절하고 스스로 선한 것을 항상 선택하는 방법을 통해서만 얻어지는 것이다. 올바른 선택은 올바른 통찰력의 기반 위에 놓여 있다. 이러한 통찰력은 오로지 가르침을 통해서 도달될 수 있는 것이다. 왜냐하면 가르침을 통해서 선과 악에 대한 분별력이 날카롭게 되기 때문이다. 그렇기 때문에 우리는 사물계의 조직을 파악할 시간을 가져야 하는데, 그것은 성장하는 첫 시기부터 인생 전반에 걸쳐 철저하게 이루어져야 한다. "이것은 그것을 선택하는 사람들에 의해서는 얻어질 수 없는 진실로 필수적인 것이며, 훌륭한 부분이다"(눅 10:42).[49]

---

49) Vgl.damit den Buchtitel: Unum necessarium, scire quod tibi sit necessarium

경건 다음에 취해야 할 두 번째 자리는 훌륭한 관습이다. 이 관습은 전 생애를 걸쳐 인류가 서로 소통하는 데 필요한 것이다. 그중 다음과 같은 것이 중요하다. "만약 학문에서만 발전을 꾀하고 관습에 대해서는 무관심한 사람이 있다면 그 사람은 전진하기는커녕 퇴보하고 있는 것이다."[50] 우리는 특히 만사를 작은 것에서부터 성실하게 처리하는 것에 익숙해지며, 게으름에 빠지지 않도록 주의해야 한다. 그렇다면 학문은 우선적으로 참된 인간성을 창출해 내는 공장으로 명명되어야 하는 것이다.

우리는 아이들을 게으른 관망자나 잘못 파악한 것에 대해서도 떠벌리는 자로 만들지 말아야 하고, 또한 소인배로도 만들지 말아야 하며, 오히려 사물에 대해 조망하며 그것을 신중하게 다스릴 줄 아는 살아 있는 인간으로 만들어야만 한다. 우리는 그들이 부단히 활동할 수 있도록 격려하며, 자신에게 맞다고 여겨지는 일에 적합하게 종사할 수 있도록 독려해야 한다. 그러므로 모든 공적인 학교들은 인생에 필요한 것을 실습할 수 있는 공적인 작업장이요, 경기장이 되어야 하며, 오늘날 만연해 있는 무질서에 대항하는 요양소가 되어야 한다. 여기에서 세네카(Seneca)의 호소가 유효하다. "인생의 한 큰 부분은 악한 행동을 함으로 흘러가 버리고 그 나머지 대부분은 전 인생을 무용한 것으로 소비해 버린다."[51]

결론적으로, 친근하며 받아들이기 쉽고 인간 정신을 양육하며 기쁘게 하는 지식이 요구된다. 왜 이것이 마지막 자리를 차지하는가? 대답하자면, 전체적인 것 속에서 많은 것을, 심지어 모든 것을 아는 것이 좋기 때문이다. 그렇기 때문에 하나님께서도 선과 악을 분별하는 나무를 낙원에 심어

---

in vita et morte, et post mortem. Amstel. 1668(deutsch von Joh. Seeger, hrsg. v. L. Keller,Jena und Leipzig 1904, neue Ausgabe Hamburg 1964).

50) Did. X. I, 17 oder Leges illustris gymnasii Lesnensis, Ratione morum 1.에서도 동일한 단어들이 발견된다.

51) Seneca, Epist.1,1(H.).

놓았던 것이며, 그 나무에 아무런 의심 없이 접근했던 하와는 그 매력에 끌려 속을 수밖에 없을 정도로 아름답고 값져 보였던 것이다. 하지만 다른 나무에서 열매를 따고, 죽음에 이르게 하는 그 나무를 욕심내지 않고, 생명의 나무를 바라보며, 그것을 먹고 사는 것이 그녀에게는 더 행복했을 것이다. 우리는 아름다운 것 자체 때문에 그것을 열망한다.

그러나 미(美)에는 항상 부패가 내재해 있기 마련이다. 항시 인간이 오류에 빠지거나 타락하고자 원하는 것은 아니라 할지라도 우리 유한한 인간은 선악을 구별하는 인식에 관심이 있는 것이 아니라 생명나무 자체에 더 욕심을 내기 마련이다.[52]

항상 인간은 자연의 상이성을 연구해 보기도 전에 우선적으로 솔로몬의 하나님께 복종하는 마음을 구하기 마련이다.[53] 하늘의 솔로몬인 그리스도께서는 인간으로 사신 자신의 생애 동안에 하나의 모습을 보여 주셨다. 그는 인간 앞에서보다는 하나님 앞에서 지혜와 은총이 더해 가기를 노력하셨다. 그는 무엇보다도 하나님의 법을 알기를 힘썼고, 이미 12살 때에는 자신을 하나님께 복종시켰으며, 30살 때에 자연을 복종케 하셨던 것이다.[54] 암흑에 거해 있는 맹인이 밤낮을 구별하지 못하는 것처럼 하나님을 잃어버린 자들은 어둠에 사로잡혀 있기 때문에 자신이 지식에 대한 조명을 소유했는지를 알지 못한다. 이러한 사람은 지고의 선이 되시는 하나님과 그분 속에 나타나는 은총을 바라볼 수 없으며, 구하지도, 찾을 수도 없는 것이다. 그는 하나님과 그분의 조명에서 영원한 암흑으로 떨어지게 되는 것이다. 더러운 그릇 속에선 아무리 훌륭한 음료라도 썩기 마련이다. 마찬가지로 최상의 지식도 그것이 더럽고 정화되지 않은 정서에 담기게 되면 부패하기 마련이다. 그러므로 지식을 소유하려는 우리의 모든 노력들은 우리가 하나님, 인간, 그리고 우리 자신을 두려워할 줄 아는 것

---

52) Vgl. Augustinus, Confess. X, 34(MSL 32,801)(D.).
53) 잠언 3:5
54) Vgl. Luk. 2:52; Mt. 4:1-11 Parall.

으로부터 시작해야 한다.

하나님께서 죄인의 육신을 멸절하시고 그 영혼을 지옥에 넘겨주실 수 있다는 사실 때문에 죄 짓는 것을 두려워한다면, 그것은 하나님을 두려워하는 것이다. 인간을 두려워한다는 것은, 부모님이나 선생님이나 그밖에 훌륭한 사람들의 분노에 대해 두려워하는 것에 익숙해지는 것을 의미한다. 또한 우리가 우리 자신의 연약성을 깨닫고 항상 우리 자신만을 신뢰하지 않고 최소한 우리 자신을 두려워한다면, 그것이 바로 자기 자신을 두려워하는 것이다. 우리는 기꺼이 성령 하나님께 맡기며, 그의 인도하심에 복종해야 한다.[55] 이것을 명심한다면, 우리는 전 성경을 통해 얻어지는 말씀의 지혜를 깨닫게 될 것이다. 하나님에 대한 두려움은 지혜의 시작이다.[56] 진정한 경외심이란 교만, 사기, 분냄, 반항심 등에서 떠난 자유로이 굴복된 영혼 속에 들어 있다. 우리는 여기에서, 지혜를 얻는다는 것은 철저히 훌륭한 관습과 경건성에서 얻어진 지혜로 시작되어야 한다는 사실을 알 수 있다. 전체를 가르치고자 하는 참된 교사는 연령 단계를 특히 유념해야 하는데, 각 연령별로 무엇을 배우고 아는 것이 적합한지에 대해 명심해야 한다는 것이다. 이를 위해서는 사물 인식을 위한 다음의 세 단계에 정통해야만 한다.[57]

1. 직관적 인식 : 인간이 배워야 하는 사물들은 감각에 직접 제시되어야 하며, 그것의 상을 통찰력에 각인시켜야 한다. 이것의 한 예를 들자면, 내가 유피터(Jupiter) 석상을 보는 동시에 누군가에 의해서 그것의 이름을 배우게 되는 것과 같은 것이다. 결과적으로 3가지 사물이 결합된다.

---

55) Vgl. J.V. Andreae: Auss mir fhre mich: so ich mich ansich / erschreckeich. Z.B. bei C. Besold, Axiomata Philosophico-Theologica, Argentorati, 1616 p. 114(D.).

56) 잠언 1:7

57) Vgl.mit dieser Stelle die Begründung der Altersstufen Kap.XI: Dem scire entspricht die Kindheit, dem intelligere die Reifezeit und dem uti das Mannesalter. Psychologische Kategorien sind hier noch unbekannt.

즉 상상된 사물, 그것의 상, 그리고 이것을 다시 그려내는 사물 등이 나타난다.

2. 복합적 인식 : 널리 알려진 사물이 만약 현상 속에서 나타나게 되면 자기 자신과 비교하거나, 또 다른 것과 유사성을 띠게 된다. 이제는 이러한 종류의 사물이냐 혹은 다른 사물이냐가 중요하게 된다.[58] 만약 내가 유피터(Jupiter) 석상과 유사하게 보이는 새로운 석상을 보았다고 한다면, 그것이 유피터 석상과 유사한 것이냐 아니면 또 다른 성질의 것이냐 하는 의구심에 빠지게 된다. 이러한 경우에 나는 크기, 색깔, 만들어진 시기와 장소를 비교함으로 추출하게 되고, 그것이 실재로 어떠한 것인지 알기 위해서 그 유피터 앞에 서야만 한다. 여기에서 서로 유사하게 상상된 사물, 즉 2개의 상(像)이 생기는데, 이전에 알았던 것과 새로운 것, 거기에다 지금 상상되는 환상이 결합되어 나타나는 것이다. 이러한 복합적 인식은 이성적 추론의 시작이며, 여기에서 유사성으로부터 유사성이, 상이성으로부터 상이성이, 대립성으로부터 대립성이 언급된다. 이러한 세 가지에 부합되면 이 두 사물은 역시 동일성을 갖게 되고, 그렇지 않으면 동일성을 갖지 못하게 되는 것이다.

3. 이데아적 인식 : 여기에서 모든 사물은 사물계 속에서 완전히 알려진 이데아를 동시에 인식하게 되며, 이데아 세계의 완벽성으로부터 얼마나 이탈되었는지의 정도에 따라 '현상계'의 사물은 더 많이 혹은 더 적게 이데아에 참여하게 된다.[59] 여기에서도 세 가지 요소가 결합된다.

---

58) Vgl. Nik. von Kues, De docta ignorantia und De coniecturis: 모든 이해에 적합한 지식은 비교하는 것에서 기인한다. 그것은 많고 적게 종속되어 있다. 그리고 다만 한정된 범위에 효력을 갖는다. Hierzu K. H. Volkmann-Schluck: Nikolaus Cusanus. Die Philosophie im Übergang vom Mittelalter zur Neuzeit.Frankfurt 1956.

59) 이러한 인식론 배후에 플라톤에 의하여 이상적인 것과 실제적인 것을 분리하는 Chorismos의 가르침이 놓여 있다.

① 이데아 자체
② 이데아 속에서 있는 하나 혹은 그 이상의 사물
③ 그리고 모든 것을 결합하며 인식하는 정신

이러한 인식의 단계는 가장 광명한 빛을 얻게 되었을 때 최상에 이르게 된다. 이 빛으로부터 인식의 단계는 궁극적인 것에, 최상에 이르게 되며, 범철학에 진실로 부합하는 단계에 도달하게 된다.

부언하자면, 사물에 대한 인식은 다음 기준에 따라 나눌 수 있다.

- **개체인식** – 여기에서는 개체적인 사물만을 인식하게 된다.
- **연결된 사물의 인식** – 두 가지가 서로 비교된 사물로부터 얻어지는 인식을 말한다.
- **사물 관계에 대한 인식** – 어디에서나 이데아에 참여하는 것이면 모두 인식할 수 있다.

첫 번째 단계는 유아기와 소년기에 적합하며, 두 번째는 성숙기와 청년기에, 세 번째는 장년기에 적합하다. 노년기에는 상(像)이나 우화를 통해서 그것이 드러났는지를 사물에서 추론적으로 판단하는 완성이 이루어져야 한다.

한 특수한 경우 : 만약 인식의 빛을 외면하고, 강퍅하고 교만해져서, 훌륭한 조언이나 모방을 하려고 하지 않는 사람을 만난다면 우리는 어떻게 해야만 하는가? 나는 다음과 같이 대답했다. 우리 안에 들어가는 것을 참지 못하는 야생마는 사람이 일단 붙잡아 끌고 온 다음 그 위에 안장을 얹어야 한다. 하지만 다음과 같은 기술적인 방법을 사용하기만 하면 우리 안으로 말을 끌어들일 수 있다. "말들의 눈을 가리라. 그러면 어디로 가는지를 몰라도 이끄는 데로 따라갈 것이다."

이와 동일한 사람, 즉 더 높은 지식으로 인도하려는 것에 반항하는 야생마 같은 사람을 발견하게 되면, 왜 말에게 썼던 기술적인 방법을 적용시킬 수 없는가?

여기에는 동시에 세 가지 질문이 제기된다.

① 야생적이며 지식을 받아들이려고 하지 않는 사람의 마음을 어떻게 잡을 수 있는가?
② 어떻게 그의 눈을 가려서 뒷걸음질 치지 않게 할 수 있는가?
③ 어떻게 우리가 이끌고자 했던 곳으로 그를 인도할 수 있는가?

우선 그 사람은 자신의 마음이라는 고삐 외에는 다른 것에 묶여서는 안 되는데, 이 마음의 고삐는 자신에게 천성적으로 주어진 선한 것에 대한 욕구를 의미한다. 동시에 그로 하여금 이러한 선한 것을 확고히 소유하면서, 자신의 것으로 만들며 사용하도록 허용해야 한다. 그는 사도 바울을 본받고 싶어해야 한다는 것이 전제된다(행 17:23).[60]

둘째로 그에게 모든 의무적인 중심교육을 받아들이도록 해야 하는데, 그것은 타인이 말하거나 말하지 않는 것, 행하거나 행하지 않는 것, 소망하거나 소망하지 않은 것들에 시선을 돌리게 해야 한다는 것이다. 또한 스스로가 지도자를 선택해야 하며, 타고난 진리와 영감, 능력을 통해 고유의 빛에 순종해야만 한다. 이렇게 되면, 낯선 지도자에게 이내 쉽게 적응하고, 모든 것으로부터 자신을 구별하는 가능성을 갖게 되더라도 자신에게서 소외된다는 두려움을 더 이상 갖지 않게 될 것이다.

세 번째로 당신이 그를 더 발전된 단계로 천천히, 친근하게 지도한다 하더라도, 진척된 지도를 할 수 있게 된다. 이런 결과로 그는 결코 무덤도 두려워하지 않을 것이고, 저항하거나 이탈하지 않을 것이다. 보편적이고 천성적인 빛을 바라보면서 당신은 그에게 말해야 한다. 그러면 그는 스스로 낯선 지도를 자처하지 않고 자신의 빛에 거하는 것을 보게 되며, 방황

---

60) 아텐의 아레오바고에 대한 사도 바울의 말에 관한 것은 아텐 사람들이 알지 못하는 신에게 경배하는 것처럼 표면적인 거절이 무의식적으로 그러나 항상 올바른 목표에 관련되었다는 것을 이해하는 것이다.

하지 않고, 자신의 눈이 지시해 주며 확실한 것으로 보증해 주는 길로 전진하게 될 것이다. 만약 당신이 그를 구유에 있을 때부터 진실되고 값진 지고의 선으로 인도한다면, 그로 하여금 완전한 지혜를 사용할 수 있게 해 줄 것이다. 이제 당신은 그를 해방시켜 빛과 기쁨의 세계로 들어가게 할 것이다. 우리는 범지학 사물자체를 확신하는 현명한 인간이라면 이것이 옳은 것이었는지 판단하게 될 것이며, 현명한 교사라면 이것을 선택할 것이다. 전체라는 기준에 따라 선정된 학교, 서적, 스승 등에 대해 다루었던 마지막 세 장으로부터 다음 장은 그것들에 대한 근본 원칙을 다루게 될 것이다. 모든 사람들의 연령에 맞는 학교, 서적, 학자들이 어떻게 공급되어야 하는지 나타나게 되고, 그렇게 함으로써 그 모든 것은 전체를 담고, 모든 것에 대한 참된 지식을 알려주는 안내서가 될 것이며, 모든 인간을 근본적으로 철저하게 개선시키는 보증이 될 것이다.

CHAPTER 8
PAMPAEDIA ALLERZIEHUNG

태아기 학교
(Schola geniturae)

출생 전의 존재를 위한 학교

태내에 있는 생명을 주의 깊게 돌보기 위한 부모들에게 유익한 교훈[1]

1 창조주는 천사를 창조했던 것처럼, 권능으로 인류를 그와 같은 완전하고 충만한 수로 창조할 수도 있었을 것이다.[2] 하지만 그분은 다른 방법으로 자신의 지혜를 계시하기를 원하셨다. 그래서 그분은 인류의 뿌리인 한 남자와 한 여자만을 창조하여서 번식을 통하여 증가토록 하셨던 것이다. 하나님은 남편과 아내가 부부로 하나가 되어 하나님이 언약하신 씨를 구하도록 창조되었음을 선지자를 통하여 알리셨다(말 2:15).[3]

거기서 다음과 같은 사실이 분명해진다.

---

1) vgl. D. sennert, Operum Tom. III, p.197 seq. De curatione infantum. Lugduni 1650 p.197; L. Merkati, Opera Omnia, medica et chirlgica Tom. V., Francof. 1620, lib.19: Libros duos, de Puerorum educatione, custodia et provindentia(D.).

2) vgl. Dionis. Areop., De coepesti hierarchia cap. 6ff. (MSG 3,199)(D.).

3) vgl. Did. m., Kap. III, 3; Praecognita, lib. I, Kap. XXVIII(Turnbull, S. 42)

(1) 인간들의 후손은 하나님의 씨이다.
(2) 인간들은 식물과 동물처럼 증가한다.
(3) 이러한 증가가 거룩한 방식으로 이루어지도록 하기 위하여, 하나님의 씨앗을 찾고 그들을 보살피는 것이 하나님 대신에 인간에게 위임되었다.

2 그 때문에 영원한 기쁨으로 부르심을 받은 존재인 인간들에 대해서는, 동물처럼 동물적이고 육욕적인 생산을 통해 증가하도록 하지 않았던 것이다. 그들은 오히려 하나님의 아들과 딸로서 경건하고 거룩한 방법으로 일치되어야 한다. 또한 어머니의 몸에서 출산된 이후에 아이는 동물처럼 어떤 돌봄 없이 방치되어 있을 수 없다. 오히려 그들은 부모의 충실한 보호를 받도록 위탁된 하나님의 값진 보호를 받게 되어 있다. 이 땅의 새로운 시민으로서 그리고 영원한 미래의 유산으로서 그들은 보호를 받는다. 가장 중요한 것은, 그들에게 모든 보호가 요구된다는 것이다. 자기 자신이 아닌 하나님, 땅이 아닌 하늘을 위하여 아이를 낳아야 한다는 것을 부모가 철저하게 교육받아야 한다. 이에 대해서도 우리는 독특한 방법을 알리는 것을 잊지 않을 것이다.

3 잘 출생하고, 잘 살아가고, 잘 죽는 것, 이것이 바로 축복받은 인간의 세 가지 요소인 것이다. 이것은 서로 견고히 묶여 있는데 두 번째는 첫 번째에 달려 있고, 세 번째는 또한 두 번째에 달려 있는 것이다. 그 때문에 무엇보다도 첫 번째가 가장 고려되어야 한다.

4 첫째 : 존경할 만한 부모의 예우(禮遇)를 받고 태어난 사람은 잘 출생한 것이다. 그렇기 때문에 예우받지 못하는 아이로 인간이 태어나지 않게 하기 위해서는 부부 이외의 어떠한 성적인 관계도 있어서는 안 된다.
둘째 : 건강한 육체, 건강한 감각, 건전한 정신을 갖고 태어난 사람은 잘 출생한 것이다. 이 때문에 부모는 분별 있게 하나로 연합되어야 하며, 우선적으로 자신들의 후손이 나오게 되는 것을 염려하여 건강에 신경을 써야 한다.
셋째 : 주님의 공동체에 속해 있는 경건한 부모에 의해 태어난 사람은 잘 태

어난 것이다. 이 때문에 미래의 부모들은 하나님께서 그들의 후손을 자신의 자녀로 인정해 주시도록 경건에 힘써야 할 것이다.

5 인간이 다음과 같다면 잘 사는 것이다.

(1) 존경할 만한 삶을 살고, 칭찬 받을 만한 행동을 통해서 사람에게 친절과 훌륭한 업적을 남긴다면,
(2) 그가 건강하고, 평온한 환경에서 산다면,
(3) 그가 경건하고, 하나님의 은총과 축복을 즐거워한다면 그는 잘 사는 것이다.

6 좋은 죽음은 다음과 같은 죽음이다.

(1) 존경할 만한 과거를 남기고,
(2) 서글픈 죽음이 아니라 기쁨 속에서 평온한 죽음을 맞이하며,
(3) 죽음을 통하여 생명을 얻고, 경건한 기대로 눈을 감는다면 그는 잘 죽는 것이다.

7 그 첫 번째 목표, 즉 좋은 탄생을 위해서는 출생 이전의 존재를 위한 학교가 필요하다. 그 나머지 두 개의 목표는 그 다음 학교에서 제시된다. 죽을 수밖에 없는 인간은 선재해 있는 모범을 따를 때에만 실제로 현명할 수 있고 올바르게 자신의 삶을 이끌 수 있다. 그 때문에 출생 이전의 존재를 위한 학교가 일관성을 갖기 위해서는 정확한 지도 이념이 제시되어야 한다.

이에 대해서는 몇몇 의견이 있다.

1. 이러한 의견을 형성하는 첫 단계로, 인간이 일그러지거나 변질되지 않도록 해야 한다. 그러기 위해서 우리는 임신 순간부터, 즉 부모가 후손을 낳기로 결심한 순간부터 잘 양육하여 새로이 태어난 아이를 볼 때까지 태어나는 인간에 대하여 눈을 떼어서는 안 되는 것이다. 출생 이후, 즉 초기 유아

기 때에도, 나아가서는 소년기에도 더 각별한 보호가 필요하며, 그것은 이후에도 계속되어야 한다. 왜냐하면 나쁜 것으로 빠지기 쉬운 그 기회는 나이가 들수록 더 커지기 때문이다. 어쨌든 출생 이전의 존재를 위한 학교에서도 그 근본 토대는 가능한 한 신중하게 세워져야 한다는 것이 엄연한 이치이다. 왜냐하면 초기에 저질러진 오류는 거의 개선될 수 없기 때문이다. 그 토대가 흔들린다면 건물 전체가 무너질 것이다. (유아기의 경건성과 좋은 습관은 모유와 관계 있음은 자명한 사실이다. 모유를 공급하기에 앞서 그것의 맹아는 어머니의 피와 아버지의 피로 시작된다는 것이 더 옳은 말일 것이다.) 부모들이 아이를 낳을 것을 계획한 시기에 이미 부모들이 경건하며 좋은 습관으로 살아야 한다는 것을 사람들이 알았으면 한다. 아이들에 대한 배려는 이미 출생 이전에 시작되어야 한다. 하나님의 씨를 찾는 것은 부모에게 맡겨진 일이다. 하지만 우리는 우리가 갖지도 않은 것을 찾으려고 한다. 씨를 얻으려고 일단 시작된 배려는 그 씨가 성장해서 열매 맺을 때까지 계속되어야 한다.

2. 부부가 아이를 낳기로 결심했다면, 그들은 무엇보다도 다음의 세 가지를 명심해야 한다. 우선 이 가시적 세상은 하나님의 씨를 확산하고 그의 선택의 목적을 완성하기 위한 것이라는 사실이다. 그 다음에는 인류의 기초를 놓으신 자가 인간에게 이른바 하나님의 씨를 찾는 의무를 위탁했다는 사실이 부부에게는 얼마나 영광스럽냐는 것이다. 마지막으로, 인간은 거룩한 하나님의 이러한 숭고한 계획이 거룩한 열매를 맺도록 하며, 경건한 부모로 하나님의 씨를 뿌릴 수 있도록 각별히 노력해야 한다. 즉 악마의 형상이 아닌 하나님의 형상이 되어야만 한다.

3. 이것이 가능하기 위해서는 만사를 하나님의 경외심 속에서 구하며, 순수하고 거룩한 의도를 실천하는 것이 자신의 의무임을 알아야 한다.

특히 다음과 같은 사실을 명심해야 한다.

① 명예롭게 부부생활을 시작해야 한다.
② 부부는 서로 절제 있게 부부관계를 해야 한다.
③ 부부는 이미 수태한 태의 열매를 절제 있고 경건하며 거룩한 삶의 방식을 통해 돌봐야 한다.[4] 또한 다음과 같은 점도 아이를 낳기 전에 준비되어야 한다. 즉, 좋고 순수한 씨만 뿌려지게 된다면 그것은 국가를 배려 깊게 써레질 하는 것이 되며, 하늘의 축복에 맡기는 것이 된다는 것에 유념해야 한다. 정원, 과일나무, 포도 과수원을 가꾸거나, 거위나 닭, 개나 말 등을 사육할 때에도 마찬가지이다. 성실하게 심어야 하는 이유는 그 뿌리부터 잘 심겨져야 하기 때문이다.

8 출생 이전의 존재를 위한 학교는 3가지 단계로 요약될 수 있다.
1. 첫 번째는 사려 분별력있고 고결하고 경건한 결혼을 통해 미래의 자녀를 미리 염두에 두고 교육 되어져야 하는 것이고,
2. 두 번째는 결혼후 곧 자녀를 낳으려고 희망하는 단계이며,
3. 세 번째 단계는 아이의 임신부터 출생할 때까지 철저하게 조심하며 돌보는 단계이다.

첫 번째 학급

9 애를 낳기로 부부가 결정할 때에는 무엇보다도 다음과 같은 점을 주의해야 한다.

1. 아직 성인이 되지 않은 소년이나 소녀는 부부관계를 가져서는 안 된다. 그렇지 않으면 그들은 그들 자신과 후세에게 해를 끼치게 될 것이다. 왜냐하

---

4) 어머니 학교의 소식에 보면 미래의 어머니를 위한 기도와 지침서가 제공되어 있다.

면 아직 다 자라지 않은 연약한 나무의 경우도 그것이 완전히 성장하기 전에는 열매를 맺지 못하거나 혹 열매를 맺는다 하여도 이내 죽어버리는 연약함을 지니고 있기 때문이다. 나중에야 비로소 부부 상태로 들어갔던 족장들이 든든한 후손을 갖게 되었다는 것은 더 적절한 설명이 될 것이다. 스파르타인(spartaner)의 재판관인 리쿠룩(Lykurg)은 아이를 낳기 위한 목적을 위해서만 부부관계를 허락했다. 이런 법을 통해서 임신을 위해 잘 준비된 여성에게만 혼인할 수 있도록 허락한 것이다.

케사르(Caesar)는 옛 게르만 사람에 대해 동일하게 보고하고 있다.[5] 즉 성장한 연령에 있는 사람이라 할지라도, 그들이 병 들었거나 전염성 있는 병을 가지고 있을 때에는 그들에게 부부관계를 허락해서는 안 된다는 것이다.[6] 가난하거나 궁핍한 사람들에게도 대체로 결혼하지 말 것을 권하는 것이 좋다. 왜냐하면 그들은 자기 자신과 후세들을 꾸려나갈 수단이 없기 때문이다. 하지만 건강하고 활동적이며 일하려고 하는 사람들이라면 하늘에 계신 아버지께서 그들과 자녀를 넘치도록 먹여 살려 주실 것이다.[7]

두 번째 학급

10 부부관계에 있어서, 아이들을 낳고자 하는 아버지가 있다면, 그는 자신의 삶의 방식, 즉 노동과 절제를 통해 그만한 능력을 지녀야 한다는 사실에 유념해야 한다. 그렇지 않으면 자기 자신과 그들의 자녀는 물론 그들의 후손들까지도 연약하게 만들어 버릴 것이다. 이러한 것은 어머니들에게도

---

5) Caesar, De Bello Gallico, VI, 21.
6) S. Plato, Staat 460 ST.
7) 여기서 코메니우스는 당대의 중요한 사회적 질문을 제기하고 있다. 가난한 자들에게, 즉 하인들이나 급사 등과 같은 자급할 수 없는 노동자들에게는 결혼이 먼 일이었으며, 이를 통하여 빈곤층의 급증은 사람들이 부양할 수 없을 정도로 성장하기까지 숨겨져 있었다는 것이다.

마찬가지이다. 이렇게 되면 세상의 아이들도[8] 훌륭한 사육동물을 선택해서 잘 먹일 줄 알게 되며, 오점이 없는 동물을 기르기를 원하는 경우가 아니더라도 무엇을 배려해야 하는지도 알게 되는 것이다.

세 번째 학급

11 임신 시기의 어머니는 자신이 임신했다고 느끼는 순간부터 다음 세 가지 지시를 따라야 한다.

1. 우선 자신의 건강과 습관에 유해한 모든 것을 피해야 한다. 왜냐하면 새로이 출산하는(아이를 낳는) 모든 모반(母斑)들이 증거하는 것과 같이, 부모가 행하고 겪는 모든 것이 아이의 육체와 영혼에 그대로 뿌리박힌다고 하기 때문이다. 어머니가 수태하고 있는 동안에 무엇을 애타게 원했는데 받지 못했다거나 그녀의 육체의 어떤 부분을 손으로 갑작스럽게 충격을 가하는 것을 경험했다거나 하게 되면 이러한 일이 발생하게 된다. 하나님의 계시에서 나타난 대로 우리는 성경에서도 이에 대한 증거와 용례를 얻게 된다(창 31:10 이하). 가축의 털 색깔이 이러한 방식으로 영향을 준다(창30:37 이하). 인간의 후손에 대해서도 동일하게 말하고 있다. 예를 들어 삼손은 나실인, 즉 금욕하는 사람이 되어야 했다.[9] 그래서 그의 어머니는 포도주와 강한 술을 금하도록 명령받았던 것이다(삿 13:4 이하).

세례 요한도 어머니의 뱃속에 있을 때부터 성령에 충만하게 되었으므로, 그의 어머니 역시 성스러운 몸가짐을 가졌던 것이다. 하나님을 믿지 않는 어머니는 이러한 일을 성공할 수 없을 것이다. 어머니 몸 속에 아이를 수태했

---

8) 세상의 아이와 반대 - 누가복음 16:8에 의하면 빛의 아이.
9) 나실인 : 일생 동안 혹은 잠시 동안 자원하여 받쳐졌다는 점에서 절제가 부과되었고 구별된 자 혹은 바쳐진 자라는 뜻을 갖는다(민 6:2 이하).

을 때에는 중심점을 가진 큰 원 안에 있는 작은 원을 가진 것처럼 취급된다.[10] 그 자리는 완전히 아날로그(analog)이다. 큰 원이 중심에 도달하려면 큰 원의 반지름이 작은 원을 뚫고 들어가야 하는 것처럼, 산모가 갖고 있는 태의 열매(아기)도 산모 자신이 행동하고 겪는바 모두를 동일하게 경향으로 갖게 된다는 것이다.

만약 산모가 술 마시기를 좋아하거나, 방탕하고, 성내고, 시기하며, 도둑질하기를 좋아한다면, 이런 모든 성격의 씨가 알게 모르게 아이들에게 심겨진다는 것이다. 이러한 근거에서 부모의 정신적, 육체적 질병은 아이들에게 뿐만 아니라 번성하는 전 가계에도 전염되는 것이다.

12 더욱이 산모는 건강과 도덕에 유익한 것이라면 무엇이든지 사용해야 한다. 후손들에게 건강과 아름다움과 정신을 물려 줄 수 있는 적합한 운동과 약, 그리고 훌륭한 삶의 방식 등이 여기에 속하는 것이다. 훌륭한 삶의 방식은 대부분 다음과 같은 사실에 놓이게 되는데, 그것은 산모가 태어날 아이에게 신선하며 온전한 건강을 주려고 노력하는 것을 말한다. 만약 산모가 이전에 하지 않았다면, 반대로 해오는 것이다. 즉 잠을 많이 잤다가도 잠을 덜 잔다거나, 운동을 했다가도 그것을 중단한다거나, 많은 음식을 섭취하다

---

10) 원의 상징은 코메니우스에 의해 다양한 의도에서 사용되었다. 쿠사누스(Cusanus)와 마찬가지로 수학적인 것은 코메니우스에게 있어서 진리의 표지(signum)가 된다. <수학적인 것은 그 자체의 성분으로 인하여 보이지 않는 것을 보이게 한다. 그것의 표시가 상징의 방법이다.> (Volkmann-Schluck:Die Philosophie des Nik. v. Cues, Archiv f.Philosophie, 3. Bd., s.385.) 1625년의 작품인 코메니우스의 "무관심의 중심(das Centrum securitatis)"을 주목하라(A.Macher에 의해 번역되어 1964년 K.Schaller에 의해 하이델베르그에서 출판됨). J. Boehme(아침노을, 13장)처럼 그는 겔 1:15-21을 인용한다: 하나님은 수레바퀴의 움직이지 않는 중심점이다(vgl. neben den Arbeiten von P. Floss K. Schaller, Sein und Bebegung in den Frueschiriften Komenskys, in: Zs. f. phil.Forschung 1969, S. 36-45).이러한 상징의 역사에 대해서는 Dietrich Mahnke를 참고하라: "끊임없는 영역과 만물의 중심점", Halle 1937, 특히 S. 39을 참고하라. 짧아서 유감스럽지만 그는 여기서 코메니우스에 관하여 소개한다. D.Tschizewskij, Skovoroda, S.18-25, 42-45, 84-86.

가도 이내 절식한다거나, 추위와 더위를 견디는 것이다. 유약해 지거나 지나치게 과도하지 않도록 보호하는 것이다.[11]

13 결론적으로, 산모는 하나님께 끊임없이 기도해야 하는데, 그것은 하나님께 순산할 수 있기를 구하고, 잘 자라고 건강하며 귀엽고 단단한 아이를 보내 달라고 구하는 것일 뿐 아니라, 아담의 죄의 영향의 뿌리를 가진 우리의 어두움을 거룩하게 하시고 그의 선한 빛으로 밝게 하시는 바로 그분의 영이 새로이 태어날 아이에게도 충만할 수 있도록 구하는 것이다(창 1:3).

14 순산하고 나면 어머니와 아버지는 하나님, 즉 성부 하나님께 감사를 드린다. 왜냐하면 그분이 선물로 아이를 주셨고 육체의 열매를 주셨다고 증거하셨기 때문이다(시 127:3). 이것으로 부모들은 모든 선을 허락하시는 하나님의 이름을 찬양할 것이다. 감사하는 마음으로 부모들은 그들의 선물을 그에게 맡기고 그에게 다시금 구하기를 생명을 허락하신 자신의 자녀들을 이 세상에서 사는 동안 계속해서 돌봐 달라고 기도할 것이다. 이것은 영원을 준비하는 데 필요한 것으로, 하나님께서는 끊임없이 자녀들에게 생명을 허락하신다.

15 어머니는 아이에게 모유를 먹여야 한다.[12] 왜냐하면,

1. 하나님 자신이 그 아이의 성장이 실패하지 않도록 새로 태어난 아이에게 자양분을 공급하시기 때문이다.
2. 아이의 건강을 위해서는 어머니에게서 나온 영양분을 사용하는 것이 최상이다. 또한 어머니의 건강을 위해서도 모유를 먹이는 것이 좋다.

---

11) Vgl. 3장 37 "로마 의사인 코넬리우스 켈수스의 생활태도에 관한 법칙" 3장 29번을 참고하라.
12) 여기에 대해서도 5장 어머니 학교의 3부에서 상세히 조언해 주고 있다.

3. 아이의 삶의 습관을 위해서도, 이물질이 섞이지 않은 어머니와 아버지의 피와 정신으로 양육되는 것이 유익하다. 어머니가 죽었거나 중병을 앓고 있거나 부도덕한 생활 때문에 다른 건강하고 젊은 유모로 세심하게 교체할 수 있다면 그것은 예외로 받아들여져야 할 것이다.

PAMPAEDIA ALLERZIEHUNG

유아기 학교
(Schola infantiae)

어머니의 품(Gremium Maternum)

출생부터 6세까지의 아이들에 대한 주의 깊은 인격 형성을 위하여

이 세상의 모든 퇴폐는 그 뿌리에서부터 파멸의 일을 감행하려고 한다. 그 때문에 전체에 관계된 세계의 개선은 마찬가지로 거기서 시작해야 한다. 범교육론의 목표는, 젖먹이의 입에서 찬양이 울려 퍼지게 한다는 시편 8편의 말씀을 성취하는 데 있다.[1] 하나의 전주곡처럼 아이들은 그리스도의 처음 오심을 보고서 성전에서 '호산나' 하며 노래했었다.[2] 지금 전 세계는 하나님의 성전이 될 것이다(시 100:1). 즉 시편 100편 전체가 이를 암시해 주고 있다. 그리고 모든 사람들은 하나님의 자녀가 될 것이다. 또한 우리가 '호산나'를 부르기 시작하고, 전 지구에서 이 노래가 진지하고 성실하게 불려지는 일을 돕게 될 것이다.

---

1) 시편 8:3과 마태복음 21:16.
2) 마태복음 21:15

I. 어린아이에 대한 정의

어린아이는 아직 성장하지 않은, 방금 세상에 나온 인간이며, 모든 부분에서 인격이 형성되지 않았고, 전체와 관련된 형성이 필요하다. 무엇보다도 시작이 중요하다. 우리는 원시상태에 머물러 있어서는 안된다. 오히려 이러한 최초의 인격 형성에 세심하고도 신중하게 돌봐야한다.[3] 이러한 정의 속에서는 다음과 같은 것이 언급된다. 즉 유아는 인격 형성이 되어 있지 않고, 그러므로 형성을 필요로 한다. 이런 첫 번째 정의는 재료나 모든 학교의 주체, 다시 말해서 모든 학교에서 작업하도록 맡겨진 대상을 말한다. 두 번째 정의는 교육과 학업의 목표를 말한다. 교육이 이루어진 상태인지 아닌지와 이렇게 두 가지로 내려진 정의 사이에는 어떤 차이점이 존재하는지를 잘 알아야만 학교를 어떻게 들어가고 어떻게 그만두게 되는지를 알게 되며, 우리의 사명은 무엇이고 우리의 목표에 결핍된 것이 충족되었는지 혹은 우리가 실제로 세련된 인간이 되었는지를 알게 되는 것이다. 우리는 이것을 몇 마디로 제시하고자 한다.

수공업자는 아직 정제되지 않고, 작업되지 않고, 그의 목적에 부합되지 않은 것은 모양을 갖추지 않은 것이라고 부를 것이다. 즉 그러한 것들을 금속, 돌, 목재, 가죽 등으로 부르는 것이다. 하지만 이러한 것들이 기술자의 손을 통하여 주조되고, 다듬어지고, 깎이고, 잘려서 하나의 새로운 모양을 갖추게 된다면 그들은 이것들을 작업된 것이라고 부를 것이다. 모양을 갖추지 않은(교육을 받지 않은) 사람도 이와 마찬가지이다. 실제로도 그렇다고 볼 수 있다. 인간의 얼굴은 하고 있지만, 사물에 대해서 텅 빈 정신을 가지고 있고, 더듬는 혀를 가지고 있으며, 기술적인 것이라곤 도무지 할 수 없는 무딘 손을 가졌고, 게다가 악한 일을 일삼고 하나님을 모르며 방황하는 사람이 있다는 것이다. 당신은 이런 사람에게서 무식한 생각과 무식한 언사와 무

---

3) 이 부분을 자유롭게 번역한 것은 rudimenta라는 단어를 eruditus(양육하다)에 맞추어 번역하기 위함이다.

식한 행동, 그리고 인간과 하나님에 대한 무식한 태도만을 기대할 수 있을 것이다.

이와는 반대로 맑은 거울처럼 빛나고, 어둠 속에서도 온 세상을 보여 주는 정신의 소유자는 교육받았다고 할 수 있다. 또한 그의 혀는 항상 즐거움을 만들어 내는 수단이 되고, 그의 정신은 항상 자신의 빛을 어느 곳에나 비추고자 함을 의미한다. 또한 그의 손은 자신의 작업을 성공시킬 준비가 되어 있고, 말이 아닌 행동을 앞세운다는 것을 의미한다. 그의 습관 역시 바람직한 것으로 형성되고 어느 누구에게도 해를 끼치지 않으며 오히려 모든 이들에게 봉사하는 것만을 생각하는 사람을 의미한다. 그의 마음속에는 하나님만이 거주하시고, 그에게 은혜로 쏟아지는 요구 앞에 불타오르는 열정을 소유한 사람을 의미한다. 간단히 말해서, 참되게 교육된 인간은 하나님의 살아 있는 형상이라고 할 수 있는 것이다. 즉 통찰력을 가지고 자신의 한계성 속에서 모든 것을 받아들이며, 유한한 피조물로서 가능한 범위 내에서 자신의 말로 전체를 표현하며 자신의 행동을 통해 전체를 제시하는 것을 의미하는 것이다. 이러한 모든 것을 이해하는 것이 인간의 참된 멋이며, 참된 완성인 것이다. 이런 종류의 교육이 첫 단계의 학교와 총체적 지도의 개념이며 목적인 것이다.

우리는 이러한 목적에 초점을 맞춰야만 한다. 이러한 교육의 맹아, 즉 토대는 유아기에 이미 심겨져야만 하는 것이다. 이러한 세심한 교육은 어린 시절부터 필수적이다.

그것은 다음과 같은 것으로 증명될 수 있다.
 1. 성서로부터
 2. 이상이나 이성적인 토대로부터
 3. 모범이나 그 밖의 예들에서

Ⅰ. 우리는 성서로부터 다음과 같은 중요한 구절을 언급할 수 있다 : 시편 8:3, 이사야 28:9, 스가랴 13:7, 이사야 40:11, 이사야 60:22, 마가복음

10:14, 마태복음 18:3. 또한 아이들에게 자신의 비밀을 드러내시겠다고 약속하셨던 구절이 있다(시 19:8, 시 119:130, 마 11:25, 눅 10:21).[4] 이것은 결국 세상의 궁극적인 새로움을 의미한다. 왜냐하면 만물은 새롭게 태어난 아이처럼 새롭게 변해야 하기 때문이다.[5]

II. 이성적 토대

1. 모든 것을 보편적으로 개선시키고자 하는 각각의 희망들은 첫 번째 제안에 달려 있다고 할 수 있다. 이러한 제안은 우리가 방금 인용했던 성경구절로부터 얻어낼 수 있을 뿐 아니라, 다음과 같은 근거들에서도 생겨나게 된다.

2. 우리에게 첫 번째 지도와 그 다음에 이어지는 두 번째 가르침이 청소년 시절에 준비되었던 것처럼, 우리의 육체, 정신, 습관, 노력, 말과 행동들은 그렇게 규칙적으로 이루어진다.

이러한 방법이 합당하고, 진과 선의 시금석에 적합하다면, 이것을 누리는 인간은 누구나 반드시 다른 사람들보다 탁월하게 될 것이다. 이것에 전 인생의 행복이 달려 있는 것이다. 왜냐하면 인간을 도덕적이고 정신적으로 파악한다고 하는 것은 자연이나 예술의 대상들에게도 똑같이 적용되기 때문이다. 인간이 되는 방식처럼, 자연이나 예술도 그렇게 이루어지는 것이다. 예를 들

---

[4] 이러한 성경구절들은 이미 일부분은 인용이 되었는데, 본 장의 서두에서는 시편 8편과 이사야 28:9(vgl. 3장 43번)을 인용하였고 또한 유명한 주님의 말씀인 마가복음 10:14과 마태복음 18:3이 인용된 바 있다. 스가랴 13:7("내가 작은 자들위에 내 손을 드리우리라…")과 이사야 60:22("그 작은 자가 천을 이루겠고…")의 말씀을 코메니우스는 시편 19:8과 연결시키고, 시편 119:130과 마태복음 11:25에서는 우둔한 자들에 관하여 말한다. 부분적으로만 이 입장과 유사한 누가복음 10:21도 언급된다.

[5] S.E.Schuerer, Gedichte des juedischen Volkes II.Band, 4. Aufl. 1901, S. 636ff.; W. Bousset, Die Religion des Judentums im neutest. Zeitalter. 3. Aufl. 1926 S.280ff.(D.).

어서 정원을 가꾼다든지, 집을 세운다든지, 공동 자치단체를 설립한다든지 하는 것들도 모든 시대를 막론하고 동일하게 이루어진다는 것이다.[6]

3. 우리는 우리시대의 부도덕성과 모든 계급, 세대, 연령층 속에서 나타나는 혼란의 가중에 대해 비탄해한다. 그래서 우리는 가정, 학교, 교회, 국가를 서로 서로 개선시키도록 시도하는 것이다. 우리는 모든 인간을 어디에서나 다양한 방법을 통해서, 가능하면 강제적으로라도 다시 개선시키기를 원한다. 우리는 모든 부모들이 자신의 자라나는 아이들을 매로 훈육시키는 것을 보곤 한다. 또한 우리는 주인들이 감옥, 칼, 밧줄, 올무 등으로 하인들을 꼼짝 못하게 하는 경우도 알고 있다. 물론 왕의 경우도 신하들을 다룰 때에 마키아벨리의 교묘함[7]에 빠져서 신하들을 속이고 기만하기도 한다. 이것은 반대로 왕들에 대한 복수의 일환으로 소요와 반역을 일으키는 원인이 되기도 한다. 그래서 세상은 온통 전쟁, 폭력, 불행으로 꽉 차 있는 것이다. 만약 인간이 법이나 재판의 힘을 통해서가 아니라, 이성이라는 고삐를 통하여 교육과 질서를 유지할 수만 있다면 더할 나위 없이 좋을 것이다. 하지만, 대부분의 사람들은 태어날 때 갖는 정신력이 어리석기 때문에 이성을 통해서 교육하는 것은 불가능하며, 제어하기 힘든 악의와 도처에 뿌리박힌 고집에 대해서 온화한 방법을 사용하는 것은 헛된 것이라고 말한다.

우리는 이성적으로 창조된 인간이 어찌하여 이성이라는 고삐로 지도될 수 없는지에 대한 근거를 찾아내야만 한다. 아마도 이러한 경향 자체는 관습

---

6) 사물들이 존재하게 하는 모든 되어짐(Werden)을 코메니우스는 자연(Natur)이라고 부른다:Naturare autem denominationen a primo cusjusque rei mutationis gradu qui est Nasci accepit…자연은 되어짐이라고 하는 변화의 첫 단계로부터 이 명칭을 갖는다…(Physica, Prolegomena III, Reber a. a.O., S. 50 f). 코메니우스의 자연개념을 이해하기 위해서는 Schaller의 "코메니우스와 피히테에 있어서 개별학문의 토대에 관하여", 1955, S.124 이하와 Deiters의 "<교육학>에 있는 코메니우스의 <대 교수학>에 있어서의 자연 개념", 2/1952, Berlin을 참고하라.

7) Macchiavelli, vgl. Kap. IV, Anm. 1.

적인 것으로 비이성적인 것에 근거하는 것이 아닐까? 의사들로부터 우리는 다음과 같은 사실을 알 수 있는데, 그것은 소화하는 일에 있어서 한번 문제가 생기면 두 번째, 세 번째 소화 과정에 있어서도 개선되지 않는다는 것이다.[8] 우리는 사물의 기원에 대한 관계에 있어서 방황하고 있다. 우리는 정신이 의지에 올바로 조명될 정도로 충분히 사물계의 토대와 관련을 맺지 못한다. 또한 우리는 양심(Gewissen)이 어떠한 강제도 당하지 않을 정도로 의지를 선에 맞추지 못한다. 그러므로 아이에 대한 예견적인 배려가 필수적인 것이다(bis s. 165).

4. 씨앗 속에 전 생애라는 식물이 들어 있다. 씨앗 속에서 일어나는 일이 바로 그 식물 전체와 관련 있는 것이다. 이러한 사실은 간단히 발견되는 기술을 통해서도 명확히 알 수 있다. 만약 땅이 모래 같고 퇴비와 거름이 충분히 없다면 사람들은 당연히 씨에 새로운 것으로 시비(施肥)할 것이다. 사람이 일단 씨를 얻게 되면 잘 준비된 거름을 3, 4일 정도 미리 땅에 먹일 것이다. 그런 다음에 파종을 하거나 더 나아가서 일정한 간격을 두고 심게 되면 모든 곡식이 자라게 된다. 이러한 과정을 통해서 전에 밭에 심었던 것보다 더 많은 씨를 얻게 된다.

이러한 발견은 영국사람 플라티우스(Platius)에게서 유래되었다.[9] 그는 씨를 파종하는 과정에서 단순히 뿌리기만 하지 않고 사려 깊게 손으로 그것을 심었을 때 종자의 3/4을 아낄 수 있다는 것을 확신하게 되었다. 그럼에도 불구하고 관례적으로 해 오던 시비법과 지금까지 알려졌던 파종법에 따라 재배하는 것보다 세 배의 수확을 올렸던 것이다.

이러한 사실과 비교해 보건대,

첫째, 토대가 지식의 씨앗을 잘 준비하고, 배려 깊게 아이의 정신적 능력

---

8) Auch in Dim.m.XXI, 12; ODOI, p.125.
9) Der Ire Plat(1552 – 1611)는 농업과 발명(H.)에 관하여 영어로 글을 썼다. Joecher VI, 375.

에 심겨질 수만 있다면, 그것은 일에 있어서 확실한 절약을 의미할 것이다. 그것은 풍성한 결실을 맺게 될 것이다.

둘째, 모든 것이 씨와 마찬가지로 아이들 속에 숨겨져 있는 한, 그들의 인생과 배움의 나머지 부분보다는 오히려 초기에 더 많은 관심을 기울여야 할 것이다. 유아시절은 인생의 봄이라고 할 수 있다. 그렇기 때문에 정신의 보화를 잘 준비할 수 있는 기회를 놓쳐서는 안 된다. 풍성한 수확을 바라는 사람은 자신의 토지를 잘 준비해야 하며 어떤 일도 소홀히 해서는 안 되는 것이다. 시간적으로 연초(年初)에 미래의 수확물을 위해서 씨를 뿌리는 것처럼, 훌륭한 삶을 위한 씨도 인생의 초기에 뿌려져야 하는 것이다.

뿌리에서 비스듬하게 싹을 튼 줄기는 이러한 오류로부터 쉽게 벗어날 수 없으며, 더욱이 교정 없이 계속해서 자라나 굳어져 버리게 되면 상태가 더 어렵게 된다. 정확히 인간의 경우에도 마찬가지이다. 즉 세 살 버릇 여든 살까지 간다는 것이다. 초기 교육의 오류는 전 생애 동안 우리를 따라다니게 된다. 그러므로 인류의 본질적인 확증은 요람에서부터 시작되는 것이다. 이 시기의 사려 깊은 지도가 다음 단계에 놀라운 효과를 나타낸다. 여기에서 무엇인가 결핍되게 되면, 해악이 상존(常存)하게 된다. 시작부터 그 목적을 달성하는 데 방향을 맞추는 것이 중요하다.

5. 이외에도 우리는 다음과 같은 사실을 제시하고자 한다. 인생을 시작하는 인간은 그가 더 나가야만 하는 미끄러운 바닥 위에서 움직이게 된다는 것이다. 그 길은 영원한 빛으로 인도하거나 아니면 영원한 암흑으로 인도하는 길이다. 그렇게 때문에 어두움에 대해서 방어해야 하고 동시에 빛을 찾아야만 한다.

6. 우리 인생은 의무로 가득 차 있다. 그렇기 때문에 사람들은 자기 자신뿐 아니라 동시에 다른 사람들 때문에도 교육을 받아야 하는 것이다. 그러므로 키케로(Cicero)가 했던 진술은 옳은 것이다. "국가의 전체 토대는 바로 젊은 이들에 대한 올바른 지도에 있다."[10] 하지만 우리는 국가를 위해서라도 교회

와 하늘을 생각해야만 한다.

III. 여기에 몇몇 모범과 예들이 첨가된다.

모범들:

① 가나안 땅은 노인들이 아닌 아이들에게 주어졌다(신 1:39).
② 이새는 일곱 명의 아들이 있었고, 그들 중 가장 어리고 작은 아들이 왕으로 기름 부음 받았다.[11]
③ 나병환자들이 어린아이의 살같이 깨끗하여졌다(왕하 5:14).
④ 만물을 새롭게 하시는 그리스도께서도 한 아이가 되어야 했다(사 9:6, 7, 15).[12]

모든 것들 중에서 뛰어난 한 예를 자기 자신에 대해 기록했던 솔로몬에게서 얻을 수 있는데(잠 4:3 이하), 그는 연약한 어린시절에 이미 지혜의 명령을 순종하는 법을 배웠던 것이다. 인간이 자신의 인생 초기부터 배려 깊은 교육을 받아야 하며, 인간을 전체적으로 개선시키고자 하는 소망은 이것에 달려 있다는 사실을 이제 우리는 증거할 수 있으며 확실히 제시할 수 있다. 그렇다면 우리는 이러한 과제를 누구에게 넘기는 것이 최상이겠는가? 아이들의 일차적인 보호는 부모들에게 맡겨져 있다는 사실을 기억해 내는 것으로 충분하다. 왜냐하면 후손에 대한 사랑은 지혜로운 창조주에 의하여 모든 생물들에게 잉태된 것이며, 대부분의 동물들도 자신들의 새끼들에 대해서 애정을 쏟기 마련이기 때문이다. 하지만 인간에게 있어서는 자신의 배를 채

---

10) Vgl. Kap.V, Anm.9. – Cicero, De divinatione lib.II, c. 2,4. – S. die Eingabe der Staende an Herzog August d.J. vom Jahr 1636, bei Bodemann in:Zeitschr. des his.Ver. f. Niedersachs. 1878 S.301ff.(D.).

11) 이새의 막내 아들은 다윗이었다(삼상 16:1-14).

12) 이사야 9:5(새로운 인구조사에 의하여)과 이사야 7:14.

운다든가, 부를 축적하는 것 외에 실제로 몇 가지가 더 있다. 인간은 자신만을 생각하며, 자신의 자녀들에게는 조금의 배려도 하지 않는다. 이러한 면에서 인간은 타조에 견줄 만하다. 타조는 자신의 새끼가 아니더라도 알을 땅에 묻어 두고 단단하게 만든다. 왜냐하면 하나님께서는 그에게 지혜를 품게 하셨고, 또한 이해하지 못하게 하셨기 때문이다(욥 39:6).

우리는 이러한 인간이 마치 인간이 아닌 것처럼 더 이상 행동하지 않도록 경고한다. 고의적이 아니더라도 단순함과 어리석음으로 자신들이 보호자이고 교육자들임에도 불구하고 아이들에 대한 책임 전부를 태만히 하는 죄를 짓게 되는 사람들에게도 마찬가지이다. 그들은 어느 것도 염려하지 않으며, 이러한 결과들은 그들의 자녀들에게도 동일하게 일어나게 된다. 그들이 하나의 위험한 오류를 저질렀다는 것은 우리의 본질을 그대로 이어받고 태어나는 아이들의 육체에서도 확연히 드러나게 된다. 그들은 우리의 혈육이며, 우리의 육체이고, 우리의 정신인 것이다. 우리는 아이들에게 태만해서는 안 되며, 나무가 가지에서 싹을 틔우고 그것들을 돌보는 것처럼 우리 자신에게 쏟는 관심처럼 아이들에게도 동일하게 관심을 쏟아야 하는 것이다. 부모의 육체에 수태되어 있는 아이들 역시 우리 자신의 한 부분이며, 우리의 본질을 타고난 하나의 본질이 아닌가? 성경이 말하는 대로 레위 역시 그의 조상 아브라함의 허리에 있었다(히 7:10). 아이들이 어미의 육체에서 태어난다고 한다면, 이들은 어미와는 분리될 수 없고 어미의 보호를 받으며 어미로부터 양분을 얻고 모든 위험에서 보호를 받는 것이 마땅하지 않겠는가?

우리의 본질이라고 할 수 있는 아이들은 일단 출생하게 되면 왜 이전처럼 사랑받고, 보호받지 못한단 말인가? 자연적인 충동으로 살아가는 인간들에게는, 그들에게 주어진 자녀들이 가장 소중한 선물이며, 금, 보석, 그 밖의 보물보다도 더 값진 것이다. 더욱더 중요한 이유는 우리가 그들 안에서 새롭게 태어나고, 우리들이 죽는다 하여도 그들 속에서 계속해서 살아 남음으로, 우리의 인류는 영원하기 때문이다. 그렇기 때문에 우리는 행복하게 살고, 칭찬받을 만하여 가능하면 명예롭게 살도록 노력해야 하는 것이다. 하지만 이것은 뛰어난 교육이라는 방법이 없이는 불가능한 것이다. 그 밖에 자기 자신과 자녀들에게 행복을 바라는 것은 인간의 자연적인 욕구인 것이다. 여기에서 유산을 증진시키고, 능력과 특별한 명예를 한데 모으며, 신분에 알맞고 능력 있는 아내를 맞아들이는 노력이 발생하게 되는 것이다. 어찌 자기 자녀를 모든 선의 근원 되시는 하나님과 덕스러운 끈으로 묶으려는 노력을 천 번 이상인들 못하겠는가? 지혜, 덕, 그리고 하나님과의 친교, 하늘의 가치성, 죽은 이후에도 영원을 상속 받는 것들 이외에 부모는 그들의 자녀들에게 더 훌륭한 유산이나 값진 보화를 물려 줄 수 없기 때문이다. 결국 주님께서 우리에게 말씀하신 대로 자녀는 우리를 위해서가 아니라, 하나님을 위해서 낳는 것이다(헤제킬, Hesekiel 23, 27). 하나님께서는 자녀를 자신의 씨라고 부르셨고(말 2:15), 이들에게서 하나님의 자녀가 나오게 되는 것이다 (행 17:28).

예수께서는 이러한 이유로 아이들이 자신의 형제요, 자매요, 하나님 나라의 공동 상속자임을 나타내시며 자신에게 오는 것을 용납하라고 명령하셨던 것이다(막 10:13-16). 그리고 주인이 올 때에 종에게 맡겼던 달란트를 셈하기를 요구할 것이고, 게으름과 악함으로 그 재능을 잃어버렸다고 한다면 맡겨진 보화의 우선순위에 따라 그 충성도를 알 수 있으므로 그들에게는 저주의 벼락이 내려질 것이다. 이러한 기준에 비추어 보면 아이들을 돌보는 임무는 부모만큼 부여받은 사람이 없다는 사실이다. 그것은 하나님의 뜻이다. 우선 하나님께서는 사랑의 중심적인 마음속에 자녀들에게 그 자리를 주셨다. 바로 그 자리는 가슴이며 태(胎)인 것이다. 즉 그들의 영혼 속에 하나님께서는, 멀리 떨어져 있더라도 바라보고 생각해야 하는 동경심을 심어 놓으셨다. 그는 어떤 의도 없이 이런 일을 하셨단 말인가?

우리는 의심할 여지 없이 부모가 자녀의 일차적인 교사이며, 그들의 인생을 만들어내는 자들이 명예롭고, 거룩하며, 행복한 생활을 가르쳐야 한다는 사실을 받아들여야만 한다. 그러나 아무리 부모들이 원한다 하더라도 아이들을 지도하는일에 풍성한 정도로까지는 그들이 몰두할 수 없기 때문에, 보조자로서 교육자나 감독을 보수를 주고서 자녀 교육에 끌어들여야만 한다. 인도 사람들 중 브라만(Brahman)인들은 아이들이 태어나자마자 그들은 감독관이나 그들의 삶을 가르쳐줄 스승에게 맡겨서 훌륭한 지도 아래 인격을 형성시키고 거룩한 모범을 통하여 성숙시킨다는 사실은 역사를 통해서 드러났다. 아이들이 성례전에 임할 때, 우리는 초기 인격형성(교육)을 위하여 대부(代父)나 대모(代母)를 세운다. 이것은 훌륭한 방법이라 할 수 있다. 하지만 이러한 의식을 가지고 하는 사람은 매우 드물다. 예의 있고 지혜로운 교사를 임용할 때 대부분의 사람들은 얼마나 막대한 오류를 저지르고 있는가! 왜냐하면 그들은 올바른 선택을 해야 한다는 것과 기꺼이 그것에 대해 성실하게 지불해야 한다는 사실을 원하지도, 이해하지도 않기 때문이다. 자녀를 훌륭한 사람으로 만들어 주겠다고 약속한 사람들에게 천 드라크마뿐 아니라 자신의 재산의 절반이라도 주겠다는 리쿠륵(Lykurg)같이 준비된 사람은 소수에 불과하다.

자녀의 교육은 이미 유아 시기에 시작되어야 한다. 부모들의 태만과 게으름으로 아이들은 초기에 모든 것이 결정되고 그 싹은 떡잎부터 알아볼 수 있다고 생각하는 사람들에게는 상세한 변호가 필요하다. 다음의 것들은 그들의 견해가 위험스러운 잘못임을 보여 준다.

아이들이 학교에 들어가는 것처럼 이 세상으로 들어온 것은, 하나님의 형상을 닮고 우리의 현존재(Dasein)를 직접 따르는 삶을 위해 준비한다는 것임을 이미 제시된 바 있다. 인간에게 세 가지의 거주지가 주어진다. 즉 어미의 태, 땅, 하늘이 그것이다. 혹은 하늘 대신에, 하늘을 잘못 빗나가게 하는 사람들일 경우에는 영원한 암흑이 있다. 사람은 출생을 통해서 첫 번째 거주지에서 두 번째 거주지로 옮겨가고, 죽음을 통하여 세 번째 거주지로 가는 것이다. 그리고 세 번째 거주지에서 영원히 머무르게 된다.

첫 번째 생산지인 태내에서 유아가 온전한 지체를 갖지 못한 채, 불완전하고 기형적으로 태어난다면, 이 땅에서는 이러한 결점을 제거할 기회를 발견할 수 없다. 이 아이는 일생 동안 이것을 아쉬워할 것이다. 동시에, 육체에 내주하는 영혼이 하나님의 형상대로 만들어지지 않았다면 사후(死後)에도 안식은 없는 것이다. 영원토록 하나님과의 연합은 상실되는 것이다. 또한 무엇보다도 중요한 일은 다음과 같다. 우리들 자신뿐 아니라 아이들을 노리는 죽음은 종종 우리들의 포획물을 앗아가 버린다는 것이다. 그렇다면 인간의 내적 형상을 마련하는 기회를 놓치거나 연기하는 일은 얼마나 위험하다는 말인가! 설사 우리가 아이를 돌보는 일에 태만했을 지라도, 인간의 구원에 대한 하나님의 자비하심을 믿기는 하지만, 해야하는 일을 하지않는 인간의 게으름은 결단코 용서받지 못할 것이다.

만약 유아기 때 죽음을 피하고, 장수하고 싶다면, 교육이 연기되어서는 안 된다. 왜냐하면 인생을 살아가면서 우리가 배우고 행해야 하는 일들은 너무나 많아서 목숨이 두 배로 연장된다 할지라도 시간적 여유가 없기 때문이다. 또한 우리가 조상들이 이루어 놓은 업적을 동일하게 이룩하려면, 조상들보다는 현재를 살아가는 우리들이 더 많이 배워야 하기 때문이다. 조상들은 한 가지 언어, 곧 모국어로 철학을 했지만, 우리는 매우 다양한 언어를 배워야만 한다! 조상들은 철학이나 신학만으로 만족을 누렸지만, 우리 앞에는 하나님께서 열어 놓으신 보고(寶庫)가 있다. 조상들은 백 년도 채 안 되는 과거의 사건을 나타낼 수 있었지만, 이와는 반대로 우리들은 소음과 사건에 시달린다. 살아가는 동안 많은 것을 배우고, 연구하고, 행하려는 사람은 동시에 자신의 감각을 근본적으로 개방해야 한다. 하지만 양적인 면에서뿐 아니라, 질적인 면에서도 자신이 갖고 있는 과제를 다양하게 이루어 내는 것도 시급히 요구된다. 여러 갈래 길을 통과해서 낯선 길을 걸어야만 하는 사람에게는 처음 출발에 있어서 올바른 방향 제시가 매우 중요하다. 왜냐하면 약간 오류도 그에게는 매우 치명적이기 때문이며, 그를 잘못된 방향으로 인도하기 때문이다. 이와 마찬가지로 인생을 시작하는 인간 역시 위험 상태에 방치되어서는 안 된다. 그것은 다음과 같은 이유에서이다. "비이성적이면서 몸집이 큰 동물들, 예를 들어서 말, 소, 코끼리 등은 살아가는 데 필수적인 것만을 필요로 하고 일이 년 내에 자신에게 알 맞는 몸집을 갖게 되며 그것으로 수명을 다하게 된다. 하지만 인간은 20년이 걸려도 이러한 상태에 도달할 수 없다! 이에 대해서는 우리가 숙고하고 계획해서 행동할 때에야 비로소 다룰 수 있게 된다는 사실 외에는 어떠한 근거도 발견할 수 없다.

자신의 자녀들이 처음부터 유익한 일을 교육받는 일에 있어서 주의하지 않는 부모라면, 그들은 다시는 돌이킬 수 없는 기회를 놓쳐 버리게 된다는 것을 알아야만 한다. 또한 선이라고 하는 것은 언제라도 배울 수 있는 것이 아니냐는 식으로 안심하는 부모들이 있다면, 나는 이렇게 대답하겠다. "첫 번째 기회를 놓치면 그렇게 큰 성공은 결코 거두지 못하게 될 것이다." 왜냐하면 모든 사물의 예들이 지시하는 바와 같이, 첫 번째 인생기에 받아들여진 것이 가장 확실하여 그 토대가 튼튼하기 때문이다. 나무가 여린 시기에 자신의 가지를 퍼트리는 것처럼, 나무가 그 가지를 보유하게는 되지만 자신의 자리를 바꿀 수는 없는 것이다. 단단히 염색된 양털 역시 그 색깔을 바꿀 수 없다. 비록 그릇은 깨어진다 하더라도 이전에 그릇 속에 담겨 있던 향기는 그대로 남게 된다.[13] 너무 단단한 수레바퀴는 수천 조각으로 부서져 버리기 때문에 다시 복귀하기는 어려운 것이다. 인간의 경우도 마찬가지이다. 처음에 박혀 버린 인상은 매우 단단하게 고착되어 버리기 때문에 나중에 생겨나는 인상에 의해 영향을 받지 않게 된다는 것이다. 이러한 이유에서 인간의 정신에 뿌리박히게 되는 참과 거짓에 대한 선입견은 매우 강력하고도 계속적인 지배력을 행사하게 된다는 것이다. 두뇌의 왕좌를 차지하게 되는 바로 그것이 인간을 지배한다는 것이다. 다시 말해서 어느 누구에게도 속하지 않는 것이 처음으로 자신을 지배하게 될 때 그것을 자신의 고유특성으로 여기게 된다. 유아시기에 발생되는 오류는 실제로 늙어서까지 따라다니며, 이 시기들의 차이는 단지 하찮은 일에만 몰두하여 생애를 낭비하는 것 밖에는 없는 것이다. 유아기에 충분히 개선될 수 있는 것도 나이가 들면 다시는 고칠 수 없게 된다는 것이다.

아이들은 정신적, 육체적으로 연약하기 때문에 교육을 받을 능력이 없으며, 거기에 투자하는 노고와 시간과 경비는 헛된 것이라고 이의를 제기하는 사람이 있다면 나는 다음과 같은 식으로 말한다. "누군가가 아이들은 모든 언어를 알고 있다고 말한 적이 있다. 하지만 아이들은 그들이 실제로 배우고

---

13) Dieser Vergleich nach Horaz, Epist. I, 2, 69 f; vgl. Did. m. ODO I, p.12 u.38. S. auch Etasmus: Declamatio de pueris…instituendis…1529.

있는 언어만을 말한다고 한다." 또한 아이들은 모든 것을 알 수 있는 가능성(잠재성)을 지니고 있으며, 그들은 배운 바를 실제로 말할 수 있다고 우리는 보편적으로 말하곤 한다. 다시 말해서 아이들은 무한하며, 모든 것을 할 수 있는 가능성과 능력을 지니고 있다는 것이다. 이러한 사실적 관점에서 플라톤(Platon)은 세계의 영원한 윤회사상에 도달했던 것이며, 배움이란 단지 회상에 불과하다고 말했던 것이다.[14]

올바른 습관에서 터득되는 것은 작은 것에서 시작하여 많은 것을 결정하게 되는데, 합리적인 방식으로 지혜의 참된 법칙에 따라 첫인상을 갖게 되고, 덕의 이데아에 따라 처음의 습관을 터득하게 된다는 것이다.[15] 우리가 만약 이러한 상태에 도달하지 못하게 되면 훌륭한 인상과 습관에 대한 손실로 인하여 또 다른 손해, 즉 헛되고 파괴의 근원이 되는 개념, 상상, 행동 등에 의해서 혼란에 빠지게 된다는 것이다. 이것은 좋은 씨가 뿌려지지 않은 밭과도 같다. 그 밭이 열매를 맺는다 하여도 얼마나 맺을 수 있겠는가![16] 가시, 엉겅퀴, 피, 잡초만이 만연할 것이다. 비로소 외적 감각이 활동을 시작하게 되고 사물을 파악하기 시작할 때에도 인간의 정서는 어떤 경우에도 안식을 취할 수 없다. 인간의 정서가 유익한 사물에 종사하지 않게 되면, 무익하고 해로운 일에 관계를 맺게 되고, 물론 타락한 시대의 악한 모습에 대해서는 손을 쓸 수 없게 되는 것이다. 나중에 가서 이러한 것을 제거하려는 것은 불가능한 일이며, 어려운 일일 뿐이다.

여기에 대해서 주님께서는 예레미아 13:23에서 말씀하고 있다.[17] 인간이

---

14) 플라톤은 영혼이 육체 이전에 존재했다고 가르친다. 영혼은 육체와는 별도의 직접적인 이데아의 지식을 소유한다. 영혼이 육체 속에 숨겨져 있는 동안에는 영혼이 올바른 교육 하에 이전의 지식을 회상할 수 있다. 플라톤은 회상이론을 메논(Menon)에서 준비하여 파이돈(Phaidon)에서 완성하였다. 소크라테스의 산파술도 이 이론이 기저를 이룬다. 그 이론은 메논에 제시되어 있다.

15) Vergil, Georg., 2, 272.

16) Horaz, Sat, 1,3,37.

17) 예레미야 13:23 "구스인이 그 피부를, 표범이 그 반점을 변할 수 있느뇨 할 수 있을진대 악에 익숙한 너희도 선을 행할 수 있으리라."

때때로 자신이 하고자 하는 바대로 변화되는 것은 인간의 힘에 있지 않다는 것이다. 습관은 제2의 본성인 것이다. 이 때문에 세상은 온통 지리멸렬하게 되어 있다. 우리가 이러한 악의 뿌리를 스스로 뽑아 버리려는 노력이 없는 한, 세상의 관청이나 교회 목사도 이 엄청난 일을 막을 수 없는 것이다. 왜냐하면 하나님께서는 하나님의 밭에 원수가 뿌려 놓은 잡초를 우리가 잠든 동안 다 자라게 내버려 두셨기 때문이다.[18] 하지만 우리의 늦잠을 탄식할지어다!

마지막으로 무엇이 일어날 것인가에 대해 우리에게 지시해 주는 예들이 남아 있다. 우리는 성경에서 최소한 두 가지를 인용할 수 있다. 나는 나의 아버지의 아들이었고 어머니 앞에서는 연약한 외아들이었기 때문이다. 그리고 아버지께서는 "너의 마음 속에 나의 말을 간직하라. 내 명령을 지키면 살리라!"(잠 4:2, 4)라고 나를 가르치셨다.

우리는 다음과 같은 사상을 주의할 필요가 있다.

"연약한 아이에게 이미 경건한 아버지는 지혜를 불어넣어 주었고, 경건한 어머니인 밧세바 역시 그들의 외아들에게 이러한 지혜를 기꺼이 받아들이도록 했다. 두 부모의 이러한 열심이 하나님을 기쁘시게 했고, 선지자를 통하여 이 아이에게 새 이름을 주셨는데, 하나님의 처소를 뜻하는 여디디야(Jedidja)라고 칭했던 것이다"(삼하 12:25).

엘리 대제사장은 그들의 아들들에게서는 이러한 것을 기대할 수 없었다. 엘리 자신은 경건한 사람이었다. 그럼에도 불구하고 자신의 아들들에 대해서는 권위가 없었다. 아들들이 성장해서 부도덕에 빠졌을 때에 비로소 그들을 꾸짖었던 것이다. 하지만 그것은 헛일이었다. 그 때문에 엘리는 하나님을 무시하는 아들들뿐 아니라 자신과 집안까지도 모욕을 당하는 일을 겪어야만 했으며, 완전히 멸망했던 것이다(삼상 2:3 이하). 그러므로 사도의 진술도 옳은 것이다. "잘못된 길로 가지 말라! 하나님께서는 더럽힘을 용납하지 않으신다." 왜냐하면 인간은 뿌린 대로 거두기 때문이다(갈 6:7).

---

18) 밀밭의 가라지 비유 : 마태복음 13:24-31.

씨를 뿌리는 적합한 시기는 인생의 첫 시기이다. 그 다음에 계속되는 연령기는 바로 그 열매에 달려 있다. 그러므로 처음에서부터 교육이 이루어져야 하며, 이를 위해서는 어떤 기회도 놓쳐서는 안 된다는 사실 외에 아이들에게 더 이상의 방책은 없다는 것이 확실해진다. 한마디로 말해서 영원한 축복은 훌륭한 죽음에 달려 있고, 훌륭한 죽음은 훌륭한 인생에 달려 있으며, 훌륭한 인생은 훌륭한 교육과 믿을 만하며 훌륭한 행동은 연습하는데 달려 있다. 무엇보다도 이러한 것은 이른 시기에 잘 닦인 토대에 달려 있는 것이다.

모든 인간들에게는 자신의 자녀를 구원할 책임이 중심에 놓여 있다. 이것을 다른 말로 하면, 세계와 교회의 영역에서는 인간사(人間事)의 복지가 인류의 지도자들 능력에 달려 있다는 말과 같다. 그런 다음에 인류는 하늘이라는 꺾꽂이를 덧붙여 심게 되며, 물을 주고 지혜롭게 키우는 데 정성을 다함으로써 학문, 도덕, 경건성에 행복한 진보를 이룰 수 있게 되는 것이다.

이것이 바로 첫 번째 시기에 이루어져야 할 개선 방안의 의도인 것이다. 그 첫 번째는 육체에 충만하게 숨겨진 하나님의 기능들을 펼치는 것이며, 두 번째는 세상, 악마, 자연적 힘 등이 인간에게 있어서 자동으로 움직이는 기계와 같이 지배하며 헛되고 쓸모없는 일을 유혹하는 일 따위를 사전에 방어하는 것이다. 다시 말해서 인간은 세상에서의 자신의 특별한 위치를 잘 알지 못하기 때문에 그 위치를 올바로 사용하는 법을 알지 못한다는 것이다. 그러므로 인간은 이러한 특권을 사용하기 전에 올바른 사용법을 배워야만 한다. 결국 인간은 자신의 현세와 내세에 있어 참된 유익을 끼치는 세 가지 방법의 도움으로 철저히 교육받아야만 한다.

① 우리는 아이들이 자신이 살아가야 하는 세상과 내적인 친밀감을 갖고 결코 해롭지 않으면서 유익만을 가져다주는 모든 것들과 교제할 수 있도록 도와주어야 한다. ② 우리는 그들에게 이 세상 사람들과 올바로 교제하도록, 그러한 공동체에서 이탈할 수도 없으며 해서도 안 되는 관계를 갖도록 가르

쳐야 한다. ③ 우리는 그들을 하나님께로 인도해야 하며 천국의 삶을 영위할 수 있도록 가르쳐야 한다.

여기에 따라 다음의 수단들도 도움이 될 것이다. 세상은 하나의 연극무대이며, 아이들이 대하게 되는 모든 것들을 끊임없이 감각하게 되는 실험장이다. 인간의 본성을 올바로 분석해 보면 그 체계는 이런저런 사람들 속에서 자연을 통해 본받게 되어있고, 결과적으로 자기 자신을 통해 타인을 판단하는 법을 배우게 되며, 어떤 것을 받아들이고 막아야 하는지와 자신이 무엇을 해야 하고 하지 말아야 하는지를 배우게 된다. 하나님의 예언의 체계는 하나님, 천사, 하늘과 내세에 대한 인식과 내적 교류에 도움을 제공한다.
또한 다음과 같은 방식들이 여기에 적용할 수 있다.

I. 자신의 현명한 돌봄
II. 외적 도움
III. 하나님의 은총에 대한 간청

첫 번째 방식을 이해하기 위해서는 어느 누구도 자신의 일만큼 타인의 일에 관심을 쏟을 수 없다는 사실을 이해해야 한다. 항상 너와 그리고 타인과의 너를 어떻게 다루어야 하는지 알도록 행동하라. 두 번째 방식을 이해하기 위해서는 다음 사실을 알아야 한다. 즉, 어떤 사람도 당해 보지 못했던 일들에 대해서는 관심을 가질 수 없으며, 자신이 그 일에서 빗나갔을 때에는 더욱 그렇다. 세 번째 방식에 대해서는 인간이 소유한 모든 지혜도 하나님의 눈동자와 같은 보살핌이 없었다면 아무것도 아니라는 것을 이해해야 한다.[19]
이러한 사실로부터 우리는 다음과 같은 결과를 얻어낼 수 있다.
① 시간이 있는 사람은 자신이 자녀의 감독자와 교육자가 될 수 있다.

---

19) S. W. Schulze, Das Auge Gottes(하나님의 눈), in: ZKG 4. Folge VI68. BD> 1957, S. 149-152(D.).

② 시간이 없는 사람은 이를 위해서 경건하며 신중하고 열정적인 사람을 구해야만 한다. 하지만 이를 방치해서는 안 되며 최소한 일주일 한 번씩은 점검을 해야만 한다.
③ 그는 매일 자신의 자녀를 하나님께 맡겨야 한다.

부모가 이러한 의무를 스스로 하든, 남에게 맡겼든지 간에 그들은 항상 ① 진지하고, ② 엄격하지 않으면서 친근하며, ③ 계속적으로 한다.

1. 진지하다는 것 : 이것이 의미하는 바는 만물을 올바르게 지배하며 하나님의 거룩함에 부합되는 정직으로 이끄는 것이 영원한 영광 속에서 하나님과 동행하는 만물의 주인인 인간에게 얼마나 중요한 일인가를 알려 주는 것이다. 즉 우리의 첫걸음은 행운에 달려있지 아니하며, 그 토대가 올바로 놓이지 않았다고 한다면, 나머지 모든 일들은 헛된 것이다. 시락의 이사야 22:7 이하와 한번 비교해 보라.[20]

2. 친절하고 어린이다운 방법 : 장난감은 아이들의 정서에 즐거움을 제공하지만 그것은 동시에 이 장난감을 통해서 아이들이 사물의 명칭과 적절한 시기에 그것의 사용법을 배울 수 있도록 만들어져야만 한다. 아이들은 성장하면서 관심을 쏟게 되는 사물에 대해서만 배워야 하며, 그것도 어린아이와 같은 방식으로 이루어져야 한다. 디모데는 어린시절에 이미 성경, 즉 신학에 대해서 배웠다고 고백하고 있다.[21] 그렇다면 철학, 법학, 의학 또한 그 밖의 것들을 그들의 수준에 맞게 배우지 못하겠는가?

---

[20] 이사야 시락(Jes. Sirach) 22:7 – 어리석은 자와 이야기하는 것은 깨진 그릇을 주워 모으는 사람이며 깊은 잠에 빠진 사람을 깨우는 것과 같은 행동이고 바보와 이야기하는 자는 잠자는 사람과 이야기하는 것과 같다. 깨어났을 때, 그는 '그게 뭔데?'라고 말한다.

[21] 딤후 3:15; auch in Did.m. XXIV, 20; ODO I, p.142.

3. 계속적으로

유아기의 학교는 여섯 개의 단계로 나뉜다.

① 입문반, 신생아반 : 1개월반[22]
② 젖먹이 반 : 1년 6개월
③ 옹아리와 첫걸음을 시작하는 반
④ 언어와 지각의 반
⑤ 습관과 경건성을 기르는 반
⑥ 첫 번째 공공학교에서 배움이 시작되는 반

Ⅰ. 입문반, 신생아반

대교수학(Didactica magna)에서 어머니 학교에 관해 다루고 있는 장(章)과 이것을 비교해 보라.[23] 무엇보다도 신생아는 이 세상에서 하나님을 경배하기 위한 새신자로 받쳐져야 한다. 기성인이 된 후에도 이렇게 주님을 경외하도록 길러진 아이들은 주님께 헌신하게 되며 나이 들어 죽을 때에 그 소임을 다하게 된다. 이와 마찬가지로 하나님의 성전에 맡겨진 사람도 그들 스스로 활동하여 그들에게 맡겨진 것이 무엇인지 확실히 파악하게 되고 세상적인 사물에 있어서 그들 자신이 결정적이지 않음을 회상하기 전까지는 주님께 위탁되는 것이다. 하지만 이러한 일이 어떻게 일어나게 할 수 있는가? 그것은 태어날 때부터 기도와 세례와 훌륭한 교육을 통해서 이루어질 수 있다.

Ⅱ. 젖먹이 학급

---

22) 헨드리히(Hendrich)는 여기서 "6개월에 두번"이라고 번역한다(Vsevychova, S. 147).

23) Did.m., Kap. XXVII; ausserdem Infomatorium Kap. IV-XI. Did.의 이 장에서 나타나는 암시는 유아기 학교의 전 학급에 해당한다.

1 신생아는 방치되면 죽을 수밖에 없기 때문에 젖으로 양분을 공급받아야만 한다. 하지만 소처럼 육체적 성장에 도움을 주는 모유만으로 양분을 공급받아서는 안 된다. 오히려 인간의 내적인 인격을 형성해 주는 하나님의 은총이라는 우유를 더 많이 공급받아야 하는 것이다. 인간의 능력과 성실로는 이에 미칠 수 없으므로, 내적으로 작용하는 하나님의 성령께서 새로 태어나는 아이에게 은총의 그릇을 마련해 주실 것을 부모와 유모, 친척과 전 교회가 기도해야 되는 것이다.[24]

두세 살, 혹은 네 살 정도가 되면 아이들은 하나님과 자기 자신에 대한 지식과 더불어 삶과 죽음에 대해서 알게 되고, 이를 통하여 인간은 현세의 삶으로부터 내세의 삶에 입문하게 된다는 것을 이해하게 되며, 이러한 이해력을 기준으로 아이들은 그들이 왜 여기에 있고, 여기에서 무엇을 해야만 하는지를 경험하게 되는 것이다.

2 어머니는 자녀를 모유로 키워야 한다. 귀부인들은, 건강하고 교양 있고 경건한 유모에게 자신들의 자녀를 맡겨서 경건성과 명예심의 씨앗을 받아들이도록 할 수 있을 것이다.

3 크리집(Chrysipp)은 유모들이 지혜롭기를 원했다.[25] 그는 인간이 어려서부터 어리석음이나 우매한 수다로 양육되지 말아야 할 것을 강력히 주장했다. 왜냐하면 그는 인간이란 어렸을 때 받아들였던 것에 집착하기 마련이며 산산이 부서져도 그것이 담고 있던 양념을 그대로 보존하고 있는 그릇과 같다는 것을 알고 있었기 때문이다. 그러므로 중요한 것은 유모들이 어리석거나 우매하지 않을 뿐 아니라 과묵해야 하는 것이다. 그 뿐만 아니라 유모

---

24) Zinzendorf는 아마도 5장의 소개에서 상술된 것처럼, 하나의 특이한 '젖먹이의 합창'을 만들어 냈다. 거기서 그는 조용한 가운데 어머니들과 함께 기도했다. vgl.O. Uttendoerfer, Zinzendorf und die Jugend, Berlin 1923, S. 85f.

25) Quintilian, Instit. orar., 1,1, 4u. 16.

들은 선한 것이든 악한 것이든 자신이 요구하는 바를 잡으려는 유년기의 아이들에게 하나님이 없는 것과 같은 표현을 전달해서는 안 된다. 이러한 나쁜 점들은 다른 것에 의해 방해받지 않기 때문에 정신에 고착되기 마련이다. 한 방울의 독으로도 그릇 전체를 더럽히기에 충분하며, 작은 부스러기 효모 역시 반죽 전체에 충분한 것이다. 이는 유년기에 있는 인간에게서도 발견할 수 있다. 우리의 감각이라고 하는 것은 이내 불꽃을 발하며 불기둥으로 타오를 수 있는 소지를 지닌 연기 나는 부싯돌과 유사한 것이어서, 만약에 위에서 언급한 잘못된 요소들이 깨뜨릴 수 없는 본성을 지니게 된 시기에도 나타나게 된다면 그 혼돈의 상태는 얼마나 치명적이겠는가?

III. 옹아리와 걸음마를 시작하는 학급

아이들에게 사물에 해당하는 것을 제시함으로써 말을 가르쳐야 한다. 즉 그들이 아는 것과 동시에 말할 수 있도록 그들을 가르쳐야 한다는 것이다. 여기에서도 솔로몬의 잠언이 능력을 발휘하게 된다. "지혜는 어리석은 입을 열어 주며, 말 못하는 혀를 말하게 하기 때문이다"(지혜서, Weisheit 10, 21). 이것은 인간이 어떤 사물을 지시하기 이전에는 결코 어떤 것도 명명하지 않을 때 가능한 것이다. 보모는 아이들에게 낙원에서 실행되었던 것처럼 방법론적으로 말을 가르쳐야 한다.

① 아이들이 사물과 사물을 훑어볼 수 있다는 사실을 발견하자마자, 즉 그 명령에 있어서 민첩성을 지니게 될 때에는 대상을 지목해서 작은 것에 대해서도 사물로서 명명해 주어야 하는 것이다.

② 예를 들어서 개를 명명할 때에는 크기에 대해 통일성을 가지고 시작해야 하는데, 이는 개를 가르치기에 앞서서 머리, 눈, 꼬리 등을 지칭해 주어야 한다는 것이다.

③ 단순한 단어를 사용해야 하며, 복합어나 축소형태로 시작해서는 안 된다. 예를 들어서 개에 대해서 가르쳐 주고 그 다음에 강아지에 대해서 가르쳐야 한다는 것이다.[26] 왜냐하면 이 시기에 애칭하는 말 같은 것을 가르칠 필요는 없기 때문이다. 오히려 말과 발음 자체가 중요한 것이다.

④ 무엇보다도 보모는 다음과 같은 병행에 유념해야 한다.[27] 일단 사물을 가리키면서 '이것은 무엇이지?' 하고 질문하며 동시에 사물의 이름을 명명하면서 '개는 어디에 있지? 책상은 어디에 있지? 너의 머리는 어디에 있지?'라는 식으로 사물을 가리켜야 한다. 건강만으로는 아무 쓸모도 없다. 즉 당신이 게으르고 태만하다면 아무 쓸모가 없다는 것이다. 그렇기 때문에 아이들 역시 육체와 정서가 동시에 활동할 수 있도록 훈련되어야만 한다. 자페드라(Saavedra)가 페르시아 사람들은 자신의 자녀들이 일곱 살이 될 때까지는 육체적으로만 성장하도록 훈련시킨다는 것에 관해 기록하면서[28] 우리에게 가르친 바대로 아이들은 민첩성과 긴장감과 추위 등에 익숙해져야만 한다.

이러한 요구에 충실하려면, 첫째 어머니들은 그들이 임신한 동안에 게으름을 피할 수 있는 근거를 마련해야만 한다. 둘째 보모는 이러한 근거 위에 더 많은 것을 세워야 한다. 아이들을 돌보게 되면 무엇인가 노래를 불러 주어야 하며 가능한 모든 방법을 동원해서 그들을 기쁘게 해 주어야 한다. 이를 통해서 피와 삶의 정신의 순수성을 촉진시킨다. 셋째 아이들이 자신의 발로 똑바로 서게 되면 스스로 움직이고 지체를 사용할 수 있도록 해주어야 한다. 그들이 아무것도 못하고 게으르게 될 여지를 허용해서는 결코 안 된다. 오히

---

26) Im lat. Text stehen diese cech. Worte.
27) Vgl. Janua linuarum에 대한 서언: Ut intellectus et lingua parallele decurrant semper.
28) 우화문학의 전통적인 작품(s.Anm. 13 zu Kap. XII) Diego Saavedra Faxardo(1584-1684):Idea Principis Christano - Politici centum symbolis expressa는 1640년에 비로소 Muenster에서 출판되었다. 17세기에는 수많은 간행물들이 더 있었다.

려 끊임없이 움직이는 것에 익숙해지도록 뛰어 놀게 해야 한다. 활동적인 삶이 진실한 삶이다. 게으름은 살아 있는 인간의 죽음을 의미한다. 우리는 선천적으로 움직이도록 타고났다. '그러므로 항상 의미 있는 행동으로 연습하라(훈련하라)!' 진지한 일 속에서 이러한 것이 가능하지 않다고 한다면, 그것은 놀이 속에서 발생해야 한다. 왜냐하면 동일한 목적에 봉사하기 때문이다. 사람들은 움직이면서 노는 것만을 선택할 것이고 안정을 취할 수 있는 종류의 것을 택하려고 하지 않을지도 모른다. 주사위 놀이나 카드놀이는 허락될 수 없다. 아이들이 자신들의 지체를 적당히 움직이도록 하기 위해서는 달리기, 공놀이, 원반 던지기, 이와 유사한 놀이를 통하여 훈련해야 한다.

우리는 아이들이 단련됨에 익숙해지게 해준 스파르타인(Spartaner)을 모방함으로써 아이들이 ① 건강해지고, ② 저항력이 생기며, ③ 어떤 경우에 대해서도 준비를 갖추게끔 해줄 수 있다. 또한 아이들의 응석을 받아 줘서도 안 된다. 오히려 아이들은 12페이지의 대교수학(Didactica magna)에서 보고한 대로 스파타인(Spatuner)의 모범을 본받아 행동에 있어서 사려 깊도록 양육되어야 한다. 특히 다음과 같은 사항에 익숙해지도록 해야 한다.

① 충분히 서로 교환할 수 있는 운동과 일을 통한 민첩성
② 작업
③ 모든 종류의 시험을 통한 불쾌감의 극복

또한 다음과 같은 사항에도 익숙해지게 해야 한다.

① 일을 통해서 일에 익숙해지게 하고,
② 빈번히 발생하는 실수를 교정함으로써 총명해지도록 하며,
③ 자기 스스로의 필요에 따라 발견하게 된 사물에 대해 올바르게 사용하려는 노력 등에 익숙해지도록 해야 한다. 지시하는 것들과 본보기들, 그리고 안내서 등은 우리로 하여금 이러한 목적에 도달하게 해주며 아이들이 실제로 명명된 사물에 익숙해질 수 있도록 하는 수단이 된다. 지시들은 간단명료

해야 한다.[29] 당신이 규정하려는 것이 무엇인지 명료해야 한다는 것이다! 모든 것이 ①시간과 사물에 적합해야 하고, ② 간단하고, ③ 명확하고 확고하게 안내되고 진술되어야 하며, 이를 통하여 아이들은 ① 주의 깊게 경청하며, ② 진술된 것에 대해 쉽게 이해하고, ③ 그것을 확실히 간직하도록 해야 한다.

이러한 지시를 유념하지 않는다면 아이들은 ① 쉽게 불만을 가지게 될 것이며, ② 이해가 더디게 되고 ③ 조금 전에 금방 받아들였던 말도 마음에 간직할 수 없게 될 것이다. 우리는 아이들 스스로가 일에 대한 예들을 보게 해야 하며, 직접 그들을 공장, 들판, 탈곡장으로 인도해야 한다. 만약 그들이 무엇인가 하기 시작하면, 그들이 하는 일을 방해하지 말라. 오히려 그러한 장소에 있는 것들과 유사한 기구들을 사주어서 명칭과 사용자에 대해 더 잘 숙지하게 하라. 그들은 이러한 것들을 직접 움직여 봄으로써 활동성을 갖게 되는 것이다. - 행위를 통한 행위.

자기가 직접 해 본다는 것은 하나의 위대한 비밀이며, 모든 것을 유용하게 해 주는 열쇠가 된다. 옛 현인들 중 어떤 한 사람은, 청년들이 공부에 있어 근면해야 하며, 독서하는 데 있어서 다음과 같은 사항을 기억해야 한다고 권고했다. 그것은 새들이 어미가 갖다주는 음식이 아니라 자신의 발톱으로 먹이를 구하게 될 때 가장 맛있는 물고기를 얻을 수 있다는 사실이다. 아이들의 경우에 있어서도 그들 스스로가 얻고, 찾으며, 수집해서 취사 선택할 수 있도록 훈련시켜야 한다는 사실을 명심해야 한다. 이렇게 되면 아이들은 더 많은 만족을 얻을 것이고 성장한 후에도 일을 하는 데 시간을 절약하게 될 것이다.

어린아이들은 진지한 것들을 자유롭게 할 수 없다. 그러므로 항상 우리는 아이들이 하는 놀이가 진지한 일에 대한 전(前) 단계가 되도록 신경을 써야

---

29) Horaz, De arte poet. 335.

한다.
1) 아이들은 습관적으로 어떤 일을 꾸준하게 함으로써 자신의 시간과 타고난 능력을 낭비하지 않도록 해야 한다.
2) 아이들은 위험한 일이나 비이성적인 충동에 따른 어리석음이 아닌, 모든 일에 있어서 목적으로 꾸준히 하는 데 익숙해져야 한다.
3) 아이들은 자신의 목적을 위해서는 없어서는 안 되는 것들을 올바르게 사용하게끔 해주는 수단에 집중하는 법을 배워야 한다.

Ⅳ. 지각사용(知覺使用)의 학급

1 이 연령에 있는 아이들은 세계에 대해서는 젖먹이에 불과하므로, 좋은 것이든 나쁜 것이든 간에 자신의 내부에 받아들이지 못한다. 이러한 인상들은 이들 내부로 옮겨져야만 한다. 이는 오로지 감각의 문을 통해서 일어날 수 있다. 왜냐하면 인간이란 이성적인 존재로서 의지의 영향 없이는 어떤 것도 받아들일 수 없기 때문이다. 반대로 이 의지는 충고자의 안내 없이는, 즉 통찰력이나 이성 없이는 아무것도 받아들일 수 없는 것이다. 통찰력에 있어서는 이미 전에 감각 속에 있지 않았던 것은 아무 소용도 없다. 그러므로 인간을 개선시키는 데에 도움을 주기 위해서는 다른 것보다도 우선적으로 이 감각을 돌봐주어야 하며 이것을 간직하도록 해야만 하는 것이다. 남다른 선견지명이 필수적인데, 이를 통하여 아이들이 무용한 것, 잘못된 것, 해악적인 것, 무신론적인 것들을 감각적으로 연약한 정신에 받아들이지 않게끔 하는 것이다. 왜냐하면 이러한 것들은 오랫동안 고착화되어서 평생 동안 지속될 수도 있기 때문이며, 첫인상은 매우 강하기 때문이다.

2 좀더 섬세한 사물에 대한 통찰력은, 그것이 아무리 훌륭한 것이라 할지라도 이러한 연령의 아이들에게는 아직 적합하지 못하다. 왜냐하면 아이들은 지금까지 사물의 차이점에 대해서 아는 바가 없기 때문이다. 그렇기 때문에 섬세한 사물에 관심을 둘 것이 아니라 오히려 사물의 근본 특징을 인

식하게끔 훈련시킴으로써 점점 더 풍성한 차이점을 인식하도록 하게 하는 것이 좋을 것이다.

3 언어 역시 이와 완전히 유사한 것이어서, 처음에는 더듬으면서 시작하지만 그 다음에는 말할 수 있을 정도로 종알거리게끔 발전한다. 이것 역시 항상 자신의 눈으로 보고 만짐으로써 이루어져야 한다. 우리는 아이들에게 사물을 직접 눈앞에 제시해 주지 않고서는 그 사물에 대해 설명할 수도, 말할 수도 없다. 왜냐하면 아이들은 사물에 대한 기호나 특징을 제시하여 그들의 정신에 각인시키지 않는 한, 단순히 명칭만 듣고서는 그 사물의 특징을 활용할 수 있는 방도를 인식할 수 없기 때문이다. 그렇기 때문에 그 사물 자체를 제시해서 가르쳐 가며 명명하는 것이 쉬운 방법인 것이다. 다른 말로 하자면, 우리는 그들에게 어떤 말도 할 수 없으므로, 차라리 자연 자체가 그들에게 말하게 해서 그들의 눈, 코, 귀, 입, 그리고 손에 새겨지도록 하는 것이 낫다는 것이다.

4 만약 아이들이 자신의 감각으로 사물을 주목하게 된다면 전 생애에 있어서 장점이 될 것이다. 왜냐하면 아이들은 이를 통하여 확실한 진리에만 동의하게 되고, 모든 일에 있어서 자신의 판단에 근거하는 데 익숙해지기 때문이다. 이러한 형태의 지식 습득이 가장 완전하며 유일하게 합당한 것이다. 우리가 지금부터라도 모든 것을 자신의 감각으로 점검할 것을 요구한다면 우리는 아이들을 낯설고 억측적인 상상의 노예가 아닌, 참된 자유의 젊은 수호자, 진리의 구도자로 만들어 내는 것이다. 또한 그렇게 하는 것은 사물의 영역에서 잘못된 것, 근거 없는 것, 비이성적인 것이 아닌 자유로운 판단력을 허용해 주는 것이며 진리와 지혜의 믿을 만한 자양분을 모으게 해 주는 것이다.

5 전 생애를 인도해 주는 것은 바로 인식에 달려 있다는 사실을 발견한 연구가들이나 철학가들은 올바로 파악한 것이다. 이러한 지도자들이 올바른

길에 서 있다고 한다면 모든 것이 번성하게끔 영향을 주는 것이다.

6 이러한 지도자의 역할을 하는 감각에 대한 올바른 교육은, 다음과 같은 사실들 속에 놓여져 있다.
 1) 이러한 교육은 활동적인 인간을 양성하게끔 부추겨야 한다.
 2) 사물을 지성으로 올바르게 파악하도록 배워야 한다.
 3) 해를 주는 사물에 대해서는 피해야 한다.

 감각은 그것의 대상을 통해서 발동될 수 있다. 대상이 뚜렷하게 인지될수록 감각도 그것에 발맞춰 발동되는 것이다. 그렇기 때문에 하나님께서도 직접 어린 시절을 위하여 매우 많은 성례전을 제정하셨으며, 기적을 통하여 주의를 환기시키셨던 것이다.[30]
 에스겔 12:1 이하를 보라![31] 이 연령기에는 단순히 사물에 대해 명명하는 것과 간단한 설명으로 이루어질 수 있는 안내서를 통해서 감각을 가르칠 수 있다. 아이들은 경외심을 갖고 간직했던 교육을 통해 자제심을 갖게 되며 이를 통해 정해지지 않았거나 금지되어 있는 것을 하려고 결심하지 않게 된다.

7 이 감각들은 그 밖의 올바른 방법으로 인도할 것이다.

 1) 이 감각은 연고 없이 방황하지 않도록 억제되어야 한다.
 2) 올바른 정신의 첫 번째 표시는, 확실한 입지를 얻어내는 법과 자기 자신에게 머무는 법을 이해하는 데에 있다.
 3) 감각은 선한 것을 향해야 한다. 왜냐하면 비록 짧은 시간 동안이지만,

---

 30) 기독교적인 임시직무(Kausalien)에 관해서는 세례만이 언급될 수 있다. 이스라엘에는 젖을 떼는 기념으로 축제를 베풀었고(창21:8), 유월절 참여(출12:26)와 13세에 할례가 언급된다.
 31) 에스겔 12:1 - 내가 너를 이스라엘의 집에 이적으로 세웠다.

이러한 연약한 연령기는 연한 밀랍(Wachs)과도 같기 때문이다.

4) 우리는 오류를 받아들이지 않기 위해서 참으로 구체적인 것에 익숙해져야 한다.

연약한 정서가 명예와 진리를 얻는 데 손쉽게 움직이게 해주어야 한다. 만약 이러한 정서가 올바른 변호자를 발견하게 된다면, 쓸모 없는 것이 아니라 참으로 가르칠 만한 것인 감각의 기반 위에 서 있게 되며 진리는 그들의 손안에 있게 되는 것이다. 하나님의 말씀도 이것과 일치한다(사 28:29).[32]

8 학문은 인간을 학식 있게 만들고, 좋은 관습은 인간을 예의 바르게 만들며, 경건성은 인간을 경건하게 만들기 때문에, 일단 인간이 학문, 도덕, 경건성에 있어서 올바른 길에 들어서기만 하면 모든 것을 위한 토대가 인생의 초창기에 성실히 놓여지게 되는 것이다. 우리의 노력이 헛되지는 않을까 하는 근심을 할 필요는 없다. 특히나 세네카(Seneca)는 이에 대해서 다음과 같이 증거하고 있다(EP108. 12). "명예와 진리를 얻을 수 있는 것은 연약한 정서 상태에서 가장 손쉽게 일깨워질 수 있다."

V. 도덕성과 경건성의 학급

1 만약 아이들이 아직 말은 하지 못할지라도, 무엇인가를 갈망하기 시작하거나, 업신여기거나, 무서워하기 시작하면, 바로 이 시기가 도덕성을 형성할 시기인 것이다. 이미 수다를 떨기 시작하며 뛰어노는 아이들의 고집에다가 대고 꾸짖어서 말하기를 '이 아이는 생각이 없는 애야!'라고 한다면 정말 치명적인 실수를 저지르는 것이다. 그렇다면 사도 바울이 어째서 에베소서 6:4에서 아이로 하여금 분 내게 하는 것을 금하고 있다는 말인가? 아이들은 습관적으로 성내는 것에 익숙해져서는 안 된다. 왜냐하면 나중에 이 습관을

---

32) 이사야 28:29 - "그의 모략은 기묘하며 지혜는 광대하니라."

버리기란 어려운 일이기 때문이다. 다시 말해서, 모든 사물과 행위의 뿌리는 인간에게 있어서 이미 어린 시절에 형성된다는 것이다. 하지만 전 인격은 과정을 통해서 이루어진다.

2 아이들에게 도덕적 행위를 가르치는 데에는 세 가지 수단이 있다 : 모범, 가르침, 훈육.

  1) 가르친다는 것은 인도한다는 것을 의미한다. 그러므로 인도하려는 사람은 자신이 먼저 솔선해야 한다. 만약 훌륭한 모범으로 솔선하려 하지 않으면, 그는 어느 누구도 가르칠 수 없을 것이다.
  2) 그렇기 때문에 어느 누구도 나쁜 것을 배울 기회를 제공해서는 안 된다(의도적이든 우연이든 간에 말이다).

3 단순히 나쁜 전례를 제거하는 것만으로는 안 되며, 훌륭한 모범을 따르도록 제시해야 한다. 우리는 사도 바울이 말한 것처럼, 모든 사람들 앞에서 품위 있게 행동해야 한다.[33] 특히나 순진한 아이들 앞에서는 각별히 신경을 써야 한다. 슬프도다. 아이들을 화나게 하는 사람들이여![34] 나쁜 전례가 고착화되고 좋은 모범은 부족하다고 한다면, 아이들은 이 두 가지에 대한 가능성을 제공받고 있으며, 언제나 그것을 따라할 준비를 갖춘 상태에 놓이게 되는 것이다. 세상을 살면서 이내 아이들은 나쁜 전례에 빠지게 되고, 이것 때문에 망하는 것이다. 이러한 일이 일어나지 않게 하기 위해서는 아이들이 내적으로 확실한 자신의 인생길을 시작하기까지 선한 것을 항상 하도록 만반의 준비를 갖춰야 한다. 왜냐하면 지배자는 자신이 모범을 보임으로써 민족을 지도하기 때문이다.[35]

---

33) 로마서 12:17과 고린도후서 8:21.
34) 누가복음 17:1 이하.
35) Cladianus, De consulatu Stilichonis, I, 169(H.).

4 훌륭한 모범은 눈에 띄지 않게 주어져야 한다. 다시 말해서 인간이 자신의 입장에 대해 뒤쫓아가서는 안 되며 항상 그렇게 처신했다고 믿는 바를 따라해야 한다는 것이다.

5 아이들이 알아서는 안 되는 것들에 대해 보고, 듣고, 느끼지 않게 하기 위해서는 남다른 선견지명이 필요하다. 여기에 유념한다면 그런 일은 결코 겪지 않을 것이다. 그렇다면 현관문이 폐쇄되었는데, 통찰력으로는 통로를 발견할 수 있겠는가? 이미 제시한 바와 같이 감각이라고 하는 것은 각별히 보호받아야 한다. 여기에 교육의 위대한 비밀이 있는 것이다. 그러므로 아이들에게는 절대로 나쁜 것과 접촉할 수 있는 기회를 제공해서는 안 되는 것이다. 또한 다소나마 우연이라도 이러한 기회와 만나는 것조차도 허락해서는 안 된다.

이러한 지도는 개방적이며, 명확하고, 또한 분명한 단어로 발생된다. 사람들은 비유를 통해서 자신의 견해를 강조한다. 예를 들어서 복종의 필요성에 대해서는 어린 나무와 늙은 나무의 비유로 설명한다. 우리는 여기에서 무엇보다도 보편타당한 원칙에 유념해야 한다. 즉 아이에 의해서 자연스럽게 표현된 바를 지도해야 하며, 그것을 통해서 인격을 형성시킴으로써 자신을 방치해서 나쁜 것을 하지 않도록 해야 한다. 첫 번째 시도되는 지도 방법은 친근하면서도, 가능한 한 포괄적으로 받아들일 수 있어야 한다.

인간의 사명은 어린아이들로 하여금 매우 자주, 가능한 한 치밀하게, 그럼으로써 이것을 아주 간단히 이해하도록 해야 한다. 즉 모든 인간은 ① 이성적으로 피조물을 다스리고, ② 자기 자신을 지혜롭게 인도하며, ③ 우리의 원형상 되시는 하나님을 닮아[36] 지금이나 영원이나 그분을 통하여, 그리고 그분 안에서 완전한 기쁨을 누릴 수 있도록 해야 한다.

---

36) Vgl. Did. m, I V,5: se(et secum omnia) nosse, se regere, se ad Deum dirigere. Vgl. K. Schaller, Machet euch die Erde unteran und herrschet...,in: 20, S. 128 – 132.

그렇기 때문에 우리는 아이들에게 자신의 고의성을 포기하도록 가르쳐서 순종을 통해 자신의 판단보다는 다른 사람의 충고를 따르는 것이 더 확실하다는 것을 인식하도록 해야 한다. 이러한 가르침은 어린 시절에 보다 큰 의미를 지니게 된다. 하지만 이것은 매를 때려서 가르칠 것이 아니다. 아이들이 최악으로 고집을 피울 때를 제외하고는 매를 들지 말라! 이러한 고집을 고치려면 부단한 의도를 품고, 여러 가지로 시험해 보고, 세심한 관심으로 지도해서 마땅히 할 바만을 행하도록 해야 한다. 또한 아이들은 고의로 방종해서 그렇든지, 아니면 부주의해서 그렇든지 간에, 자신에게 적합한 길에서 이탈하는 데 익숙해서는 안 된다. 의사들의 잘 알려진 원칙이 이에 해당한다. "근본 원인을 치료하라!"[37]

아이들이 경건성을 지니도록 지도하는 것이 필수적이라는 사실은 이사야 28:9, 시편 8:3, 신명기 31:13에서 유래한다.[38] 또한 이에 대해서도 동일하게 세 가지 방법이 있다. 즉 모범, 가르침, 훈육이다.

우선적으로 모범들에 대해서 다음과 같은 것으로 주해를 달아 볼 수 있다.
1) 아이들이 사는 집은 작은 교회가 되어야 한다. 여기에서 아침과 저녁으로 모여서 기도하며, 하나님을 생각하고, 찬양하며, 하나님의 말씀을 읽고 경건한 대화가 오고가야 하는 것이다.
2) 또한 부모들은 그들의 아이들을 교회에 함께 데려가기 시작해야 한다. 플라톤은 전쟁 중에 자란 아이들에 대해 충고하고 있는데, 그들은 두 가지 이유에서 전쟁의 증거자라는 것이다. ① 아이들이 주시하고 있기 때문에 아버지들은 자녀들을 위하여 한층 더 용감히 싸웠다는 것이다. ② 아이들은 부모의 숙련성을 모방하는 법을 배워야 했다.[39]

---

37) Ovid, Remedia amoris, 91.
38) 두 구절들과 함께 종종 인용되는 신31:13은 "이 말씀을 알지 못하는 그들의 자녀로 듣고 네 하나님 여호와를 경외하기를 배우게 할지니라"이다.
39) Platon, Nomoi, 5, 14.

우리의 제안이 받아들여진 만큼 아이들은 조용히 앉고, 행동을 똑바로 하며, 예배시간에 참으며 점점 더 하나님과 그의 은총을 신뢰하게 되는 것이다. 가르침에 대해서는 다음과 같다.

1) 기회가 있을 때마다 우리는 아이들에게 하나님에 관해서 말해 주어야 한다. 예를 들어서 그분이 천둥, 번개, 우박 등을 내리신다는 말과 같은 것이다. 어떤 사람이 죽게 되어 무덤에 묻히든지, 악행을 저지른 사람이 심판대 앞으로 끌려가든지 간에, 우리는 제때에 그들에게 하나의 개념, 다시 말해서 우리가 이생을 통해서 얻게 되는 삶에 대한 이중적인 개념을 전달해 주어야만 한다.
2) 우리는 하나님께서 하나님을 믿지 않는 우리들에게 경건의 본보기로 처벌하시며 항상 그렇게 처벌하신 그의 심판에 대해서도 그들에게 설명해 주어야 한다.
3) 무엇보다도 아이들이 지속적으로 기도하게 해야 한다. 또한 그들의 기도는 중언부언하기보다는 자신이 이해할 수 있는 말로 짧게 하는 편이 낫다. 예를 들어서 많은 사람들이 다음과 같은 절실한 기도로 시작한다. "세상의 죄를 없애신 하나님의 어린 양이여! 나에게 자비를 베푸소서."[40] 하지만 이러한 기도에서 언급된 어린 양은 아이들의 경험을 넘어서는 이해하기 힘든 말이므로 아이들은 그 문자적 의미가 무엇인지, 그리스도가 누구이며, 왜 사람들이 그를 어린 양이라고 불렀는지에 대해서는 결코 파악할 수 없다. 차라리 "하나님의 아들 그리스도시여! 나에게 자비를 베푸소서."라고 말하는 것이 더 좋을 것이다.[41]
4) 아이들은 기도할 때에 두 손을 모으고, 눈을 하늘을 향하며, 똑바로 서거나 무릎을 꿇고 기도함으로 주위를 두리번거리지 않는 자세를 배워야 한다. 이 모든 것은 말씀과 모범으로 가르쳐져야만 한다.

---

40) 요한복음 1:29 참고; vgl. Leiturgia II, 41(D.).
41) 마가복음 10:47.

5) 이들의 행실이 바른 품행을 유지하려면, 칭찬받아서는 안 된다. 그렇지 않으면 아이들에게 올바른 품행으로 마음에 들게 행동하는 습관이 있다하더라도, 그것을 그들 자신의 품격으로 인정하게 되는 결과를 초래하게 되어, 올바른 품행을 갖게 되든지 버리게 되든지는 중요한 문제가 되지 않게 된다는 것이다. 다시 말해서 사람들의 비위만 맞추면 된다는 생각을 아이들로 하여금 갖게 할 수 있다는 것이다.
6) 무엇보다도 우리는 기독교 종교의 근본적인 토대, 즉 믿음과 사랑과 소망의 토대를 확고히 심어 주어야 한다. 우리는 이러한 내용이 창세기 15장과 17장에 나타나 있는 것을 발견할 수 있다. ① 나는 전능한 하나님이다. ② 너는 내 앞에서 행하여 완전하라.[42] ③ 나는 너의 방패요, 너의 지극히 큰 상급이니라.[43] 이러한 말씀은 다음과 같은 의미를 갖는다. ① 나를 믿으라 – 여기에 믿음의 토대가 놓여 있다. ② 나를 경청하고 사랑하라. 나를 따르라 – 이것이 사랑의 토대이다. ③ 나를 신뢰하고 나의 모든 선한 것을 바라라 – 이것은 소망의 토대인 것이다.
7) 아이들은 자신의 지체라고 할 수 있는 주위의 피조물, 즉 식량, 의복, 열매, 식물 그리고 특히 가축들을 인간의 기업으로 사용하는 법을 배움으로써, 이 모든 축복을 허락하시는 하나님께 영광을 돌릴 수 있어야 한다. 이러한 기회를 얻기 위해서 기도하는 곳에서 그들은 경건성과 예의범절을 모방하게 되는 것이다. 비둘기는 순결하며 정결하다. 우리는 비둘기에게서 고결함과 순결을 배워야만 한다.[44]
8) 경건한 일 중에서 기도하는 일을 결코 간과해서는 안 된다. 아이들에게 하나님께 기도하는 것을 가르쳐야 하는데, 그러기 위해서는 기도의 형식을 미리 준비하여 말해 주어야 하며 특히 우리 주 하나님 아버지께

---

42) 창세기 17:1.
43) 창세기 15:1.
44) 마태복음 10:16 참고; vgl. Kuenste, Ikonographie, Freiburg 1928, S. 122(D.).

기도하는 법을 가르쳐야 한다.

- **간단한 아침기도** : "우리 주 하나님이시여! 오늘도 저에게 건강을 허락하시며, 저를 죄에 빠지지 않도록 보호하시며, 당신의 공의로 내 마음의 생각을 이끄시고, 나의 입술의 모든 말과 행실이 우리 주 그리스도를 통하여 있게 하옵소서. 아멘."

- **간단한 식사기도** : "만물을 은혜로 거룩케 하신 주님께서 식탁에 올려진 모든 것을 축복하시기를 원하나이다. 아멘."

- **식사 후 감사기도** : "우리를 창조하셨고 구원하셨으며 거룩케 하신 당신께서 지금도 우리를 배불리시니 영원토록 찬양 받으시옵소서. 아멘. 나는 하나님을 믿습니다…."

- **취침 전 기도** : "전능하시고 자비로우신 하나님 아버지 그리고 성자 성령이시여, 우리를 축복하시고 보호하소서 아멘."

- **그 밖의 다양한 기회에 할 수 있는 기도** : "여호와여 우리가 주께 바라는 대로 주의 인자하심을 우리에게 베푸소서."[45]

이러한 훈련은 혹독하게 이루어져서는 안 된다. 하지만 아이들이 이것을 따르지 않았을 때는 체벌이 가해진다는 사실을 주지하여, 느끼고 알 정도는 되어야 한다. 아이들의 행실이 올바르다면 칭찬을 받을 수 있을 것이지만, 진지한 얼굴로 그들을 대함으로써, 여기에서 그들이 진지한 일을 다루고 있음을 느끼게 해 주어야 한다. 이렇게 함으로써 아이들은 무엇이 진담이고 농

---

45) 시편 33:22.

담인지를 분별하게 되는 것이다. 내가 여기에서 제시했던 것들은 어쩌면 하찮은 것으로 보일지 모르겠으나 그것은 매우 중요한 일인 것이다.

VI. 처음으로 시작하는 공동적이며 실제적인 학교로서 어머니 품의 학급

이 학급은 말하자면 반개방적인 학교라 할 수 있는데, 아이들은 이 속에서 서로 왕래하며 놀기도 하고 노래를 부르기도 하며, 계산하는 습관과, 경건성과 좋은 습관을 기르게 되고, 글을 읽거나 쓰거나 연습하지 않아도 감각과 사고를 익히게 된다. 이러한 모든 것은 덕망 있는 어머니들의 계획 하에서 실행되어야 한다. 이러한 가정들 속에서 아이들에 대한 이웃과의 공동정보가 형성된다. 이러한 학교의 환경은, 이러한 방법으로 자신들의 자녀를 양육하고 정식 학교를 준비하고자 원하는 사람들에 의해서 만들어지게 된다. 네 살에서 여섯 살까지의 아이들은 이 학급에 출석하게 된다.[46]

소포니아스 하젠뮐러(Sophonias Hasenmüller)[47]는 아직 읽거나 쓰지 못하는 상태에 있는 아이들을 위해서도 이러한 학교가 세워져야 한다고 추천한 바 있다. 아이들은 명확하게 말하는 법과 계산법을 배워야 하며 본래의

---

46) '유치원' 설립에 대한 제안은 코메니우스의 다른 글에는 나오지 않는다. 여기에서 새롭게 나온 것이다. "어머니의 무릎(태내)"이라는 단어는 11장의 서문에 가족교육이라는 의미에서 배타적으로 필요할 것이다. Did. m., 28장에서도 어머니 학교를 위한 충고가 단지 어머니를 통한 교육과 관련되어 있다.

47) Sophonias Hasenmüller는 Ansbach의 Heisbronn, 후에는 Nuernberg의 귀족학교에서 어학선생(Sprachlehrer)으로 있었다. 그에게서 1615년에 소(小) Didactica가 유래하였다. die Schrift Sophoniae Hasenmülleri Franci Schorarum particularium brevis designatio et requisitorium notatio cum sua Didactica et libellis scholasticis, Norimbergae1624,auf deren Kap. VI, S.16f. sich Com. hier bezieht. 하지만 Credo와 Decalog는 Hasenmülleri에 의해 명칭된 것이 아니다. H. Greissler, Ein fraenkischer Schulmann des 17. Jahrhuderts(S.H.), in: Schule und Leben 1956/7, S.174-178.

학교 수업에 만반의 준비를 갖추어서, 나중에 그것을 따라갈 수 있는 능력을 갖추어야 한다. 그는 역시 아이들에게 암기하는 것을 배우도록 하기를 원한다. 그것은 그들에게 따라서 말하기를 여러 번 반복시킴으로써 그들의 기억에 심을 것들을 미리 제시하고 말해 주는 방법이다. 그는 다음과 같은 방식으로 암기에 대해 가르친다.

1) 순서에 따라 모든 알파벳을 암기할 것.
2) 음 하나로 이루어진 단어로 시작해서 두 개, 세 개, 그 다음 많은 음절로 이루어진 단어를 암기시킬 것.
3) 처음에는 두서너 개로 이루어진 간결한 소 문장으로 시작해서 하나님을 경외하는 것을 가르쳐 주며, 그들로 하여금 덕스러운 것과 덕스럽지 못한 것을 분별하는 데 도움을 줄 수 있는 더 많은 말씀을 외우게 할 것.
4) 가능하다면 짧고 명확한 기도문을 많이 암기할 것.
5) 신앙고백 암기.
6) 십계명 암기.
7) 백(100)까지의 숫자 암기.
8) 구구단 암기.
9) 그는 지나치게 유용한 연습보다는 필수적인 철자를 권했으며, 그것도 한 음절로 된 단어들을 암기토록 했다.
10) 그리고 아이들에게 그림이 실린 루키다리우스(Lucidarius : 그림으로 이해되는 세계)를 보여 주도록 했다.[48]

---

48) 원형의 그림(Orbis pictus)으로 추정된다. '루키다리우스'라는 명칭은 12세기에 생겨난 민족책(Volksbuch)으로 그 기원이 거슬러 올라가고, 이 책은 원래 독일어로 작성되었는데 후에 여러 유럽어로 번역되었다(Eine cechische Bearbeitung lag bereits im 13.Jh.vor.). 자연과학의 지식을 확산시켰던 이 소책자는 17세기에 이르러서는 구시대적인 것이 되었다. 일찍이 코메니우스는 1648년에 ELbing에서

아이들이 배움을 시작하는 시기에 있어서 특별한 심혈을 기울여야 한다. 읽고 쓰는 법을 배운다는 것은 어린아이들에게는 막대한 대가를 의미하기 때문이다. 이러한 작업이 일어나면, 그 밖의 다른 모든 것은 작은 샘물처럼 흘러넘치는 것이다. 교육이라는 첫 단계의 쓴 뿌리를 어떠한 비결을 통해 달콤하게 만들어서 아이들로 하여금 그 쓴 맛을 맛보지 않도록 하는 것은 값진 일일 것이다.

이것은 하나의 놀이 속에서 견고한 작업을 수행할 때에만 가능할 수 있다. 인간이 이것을 어떻게 할 수 있는가에 대해서는 자페드라(Saavedra) 36페이지에서 가르치고 있다.[49] 하지만 24개의 주사위 던지기 놀이로 구성된 그의 제안은 너무 광대하다. 그러므로 6개의 철자로 쓰인 4가지만으로 충분하다.

1) 모음이 그려져 있거나 쓰여 있는 모든 것을 가지고 아이들은 놀이 속에서 자신들에게 우연히 마주치게 되는 모음을 뽑아서 소리를 내는 것이다. 이것을 할 수 없는 사람은 지게 되는 것이다.
2) 일단 아이들이 모음을 다스릴 수 있게 되면, 후두자음으로 이루어진

'Elucidarius'라는 교육학의 개혁작품을 펴낸 Cyprian Kinner와의 공동작업을 통하여 이 명칭을 떠올리게 되었다(Kvacala:Monumenta Germ. Paedag. Bd. 26, Nr. 141). – Lubinus가 코메니우스에게 어학강좌에서 그림을 사용할 생각을 떠오르게 했다. 그래서 그는 De sermonis Latini studio와 수학에서 그림을 사용할 것을 추천한다 – Lehrbuecher. 그림 사용에 관해서는 K. Scaller의 "J.A.C.의 교육과 17세기의 교육적 현실주의", Heidelberg, 1967을 참고하라. 우연히 코메니우스는 Encyclopaediola sensualium과 Encyclopaedia sensualium에 관해서도 말한다. 원형그림의 완성은 1651년에 이루어졌다. 1653년에 Vestibuli et Janua Liguarum Lucidarium이라는 제목 하에 최초로 8절현(Oktavbogen)으로 인쇄되었다. Vgl. hierzu Turnbull, An incomplete Orbis pictus of comenius, printed in 1653, Archiv…Komenskeho. XVI(I), S. 35-42, darselbst auch der Text, S. 50-54.

49) 코메니우스는 옹아리 학교에서처럼 여기에서도 28번에서 언급된 Saavedras의 책과 연관시킨다. 주사위에 대해서는 상징 5등에서 다룬다(S.31f. der Ausgabe von 1649).

두 번째 게임을 할 수 있게 된다. 우선 아이들이 이 자음에 익숙해질 때까지는 이 놀이만 해야 한다. 그런 다음에는 철자 구성을 배우기 위한 방법으로 처음 게임과 두 번째 게임을 결합시켜서 해 보는 것이다.
3) 그런 다음에는 순음으로 이루어진 세 번째 게임을 하게 된다. 하지만 이것 역시 처음에는 이것만 해야 한다. 그런 다음에 첫 번째 게임인 모음과 결합해서 시도해 보고, 두 번째 게임인 후음과 결합해서 발성해 보게 하는 것이다. 이것이 가능한 후에는 단순히 철자 구성에만 그치는 것이 아니라 의미 있는 단어들의 구성에까지 발전하게 된다.
4) 위에 언급한 것에 익숙하게 되면 우리는 치음으로 된 네 번째 게임을 제시하게 된다. 여기에서도 역시 단계별로 과정이 이루어져야 한다.
　제1단계 : 철자
　제2단계 : 모음과의 결합
　제3단계 : 후음과 함께
　제4단계 : 순음과 함께
5) 결국 모든 철자와 모든 게임이 동시에 이루어지는 것이다. 이에 대해서 우리는 다음과 같은 단계를 갖는다. ① 완벽한 음절 구성의 단계, ② 단어 구성의 단계. 이러한 단계를 넘어서 이제는 복모음과 결합된 게임이 사용된다.

　여기에 대해서는 다섯 가지의 게임이 필요하다.
　첫 번째는 모음으로 이루어진다 : a, e, i, o, u, y.
　두 번째는 후음으로 이루어진다 : h, g, k, ch, q, x.
　세 번째는 순음으로 이루어진다 : w, b, p, f, l, r.
　네 번째는 치음으로 이루어진다 : d, t, s, c, m, n.
　그리고 다섯 번째는 복모음으로 이루어진다 : au, ae, eu, oe

　우리는 아이들로 하여금 또 다른 방법으로 읽는 법을 배우게 할 수 있다.
　① 아이들로 하여금 'a'를 쓰게 한 다음 한 시간 동안 발음하게 해

야 한다.

② 또 한 시간 동안은 'e'를 쓰게 한 다음 ae, ea 하고 결합하게 한다.
③ 세 번째 시간에는 'i'를 첨가시켜 aei, eia, aie로 바꾸어서 쓰게 하면 6개의 가능성이 생기게 되는 것이다.
④ 네 번째 시간에는 'o'를 쓰게 하면 이미 24개의 형태를 얻게 되는 것이다.
⑤ 다섯 번째 시간에는 'u'를 쓰게 하면 120가지의 철자 구성을 갖게 된다.
⑥ 'l'
⑦ 'r'
⑧ 'w'
⑨ 'n'
⑩ 's'
⑪ 'c'
⑫ 'z'를 여기에 첨가시킨다.

이렇게 되면 24시간 안에 아이들은 민첩하게 철자를 읽는 법과 쓰는 법을 배우게 된다.

두개의 철자로 이루어진 말을 한 시간 동안 배우거나, 그런 다음에 자음을 차례로 배우게 된다면 한 달 안에 아이들은 읽는 것과 쓰는 것을 배우게 된다는 것이다.[50] 유아기 마지막에는 어린아이들에게 그림이 실린 두 권의 소책자를 주어야 한다.

---

[50] 여기서 인용된 코메니우스의 두 방법론은 Tirocinium에서 동일한 제목에 대한 제안처럼 그렇게 널리 관철되지는 않았다(vgl. hierzu Kap. X, Anm.34). 코메니우스의 말을 빌리자면, 이 학교에서는 읽기와 쓰기 교육을 다루지 않는다는 것이다.

1) 일상생활 속에서 나타나는 가정생활 용품을 그림으로 표시해서 ABC 를[51] 생생하게 표현해 주는 루키다리우스. 그러나 그 당시 구라파에서는 12세기부터 그림을 응용한 형식의 글공부 방식을 다양한 이름으로 불렀다고 한다.
2) 성경의 중요한 사건을 담고 있는 성서 소책자인 성경핸드북을 뜻한다.[52]

이것을 제시하는 데 있어서는 다음과 같은 두 가지 사실을 염두에 두어야 한다. ① 이 두 권의 책을 한꺼번에 주어서는 안 되며, 반 년에 한 권씩 제시해야 한다. ② 또한 이 책들이 아무 때나 보임으로써 아이들의 장난거리로 방치되어서는 안 되고, 정해진 오전이나 오후에만 보게 함으로써, 아이들이 이 책들을 찢거나 너무 자주 본 나머지 싫증나지 않도록 해야 한다.

이 두 권의 책은 다음과 같은 유용성을 갖는다.
1) 아이들이 빈둥빈둥 놀거나 쓸데없는 놀이를 하는 것 대신에 훌륭한 연습을 갖게 한다.
2) 그들의 정신 속에 점점 그림이 없는 책들에 대한 애착이 불붙게 한다.
3) 이러한 책들은 그들에게 사물에 대한 첫 인상을 제공해 줌으로써, 그들의 지식을 혼돈에 빠뜨리지 않고 정확하며 명료하게 해 준다.
4) 성경을 읽을 때 고정된 사실은 절대 잊어버리지 않는다는 것이다. 왜냐하면 첫인상은 오래가기 때문이다.

---

51) 코메니우스에 의해서 고안된 살아 있는 알파벳(Alpahbetum vivum)은 원형그림(Orbis pictus)의 예고편으로 인쇄되었다. 각각의 철자에 대해서는 대부분 그 소리에 맞는 동물들을 그리고 있다. 예를 들어서 거위들(Gans)이 운다 - ga ga - G g. S. Kap. X, Anm.7a.
52) S.Schola puertiae, Kap. X, Anm.17.

5) 이것은 더 넓은 배움에 대한 놀이 전(前) 단계이며 준비과정이 된다. 어머니나 보모가 책을 읽어 주는 것을 눈으로 보게 되며, 그 책이 무익하지 않다는 것을 알게 되고, 스스로가 읽는 것과 배우는 것을 시도하게 되기 때문이다.

이러한 과정을 통해서 이 두 권의 책에 대한 기억의 자리가 형성되는 것이다. 그런 다음에 읽는 것과 쓰는 과정에 들어가서, 새로운 책을 대하게 되어도 매우 쉽게 신뢰하게 되고 오래 전부터 익숙해 있던 것처럼 여기게 된다. 이러한 책들에 대해서도 읽는 것과 쓰는 것을 새롭게 제공받게 되는 것이다. 다시 말해서 이러한 책들을 암기하게 되고, 여러 번의 반복을 통해서 더 많은 종류의 이익을 얻게 된다는 것이다.

아이들은 하나님의 칭찬받을 만한 존재로 완성되기에 충분하다. 우리가 이러한 학교를 떠나기 전에, 가족과 기성인들의 부패를 예방하는 의미에서 기성인들에게 몇 가지 훈계를 첨가하고자 한다.

- **제1원칙** : 올바른 교육에 대한 무관심은 인간, 가족, 어른, 전 세계를 멸망시킨다.
- **제2원칙** : 잘못된 가정교육은 학교, 교회, 국가를 곤경과 어려움에 빠뜨리게 된다.
- **제3원칙** : 다른 사람들이 소망을 두고 있는 공작이나 백작들의 자녀들은 특별히 세심한 지도를 받아야 한다.
- **제4원칙** : 올바른 교육의 토대는 배움을 이해하는 데 있으며, 이를 통하여 동물로부터 인간을, 악으로부터 선을, 비교육자로부터 교육자를, 어리석음으로부터 현명함을 구별시키며, 결국 미래적인 삶에 대한 현세적 삶을 인도해 주고, 멸망으로 인도하는 길에서 행복으로 인도하는 길을 제시해 주게 된다.

올바르게 뿌리박고 신선한 토양에 심겨진 어린 싹에게 천사와 경건한 사람들이 순수한 기쁨을 심어 준다. 만약 당신이 지금까지 올바르게 자신의 의무를 지켜 왔다면, 더 위대한 소망을 품어야 하는데 아직 그것을 소유하지 못했다는 사실을 잊지 말아야 한다. 그렇기 때문에 아이들에 대한 관심을 잊어서는 안 된다.

만약 당신 자신이 이미 고착화된 정신에 양분을 줄 수 있는 상태가 되지 못한다면 아이들에게 그것의 가능성을 개방시켜야 한다. 이것에 대해서는 다음 장에서 다루도록 하자.

CHAPTER 10
PAMPAEDIA ALLERZIEHUNG

아동기 학교
(Schola infantiae)

또는

**6세에서 12세에 이르는 소년들의 지혜롭고,
세심한 인격 형성에 대하여**[1]

언제나 선행(先行)하는 것은 토대를 준비하는 것이며, 그것은 후행(後行)하는 것을 위한 근거를 마련해 준다. 뒤에 오는 모든 것들은 앞선 것에 대한 첨가가 아니라, 선행하는 것에 의존되도록 그 위에 세우고 지탱하게 하며 기초가 되게 하는 것이다. 따라서 기초가 튼튼히 쌓아지지 않았다면 그 위에 세우는 건물은 장기간 확고하고 튼튼하게 지속되기 어렵다는 것은 자명한 사실이다. 만일 보조적으로 세우는 기둥 같은 것으로 받쳐 주지 않는다면 그

---

1) 코메니우스는 같은 나이의 소녀들에 대한 교육에 대해서도 강력히 지지하였다. 그가 소년들(pueri)과 소녀들(pueritia)에 관해서 말할 때 그것은 대개 학교에 다니는 아이들을 의미한다. 교육의 과정에서 소녀들이 배제되지 말아야 한다는 사실에 관해서는 Kap.V,11, S.90과 Did.m., X. 5를 참고하라. 모든 인간은 양육되어야 한다(omnes homines excolere)는 그의 요구는 소녀들에게도 해당한다. 왜냐하면 그들도 인간이기 때문이다. 장래의 부인과 어머니로서 소녀들을 양육하는 것은 Fenelons(1651-1715)의 최초 관심사였다.

건물은 진동과 균열로 인하여 무너질 수도 있다. – 그러므로 각 아이들이 손으로 취하고 보고 듣고 말하고 행하는 것은 곧 전 생애에 걸쳐 후행하는 모든 것들을 위한 기초가 된다. 앞장에서 우리는 초기의 어린아이들에 관해 이야기를 했다. 그들은 아직 이성을 사용할 줄 모르기 때문에 그 나이의 이해력에 맞는 학교에 대해 언급해 보았다. 이제 그 수준에서 벗어나 아동기 학교의 단계로 넘어가 보기로 한다. 사람들은 분명, 후일에 청소년의 성숙기 학교에서 배워야만 하는 모든 것을 이 학교에서 배워야 할 것이다. 단지 불충분하고 민족적인 것에 국한될 뿐이고 모국어만 사용하는 점에서 다를 뿐이다.

[정의] 아이들은 지금 세계, 즉 국가와 교회와 학교로 표현되는 그 기관들의 장래 후계자들인 어린 사람들이다.

1) 그들은 사람들이다. 그러므로 우리는 그들을 인간성으로 이끌어 주어야 한다.
2) 그들은 어린아이들이다. 그러므로 우리는 그들 나이에 맞는 능력을 잣대로 하여 그들을 아이들로서 대해 주어야 한다.
3) 그들은 성인들이 될 것이다. 그러므로 우리는 그들을, 성인들에게 중요한 것들에 접근시켜 주어야 한다.
4) 성인기를 지나면 노년기에 이르고, 노년기를 지나면 사망에 이르며, 사망을 지나면 부활에 이른다. 그러므로 이러한 생의 단계를 지나 행복한 장래에 이를 수 있도록 아동들을 바로 세워 주어야 한다.
5) '사망은 확실하나, 시간은 불확실하다.' 그러므로 아동들이 지체 없이 뭔가를 할 수 있게 도와 주어야 한다.
6) 그들은 나이 단계에 맞춰 성장하기에, 점점 수준을 높여 가며 바로 세워 주어야 한다.
7) 아동들은 아직 수공업 작업에는 아주 연약하다. 그러므로 장래의 의무사항에 대한 예비로서 쉬운 활동을 하게 해야 한다.

8) 그러므로 그들 나이에 할 수 있는 것만을 하게 하면 된다.
9) 아동들은 읽기, 쓰기와 언어를 배워야 하며 어른들에게는 장난과도 같은 쉬운 일을 배워야 한다. 동시에 생애에 있어 멋진 예비 실습이 되도록 해야 한다.
10) 그리고 그들을 진지하게 대우해야 한다. 그들이 예비하는 삶은 유희가 아니라 진지한 일이다! 어린이들은 진지한 일을 자기 나름대로 진지하게 다룰 수는 없을 거라고 속단해서는 안 된다. "정신 형성에 있어 아동기의 한 해는, 머리에 여러 근심이 들어 있어서 더 이상 배우는 것이 쓸모가 없어져 버린 시기의 10년보다 더 중요하다."라고 에라스무스(Erasmus)가 말한 것은 옳은 지적이다.[2]

어린 사람들은 아직 사물 세계와의 교제에 미숙하며, 따라서 그들은 어린 나이 때에 각별히 신실하고 성실한 교사를 만나야만 한다. 건물의 첫 기초 시공과 회화의 첫 기초선을 잘 작업해야 하는 이치와 같다. 시작은 곧 모든 것이기 때문이다.[3] 그래서 가장 밑 단계를 맡는 교사는 다른 사람들보다 더 현명하다고 한다. 보수를 더 주어서라도 그런 교사를 확보해야 한다고 한다.

이 학교의 궁극적인 목표는 신체와 감각과 선천적인 정신 능력을 가동시켜 주는 것이다. 그러므로 학생들은 다음과 같은 것들을 배워야 한다.

1) 그들의 가동력을 마음껏 발휘하는 법을 배워야 한다. 철자를 신속하게 읽기 위해 어떤 특정한 것에 그들의 눈을 맞출 수 있는 능력이나, 낭독물을 재빨리 소리내어 읽기 위해 그들의 혀를 마음대로 놀리는 법

---

2) Erasmus, Declamatio de pueris ad virtum ac liberaliter institudendis idque protinus a nativitate, 1529.
3) 모든 것은 시작에 달려 있다. 어머니 학교의 서론의 제목에서도 이를 언급한 바 있다. vgl. auch den Beginn von Kap. IX.

을 배우는 것이나, 빨리 쓰고 표하기 위해 그들의 손을 적절하게 쓸 줄 알도록 하는 것이 다 여기에 속한다.
2) 학생들은 온 세상에 덮여 있는 사물들을 알기 위해서 모든 감관들 - 내적인 감각, 외적인 감각, 그리고 상상력과 기억력 - 을 그 대상물들로 가득 채워야 한다.
3) 학생들은 수학, 음악과 같은 예술 등의 자유로운 학예(artes)와의 첫 만남을 통해서 이성을 사용하는 데로 이끌어져야 한다. 그들은 총명과 행실 바른 도덕과 경건의 토대들을 서로 알게 되어야 한다.

감관의 돌봄과 관련하여 추론되는 첫 번째는, 외적 감각의 연습을 계속해야만 한다는 것이다. 특히 그것은 여기서 지금 내적인 감각을 위한 동인이 된다. 학생들은 생소한 대상물에 대한 세심한 감각을 확대시키고, 사물들을 보다 확실히 관찰하여 이것을 면밀하게 이해하고 상상해 보며(imaginare), 이것을 판단하여 정확하게 기억하여 자기 것으로 만드는 습관에 익숙해져야 한다. 이 때의 본성의 힘은 이를테면 분명 잠시도 쉼을 허용하지 않는다. 휴지(休止)가 있다면 두뇌의 성장이 둔화되고 심지어는 주어진 것조차 더 악화되기만 할 뿐이기 때문이다. 그래서 "우리가 어릴 때에 배운 것은 더 빠르고, 더 완벽하게 흡수된다."는 말이 옳은 것이다.

학예(學藝)와 관련하여 추론되는 두 번째로서, 우리는 여기서 무엇보다도 먼저 산술 역량과 수, 척도, 무게를 다루는 학예[4]에 대해 생각해 본다(intelligere). 우리는 애초에 그들이 어릴 적부터 이것들을 받아들이도록 가르쳐 줘야 한다. 이러한 학문은 적절하게 제시해 주기만 하면 아동의 능력으로 능히 극복된다. 우리는 그 학문을 통하여 조형화하여 시각화할 수 있는 능력을 가지게 된다. 이들 학문으로 인해 여타의 것들에 대해서도 타고난 능력을 발휘하여 그 능력이 명민하게 된다.

---

4) 코메니우스는 여기에서 유클리드 체계(euklidischen System)에 바탕을 둔 수학 기초 교육을 염두에 두고 있다.

그러므로 여기에서는 산술 과목을,

1) 감각 세계의 결론으로서 가르쳐야 한다. 이는 그 확실성과 표현의 명확성을 도구로, 본래적인 원리에 근거하여 외연(外延)을 가진 사물들의 세계를 열어 펼쳐 주기 때문이다.

2) 정신의 올바른 사용을 위한 해결책과 접근법으로서 산술 과목을 가르쳐야 한다. (순수한) 이성의 결론과 내용이 채워지지 않은 상상에서 드러날 수 있는 혼란을 야기시키는 요인을 제어하고 정신을 대상물들에 고착시키기 위해서이다.

3) 모든 지혜의 기초로서 산술과목을 가르쳐야 한다. 모든 지혜의 비밀은 수, 척도, 무게와의 상관에서 연원하기 때문이다. 그래서 고대 철학자들은 자신들의 연구를 산술 과목에서부터 시작했던 것이다. 이 과목이 적절하게 제시되는 한, 아동들은 그것에 대해 활짝 열린 마음을 가졌기 때문에, 양(量)에 관한 가르침은 수학(修學), 즉 오직 학문과의 관계를 통해 이뤄지게 된다. 아동들에게 자와 원과 저울과 숫자와 척도를 선사하라. 그러면 그대는 많은 놀라움을 맛볼 수 있을 것이다.
　여섯 학급은 이러한 목표에 부합하는 것이며, 그들에게 부여된 고유의 학습과제는 한 소책자에 요약되어 있다.

이 학급들과 책자들[5]은,
① 철자 학습 입문서(tirocinum literarum)

---

　5) 코메니우스가 모국어 학교를 이미 6학급으로 나누었던 Did.에서 그는 29장 11에서 여러 가지 교과서들을 소개하고 있다(Violarium, Rosarium, Viridarium...). 특히 지혜의 미로라 불리는 스핑크스는 수수께끼 형식으로 된 아이들의 교과서이다.

② 인지된 세계의 표현(lucidarium)
③ 감각 세계와 인간 본성의 분석에서 유도되는 아이다운 도덕론
④ 성경적인 이야기들에 관한 요약 선발된 내용
⑤ 우리가 믿고 소망하고 행해야 하는 것들을 간명하게 요약해 주는 성경의 핵심적인 말씀의 모음집
⑥ 수수께끼 서적 – 어린아이들을 위한 하나의 스핑크스이다(두뇌개발).

1

이 학교를 위해 특정한 각 책을 정비해서,
1) 라틴어를 배우려는 이들에게는 길을 마련해 주고 수공업에 뛰어드는 이들에게는 그들 생에 광명을 비춰주어야 한다.
2) 이 모국어 학교의 전체 학급 중의 한명이라도 더 높은 단계의 학교에 가서 배우든 배우지 않든 간에, 누구나 나름의 수준에 맞는 획득해야 할 지식이 담겨 있게 해야 한다. 왜냐하면 첫 번째 학급에서 이미 읽는 것을 습득하기 때문이다.
3) 설사 공공학교가 없을지라도 누군가에게서 개인적으로 읽기와 쓰기를 배워서 기타의 것들을 혼자서 습득할 수 있게 해야 한다.

2

이 책자들의 과제는 풍부해야 할 것인데, 더 나아가서는 다음과 같아야 한다.

1) 각 개인을 포괄하는 것, 이를테면 그 책이 전체를 포착하는 것이어야 할 것이다.
2) 그것은 방법적으로 구성되고 통찰력이 각 단계마다 확장되어야 할 것이다.
3) 삽화와 기타 보조수단을 통하여 개선되어야 할 것이다. 그 책 제목은 정원과 비유해서, 못자리 – 식물학교 – 온상 – 장미화원 – 동물원과 파라다이스라는 제목을 붙였다.[6] 이에 부응하여 각 책은 삽화나 뿌리, 정원사, 가축, 장미, 동물원, 파라다이스를 그린 그림으로 꾸며져야 한다.

내용은 각각의 제목에 어울려야 한다.

그러므로,

(1) 못자리·모판은 알파벳을 포함해야 하며, 그 외에도 모음 표시, 단어 색인, 숫자, 간략한 기도도 포함해야 한다.
(2) 식물학교는 전체에 대한 안목, 즉 전 범지혜의 주요 사상을 선사한다.
(3) 온상은 더 포괄적이면서도 더 완벽한 안목을 제공한다.
(4) 장미화원은 실천과 결합된 자연사물 세계의 해부를 제공한다.
(5) 동물원은 정신의 해부를 제공하는데, 이는 곧 문화
세계 - 인간 노동의 세계 - 와 도덕 세계의 사물을 뜻한다.
(6) 파라다이스는 성서와 그 실천 내용인 믿음, 소망, 사랑과 같은 핵심 내용의 나열을 제공해 준다.

이러한 종류의 책이 있어야 하는 근거는,

(1) 아동들이 그 나름의 주제를 통해 더 쉽게 매료되어 흥미를 느끼고,
(2) 그 결과 책 내용을 더 잘 이해하여 누구든 자신이 할 수 있는 일을 발견하게 하는 데 있다고 할 수 있다.
(3) 그저 몇 권의 책으로도 족하다. 세계가 책의 홍수에서 해방되어야 할 진대, 그 시초에 있어서도 마찬가지여야 한다. 세계가 하나님의 책들에 유입되어야 할진대, 이 일을 즉각 시작해야 한다.
(4) 과제의 분량은 아동기 동안 내내 채울 수 있는 양이어야 하며 어리석거나 나쁜 것이 침투할 여지를 남겨서는 안 된다.
(5) 책들은 모국어로 번역된 지혜담과 같이 성경이나 기타 책들에서 정선한 잠언들을 포함해야 한다. 아동기에서부터 수천 가지 금언을 익힐 여건이 된다는 것은 우리가 보기에 상당히 유용한 것이기 때문이다.

---

6) S. Anm. 5, auch in Did.m., XXIX, 11에서 코메니우스는 정원 작업으로부터 책들의 제목들을 따 왔다고 소개하고 있다.

역시 에쉬네스(Aeschines)가 "우리 성인은 행동으로 옮기기 위해 아동이 되어 시인의 잠언을 배운다"[7]고 말한 것은 이와 같은 의미에서이다. 예수 시락(Jesus Sirach) 제39장에서 입증해 주는 바대로 어버이들도 이와 같은 견해를 가지고 있다. 그렇다면 어떤 잠언을 가르쳐야 하는가?

1) 성경에서 천 가지를 뽑아야 한다 – 모두 그 구절을 표시하여.
2) 자연 영역에서 정선한 100가지 격언.
3) 시편과 찬송에서 일이천 가지 격언.
4) 도덕적인 금언, 간략한 시행 등에서.

이러한 잠언들이 수집되어 일정한 체계까지 갖추며, 더 나아가서는 ① 실질적인 연관성 – 대화의 형식 – 을 가지면 좋을 것이다. 그런 식으로 연관성 있는 본문을 구성할 수도 있다. ② 색인을 대신하여 – 알파벳순으로 배열하면 사전을 저절로 이용하게 될 수 있을 것이다. ③ 또한 초급 문법을 습득하면 이를 가지고 아동들은 본보기를 따라 하는 법을 배울 수도 있다.

(6) 이러한 소 교본들은 여타의 보조 수단과 같은 것들이라 볼 수 있는 데, 결론적으로 말해 다리 자체가 아니라 수학기의 아동들을 세워 주고 다리를 곧게 펴도록 해주는 일종의 버팀돌 같은 것들로서 그들의 다리가 강성해지도록 하면 되는 것이다. 우리의 타고난 능력도, 우리의 정신, 의지, 우리의 손과 혀도 바로 세워 주는 보조 수단이 필요하다. 하지만 주의해야 할 것은 항상 그것에 의존하는 것이 아니라 단시일 내에 떼어 버려도 무방할 정도에 이를 때까지만 사용해야 하는 것이다.

---

[7] Hendrich는 코메니우스가 에쉬네스의 이러한 말들(Versus sententiosi… Vitembergensi)을 자신의 책에서 삭제했다고 주장한다. 여기에 대해서는 많은 간행물들이 있는데, 예를 들면 1565, 1586년 출판된 것들이 있다.

그러면 이제 책을 어떻게 읽기 시작해야 하는가?

모든 것이 마치 놀이와 같은 것으로, 자세히 말하자면, ① 자기 고유의 생각, ② 고유의 발음, ③ 고유의 행동, ④ 고유의 사용 방식을 통해 늘 하듯이 하면 그 실행은 쉬울 것이다.

그러한 까닭에 어린이들이 ① 모든 것을 보고, 듣고, 만져 보고, ② 모든 것을 발음해 보고, 읽고, 쓰고, ③ 모든 것을 모방해 보고 행해 보고, ④ 모든 것을 그들 유익을 위해 쓸 수 있도록 마련해 주어야 한다.

[문제] 초기 아동들에게 알찬 안목을 가지고 올바른 체계에 맞춰서 세밀히 가르쳐 준다는 것은 과연 어떤 장점이 있을 것인가?

대답은 이렇다.
(1) 아동은 아직 다른 의무가 없다. 따라서 그들에게 중요한 것이라 해서 서두를 필요는 없다.
(2) 모든 불충분한 이해는 일종의 경솔 자체이며, 단편적이고 암흑적인 것이다. 그래서 첫해에 모든 것을 가지런히 눈 앞에 진열해 주어야 한다.

1년차의 초보자

제 I 학급 : 못자리 · 모판(Plantarium)

이 학급은 세 부문으로 나누어진다.
(1) 초보자를 위한 부문, 알파벳을 배운다.
(2) 읽을 줄 아는 자를 위한 부문
(3) 이미 쓸 줄도 아는 자를 위한 마무리 부문, 사실 (1), (2) 부문의 학생들도 쓸 줄 안다.

그러나 (3) 부문에 이르러야 쓰기가 주요 과제물이 된다.

1. 생기가 넘치는 ABC	1. 이론을 위하여 2. 행간, 구절 간에 들어 있는 소사전 3. 세 가지 대화
2. 실습을 위하여	1. 철자판과 음절판 2. 분필과 펜으로 쓸 수 있는 칠판 **주의.** 정자체의 기본은 ① 아래 긋기 ② 빗금 그리고 ③ 원으로서 기하학상의 선과 정확하도록 연습해야 한다. 3. 종이와 잉크
3. 연습을 위하여	1. ABC – 초기 학급의 ABC놀이. 25명의 어린이를 선정하여 각자에게 철자 이름을 주고 손목에 써 주거나 미리 준비한 것을 손에 쥐어 준다. 그러고 나서 임의의 학생들을 불러내어 '아버지', '우리' 등과 같은 단어들을 발음하게 한다. 그러고는 다른 학생들로 하여금 철자를 읊게 하고 그 순서에 맞게 정열시킨다. 이것을 잘못하거나 전혀 못하는 자는 탈락이다. 이것이 바로 살아 있는 철자 교육이다! – 이 놀이는 천 명까지도 가능하다. 2. 빠르게 쓰기는 경쟁을 통해 연습시켜야 한다. 어린이들에게 신앙 지식 등과 같은 쓸거리를 제공하라. 먼저 쓴 학생이 승리하는 것이고 늦게 쓴 학생이 지는 것이다. 3. 바르게 쓰기는 속도성이 아니라 자체(字體)의 정확성으로 경쟁하는 것이다. [하스되르프(Harsdörffer)의 '원기회복의 시간', II장 512면, 문제 III을 보라.]

2년차의 초보자

제 II 학급 : 온상·온실(Seminarium) ·

[**목표**] 여기에서는 우리가 알아야만 하는 사물들에 대한 개괄적인 분류를 해야 한다. 즉, (1) 감각으로 접근할 수 있는 범위 내의 모든 세계, (2) 오성으로 탐구할 수 있는 범위 내의 모든 정서, (3) 신앙을 열어 주는 성경에 관해 설명해 주는 모든 인식을 받아들여야 한다.

[**수단**] 이러한 모든 영역에 대한 정확한 연구가 행해져야 하며, 모든 것을 질문과 답변 속에서 해결해야 한다. 필요한 부분에는 삽화를 넣을 것이며 해설을 통해 명확한 뜻을 제시해야 한다. 그러면 학생들은 모든 것을 이해하게 될 것이다.

[**주의**] 초보자 단계의 사전[8]에 대하여. 언어의 초보를 모방하는 가운데 전적으로 기본 어휘만을 포함하고 있는 관련 본문 속에 모든 것이 들어가게 해야 한다. 예를 들면, 아이는 A라는 문자를 가지고 ABC를 배우기 시작한다. 전나무, 단풍나무, 오리나무들은 모두 나무들이다. 떫은 맛의 사과는 맛이 없다. 알로에는 담즙처럼 쓰다. 초는 시다. 후추는 맵다. — 모국어와 라틴어와 같은 그런 사전은 다음에 따르는 중급사전(Lexicon Januale)에 대한 흥미와 호감을 갖게 해준다. 중급사전은 동일한 방식으로 각 단어의 어원에서부터 그 파생어까지 상세하게 분류해 놓은 것이다.

---

8) ODO의 3부에서 코메니우스는 Saros Patak로 편집된 3권의 라틴어 교과서를 Eruditionis scolaticae Vestibulum(초급), Janua(중급), Atrium(고급)이라는 제목으로 소개하고 있다. 이러한 모범을 따라서 코메니우스는 그의 범교육론에서 모국어 민족학교에 관하여 작업을 할 것이다.

제 III 학급: 온상(Violarium)

감각 세계의 사물에서 연원하여 모아지는 어린이다운 윤리. 이 소책자를 통해 진지한 윤리를 습득할 때에 학생은 능히 본성의 제자가 될 수 있을 것이다. 사물 세계 내에서 존재, 발생하는 전체의 모든 것을 - 사물에 관한 인지내용으로 가득찬 백과사전[9]에서 엿볼 수 있듯이 - 섭렵하여 인간의 독자성과 활동성에 주목하고, 본성에서부터 나오는 모범을 통해 선을 배우며 악을 버리는 것도 가능하다. 가령 물이라는 단어는 다음과 같은 교훈을 일깨워 줄 수도 있다.

(1) 물의 표면은 바람이 불지 않는 한, 언제 어디서나 파고(波高)가 동일하다. 즉 물방울 위에 물방울이 떨어지지 않는다. 인간은 이 점을 본받아야 한다. 사람 위에 사람 없다. 이는 모두가 평등한 본성이기 때문이다.
(2) 물에 접촉되는 모든 것은 젖기 마련이다. 즉 다른 사물과의 관계에서 물의 속성상 그렇게 되는 것이다. 마찬가지로 인간은 가능한 한 많은 이들을 인간적으로 감화시켜야 한다.
(3) 강물은 각지에서 흘러드는 물을 도시와 시골로 보낸다. 그렇기 때문에 게을러 늪지에서 멈추지 않는 한, 물은 깨끗함을 유지한다. 그 결과 다른 사람들에게도 유익을 준다. 마찬가지로 섬기길 원하는 사람은 사랑을 받을 것이로되, 자기 자신이나 타인에게 전혀 유익을 주지 못하는 자는 쓸모없는 자가 된다.

이와 같은 비유는 태양에도 적용이 된다. 태양은 항상 궤도를 유지시켜

---

9) 여기에서는 1658년에 **Nuernberg**에서 두 번째로 나온 **Orbis pictus**를 의미한다.

주며, 그 빛으로 모든 사람에게 봉사한다. 성실한 사람은 다른 이들에게 유익을 주어야 하며, 힘이 닿는 한 섬기는 자가 되어야 한다.

　나무도 매 일반이다. 나무는 하루해 동안에 자란 것이 아니라 수년에 걸쳐 자라난다. 인간의 육체와 영혼도 마찬가지이다. 수목은 해가 지날수록 더 성장하며, 여름 같은 때에는 매일 매일 자라난다. 겨울에는 추위 때문에 성장이 방해된다. 우리가 매일 성장해야 하는 것은 당연한 사실이다. 열매 맺지 못하는 나무는 베어서 불길에 던져 버린다. 선한 결실을 맺지 못하는 사람[10]에게도 마찬가지의 일이 발생한다. 나무는 열매 맺기 전에 꽃을 피워야 한다. 인간은 자신이 다른 사람을 가르치거나 기타 인간 공동체의 일꾼으로 봉사하기 전에 먼저 배워야 한다.

　손에 관해서도 동일하다. 돌에 부딪힌 개는 돌을 문다. 이와 비슷하게, 화난 인간은 완고해진다. 우리는 개와 같은 도덕을 조심해야 한다.

　잣나무나 가문비나무, 소나무 같이 높게 자란 수목이 가득한 숲을 지나노라면 떡갈나무, 너도밤나무, 자작나무, 백양나무와 같은 낮게 자란 수목들이 번식하여 마치 자신들이 자유 공간의 하늘을 차지하려는 듯, 짓눌린다거나 억눌리지 않고 있는 양 그들 속성에 반하여 더욱 **뻗어** 오르려고 함을 느낄 수 있을 것이다. 보라, 식물의 영혼[11]까지도 서로 경쟁하지 않는가! 이 사실이 하늘의 식자 견습공인 우리, 이성적 피조물에게 타당할진대 더욱 우리는 서로 간에 좋은 모범으로써 성장을 이끌어줘야 하지 않겠는가?

　장미는 아름다운 향기를 품고 있으나 가시를 가지고 자라난다. 무흠(無欠)과 도덕 또한 아름다운 것이기는 하나 이를 위해 필요한 연습 – 일과 훈육 – 은 우리에게 가시와도 같은 것이다.

　태양이 빛을 내지 않고 우리가 여전히 그 빛을 필요로 하지 않는다면, 우

---

　　10) 요한복음 15:6 참고.
　　11) <Lebensgeister>에 관한 정보는 Physicae synopsis에 여러 방면으로 소개되어 있다.

리는 달이나 별 내지는 등잔불로 만족할 것이다. 마찬가지로 우리가 큰 은혜를 누리지 못할 경우에 조그마한 것에 만족해야 할 것이다.

이런 방식으로 만물의 삶으로부터 무한히 많은 예를 찾을 수 있으며 그것들을 인간의 행위로 옮겨 놓을 수 있다. – 어린이들에게는 무진장한 이득이 된다. 이런 방식으로 가르치면 그들은 즐거움을 느낄 것이며 전혀 지루함을 느끼지 않을 것이다. 사물 세계를 참고하여 그린 그림은 깊이 각인시키고 정서에 영향을 끼치기 때문에 이런 방식은 효과적이다. 결국 이런 수업 방식으로 모든 사람이 교육받는다면 그들은 자연 법칙에 순응하게 될 것이다. 이것은 모든 후대인들에게 좋은 토대가 되며 자연 물리학에도 좋은 토대가 되어 더 쉽게 이해하게 하고 접근을 용이하게 해 줄 것이다. 자연은 은총에 이르는 계단이다. 그리고 은총은 자연을 지양하는 것이 아니라 떠받들어 준다. 은총은 자연을 멸절시키지 않고 오히려 완전하게 만든다.[12]

그러나 인간의 영향력이 닿는 세계에서도 도덕적인 생활 실례를 얻을 수 있다. 집이나 탑을 짓는 자는 모래 위가 아니라 돌과 반석 위에 지어야 한다. 마찬가지로 존경받는 삶을 살기 위한 기초는 응석받이 교육에서 나오지 않고 엄격한 아동기와 청소년기에서 나온다. 탑을 높이 올리면 올릴수록 그 기초는 더욱더 깊어야 한다. 마찬가지로 위대한 지혜와 능력이라는 건물을 세우려 하는 자는 더욱 겸손한 자세로 시작해야 한다. 그리고 아주 훌륭한 교사로부터 아주 훌륭한 수업을 받는다 해도 굼뜨고 게으르게 행동한다면 무익할 뿐이다.

"오 아이야, 무엇보다도 명예를 사랑하고 부끄러운 일을 피하는 법을 배워라. 명예는 너에게 도전이요, 얽매임은 너에게 부끄러움이니라."

이와 같은 방법으로 우리는 대가들의 비유에서도 다음과 같은 순서로 선

---

12) Gratia perficit naturam – 이 근본 원칙은 토마스 아퀴나스의 신학총론(Summa Theologiae)의 토대와 방법론을 나타낸다. 계시의 진리는 자연적인 인식과 부합된다. Fides praesupponit cognitionem naturalem(Thomas, Summa Theol. I,2,2 ad 1).

별해 볼 수 있을 것이다. 어떤 이들은 상징을 해명하고픈 사물로 보나 우리는 사물을 상징으로 본다.[13]

[교훈 모음]

1. 그대가 보는 것 모두를 요구하지 말라.
2. 그대가 듣는 것 모두를 믿지 말라. 그러면 현명한 자가 될 것이다.
3. 그대가 아는 것 모두를 말하지 말라.
4. 그대가 할 수 있는 것 모두를 행하지 말라.
5. 그러므로 그대가 이제 막 알게 된 자 모두를 매 한가지로 믿지는 말라!
6. 그대의 신뢰를 쏟는 자들을 신뢰하되 주의하라!
7. 잃어버린 것을 두고 화내지 말라!
8. 늘상 일어나는 일은 그대를 어지럽히지도 괴롭히지도 아니한다.
9. 앞을 보고, 뒤돌아보지 말라!
10. 허황된 것에 매몰되지 말고 그대 앞에 주어진 것에 충실하라!

일반 지침 사항 : 무엇보다도 그들 생의 목표를 항시 눈앞에 두어 그들로 하여금 그것을 인식하고, 왜 자신이 태어났으며 죽어서 어디로 가는가에 대해 깊이 생각하도록 가르쳐야 한다. 그대가 왜 사는지를 모르고 산다는 것은 곧 날파리나 쐐기풀과 같이 사는 것과 똑같기 때문이다. 그것들도 먹고 살아간다. 그러나 인간의 삶은 타인과 함께 사는 사회 내에서 영위되며 활동한다는 점을 주목해야 한다.[14] – 인간은 바로 이성과 언어와 행동 능력을 부여받았다. 인간은 하나님을 묵상하며, 자신에게 제시된 모든 것을 깊이 숙고해야

---

13) 아마도 코메니우스는 여기서 Jan Gruter의 포괄적인 작업을 생각하고 있는 것 같다. 이 작업에는 J. V. Andreas도 참여했다.
14) Vgl.(Arndt, J): Philosophisch-kabalistisches Judicium…angebd. an: Khunrath, De igne agorum Philosophorumque. Leipzig 1783, S. 108(D.).

한다. 인간은 하나님과 선량한 사회를 사는 타인과 더불어 항상 하나님을 존엄하게 하는 일을 행해야 한다. 그리고 나서 캄파넬라Campanella, 16장 64면 이하[15])에 서술된 바와 같이 인간 정서의 승귀(昇貴)에 대한 서술이 제 위치를 찾아야 한다.

일반 지침 사항 보충 : 아동기 학교 내에서는 어린이들이 선한 모든 것을 능숙하게 숙고하고, 그것에 대해 말하며, 또한 그것을 행할 줄 알아야 한다. 그것을 통해서 현재의 삶과 장래의 삶을 위한 올바른 대비를 하게 된다. 그들은 언제 어느 곳에서나 지행(至幸)의 목표를 향해 노력해야 한다. 누구나 어느 곳에 가든, '네가 왜 이곳에 있는지 그 이유를 말해 주시오!' 라는 유명한 말을 목전에 간직해야 한다. 이러한 생각에 기여하지 않는 것은 그대에게 꺼림직한 것이 될 것이다. 이러한 목표에 반하는 것을 해독물을 몰아내듯 몰아내는 법을 배워야 할 것이다. 이러한 습성을 다른 모든 학생들이 익히도록 해야 할 것이다.

아동들은 이미 그들의 시간을 올바르게 구분하는 데 능숙해져야 한다. 아침 시간은 학습을 위해, 오후는 대화와 관심 분야를 위해 할당해야 하며, 저녁에는 휴식의 시간을 가져야 한다. 아동기의 세 번째 학급의 학생들은 성경 개론서에 앞서 성경 이야기책을 구입해야 한다.[16])

- **[기도 모범]** 주님, 당신의 은혜로 우리의 행위를 다스리시고 우리를 도우시고 당신의 인도하심을 따라 일을 이루게 하소서. 그럼으로써 우리의 모든 말과 행동이 늘 당신으로부터 시작되게 하시고 당신을 통해 일을 이루게 하시고, 당신 안에서 끝맺게 하시고, 당신에 의하여

---

15) Campanella-Drucke의 도움으로는 증명할 수가 없다. De sensu rerum et magia Frcf.1620(D.)에 유사한 입장이 있다.

16) 코메니우스는 1658년에 그의 옛 고향에 흩어져 있는 여러 형제교회 (Bruderkirche)들을 위하여 성경적인 소책자를 출판하였다. 이 책자는 하나님께서 인간들에게 ①믿을 것을 계시하시고 ② 행할 것을 명령하시고 ③ 언약을 소망할 것 등의 내용을 담고 있다.

당신으로 말미암아 당신 안에서 모든 것이 굳게 되게 하소서. 성부와 성자와 성령이시어! 한 분뿐인 하나님, 우리를 불쌍히 여겨 주소서! 아멘. 당신의 광명과 당신의 지혜를 쏟아 주시어 나를 인도하사 당신의 성산에 올라 당신의 장막에 거하게 하소서, 오 하나님!

제 IV 학급, 4년차: 장미 화원(Rosarium)

여기에서는 제3의 인식 근거인 하나님의 계시에 대한 첫 분석을 하게 된다. 이것은 카스텔리오(Castellio)가 거룩한 대화[17]에서 제시한 바와 같이, 무대상의 연습의 형식으로 해 보아야 하며 완전히 충분하게 해야 한다.

성경 입문의 첫 단계[18]에서 몇 가지 실례를 뽑아 보면 다음과 같다.
- 하나님은 모든 것을 창조하시고 모든 것을 주관하시는 영원한 권능이시다. 모든 것을 좌우하시는 지혜, 모든 것을 선한 종말로 인도하시는 선.
- 인간은 하나님의 형상이다. 인간에게는 어느 정도 그분에 준하는 힘과 통찰과 의지가 있다.
- 세계는 인간의 거소(居所)이며 생활 근거지이며 인간의 학교이다.
- 성경은 예언자와 사도에 의해 쓰인 하나님의 책으로서, 외적인 사물을 탐구하는 인간에게 내적이고도 영원한 것을 잊지 않도록 일깨워 준다.
- 구약성경에 나오는 예언자들은 하나님의 영을 받아 그분의 뜻을 설교하고 히브리어로 기록한 하나님의 사람들이다.
- 모세, 여호수아, 다윗, 사무엘, 나단, 솔로몬, 이사야 등이 성경에 등장

---

17) 16세기에 훌륭한 라틴어로 편집된 Dialogorum sacrorum libri quattuor Sebastione Castellione autore는 성경에서 끌어온 것이다(H.).

18) 코메니우스는 Vestibulum(초급)을 복잡한 Januen(중급)으로 인도하는 교과서도 나타내고 있다. 다른 곳에서는 언급되지 않은 Vestibulum Sacrae Scripturae은 16항에서 언급된 Janua…in Biblia로 안내하는 역할을 한다.

하는 예언자들이다. 마태, 요한, 베드로, 바울, 야고보 등은 사도에 속한다.

이 학급 단계에서 역사극을 만들 때에는, 신약성경 머리말 부분 33면에 있는 루비누스(Lubinus)의 조언을 주목해야 한다.[19]

일반적으로 어린이들은 3, 4학급 때에 지난 일을 되돌아보고 현재 일을 규모 있게 하며 미래의 일을 생각하도록 가르침받아야 한다. 이 모든 것은 단계적으로 점증한다. 나무는 항상 그 씨에서부터 출발하여 뿌리를 땅 속에 내리고 그 가지를 위로 뻗는데, 같은 방식을 유지하며 성장한다. 수목 연령이 더하고 그 뿌리가 깊을수록 가지는 더 높이 위로 뻗는다. 사람들도 마찬가지인데, 어릴 때에 두 부위가 씨앗의 속처럼 진작 배태되어 있으며 아동기에 이미 그 성장을 시작하는 것이다. 아이가 맨 처음 비로소 하루나 이틀 혹은 사흘 동안에 일어난 일을 떠올리며 그 행한 일을 하나 하나 세어 볼 수 있게 될 때에는 동일한 부피의 시공(時空)을 바라보는 법도 배워야 한다. 성숙한 삶은 수 해 동안의 일을 기억하기 때문에 그 앞에 펼쳐질 미래를 동일한 햇수만큼 내다보아야 한다. 그는 적시에 장래에 해야 할 일과 현재 자기의 시간을 어떻게 보내야 하는 지에 대해 숙고해야 한다. 결국 자기의 요람의 때까지 회고할 수 있는 자는 미리 영원을 내다보아 준비를 하라.

- [기도 모범] 나의 하나님, 나를 정결하고 거룩하게 하사 당신의 마음에 합한 자가 되게 하소서. 내 발걸음을 이끌어 주시고 인도하사 당신의 명령에 따르게 하소서. 당신의 종인 나를 이 지상에서 영원에 이르는 날까지 무엇보다도 악에서 지켜 주시고 보호하소서. 주여, 소망이 욕이 되지 않기를 바라나이다. 아멘. 오 주님, 당신의 눈동자처럼 날

---

19) Rostrock의 교수인 Eilhardius Lubinus(2565-1621)는 1617년에 라틴어 학습에 유익한 교재로서 신약을 헬라어, 라틴어, 독일어로 편집하였는데, 이를 코메니우스는 자주 인용한다(Did.m.,12 und XXVI, 13).

지켜 주소서. 하나님 나를 버리지 마소서. 당신의 거룩한 이름으로 인하여 당신을 떠나지 않겠나이다. 하나님, 성령으로 당신을 믿는 자들을 비춰 주시는 분이시여, 제가 지금이나 장래에나 바로 사고하고 거룩하게 행동하고 무익하지 않는 것을 말하고 내 속에서부터 우리 주 예수 그리스도를 통한 당신의 위로를 기뻐하게 하소서. 아멘.[20]

제 V 학급, 5년차: 동물원 [Viridarium]

이 단계에서는 메둘라 비블리카(Medulla Biblica), 즉 알파벳순으로 정리된 플로레스 비블리치 폰 호프(Flores Biblici von Hopf)[21]에서 볼 수 있는 바와 같은 성경 핵심 구절 모음을 위한 장이다.

지금이 바로 진정으로 학생들을 경건으로 인도하기 위해 애써야 할 때이다. 특히 제멋대로 하는 성격을 가진 아이들은 그 고유의 본성을 완전히 억누를 수는 없으므로 하나님의 인도하심에 맡겨야 하며 전적으로 그분의 뜻에 따라야 한다. 그렇지 않으면 아동이나 성숙 과정에 있는 아이들은 그 마음속에 하나님을 두지 않기 시작하며 해충으로 인해 그 뿌리까지 썩은, 요나의 박 넝쿨[22]과 같이 될 것이다. 우리는 젊은 사람들에게, 베른하르트(Bernhard)의 책「묵상」(De concideratione)에서 참신한 방식으로 제시된 바와 같이 하나님의 눈이 그들과 그들의 행위를 늘 인도해 준다는 점을 상기시켜 주어야 한다. "하나님은 사랑이시니 모든 것을 사랑하시며, 진리이시니 모든 것을 아신다. 그분은 정의이시니 모든 것을 심판대 위에 세우시며, 권능이시니 모든 것을 좌우하시며, 구원이시니 모든 것을 구하시며, 능력이시니 모든

---

20) Vgl.den "Kapitel" bezeichnenten Teil der Complet des monastischen Breviers.(D.)

21) Hopf, Joh. Christ., Flores Biblici, das ist: Biblische Blumen auss H. Schrift/nach den Alphabet zusammmen gefasset.Arnstadt1645(D.)

22) 요나 4:7

것에 능을 발하시며, 그분은 율법 – 또는 빛 – 이시니 모든 것을 드러내신다. 그리고 그분은 자비이시니 모두를 도우신다."[23]

이와 같이 말할 수도 있다. 하나님은 피조물 내부에, 모든 피조물 속에 거하신다. 모든 곳에 계시며 하늘과 땅에 충만하신 그는 필연적으로 현존하심이 분명하다. 영혼이 온 몸과 그 모든 지체 – 아무리 미세하고 사소한 부위일지라도 – 에 충만하듯이 하나님은 자신의 지혜와 드러나는 무대로서, 그리고 자신의 명예의 자리로서 세운 물질적 세계에 충만하다. 그러므로 그대 위에, 그대 밑에 계신다. 그대가 겸손하고 경건하고 열정적으로 살아가면 그분은 도처에서 은혜의 손으로 그대를 두르시고, 그대가 죄를 지으면 그분의 의의 손으로 붙잡아 주신다.

우리를 창조하신 자만이 우리의 내부를 알고 있는 유일한 분이시며 우리를 만드신 분이 우리를 다시 일으켜 세워 주실 수 있는 유일한 분이시기에, 우리가 평안하게 지내기 위해서는 바로 그분의 축복과 은혜를 필요로 한다. 공기와 태양과 비가 없는 대지에서 일하는 것은 허사이듯이 하나님 없이 하는 인간의 양육 또한 마찬가지이기 때문이다. 농토에 씨 뿌리는 것만으로는 충분하지 않으며 하늘에서 내리는 비를 기다려야만 하는 것이다. 수목을 심어 물을 뿌려 주는 것만으로 충분하지 않으며 이를 위해 하나님의 은혜가 있어야만 한다. 인류의 교육 역시 같은 위치에 있다.

그러나 우리는 ① 명확한 목표 설정을 통해서만 하나님의 도움을 받는다. 이를테면 하나님을 영화롭게 하는 것과 무관하지 않는 것, 즉 사회를 공고히 하고 자기 몸과 같이 이웃의 복지를 위해 노력하는 것을 통해서 말이다. 우리는 ② 끊임없는 노동을 통해서 하나님의 도움을 얻는다. 구하고 찾고 문을 두드리는 자만이 구하고 찾은 것을 얻고 발견하며 원하였던 곳의 문이 그에게 열리기 때문이다. ③ 마지막으로 우리는 마치 우리 자신을 신뢰하는

---

[23] Bernhard von Clairveaux, De consideratione, lib.V, cap. 6.

것처럼 보이지 않도록 열심히 기도해야 한다. 몇 가지 기도의 예를 들어 보자.

 영원토록 전능하시고 자비로우신 하나님, 모든 지혜와 총명의 샘이신 당신이여, 당신의 성령을 우리에게 보내 주사 우리로 행복한 시작을 하게 하신 이 날에, 당신의 거룩하신 이름의 찬미와 이웃의 구원과 우리의 구원과 무관한 것은 아무것도 말하거나 생각하거나 행하지 말게 하소서. 연약한 아동기에 많은 배울 것을 주신 주 예수 그리스도여, 아버지의 영원한 지혜이시니 기도하기는 당신의 은혜로 우리의 생각을 지배하시어 당신의 존귀한 이름을 위하는 자유로운 예술과 학문을 배우게 하시며 우리의 정신이 그 도움으로 인해 당신에 관한 완전한 지식을 얻게 하소서. 우리의 정신은 당신께서 만들어 주셨으며 아버지와 성령께서 지배하시나이다. 아멘.
 오 선하신 예수여, 진실로 보편적이고 사도적인 마음과 입술로 선포하는 우리의 신앙을 강하게 하시며, 우리의 생명의 마지막 호흡이 다할 때까지 자발적인 고백으로 살아가게 하소서. 나는 하나님을 믿사옵니다. 등등.

 이와 유사한 기도들이 실려 있다.

 여기에서 아동과 소녀가 교회 모임을 통해 이끌어져야 하는가라는 의문이 생긴다. 이에 대한 찬반 근거가 만만찮다.

[반대 이유]

(1) 그들은 듣는 것을 이해하지 못한다. 그런데 사역자가 그들을 하나님의 말씀에 적응시키려 한다면 다른 것들을 소홀히 할 것임이 분명하다.
(2) 그들은 주의력이 부족하다. 그러므로 그들은 듣는 것으로는 아무런 유익을 얻지 못할 것이다. 그들이 다른 사람들에게 신경을 쏟아야

한다면 자기 자신에게는 주의를 쏟지 못하게 된다.
(3) 이것은 평생에 걸쳐 무익하고 해로운 것이다. 그들이 주의력을 요하지 않는 사소한 일에 능숙해져 있다면 그들은 장수할 것이다. 그렇다면 그들은 언제 주의력을 쏟기 시작해야 하는가? 습관적으로 되는 것은 더 이상 신경쓸 필요가 없다.

[찬성 이유]

(1) 하나님의 말씀

(2) 그리스도의 실례, 누가복음 2:41 [성전에서의 12살의 예수]

그러므로 우리는 무엇을 해야 하는가? 학교에서 그들의 이해력에 맞추어 선별된 하나님의 말씀을 학생들에게 선포하고 시편이나 익히 알려진 찬송을 불러 보는 연습을 시키는 것이 가장 합리적인 것이리라.[24] 동시에 음미할 수 있게 하는 것이다. 후에 그들이 성숙하여 주의력이 깊어져서, 교회 예배에 참석하길 요구받으면 참석시켜야 한다. 그러므로 그들 부모의 배려 하에 집에서 준비시켜야 하며 성전에서 하는 것들에 대해 교육시켜야 한다. 부모 쪽에서는 그들을 자신의 감독하에 둠으로써 그들의 주의력을 일깨워 줘야 하며, 설교자 편에서는 아이들의 이해에 맞는 설교를 해야 한다. 설교 후에는 그들에게 내용에 대해 물어 보아야 한다.

신앙의 신비와 항목에 대한 상세한 가르침을 소홀히 해서는 안 된다. 예

---

24) 코메니우스는 여기와 다음 부분에서 형제교회의 찬송 의무와 어린이 종교교육을 관련시킨다. 그는 자신이 직접 시편과 어린이 찬송가의 가사를 썼는데, 부분적으로는 번역을 한 것이고 어떤 것은 오래된 노래책에서 빌려 온 것이다. 이것은 Kancyonal이라는 이름으로 암스테르담에서 출판되었다. 그는 이것을 2년에 걸쳐서 독일어로 출판하였다.

를 들면 칭의에 대한 의미를 어린이들에게는 다음과 같은 방식으로 설명해 줄 수 있다.

① 성경에 분명히 이르기를 모든 인간은 죄인이요, 영광에 이르지 못한다고 했다. 로마서 3:23에서 그렇게 말했다.
② 그러므로 너는 하나님의 심판대 앞에서 어떤 방식으로 고백할 수 있겠느냐?
아버지 옆에 계시는 우리 주 예수 그리스도의 보증과 변호로 인하여 할 수 있다.
③ 너는 어디에서 이것을 아느냐? (요일 2:2)
"내 아이는 죄를 짓지 아니하니'라는 구절에서 알 수 있다.
④ 그 변호가 유효한 것이냐?
그렇다. 첫째, 그리스도께서 대제사장 되시어 스스로 영광을 취하심이 아니요, 아버지께서 그 일을 위해 부르셨기 때문이다(히 7:25 이하). 이는 그분이 모든 면에서 하나님의 계명을 지키고 범하지 않은 까닭이다(히 2:14). 둘째, 그 분은 죄를 위한 화목제물이니(히 2:14), 우리를 위할 뿐만 아니라, 온 세상의 죄를 위한 것이기 때문이다(요한 1서 2:2).
⑤ 어떤 인간을 위해 그리스도께서 오셨는가?
회개하고 믿는 자를 위해. 그분은 복음 전체를 이 두 마디의 말씀으로 요약하셨다(막 1:15).
⑥ 회개한다는 것은 무엇을 뜻하는가?
⑦ 믿음이란 무엇을 뜻하는가?
⑧ 그러면 칭의란 무엇인가?
우리가 의롭다 칭함을 받고, 죄책에서 정결해지며 영원한 사망의 형벌에서 벗어나는 것이다. 이것은 죄인에 대한 용서를 통해 일어난다(롬 4:5 이하).
⑨ 그리스도께서는 의롭다 칭함을 받은 자에게 무엇을 요구하는가?

더 이상 죄를 짓지 않고 하나님의 은총으로 거룩하고 정결함을 유지하여 어떠한 악의 찌꺼기도 생기지 않게 하는 것이다.
⑩ 그런데도 인간이 타락할 때에는 무슨 일이 일어나는가?
그 타락이 연약함에서 비롯된 것일 경우에는 하나님께서는 꺼져가는 촛불도 끄지 아니하신다…그것이 완고함에서 비롯한 것일 경우에는 그분은 나아지도록 훈육하신다…그러나 인간이 끝끝내 완고하다면, 하나님께서는 은총으로 그를 취하신다…나아지지 않는 자는 버림받는다….

제 VI 학급, 아동의 스핑크스
- 파라다이스 -

이 연령층을 위한 종교적이고 도덕적인 수수께끼, 우화, 비유, 그리고 여러 이야기가 여기에 속한다. 잠언과 부합하는 실질적인 연관이 있는 이야기들은 일찍부터 잘 알고 있다. 무엇보다도, ① 성경 수수께끼 ② 기타 세계의 수수께끼, 즉 물리학, 천문학, 지리학 등[25)]이 여기에 속한다.

실례를 들면 다음과 같은 것이 있을 수 있다.
"20명 정도는 편안하게 탈 수 있고, 그러나 30, 50, 100명까지도 탈 수 있으며, 말이 이끄는 데도 거의 나는 것만큼 빠른, 바퀴 없는 차가 있는 나라는 어느 나라일까요?" 답 : 네델란드.

또는 "비가 오지 않는 나라인데도 비옥한 나라는?"
답 : 이집트.

모래알과 빗방울 수에 관한 수수께끼, 영원의 날에 대한 수수께끼도 있다. 그리고 세상만큼이나 부피가 큰 모래산과 같은 이야기나 천 년마다 날아 와

---

25) Vgl. Harsdörffer, GP., Frauenzimmer-Gesprächsspiele. Nürnberg 1644, T.1, S. 37(D.)

서 모래알을 떨어뜨리는 새와 같은 옛 이야기를 적용할 수도 있다. 백 개 내지 천 개의 암호 숫자[26]를 가진 수레를 만드는 목수 이야기[27]도 마찬가지이다.

---

26) Paul Felgenhauer(1593 bis ca.1677)aus Böhmen, ev.Theosoph,gegen dwn Com. sonst polemisiert hat.

27) 여기에 대해서는 사본으로 된 다음의 글이 적합하다. 아이들을 위해서 만들어진 라틴어로 된 4개의 형태가 어휘놀이로 나타난다.

  Gryphy Lexici et Grammatici pueris
  Duc me,nec sine me,per me,Deus Optime,duci
  Nam duce me pereo,Te duce salvs ero.-

  <독일어로 번역하면>
  전능하신 하나님, 나로 하여금 나를 인도하게 마시고
  당신이 나를 인도하소서.
  내가 나를 인도한다면
  나는 망할 것이고,
  당신이 나를 인도하신다면
  나는 구원받을 수 있기 때문입니다(어휘놀이 : duco와 dux).

  ex Sedeo, sed eo, Cedo.
  Si qua sede sedes, et ea est tibi commoda sedes
  lla sede sede, nec ab illa sede recede.-

  네가 만약 그 의자 위에 앉는다면 편안할 것이다.
  그러니 너는 그 위에 머물러 있고 일어서지 말라(어휘놀이: : sedeo, sed eo와 credo).

  ex Venio et Venus; facio et facies.
  Quod facies facies Veneris si veneris ante
  Ne sedeas sed eas; ne pereas per eas.-

  네가 만약 비너스의 초상들 앞에 나가려 한다면
  이것을 행해야 한다. 너를 낮추지 말고 그것을 내려야 한다.
  그것 때문에 네가 망하지 않도록(어휘놀이 : venio, venus; facio, facies)

  ex aeris, eris, haeres.
  Aeris servus eris; si te species habet aeris
  Aeris cur haeres? cras aeris non eris haeres.

마지막으로 모호한 의미가 있는 오성(悟性)이라는 작업장에서 나오는 수수께끼, 이른바 소피스트적 수수께끼도 여기에 속한다. – 논리적이냐 문법적이냐 등.

  [**주의 1**] : 모든 중요 가르침들을 기억력의 도움을 입어 확실한 3분법으로 전환시켜 보는 것도 좋을 것이다.[28]

 독일 청소년을 위한 예를 들자면,
① 하나님에 관하여 세 가지 'W'를 배워야 한다. 말하자면 그의 본질(Wesen), 뜻(Wille), 사역(Wercken)에 대한 것이다.
② 하나님은 자신이 세 가지 'R'를 견지하셨다. 말하자면 섭리하심(Rathen), 통치하심(Regieren), 그리고 복수하심(Rächen)이다.
③ 인간은 하나님께 세 가지 'G'에 대한 책임을 지고 있다. 말하자면 믿음(Glauben)과 순종(Gehorsam), 그리고 인내(Geduld)이다.
④ 그것에 대하여 하나님은 인간에게 세 가지 'S'를 약속하셨다. 즉 그를 돌보시며(Sorgen), 그를 축복하시며(Segnen), 구원하시는(Seelig) 것이다.

  네가 만약 황금에 눈이 먼다면
  너는 황금의 노예가 될 것이다.
  너는 왜 황금에 집착하느냐?
  아침에 너에게는 아무것도
  남아 있지 않을 것이다(어휘놀이 : aes, ero, haeres).

 28) Trichotomie = 3분법; 코메니우스는 이것을 반복하여 사용하였다. Prodromus에서 그는 이 방식이 불신앙인들에게서 취해진 것이 아니라 사물 자체에서 발견한 것이라고 강조한다(Vgl.E.Schadel,Die Sozialismuskritik des J.A.C. und die Genesedes neuzeitlichen Welt - und Wissenschaftsverstaendnisses, in: Erkennen, S.164-188; Ders Antitrinitarischer Sozialismus als Motiv der Aufklärungs-philosophie,in:20,S.260-287). Hübner도 1639년의 비평적 서신에서 3분법에 동의하지 않았다. 3분법은 원칙상 Paracelsus의 소우주론(Mikrocosmoslehre)의 기초가 되었다. 기억술은 코메니우스의 스승인 Alsted의 교육학에 있어서 중요한 역할을 했다.

경제생활에 대해서도 비슷한 것을 제시하였다. 앞서 놓여 있는 땅은 세 가지 'W'를 가져야한다. 말하자면 물(Wasser), 숲(Wald), 자라는 잔디(Wiesewachs)이다.

식비, 사례비, 비상금
동일하게 체코어로도 묘사됨.

Newěsta ma miti Pět P k oʒdobě fwé.
Poboʒnoſt, Poctiwoſt, Pěkna, Peněʒita, Poklidna.
Ženjch tolik M. Maudrý, Mjrný, Milý - -

[주의 2] 이전 것보다 훨씬 완벽하다 할 수 있는 프리스키니안(Priscinian)이 고안해 낸 웅변술과 작문술이 여기에 속한다.[29]

문법을 매우 쉽고 정확하게 배우고 가르칠 수 있는 보고(寶庫)의 고안이란, 모든 문단과 연관된 본문을 15가지 규칙으로 요약해 놓은 것이다.[30] 학생들에게 그 규칙들을 습득시키되 그들이 다른 예들을 찾아볼 수 있도록 각 규칙 뒤에 백지를 끼워 주어야 한다. 물론 이것은 교사의 지도 하에서 성실하게 연습되어야 하되 판단력을 발휘하는 가운데 이루어져야 한다. 그대가 규칙의 예를 제시해 보고 그 규칙 내지는 예외로 적용되는 단어들을 모아 본다면 보다 완벽하게 습득할 수 있을 것이다. (주의 : 단어에 관한 문장론을 언급하는 것은 또한 말의 응용과 문장을 위해서도 타당하다.)

[주의 3] 그와 동시에 경건의 뿌리를 내리는 데 주의를 집중해야 한다. 그 마음속에 무신성(無神性)을 갖추기 시작하는 성장기의 아이들은 요나의

---

29) 여기에서는 Priscinian의 유명한 Institutiones grammaticae를 다루고 있는 것이 아니라, 이 명칭은 Did.m.,XXIV, 29와 XXVI, 7에서도 발견되는 일반적인 문법체계를 의미한다.
30) Saros Patak에 나와 있는 Janua(중급)를 위한 문법은 여기에 소개되어 있는 대로 단어의 연결을 나타내는 15개의 규칙으로 6장 De phrasi에서 언급된다.

박넝쿨과 같다. 따라서 젊은 사람들에게 있어 특별히 습관화되어야 하는 것은 하나님과 천사의 현존을 두려워하는 일이다.…경건한 사람 역시 그러는 한에서만 경건한 사람이다. 다른 한편으로 그들 자신은 하나님의 형상이라는 사실에 주목해야 하며, 그들 고유의 양심이 하나님의 파수꾼이며 증인, 즉 늘 그들을 바라보는 하나님의 눈이라는 사실에 주목해야 한다. 육체보다는 정신을 더 돌봐야 한다는 사실에 그들은 익숙해야 한다. 땅에서 난 것은 토기처럼 천시되어야 하기 때문이다. 그러므로 학생들에게 선별한 경건 성구를 외우게 하는 것을 중시해야 한다. 치트레우스(Chytraeus)의 피아티쿰(Viaticum)[31]에 그러한 것이 잘 나와 있다.

그대가 단지 가축마냥 행하고 먹고 마시고 잠자는 것만을 한다면 그건 동물의 삶을 영위하는 것이다. 그러나 그대가 그 행함을 통하여 본래적인 인간이 될 수 있는 것을 행한다면, 이를테면 노동하고 예술적인 것을 창조하고 분별력 있게 사고한다면 인간적인 삶을 영위하는 것이다. 천사가 행하는 것을 행하고, 하나님을 바라고, 겸손한 복종으로 그분을 찬미하고 존귀하게 여긴다면, 그대는 천사와 같은 삶을 누릴 것이다. 악마가 행하는 것을 행하고, 하나님으로부터 등을 돌리고, 그로부터 떨어져 피한다면, 그대는 악마와 같은 삶을 영위할 것이다.

어린 그리스도는 부모에게 이끌리어 성전 안으로 - 12세의 그리스도의 이야기에 따르면 - 들어오셨는데 그러나 그것은 외적 교회의 건물이나 모임뿐만 아니라 정신적인 면의 건립에 기여하는 우리 자신인 내부의 성전 안으로 들어오신 것으로, 이는 우리로 하여금 어린 그리스도와 함께 앉아서 서로 간에 묻고 배우게 하기 위함이었다.

마찬가지로 그들은 기도와 내적 탄원을 하는 가운데 하나님을 찾는 일을

---

31) Nathan Chytraeus(1543-1598)는 Rostock와 Bremen의 교수이다 : 1608년에 Herborn에서 기독교적인 죽음을 다룬 Viati cum itineris extremi라는 소책자를 썼다. 코메니우스는 이 유명한 책의 도움으로 그의 죽음의 학교(Schola mortis)를 완성하려고 하였다.

중단해서는 안 되며, 오히려 독려해 주어야 한다. 예컨대, 집을 나설 때에 아동은, '오 주님 저에게 당신의 길을 보여 주시고 당신의 길을 가르쳐 주소서. 당신의 말씀에 따라 저의 발걸음을 인도하사 불의가 나를 지배하지 못하게 하소서. 내 발걸음을 당신의 길에 붙잡아 두시어 나의 발자국이 당신의 길에서 벗어나지 말게 하소서.'라고 기도하면 좋을 것이다. 또는 교회에 들어갈 때에는, '오 주님, 당신의 충만하신 자비로우심으로 제가 당신의 거처에 들어가나이다. 제가 당신의 성전에서 기도하고 당신의 이름을 고백하겠나이다.'라고 기도하면 될 것이다.

그리스도께서, "내 집은 기도하는 집이라. 강도의 굴혈이 아니다."[32]라고 말씀하신 바대로 아동들은 교회 안에서 그 말씀에 맞게 행동해야 한다. 그렇기 때문에 이곳에서는 불손한 일을 행해서는 안 되며 허풍을 떨거나 속삭이거나 농담을 즐겨서도 안 된다. 잡스러운 생각으로 주위를 둘러보아서도 안 되며 정신을 묵상에 집중해야 한다. 성가를 부를 때는 함께 불러야 하며, 기도할 때도 함께, 하나님의 말씀을 들을 때도 함께 들어야 한다. 그 후에 또는 침묵의 순간순간 사이에 경건함을 모아 하나님의 자비로우심을 불러야 한다.

성만찬이 베풀어질 때에, "자비로우신 아버지, 위로의 하나님이시여, 당신은 우리를 향한 뜨거운 사랑으로 독생자를 우리를 위해 죽게 하시고 고통으로 찢겨진 그의 살로 우리의 생명의 양식이 되게 하셨으며, 그의 흘린 피로 영원한 음료가 되게 하셨나이다. 그러므로 기도하옵기는 우리에게 이제 속죄의 신비에 마음을 다하여 경건하고 온전하게 참여하는 은혜를 내려 주소서. 예수 그리스도, 당신의 죽음으로 우리 안의 죄가 죽었나이다. 당신이 새 생명으로 부활하심으로 소망 속에서 예비하신 거룩함과 정의로움을 일깨워 주셨나이다."라고 기도할 수 있다.

또한 잠자기 전에 이르기를, "오 주님, 우리가 깨어 있을 때나 잠잘 때나

---

32) 마태복음 21:13

늘 지켜 주사 평안 속에서 쉬게 하시고 평안 속에서 깨게 하소서. 하나님, 당신의 눈동자처럼 우리를 보호하시고 당신의 날개 그늘 아래 숨겨 주소서. 오 주님, 우리를 불쌍히 여겨 주사 우리의 죄를 용서하여 주소서."라고 기도할 수 있다.

새 집이나 새 거주지에 이사할 때에, "기도하옵는 것은, 오 주님 이 집에 들어오사 온갖 원수의 함정에 빠지지 않게 지켜 주소서! 우리를 평안하게 지켜 주는 당신의 거룩한 천사들이 여기 우리와 함께 머물기를 원하나이다. 우리 주 예수 그리스도를 통한 당신의 축복이 늘 우리 위에 내리길 바라나이다."라고 기도할 수 있다.

또한 뭔가 즐거운 일이 일어날 때에는, "높은 영광 하나님께. 만군의 여호와는 거룩하시도다. 그의 영광이 하늘과 땅 위에 가득하도다."라고 찬양할 수 있다.

아이들의 연습에 대한 일반적인 주의 사항

(1) 모든 아동기 학교에서는 아이들에게 실습할 여건을 만들어 주되 감각세계의 영역을 뛰어넘는 것이어서는 안 된다. 그러므로 스핑크스에서처럼 우화와 수수께끼를 낼 때에는 그들이 간명하고도 정말 쉽게 이해할 수 있는 것이어야 한다. 그들은 즐거워해야지 시끌벅적해서는 안 된다.

(2) 쓰기 연습 : 쓰기 단계에 접어들면 1, 2년 후에는 예쁘게 쓰기를 연습해야 하며, 3, 4년 후에는 빠르게 쓰기를, 5, 6년 후에는 바르게 쓰기를 연습해야 한다.

(3) 파비우스(Fabius)는 전반적인 발전이 이루어지기 위해서는 아동기 때부터 빨리 쓰는 것만큼 효율적인 것은 없다고 말했다.[33] 그래서 아동기 때부터 속기술(述)를 배운 사람들에게는 유익한 충고가 된다. 왜냐

---

33) Quintilian, Institutio oratorio, I, 1, 28.

하면 그것은 그들에게 다른 기술에 몰두할 준비를 갖게하는 좋은 매개 고리이기 때문이다.
(4) 예쁘게 쓰기에 대하여 : 예쁘게 쓰기 위한 좋은 기초를 닦아야 한다. 즉 점과 선과 간단한 도형, 마지막으로는 알파벳의 예술적인 형태의 기초를 닦아야 한다.
(5) 점에 대하여 : 점은 네모(☐), 원(○), 반원(◐ 혹은 ◑)[34] 중 하나이다.
(6) 먼저 한점 한점을 찍어 보아야 하며, 다음으로는 두 점을 수직으로, 사선으로, 수평으로 찍어 보아야 한다(· : ·. ··). 그리고 나서 너댓 개의 점을 연속하여 찍어 보되 순서대로 길게 찍든지(···), 아니면 삼각형(∴)이나 사각형(::)으로 찍어 보아야 한다.
(7) 선은 가는 머리카락 선(-)이나 그림자선(–)으로, 수직(|)이나 사선(/, \ )으로, 반원이나 낫 모양). ( )으로, 그리고 나서 두겹(= ‖)) (( )으로, 마지막으로는 겹을 더해서(≡ ⦀ ///) 찍어 보아야 한다.
(8) 도형은 원(○), 삼각형(△), 사각형(ㅁ), 반원형(⊂ ⊃)
(9) 마지막으로 알파벳 그리기를 시작하게 된다. 먼저 인쇄체 라틴어 대문자를 연습해야 하는데, 그것은 정확성과 균형과 미가 가장 명확하게 드러나기 때문이다. 그 후에 소문자와 필기체를 배우는 것은 쉽다. 그러나 크고 뾰족한 펜을 사용해야 한다.

처음에 연습할 것,
(1) 직선으로 된 철자 : ILHFET
(2) 원형 철자 : COS

---

34) 이 부분에 대해서는 범교육론과 동일한 경우에 연결되어 발견되는 코메니우스의 Artificii legendi et scribendi tiorcinium과 비교하라. cech. Uebersetzung von J.Hendrich, Prag 1949.

(3) 혼합형 철자 : ┬── 직선과 사선 : NZMKXVAY
　　　　　　　　├── 직선과 반원 : DPBGQ
　　　　　　　　└── 직선과 사선과 반원 : R

(10) 빠르게 쓰기와 예쁘게 쓰는 기술은 세밀히 조형된 본(本)을 사용하여 익힌다. 학생들은 글자 모형을 각판(角板, Horntapfel)에 놓고 그에 따라 써 보면서 따라 쓰기를 연습한다. 여기에 쓰면 지울 수 있기 때문이다. 또는 글자 모형을 회색으로 상당량 인쇄하여 그것을 따라 씀으로서 동일한 알파벳을 정확하게 쓸 수 있어야 한다.

(11) 알파벳이 ① 멋있게 보이면서도 틀이 잡힌 모양이 되면 좋다. 그러는 가운데 그리스어나 독일어 알파벳을 배우기에 앞서 라틴어 알파벳을 배우되 특별히 우리 문자의 대문자 장식체 글자를 배우면 좋다. ② 알파벳은 각기 구별하여 히브리어의 י와 ו, ב와 כ, 그리고 ה, ח, ת와 같은 혼동에서 나오는 실수가 나타나지 않게 하는 것이 좋다. ③ 알파벳은 각지거나 굴절된 알파벳이 아니라 둥근형을 쉽게 쓸 줄 알아야 한다.

(12) 노년층이 익히 알고 있는 속필(速筆)은 단계 밖이다.
　　　케치리우스 13쪽를 보라(Caecilius S.13)[35]

(13) 바르게 쓰기는 발음에, 발음은 쓰는 방식에 일치해야 한다.[36] 이와 같

---

[35] Janus Caecilius Frey(gest.1631)는 파리에 살던 바덴의 철학자였고 Did의 10부를 통하여 독자층들에게 이미 1628년에 파리에서 소개되었다. 폴란드 사람인 Jesuit Rehor Knapski(Gregorius Cnapius Polonus,1564-1638)도 Did. m., XXII, 25에서 언급되는데, 그는 Thesaurus를 폴란드어, 라틴어, 헬라어로 편집하였다. 코메니우스는 이 사람을 가리켜 당대 최고의 비교사전을 쓴 사람으로 알리고 있다.

[36] Com.denkt hier an die cech.Sprache,fuer die J.Hus in seinem Traktat ueber die Orthographie(1406)die konsequent phonetische Schreibregel vorgeschlagen hat,neue Ausgabe von J.Schroepfer in >>Heidelberger Slav.Texte<< Heft6. Wirsbaden 1960.

은 면에서 프랑스인들과 영국인들은 상당한 곤란을 겪고 있다. 그들은 옛날부터 써오던 방식을 고수하기로 결정했기 때문에, 단어의 기원을 라틴어에서 찾을 수 있지, 현대 발음과는 아무런 상관이 없다. 그러나 이것 때문에, ① 읽고 쓰기를 배우는 이들이 오기(誤記)하는 일이 생기며, ② 이는 외국인에게도 마찬가지이고, ③ 그와 아울러 눈과 입이 불일치하는 현상이 일어난다. 입과 마음이 불일치하지는 않겠지만!

(14) 쓰는 기술엔 세 단계가 있다. 첫 단계에서는 자획(字劃)이 올바른지 눈으로 살펴보는 것이다. 둘째 단계에서는 빠르게 쓰기를 연습해야 한다. 셋째 단계에서는 각 언어의 특성을 능숙하게 고찰해야만 한다.

(15) 하지만 이런 모든 것의 기초는 수학적인 것이며 우리의 모든 사고의 근원은 수와 척도와 무게에 있기 때문에 - 인간과 말 못하는 피조물의 차이는 수를 헤아릴 수 있는 능력 유무에 있다 - 각 모국어 학교에서는 산술과 기하학과 통계학을 총체적인 방법으로 가르쳐야 한다.

그 구체적인 이유는 다음과 같다.

① 이 세 과목은 정연한 삶을 살아가는 데 모든 인간에게 불가결한 것이다. 이를테면 알파벳을 모르고는 책을 읽기는 커녕, 글 읽기 조차 배우지 못하듯이, 수와 척도와 무게를 알지 못하고 수와 양과 무게에 따라 하나님의 솜씨로 만드신, 세상의 신비를 캐낼 수 없는 것이다.[37] 사물 세계의 질서 또한 제대로 간파하질 못한다.

② 수와 척도와 무게를 잘 안다는 것은 이해력, 즉 지혜의 열쇠요, 인간에게 걸맞은 작업 중의 하나인 이성을 갈아 주는 숫돌인 것이다.

③ 우리가 어린이들에게 유용한 선별을 통해 자극시켜 준다면 그러한 앎은 아이들에게도 가능한 일이다.

④ 평생에 걸쳐서 우리는 그것에 대한 지식을 가지고 살아간다.

---

[37] S. Anm. 4.

(16) 어린이들이 10까지, 또는 10곱하기 10은 100이라는 것까지, 그리고 둘 이상의 짝, 12, 60단위까지 계산할 수 있을 뿐 아니라, 재치 있는 그들의 정신 능력의 목표에 맞게 앞뒤의 수 계산을 할 줄 안다면, 산술에 관한 한 그들은 수완을 발휘한 것이다. 이를테면 2에서 20까지, 3에서 30까지…, 10에서 100까지 순서대로 해 보고, 다시 거꾸로 20, 19, 18, 17,…을 순서대로 해 보는 것이다.

(17) 어린이들은 모든 것을 확실하게 기억 속에 담아 놓아야 한다. 이 나이 때에는 사고해 보지 않은 일은 따라가질 못한다. 호기심이 있기에 무엇이든 쉽게 캐물어 본다. 어린이들은 총명한 두뇌를 가지고 있어서 쉽게 이해를 하는 까닭에 일 년에 정말로 많은 것을 받아들인다 - 가령 한 언어 전체를. 그러므로 그들은 그 나이 때에 보물을 모아야 한다.

(18) 인근 민족의 언어를 습득하는 것은, 그 언어에 정통한 시종이나 교사를 통해 배우든, 아니면 그 언어를 구사할 줄 아는 사람들과 교제함으로 배우든, 아동기에 가르쳐야 하는 교수 과목이다. 언어 습득을 위해 10, 11세 내지는 12, 13세 때에 그런 사람들에게 맡길 수도 있다. 이 과제는 아동기 학교와 성숙기 학교 간의 공백기에 과외 수업으로 하는 것이다. 아동기가 언어 습득을 위한 최적기[38]라고 생각한다. 그 이유는 ① 그때의 혀가 그 나이 이후 때보다 더 부드러워서 딱딱하고 능숙하지 못한 발음을 쉽게 익힐 수 있기 때문이다. ② 무엇보다도 언어 습득의 관건인 기억력이 그 때가 가장 왕성하다. ③ 재잘거리고자 하는 욕구는 아동들이 선천적으로 가지고 있는 것으로서 학습을 신장시켜 주는 요소이다. ④ 판단력의 관건인 실제적인 과목을 익히기엔 아

---

38) Did.m. XXIX, 19에서도 이 견해가 주장된다 : 모국어 학교에서는 10세까지 우선적으로 모국어를 가르쳐야 하고 그런 후에는 이웃나라의 언어를 가르치며, 최종적으로는 13세 부터 라틴어와 헬라어, 히브리어를 가르쳐야 한다는 것이다.

동은 아직 성숙하지 못했다. 그러므로 그들은 그동안 무얼 해야 하는가? 그들은 언어를 배우는 것 이외의 더 높은 수준의 것은 시도할 수 없다. 게다가 우리는 그 배움을 현저하게 신장시켜 줄 방법을 가지고 있다. 늘 분명하게 잘 알고 있는 소재만을 섭렵해서, 이성을 통한 사물 이해를 위해 노력할 필요는 없으며 사물의 조명을 통해서 말씀을 자기 것으로 만들기만 하며 된다. 이를 위한 쉬운 방법은 다음과 같다. 아동들이 모국어로 배웠던 책들을 지금 배우고 있는 외국어로, 즉 축어적으로 번역된 책을 입수하는 것이다.

여기에는 두 가지의 이유가 있다. ① 그들의 정신은 그야말로 이미 알고 있는 사물을 향해 방향 잡혀 있을 뿐만 아니라 새로운 언어의 단어와 표현력을 향해서도 방향 잡혀 있기 때문에, 그들은 언어를 배우기가 쉽다. ② 그와 동시에 그들은 자신의 사물 인식을 굳건히 하여 통찰력을 키운다. 이 모든 것은 상급(上級) 학급을 위해 훌륭한 정신적 준비를 하는 것이다.

(19) 모든 어린이들은 음악을 배워야 한다. 그 까닭은 ① 모든 것은 조화를 이루어야 하기 때문이다. ② 따라서 음악은 수양에 도움을 준다. ③ 그것은 하나님을 찬미하는 데 쓰이기 때문에 모든 이들이 다윗과 경쟁했던 것이다.

일반 교수 지침 : 아동기 학교에서는 개개 사항은 고려하지 말고 사물들의 일반적인 장르를 다뤄 주어야 한다. 일부 학생들은 장래에 귀족, 평민, 수공업자, 상인, 농부, 설교자 내지는 평신도가 될 것이다. 어머니의 몸 속에서 온 지체가 형성되는 것처럼, 여기에서는 모든 학생들에게 유익한 것을 가르쳐 줘야 하기 때문이다. 따라서 그리스도께서 성별하신 모든 젊은이의 정서 속에 전체에 관한 지혜의 씨를 뿌린다면 그들은 라틴어 학교에 진학하든지 아니면 수공업에 뛰어들든지 간에 항상 전체를 미리 알게 된다. 학생들은 열린 눈으로 모국어로 쓰인 책을 읽고, 항시 대화를 경청하며, 무엇보다도 하나님의 말씀을 읽고 들어야 한다.

수업 시작을 위한 교수학적인 지침 : 아동들은 대화 방식으로 배운다는 것에 자극 받아야 한다. 예를 들면, 다음과 같은 시궁로 진행된다 : 너는 전체를 알고 싶으냐? - 내가 어떻게 배우지 않을 수 있는가! - 그러므로 너는 배워야 한다. 배우지 않으면 모르기 때문이다. 동물들은 그들에게 주어진 능력을 연마하지 못하기 때문에 아무것도 모른다. 하지만 전체를 아는 것은 불가능하다! - 그건 불가능하다. 하나님은 모든 인간을 자신을 위해 창조하셨다. 그러고는 세 권의 책을 주셨으며, 세 개의 눈, 즉 감각과 이성과 신앙을 주셨다. - 그러나 이것은 그럼에도 불구하고 매우 어려운 것이다!

[대 답]
(1) 공부를 하지 않고는 아무것도 생기지 않는다. 아무런 먹을 것도 얻지 못하며 아무런 매력적인 것도 얻지 못한다. 유희를 즐길 줄도, 수양을 하지도 못한다.
(2) 너는 강제적으로가 아니라 차차, 단계적으로 수준을 높여야 한다. 떨어지는 물방울이 바위를 뚫는다.[39] 꼭대기를 날아갈 수는 없으며 계단을 짚고 올라가야 한다.
(3) 놀이는 공부보다 한결 쉽다. 모든 것을 즐거워하고 모든 것을 놀이처럼 습득할 수 있다고 보아라.

양육 법칙 · 규칙 : 의지와 결부된 모든 것에 대해 그대가 받아들이기에 앞서, 진지한 노력을 계속해라. 말 타는자는 고삐를 자유자재로 다루어 방향을 지시하기에 앞서 먼저 고삐를 잡는 데 능숙해져야 한다. (주의 : 잉크로 경구와 훈계를 적어 보라.)

[**반 론**] 사물을 상당히 포괄적으로 명명(命名)한다는 것은 무슨 소용이 있

---

39) Ovid, Pont. 4,10.5.

는가?[40]

[대 답]

(1) 전체(사물세계) 속에 거하는 까닭에, 우리가 전체에 관한 인식을 소유하는 것은 좋기 때문이다.
(2) 전체를 개괄한다는 것은 인간의 정신이 누릴 수 있는 기쁨이다. 왜 우리는 유익이 없는 것이란 아무것도 소유하지 않은 이 연령층에게 그러한 인식을 허락하지 않는가?
(3) 운명이 어떻게 정해졌으며, 우연은 어디로 흘러가는지 어린이들은 모른다. 따라서 모두가 스스로 모든 것을 시도해 보고 자신에게 가장 맞는 것을 간직하라. 여행자들은 도시와 시골과 제국과 같은 여러 장소를 둘러볼 것을 기대하며 기뻐한다. 그러나 그들은 그 중 한 곳에서 여장을 풀어야 한다.
(4) 어느 한 부분에만 머물길 원하지 않는 자는, 전체를 상상하며, 이를 통하여 사물 세계 전체를 관찰하기에 이른다.
(5) 우리가 아담의 상속자이고 만물의 영장일진대, 왜 사물 세계에 대한 전체적인 안목을 얻기를 즐거워하지 말아야 한단 말인가? 소크라테스는 항상 이르기를, "사물에 대해 정통한 자가 그것에 대해 제대로 말할 수 있다"라고 했다. 이 말이 옳다면, 이를테면 제대로 인식한 사물을 대치하기 위해서 '정확한' 단어를 끌어들이는 것이 올바르다면,[41] 우리의 방법은 그대들의 사랑을 받을 것이다. 그것을 통해 우리는 모든 사물의 차이점들을 인식하여 모든 것을 정확하고도 명석하게 말할 수가 있다. 이는 특별히 웅변가로서 활동하길 바라는 이들에게 중요하다.

---

40) Vgl. De utilitate accuratae rerum nomenclaturae oratiuncula. 1651. ODO III.

41) Horaz, De arte poetica, 311. Hinweis auf Sokrates aus Platon, Phaidros 277C.

간단하게 말하자면, 사물들의 진정한 차이점들을 알고 정확하게 인식한다는 것은, 참지혜라는 배의 이물이며 고물이요 키며 돛대의 끝이다.

청소년기 학교
(Schola adolescentiae)

언어와 예술, 특히 라틴어를 가르치는 김나지움(인문학교), 동시에 여타 학술적인 문화와 학문, 윤리와 경건을 포괄하는 백과사전적인 학교

교양적이라는 것과 비교양적이라는 것이 무엇을 뜻하는지, 그리고 양자 사이에는 어떠한 차이점이 있는지에 대해서는 소아(少兒)를 다룰 때에 설명하였다.

초기의 유아기와 아동 학교에서 주지할 명제들을, 우리는 아직 다듬어지지 않은 정서를 완전한 분량에 이르도록 양육하는 것에 두었다. 이제 우리는 성장 과정에 있는 정신의 틀을 잡아 줄 지도노선에 대해 이야기해 보자.

먼저 천성과 인위성을 예로 들어 설명해 보고 싶다. 인간의 정신은 별 무리 없이 궁전과 견주어 볼 수 있다. '소아의 정신은 어둡고 아동의 정신은 밝다'는 조야하고도 혼돈스러운 묘사는 잘못 인식된 것이다. 아울러 이미 교양을 갖춘 청소년의 정신은 빛나고도 아름답다고 묘사된다.[1] 더 나아가서 이러한 획정(劃定)이 선호될 때에는, 교양을 갖추지 못한 인간의 정신은 드문드문 식물이 나는 모래밭과 비견된다. 그러나 교양을 제대로 갖춘 인간은, 보기에 황홀하고 맡아보면 미치도록 향내 나는 잘 가꾸어진 정원에 견주어 진다. 따라서 개인의 이익과 공공의 복리상 철저하게 가능한 한 많은 것을 해낼 수 있는 타고난 능력을 계발하는 것이 중심에 놓인다. 그러나 우리는 이 점을 제대로 이해해서 우리의 힘을 청소년 양육에 집중 투자하고서도 허사가 되고 마는 우(愚)를 범치 않길 바란다. 그러므로 틀 자체를 검토하기 전에 먼저 인간의 능력 일반의 육성에 관한 사항을 살펴보자.

(1) 인간이란 무엇인가?
전지전능하시고 거룩하시고 영생 복락을 주시는 하나님의 모사(模寫)이다.
(2) 인간의 능력이란 무엇인가?
하나님과의 동일형상을 닮아가게 되는, 태어나면서부터 인간에게 주어진 자질이다. 정신과 손과 언어가 여기에 속한다.
(3) 인간의 정신이란 무엇인가?
전지하신 하나님을 닮아갈 준비가 되어 있는 사물 세계의 거울이다.
(4) 인간의 손이란 무엇인가?
헤아릴 수 없이 많은 작품들을 완성할 수 있는 도구 중의 도구이다. 모든 것들의 설립자이신 하나님의 권능에 준한다.
(5) 언어란 무엇인가?
통찰해야 하는 것과 행해야 하는 것, 더 나아가서 이미 통찰했던 것

---

1) 이러한 사상은 코메니우스가 라틴어 학교의 세 번째 책에서 이 시기를 원래는 Palatium이지만 후에 Atrium으로 특징지었던 일을 연상케 한다. 여기에 나타난 바와 같이 표현이 발전된 것을 볼 수 있다.

과 행했던 것, 이 모든 것들을 인간에게서 인간에게로 전해 주는 통역이다.
(6) 인간의 능력을 계발한다는 것은 무엇을 뜻하는가?
이것은 토지, 정원, 포도원을 인내와 세심한 배려로 준비하여 인간의 삶에 유익한 열매를 맺게 하는 것과 같은 의미를 가진다. 따라서 인간의 능력을, '영혼을 가진 토지'라고 부를 수도 있다.[2]
(7) 그러면 인간 정서의 양육은 어떤 식으로 나누어 진행할 수 있겠는가?
타고난 능력 자체 내에서 발견하게 되는 것을 분류해 보건대, 다음 세 가지이다. 우리가 많은 참된 것들을 알고 허위에 속지 않을 수 있게 될 때에 정신은 양육되고 성장한다. 손은 우리가 할 수 있는 다른 것들과 함께 모든 필요한 일들을 처리할 수 있고 물질의 부족을 근면으로 메꿀 수 있도록 교육받게 된다. 언어 소양이 길러짐으로써 사람들과의 교제가 이해 속에서 애정을 가지고 편안하게 이뤄지게 된다. 요컨대, 우리는 지혜로워야 하며 손 놀리는 법과 말하는 법을 배워야 한다.
(8) 지혜롭다는 것은, 사물 세계의 모사들이 아름답게 그려져 있는 정신을 소유하는 것을 뜻한다.
세 가지가 여기에 속한다. ① 우리는 사물들을 알아야 하고, ② (사물의 근거에 대한) 통찰을 얻어야 하며, ③ 그것을 사용해야만 한다.
(9) 사물들을 안다는 것은 사물들의 존재를 시각, 청각, 후각, 미각, 그리고 촉각 등으로 인지(認知)하는 것을 뜻한다. 따라서 아이들에게 감각을 자극시켜 주어야 한다.
(10) 사물 세계에 대한 통찰을 획득한다는 것은 사물 자체가 무엇인지, 그것이 무슨 목적을 위해 존재하는지, 그것이 어디에서 와서 어떻게 사라질 것인지를 이성으로 파악하는 것을 뜻한다. 따라서 성숙기 세

---

2) Vgl.hierzu De cultura ingeniorum(1650), ODO, besonders S. 72f.

대에겐 이성을 자극해 주어야 한다.
(11) 사물들을 사용한다는 것은 사물에 대한 지식과 통찰을 삶에 필수적인 목적을 위해 이용한다는 것을 뜻한다. 창조자의 뜻에 따라 그 무엇도 무의미해서는 안 되듯이, 마찬가지로 그 무엇도 헛되게 인식, 통찰해서는 안 된다. 따라서 지식이 확고하게 되는 나이 때에는 물건을 이용하는 법을 연습해야 한다.
(12) 손을 놀린다는 것은, 자타를 불문하고 더 넓게는 사물 세계와 인간과 하나님을 바라보면서 개인과 공공의 복리를 위해 사물에 대한 통찰과 사용 가치를 실제 적용해 보는 것을 뜻한다.
(13) 인간이 사물 세계를 바라볼 때에 무엇을 해야 하는가?
창조자가 창세기 1장에서 위탁하셨듯이 해야 할 일은 널려 있다. 이는 세상에 존재하는 모든 것들을 질서있게 하고, 수탁(受託)하며, 평가에 준하여 사용해야 함을 의미한다.
(14) 인간을 바라볼 때에는 무엇을 해야 하는가?
각자가 자기 자리와 처지에서 모든 사람에 대하여 화목하고 공평무사(公平無私)하게 행동하며 그들을 평화와 우애로써 돌보는 것이다.
(15) 하나님을 바라볼 때에는 무엇을 행해야 하는가?
사랑과 경외, 찬송, 약속과 신뢰 속에서 모든 것을 성취하시는 창조주를 영화롭게 하는 것이다. 따라서 전 인류는 자신의 임무들을 정의롭게 달성해야만 한다.
(16) 말한다는 것은 우리의 정서에서 파악된 것을 가르침과 훈계, 격려, 위로를 통하여 다른 사람들에게 전해 주고, 모든 말을 공동구원에다 초점을 맞추는 것을 뜻한다. 적시에 이런 모든 것들을 모든 성숙 과정에 있는 자들에게 훈련시켜야 한다. 이것이 이 학교에서 정착되면

---

3) 7-16번은 인간의 능력(Res humanae), 즉 인간에게 충만하게 위임된 사물들 속에서 이해될 수 있는 것들을 밝힌 것이다.

될수록 더욱더 견고하게 이에 대한 기초가 하급학교에서 다져지게 된다.[3]

[정의] 사실 유년기에서 벗어나긴 했으나 신체와 판단 능력, 힘은 아직 완전히 길러지지 않은 성숙 과정에 있는 자이다.

성숙기 학교의 목표는 청소년기에 성장을 돕우는 모든 물적 요소의 감각을 통하여 하나의 확고한 형태에 이르고, 이성의 능력을 온전하고도 명석하게 이용하게 하는 데에 있다. 그 까닭은 인간의 존엄은 동물에 반해 오성으로부터 연원(淵源)하기 때문이다. 그러므로 당연히 오성은 동물과는 가능한 한 동떨어지고 천사에 가까워지기 위하여 극히 세심한 배려로 양육되어져야 한다. 모든 사물의 근거에 대한 통찰을 얻기 위하여, 그 이유를 알기 위하여 세계와 정신, 성경을 종합적으로 섭렵해야 한다. 그것을 위한 수단으로서 각기 나름대로의 원칙에서 유도되는 세 가지의 특수 영역들, 즉 철학, 정치학, 신학이 기여한다.

진행 방법은 대화, 토론, 장면 제시, 서신에 의한다.

대화에서 유의할 점 ☐ 대화가 특히 생활의 커다란 부분을 차지하고 있음에도 불구하고 이제까지 학교에서 대화술을 가르치지 않은 것은 놀라운 일이다. 그 때문에 대화에 관한 가르침이 규정된 연습으로만 학생들에게 전수되었음이 틀림없다. 또한 온갖 소책자들이 대화 형식으로 포섭되었을 것이다.[4]

그러므로 대화를 시작하는 학생을 위하여, 그리고 초보자 학생들을 위

---

4) 대화형식은 종종 회화책들(Konbersatiosbuecher)를 위해 선택되었다. vgl. Harsdoerffer, G. Ph., Frauenzimmer-Gespraechsspiele,Theil1-8, Nuernberg 1644-49. 코메니우스도 대화의 형식으로 더 많은 작품을 썼다. Schola ludus에 Janua rerum의 몇 개를 덧붙였고 범철학을 대화의 형식으로 표현하고 있다(Kvakala, Korrespondence Komenskeho, S. 295ff).

하여 초보적인 놀이의 실습과 마음에 걸맞는 형식의 금언이나 비유에 따른 연극을 통해 훈련한다.

토론에 관한 일언 : 성숙기의 학교에서는 또한 명민한 감각을 익히기 위해 토론이 행해져야 한다. 그것은 청년기의 학교에서는 수반하지 않게 된다. 그 대신에 증명을 유도하는 기술과 분별력을 연습해야 한다.
대 교수학(Didactia magna)에서 라틴어 학교는 여섯 단계의 학급으로 지정되었다.[5]

(1) 언어 양성을 위한 반.
(2) 자연지식을 위한 반.
(3) 산술을 위한 반.
(4) 윤리적인 행동 양육을 위한 반.
(5) 대화 소양을 위한 반.
(6) 웅변술 양성을 위한 반.

아직 세분화되지 않은 작문 연습, 기타 역사와 갈리아의 콜레기움[6]도 여기에 속한다. 학교나 학급은 참으로 범지혜를 망라한 것이어야 하며, 그리하여 다른 반들과 차등을 두어도 좋다. 그렇지만 기술(旣述)한 것들은 철두철미하게 가르쳐질 수 있다.[7]

요컨대 일반적으로 다음의 사항들을 중시해야 한다.

---

5) Did. m. XXX,4.
6) 아래에 더 설명된 바와 같이 Collegium Gellianum으로 저자들의 공동 작업 완성을 위한 작업공동체를 생각하고 있다.
7) 이러한 원형적인 방법론(동심원)에 의하여 위에서 언급된 코메니우스의 라틴어 교본도 만들어졌다.

Ⅰ. 청소년의 성숙기의 학교, 즉 라틴어 학교에서는 기술(旣述)한 것들을 아동학교와 모국어 학교에서처럼 가르쳐야 한다. 그러나 ① 여러 언어로. 그 나이 단계에서는 그러한 공부를 충분히 소화한다. 그것을 가능한 한 쉽고도 성공적으로 달성하기 위해서는 기존의 알고 있는 사물들을 혼자서 들먹거려야 한다. ② 그렇지만 싫증이 생기지 않도록 하기 위하여서도 흥미 거리로서의 새로운 사물들이 부족하지 않아야 한다. ③ 그러나 청소년에게는 또한, 역시 사물의 근본들이 해명되어야 하며, 따라서 여기에서 이미 철학을 하게 되는 것이다.

Ⅱ. 여기에서는 무엇보다도 세 가지 영역이 가르쳐져야 한다.
① 언어,
② 학문과 예술,
③ 선한 윤리.

Ⅲ. 여기에서는 다음의 언어들이 가르쳐져야 한다.
① 인근 민족의 한두 가지 언어.
② 라틴어.
③ 헬라어.
④ 히브리어.
이 모든 것은 6년 동안에 쉽게 습득될 수 있다. 예컨대 라틴어는 3년, 헬라어는 2년, 히브리어는 1년이 걸린다.[8]

Ⅳ. 학문과 예술.
① 신적인 것 – 자연의 영역으로부터.

---

8) 언어를 습득하는 기한이 Did.m., Kap.XXII,10에서는 다르게 나오는데 라틴어는 2년, 헬라어는 1년, 히브리어는 반년으로 언급된다.

② 인간적인 것 - 인간이 노동하는 세계로부터.
③ 성경이 우리에게 알려 주는 것 - 우리가 신앙과 행위와 소망을 통해 성취하는 것.

Ⅴ. 감각과 이성, 의지, 손을 놀릴 줄 아는 재능, 문체는 연습해 보아야 한다.
① 사전준비 없이 : 서면상으로가 아니라 구두로, 동시에 모든 학생들과 함께 할 때에 철저하게 된다. 예컨대, 이것은 무엇이고 저것은 무엇인가? 너는 그것을 어떻게 보여 줄 것이며, 어떻게 표현하겠는가? 모국어로는, 라틴어로는, 헬라어로는?
② 사전에 준비하고서 : 두 가지 방법이 있다. 첫째는 각자가 입을 다물고 스스로 숙고하며, 고치고, 자신의 공부를 마무리 짓는 수업 시간에 학교 내에서 하는 방법이다. 둘째는 지정된 수업시간 말미에, 방대한 과제물이 필요할 때에는 그 날 하루 동안 하게 하는 방법이다.

Ⅵ. 그러나 여기에서는 갈리아식 연습이 우선시되어야 한다. 학생들은 이를테면 당대의 문필가, 즉 한 언어의 문필사를 알아야 할 뿐 아니라, 특정 언어로 사고할 가치가 있는 것이 서술된 모든 것과 그 언어로 접근하기에 손쉬운 소책자에 담겨 있는 모든 것을 알아야 한다.[9] 성실한 상인 계층에서는, 상인들이 지정된 장소에서 회동하여 좋은 상품들을 산지에서 가져와, 다른 사람이 자기 나라에서 가져온 상품들과 자유의사로 맞교환하는

---

9) 코메니우스는 저자들과의 작업에 관해서는 Meth.n. Kap. XII, 10에서 상세히 말하고 있다. 그러나 그는 여기서와 마찬가지로 거기에서도 동일하게 언급하고 있고 Did.m.에서는 궁극적으로는 결코 종결될 수 없는 교과서인 Thesaurus를 위한 선견적인 저자들의 선발을 말한다. 코메니우스는 "도대체 '모든 시대에 가치있는 사고'가 무엇인가?"라는 질문에 해명해야 하는 여지를 남겨 놓았다.

데에서 업무가 발생한다…그러한 무역이 없다면, 각 나라는 몇몇 필수품들을 소유하지 못하게 될 것이다. 그 이유는 그 모든 것 중에서 하나만을 공급받을 수 있다면, 그 무엇으로도 행복을 느끼지 못하기 때문이다. 기술한 것은 지혜를 응용하는 가운데 생각될 수 있는 것이다. 그 저작자는 지방에서나 섬에서나, 도시에서나 광산에서나 차등 없이 각 학생들에게 소개된다…그는 근면 성실하게 각별한 아름다움과 삶의 유익을 공급해 주는 것이 무엇인지 탐구하고, 연구하고, 수고비를 책정하여 그것을 공동시장에 공급하면 좋을 것이다. 그의 물품을 다른 사람들에게 넘겨주고 그 등가물(等價物)을 받는 것이다. 이제 이것이 삶에 필수적인 것이나 사물에 관한 식견이 되거나, 진주나 보석과 같은 삶의 장신구가 되거나 혹은 숙고해 봄 직한 언사나 설명, 기타의 것이 되면 좋을 것이다.

저서들은 학생 개인에게 할당되어 읽혀야 한다.
① 교사는 할당을 한다.
② 각 학생은 그 저서를 혼자서 읽는다.
③ 그리고 자신의 발췌 내용을 펴놓고 낭독하거나 그에 준하여 낭독하거나 기억하여서 발표한다. 이것은 매우 유익하다.

그 이유는 다음과 같다.
① 학생들이 공개적인 발언임을 고려하게 되면 칭찬이나 비난을 받기 때문에 주의 깊게 읽는 것에 익숙해지게 되기 때문이다.
② 많은 이들이 주시하는 것은 모든 이들에게 도움이 되기 때문이다. 동시에 이해력이 부족한 사람들도 이해하게 된다.
③ 학생들은 바야흐로 아카데미아에 서술된 바대로 분명 갈리아의 콜레기움에 익숙하게 될 것이다.

각 학생들은 또한 저자에게서 다음의 것들을 선별하여 발췌해야 한다.
① 철학적으로 중요한 것들 : 단어, 관용구, 문장, 비교와 예증.

② 논리적으로 중요한 것들 : 비상한 질문, 명민한 답변, 상황에 맞는 증명.
(3) 사실 : 무엇보다 미지의 사물, 지정한 사항에 대한 멋진 설명, 예증, 그리고 경제적 영역이나 다른 삶의 상황에 알맞는 행동을 뽑아보아야 한다. 성숙과정에 있는 자들은 라코니아식 문체의 규칙을 익혀야 하나 그것을 좇을 의무는 없다.

첫 번째 요망사항의 근거는 다음과 같다. ① 전체를 포괄하여 평가하는 방법은 전체를 배울 것을 요한다. ② 학생들은 아시아식 문체를 반대말에 대한 앎이 없이도 이해한다.

두 번째 요망사항의 근거는 이것이다. 아동들도 꼼꼼해질 수 있다. 그들은 평소와 달리 그들 본성에 반하여 조금이나마 자제하려고 노력하기도 할 것이다. 청소년들에게는 그러한 연습을 시켜야 한다. 그들은 그것을 통하여 배우게 되며, 어느 한 사람이 여러 사람과 더불어 이야기할 때에 꺼내는 몇몇 단어들을 재현할 정도로 현명하다.[10]

따라서 폭넓게 말하는 것은 쉽다. 그러나 자기가 지각하고 있는 정서 내용을 간결한 형식으로 종합하는 것은 쉽지 않다. 이를 위해서는 지혜가 필요하다. '간결해지는 것은 철학하는 것보다 어렵다'는 말은 이것을 의미한다. 사물 세계의 근거를 잘 알지 못하는 자는 그것의 비밀을 열 수도, 닫을 수도 없다. 견결함은 차곡차곡 쌓인 지혜의 일종이며 최정상의 웅변이다. 그러나 암석 단계를 지나야만 사물 세계의 최정상에 오르게 되며, 추락하지 않으려면 지나치게 서두르지 말아야 한다.

Ⅷ. 현명하게 열거한 동의어군(同意語群)은 연설과 작문에서 미사여구

---

10) 번역은 B.Ryba의 원문 초안에 따른다. Liste fil. 1949, S. 249.

가 되기 때문에 그 반복이 무의미하거나 동의어 반복이 되지 않도록, 그리고 많이 말하지 않도록 주의해야 한다.[11]

① 동의어군은 단순히 동일함을 뜻해서는 안 되며, 가령 '아름답다'나 '매혹적이다'처럼 어떤 유사성이나 상이한 등급을 뜻해야 한다. 한 단어이건 여러 단어이건 간에 동일한 의미를 갖는 단어의 반복은 우스갯소리가 되기 때문이다. 프리쉬린(Frischlin)의 글에 나온 한 허풍이 아주 유명한데, 그는, "라틴제국과 이탈리아, 갈리아와 프랑스, 영국과 대영제국, 게르만과 독일을 여행했으며 루테티아와 파리에 살고 있다."고 말했다고 한다.[12]

② 동의어군은 긴장을 고조시키기 위하여 작은 것에서부터 더 큰 것으로 상승하거나 또는 긴장을 풀어 주기 위해 역순으로 하강하는 식의 적절한 순서로 제시되어야 한다.

동의어군은
① 사물들을 보다 잘 표현하고, ② 더 나은 방식으로 지식을 가르치려는 목적으로 사용될 때에야 비로소 유익한 것이다. 그것은 동일사물의 상이한 면모나 상이한 특성을 정밀하게 표현할 때에 쓸모 있는 것이다. 그래서 테렌쯔(Terenz)의 경우에는 일찍이 한 우매한 사람을 표현할 때 '깡통, 똘마니, 멍청이, 돌머리'[13]라 했다.

동의어군은
① 정신과 관련하여 쓸모가 있다. 이를테면 첫 번째 표현이 잘 간파되

---

11) Battologie는 '수다'에 해당한다
12) Frischlin에 대한 인용은 증명될 수는 없다. 아마도 Phasma에 있는것 같다.
13) Terenz, Heautontimorumenos 877.

지 못한 경우에, 단순한 반복이 아니라 다른 표현인 두 번째나 세 번째 표현을 사용함으로써 이해하게 되며, 이것이 지루함을 방지하게 된다. ② 또한 그것은 기억과 관련하여 유익하다. 이를테면, 가령 면밀한 표현을 놓쳐 버려서 분명하게 각인되지 않았을 경우에, 다른 표현으로 각인될 수 있으며 그 흔적은 뒤에 남게 된다. ③ 느낌과 관련하여 쓸모가 있다. 하나의 표현이 효과가 없으면 혹 몇 가지의 표현은 효과가 있을 것이다. 하나로는 전혀 도움이 되지 않을 때에는 많은 것으로는 도움이 된다.

Ⅸ. 청소년의 성숙기 학교에서는 일기를 쓰기 시작해야 한다.[14]
① 여기에서는 학생이 가지각색의 여러 사건과 부딪힌다. 따라서 우수한 보조 수단으로 혼란을 예방해야 한다.
② 상상력과 기억력은 이미 인지 내용으로 가득 차 있기 때문에 쉽게 모든 것을 동시적으로 수용하여 붙박지는 못한다. 우리는 이것을 방지해야 한다.
③ 공부는 말할 필요가 없거니와 일기장도 평생을 통해 필요한 것이다. 따라서 학생들은 그 사용 가치에 대해 교육받아야 하며 어쨌든 우리 역시 그것을 시작해야만 한다. 학생들이 의미 있는 일들을 겪어 보고 행하기에, 그리고 자기 자신의 세계와 이성의 세계를 자신의 정서에 그려 보고 사고하기에 이 나이 때보다 더 나은 때가 있겠는가. 우리는 그들에게 기준과 한계에 대해 가르쳐야 한다.

학생들은 또한 일기를 쓰는 법을 배워야 한다.
① 수업 이외의 곳에서 경험하는 것을 간직하고 되풀이할 수 있도록

---

14) 코메니우스는 Meth.n.Kap.XXIV,19에서도 일기에 관한 입문을 추천한 바 있다. 이 생명의 기록(Tabellae vitae)은 지식의 재료를 기록하는 것으로서 윤리적으로 자기를 조절하는 데 도움을 준다. Vgl. Scohla juventutis Kap. XIII, S. 263.

기록할 수 있어야만 한다. 그것들은 그들의 기억에서 사라지지 않아야 하며 그런 연유로 일기장에 점착되어야 한다.
② 그들이 이해하지 못하는 것과 부딪히게 되면, 그것을 기억하여 후에 그것에 대해 탐구하거나 그들이 그러한 종류의 해결되지 않은 물음들을 공책의 특별한 자리나 적어도 조그만 여백에 기록할 때에, 답을 쓸 자리를 비워 놓아서 뒤죽박죽되지 않도록 해야 한다.

X. 그러나 무엇보다도 성장 과정에 있는 아이의 마음에 경건함과 선한 도덕성이 자리 잡을 수 있도록 전력을 다하여 진지한 배려를 해 주어야만 한다. 실수를 근절시키고 도덕성을 심어줄 수 있는 요령이 여기에 있다. 도덕성을 양육하는 일, 모든 학생들에 대하여 똑같은 수고를 해야 하는 것은 아니다. 잘 감내하는 아이들은 쉽게 불타오르지는 않으나 곧 혼란에 빠지지도 않는다. 참을성이 없는 아이들은 더 많은 수고를 기울여야 한다. 많은 아이들은 선량한 본성을 가져서 스스로 도덕성에 기대어 행하기도 한다. 어떤 아이들은 싸우지 않고 행동하기에 상처와 근심이 없다.

여기에서 의문이 생겨난다.
① 실수를 근절시키는 방법은 없는가? '전답(田畓)에서 잡초와 벌레 등을 제거할 때에, 병을 몰아낼 수 있다.'고 답하고 싶다. 정서는 왜 안되겠는가?
② 선한 도덕성과 경건성을 마음에 심는 것이 과연 가능하겠는가? 이러한 수고를 떠맡길 원하지 않는 자가 이의를 제기한다. 그러나 수고를 맡을 용기가 있는 자는 그와 반대에 선다(Seneca, Epist.116, 1).
③ 도덕성을 습득하는 일이 어디 쉬운 것인가? 쉬우면서도 쉽지 않은 것이 이것이다. 나태하고 자기 자신의 자아보다는 다른 일거리에 간섭하길 좋아하는 모든 사람들에게는 어렵다. 그러나 자신의 구원을 위해 하나님의 도우심을 열심히 간구하고 잘못을 제거하는 자에게는 쉽다.

이 점에 대해 다음 구절에서 총괄해 보자.
(1) 정서의 결함은 병이기 때문에 이 경우에는 병을 치료하는 일, 즉 건강의 회복과 유지, 보양하는 것에 신경을 쓰는 일 이외에는 별다른 문제는 발생하지 않는다. 그렇기 때문에 ① 나쁜 체액을 쓸어내고, ② 본래의 힘을 강하게 하고, ③ 그 다음에 철저한 생활을 유지해 나가는 일이 이모저모로 필요한 것이다.
(2) 신체적인 질병을 치유하려면 먼저 ① 휴식, ② 성장, ③ 정화를 통하여 방해물을 제거해야 한다. 우선 유입을 방지하고 그 다음에 신체 부위에서 나쁜 액을 분리시키고 나서 마지막으로 분비물을 처리하는 치유 수단에 신경을 써야만 한다. 훌륭한 의사가 ① 병의 확인과 그 원인판별, ② 그것을 극복하게 하는 수단에 대한 앎, ③ 그 지식의 경우에 맞는 신중하고도 시종일관한 적용이라는 세 가지 필요사항을 처방함으로써 결론이 난다.
(3) 따라서 정서의 결함을 치유할 때에도 마찬가지이다. 먼저 결함에서 벗어나야 하는 사람, 즉 좋지 않은 교제와 순간적이고 모든 나쁜 것에서 벗어나야 하는 사람은 분리되어야만 한다. 왜냐하면 물에서 꺼내지 않은 고기를 굽는다든가, 물의 흐름을 차단하지 않고서 샘을 정화한다든가, 습관적으로 물을 마시려는 사람의 수종(水腫)을 치료한다든가, 사랑과 음주에 빠진 류마티스 환자를 치료하는 것은 불가능하듯이, 습관적 음주벽이 있는 사람이 술고래 친구들과 어울려 사는 한은 술을 금하는 생활방식으로 돌아가는 것은 불가능하기 때문이다. 우리가 여전히 이방사람들과 싸워야만 하는데도 우리 자신의 결함을 벗어 던지려 해 보았자 소용없는 일이다 (Seneca).[15]
(4) 오늘날에도 재삼재사 우리에게 영향을 끼치고 있는 우리 내부의

---

15) Vgl. Seneca, Ep. 116 und spaetere Stellen.

왕성한 힘도 마찬가지이다. 우리는 그 힘을 경계해야 한다. 즉 힘을 조절할 줄 알아야만 한다. ① 외적인 영향, ② 육체의 활력, ③ 정신의 자연스런 고취나 다른 분야에서 획득한 상상이 그런 요소에 속한다. 이 세 가지는, 우리가 부주의할 때에는 우리를 과오에 빠뜨리기도 하지만, 그 유익함을 이해할 때에는 우리를 도덕성으로 인도한다.

왜냐하면 ① 외적인 사건 상황이 나쁜 것을 공급해 주면서도 또한 자극제로 작용을 하기 때문이다. 오디세우스가 귀를 막은 것 마냥 그것 역시 회피하거나 그것에 대해 엄격해야만 한다. ② 육체의 활력은 아주 강렬하게 내적인 자극을 일으킨다. 따라서 중용을 갖춘 삶의 방식과 절제와 결연함을 통하여 그것을 줄이거나, 우리의 정서가 육체에 굴복되지 않게끔 정서를 의도적으로 강화시켜야만 한다. ③ 정신의 자연스런 고취는 합목적적으로 볼 때에 선한 것이다 – 선한 창조자의 작품으로서. 그러므로 건전한 이성과 하나님의 말씀이 지시하는 선한 목적을 고결한 방법으로 올바른 수단을 가지고 추구할 목적으로만 그것을 사용해야 한다. 특별히 젊은이들이 나쁜 요소가 전혀 없는 것을 보고 듣게 되도록 주의하는 가운데 외부세계에 대한 상상을 펼쳐야 한다. 쫓아내는 것보다는 차단하는 것이 수월하기 때문이다. 더 나아가서 그들이 가능한 한 나쁜 것을 잊을 수 있게 하고 마침내는 극복할 수 있게 해야 한다.

(5) 둘째로 인간 속에서 발아하는 패륜의 뿌리를 죽여서 그것을 뽑아낼 수 있게 해야 한다. 또는 파멸을 몰고 오는 자양분을 법으로 확정 추방해서 폭력 없는 정화가 이뤄질 수 있도록 해야 한다. 이것은 패륜적인 것에 대한 반의지(反意志)를 젊은 사람들에게서 발흥시킬 때에 이뤄진다. 그 반의지를 진실에 역(逆)하여 받아들이기 때문에 그에 기하여 쉽게 파탄할 뿐 아니라, 그에 기하여 더 이상 매이지 않으려고 자신을 방자하게 내버려둔다. 그래서 반의지는, 종래에 탈피해서 응대하지도 않고 있던 치욕과 부패의 이미지, 종

국에는 수치와 고통의 이미지를 양산한다. 그러므로 이런 경우에는 그러한 이미지들을 몰아낼 수 있는 모든 것들, 즉 훈시, 꾸짖음, 선례 열거 등이 좋다. 특별히 자신에게 붙어 다니는 결함들을 바라볼 때에, 다른 선한 이들의 훌륭한 본을 따라 자책하며 개선해 나가는 선한 사람들과 교제하는 것도 좋다.

(6) 셋째로, 결함들을 습관을 통하여 적으로 몰아세운다. 왜냐하면 반대 물들은 상쇄 효과가 있기 때문이다.

(7) 나쁜 것에 대한 정서의 역강화(逆强化)는 ① 하나님의 뜻에 대한 상시적인 숙고를 통하여, ② 현인의 말씀과 실행에 대해 반복 숙고함으로써, ③ 도덕을 스스로 실행에 옮길 경우에 생기는 도덕 자체의 온아함을 통하여 성취된다.

(8) ① 선한 사람과 교제를 하는 자, ② 나쁜 것에 속하는 모든 일시적인 것들을 피하는 자 [세네카의 편지(Seneca, Epist.) 70 참고] ③ 온갖 유혹에 빠지지 않으려고 그것에 대해 엄격히 하는 자가 올바른 생활을 유지해 나간다. 한 올의 오점도 용인하지 않을 때에 도덕적인 면에서 진전한다는 사실을 주시해야 한다. - 인간이 법률, 선례, 교제 그리고 관습을 형성할 때에 할 수 있는 사항들은 페룰람(Verulam) 37면을 참고하라.[16]

(9) 결함에 대한 사항들은 질병의 경우에 준한다. 그러나 여기에서는 정서의 질병에 관해 다룬다. 정서는 바야흐로 오성에서부터 연원한다. 따라서 이성을 통하여 이런 결함들이 완전하게 치유되어야만 한다. 결함들은 그대를 사탕발림으로 기만할 뿐이나 그대는 오직 도덕성에 의해서만 진실로 선한 것을 기대할 수 있다는 사실을 확인하라. 계약 없는 악은 없다(세네카의 편지 69, 4).

---

16) Bacon of Verulam, De dignitate et augmentis scientiarum, BuchⅦ, Kap.3. 코메니우스에 의해 제시된 쪽수는 아마도 그의 고유한 원문발췌와 연관이 있는 것 같다.

(10) 도덕성을 심는 일은 ① 사물의 차이점을 인식하여 무엇이 참인지 참이 아닌지, 무엇이 진정한 것인지, 무엇이 유익하고 평안한 것인지를 간파하는 통찰력의 배양을 통하여 저절로 발생한다. 통찰력은 교육을 통해 이뤄진다. ② 젊은 사람들은, 환희를 가져다주면서도 괴로움을 주지 않는 모든 것에 대해 호의를 느끼므로 그들의 요청은 최대한 고려되어야 한다. 이것은 상시적인 훈계와 선례와 다음의 원칙을 통해 달성된다. 그 원칙이란 그대가 어떤 것을 시도하려면, 우선 그대가 그 의도를 달성한다면 자신이 어떤 위치에 놓이게 될 것이며, 반면에 실패한다면 자신의 주변상황이 어떻게 될 것인지에 관해 숙고하라는 것이다. ③ 도덕성을 심는 일은 반복 실행을 통해 이뤄진다. 물론 어떤 사람은 자신의 의지가 본성적으로 선을 지향하게 되어 있으며 쉽게 도덕성으로 인도된다. 그러나 보편적으로는, 그로 하여금 도덕성에 순응할 때까지 그에게 선을 제시하면서 그것이 선이라는 것에 대해 확신시켜 주고, 그가 그것을 확인토록 하고, 그것에 대해 확정하게 하라. 그러면 그는 자신이 좋아하는 습관을 가지게 된다.

(11) 그러나 우리가 살펴보았듯이 결함을 근절시키고 도덕성을 심는 일이 진정으로 저절로 일어나게 하기 위해서는, 모든 선한 것들의 근원이시고 우리의 모든 능력의 근원이신 하나님, 기도하는 자에게 주시고 문을 두드리는 자에게 문을 열어 주시는 하나님께 다음과 같은 방식이나 또는 다른 방식으로 기도하자.

성숙 과정에 있는 아이의 짧은 기도 : 오 거룩하신 하나님, 당신의 선하심을 아는 지식으로 나를 가득 채우소서! 당신의 지혜를 보는 안목으로 나를 배불리소서! 당신의 도우시는 손길로 나를 굴복케 하소서! 당신의 신성한 본질의 아름다움을 표현할 수 있는 은사를 주소서. 그 앞에서는 당신 이외의 모든 것이 창백해지나이다. 하나님, 우리에게 트인 감각과 쉽게 깨닫는 이해력과 증강하는 기억력을 주소서! 일을 성취함에 있어 열렬한 소망과 활력을 주시고, 흐뭇하게 시작하는 모든 일을 이루게 하시며 항상 발전하게 하소서. 당신에게 속한 많은 사람들과 함께 제가 당신에게 인도될 때까지, 당신의 손길은 제가 가는 어느 곳이든 나와 동행하시고 당신의 축복은 나를 따르나이다. 아멘.

그러나 청소년이 더욱더 하나님을 신뢰하기 위해서는 애정을 쏟을 대상, 즉 하나님과 그 아들과 성령에 대한 묵상을 통하여 성자들을 본받으려 해야 할 것이다.

1) 그대는 누구를 찾는가?
   나는 아버지와 아들과 성령을 찾는다.
2) 그대는 어디에서 그런 용기를 얻었는가?
   아버지의 명령과 아들의 가르침과 성령의 촉구로부터.
3) 그대는 어디에서 신뢰감을 가졌는가?
   아버지의 약속과 아들의 도움과 성령의 공증으로부터.
4) 그대는 무엇을 요구하는가?
   아들이 모으고 아버지가 보존하고 성령이 확증한 유산. 그 까닭은 내가 하나님의 상속자이며 그리스도와 공동 상속자이기 때문이다. 내가 온전한 신성에 시선을 돌릴 때마다 그것이 나를 바라보고 있을 뿐만 아니라 또한 나를 위해 애쓰고 있음을 나는 안다. 오, 내가 만일 그것을 바라보지 않거나 그저 그것에 대해 반감을 갖고 접근한다면 얼마나 큰 악인이겠는가!

① **우리는 현인과 인도자와 지도자의 말을 경청하고 따라야만 한다.**
나무가 먼저 꽃을 피우지 않으면 열매를 맺지 못하듯이 성숙기에 엄격한 훈육을 받지 않은 자는 그 누구도 노년에 존경을 받지 못한다. 그러나 복종 없이 어떻게 훈육이 있을 수 있겠는가? 그래서 키프리안(Cyprian)은 복종을

모르는 성숙 과정의 아이는 훈육 받지 못한 아이라고 말했다. 현인의 말을 듣고 따르는 것은 수치스런 것이 아니라 영예로운 것이고 유익한 것이다. 이러한 면모를 아리스토텔레스(Aristoteles)에게서도 볼 수가 있다.[17]

② 우리는 성숙 과정에 있는 아이들을 고무시켜야만 한다.

예컨대, 1) 그들의 인생과 배움의 목표를 염두에 두도록 해야 한다. 그래서 세네카(Seneca)는 "인간에게 요구되는 것은, 상호 간에 가능하면 다수와, 그렇게 되지 않는다면 소수와, 그것도 안 된다면 이웃과 자기 자신 간에 유익을 끼쳐야 한다."고 말했던 것이다. 만일 인간이 이 점만이라도 실천한다면, 사회를 위해 무언가를 성취하는 것이다. 자신에 대해 선한 자는 다른 사람도 중요시하고, 다른 사람에게 유익한 자로 드러난 자는 사회의 복지도 스스로 중요하게 여기기 때문이다. 마찬가지로 나쁘게 된 사람은 자기 자신뿐만 아니라 모든 사람을 해롭게 한다. 만일 그가 선하게 되었다면 그는 모든 사람을 유익하게 했을 터이다. 마찬가지로 자기 자신을 위해 성실한 자는 다른 사람들을 위해서도 성실하다. 다른 사람들에게 언젠가는 유익하게 될 것을 준비하기 때문이다.

2) 우리는 성숙 과정에 있는 아이들이 나쁜 것을 금하도록 하기 위해, 나쁜 것을 받아들이는 것보다 나쁜 것을 버리는 것이 더 어렵다는 점을 그들에게 각인시켜 줘야 한다. 나쁜 일은 나중에는 후회에 이르게 하거나 종국에는 구제불능 상태와 고통에 이르게 한다. 사람들은 우매함이나 경솔함 등으로 인해 건강과 시력과 청각, 순결과 명예와 양심을 잃어버릴 수도 있다. 어떤 사람은 신성한 도움으로도 절대로 원상 회복되지 않을 수도 있다. 그러므로 악이 여러분을 좌지우지 못하도록 악을 미연에 방지하기 위해 노력하라.

---

17) Cyprian, CSEL III, III 154, 21(D.).

3) 무엇보다도 우리의 성향이 가지고 있는 결함이나 이미 습성화되어 버린 결함들에 주의를 쏟아야 한다. 물론 우리는 적들 앞에서 몹시 느슨해진 입장들을 강력하게 다잡고 행동해야 할 것이다. 우리 육신의 연약함에 대해서도 비슷한 방식으로 처리해야 할 것이다.

XI. 각 학교는 소국가가 되어야 하기 때문에 라틴어 학교를, 첫 두 반은 민주제로, 다음 두 반은 과두제로, 마지막 두 반은 군주제로 운영되게끔 분류해도 좋을 것이다.[18]

XII. 각 학교는 소교회가 되어야 하기 때문에 학생들에게 성경을 다루어 주고 설명해 주고 적용해 주며 그들과 함께 기도하는 성직자를 두면 좋을 것이다.

XIII. 학생들의 건강에 대단한 주의를 쏟아야만 한다.
 (1) 왜냐하면 한편으로 그들은 본래 연약한 신체를 가지고 있으며, 다른 한편으로는 어떤 육체적인 일에는 익숙하지 않기 때문이다.
 (2) 교회나 국가에서 어떤 직책을 맡을 수도 있는 자를 파멸시키거나 쇠약하게 만들어 버린다면, 설사 대중 가운데에서 몇몇 사람으로 대치한다 하더라도 대단한 손실이 아닐 수 없다. 우리는 양심상, 공직의 잘못을, 인생의 몰락을 미연에 방지할 의무가 있다.
 (3) 이 일은 약제(藥劑)보다는 올바른 삶의 방식을 통해서 더 믿음직스럽게 성취된다.

---

18) 여기에서 코메니우스는 학급 운영에 있어서 심리학적인 발달순서를 염두에 두고 있지는 않다. 그는 Vestibulum에 대해서는 (민주적인) 대화를, Janua에 대해서는 (과두적인) 학교놀이를, Artium에 대해서는 (군주·절대주의적인) 우아함과 의례적인 규칙성을 고려했다.

CHAPTER 12
PAMPAEDIA ALLERZIEHUNG

청년기 학교
(Schola juventutis)

아카데미아는 완전한 지혜의 달성을 목표로 한다.

인간도 (뿌리에서부터 자라나는) 나무와 마찬가지여서, 이전에 감각과 이성의 사고와 성경의 증거를 통해 획득한 지식물은 여기에서도 전체에 관한 긴밀한 지식이 된다.[1] 오성의 성취는 사물 세계에 대한 순수한 통찰과 최선의 사물을 선택하려는 의지의 성취, 그리고 모든 사물들을 경우에 맞게 적용할 수 있는 능력의 성취에서 연원하기 때문이다. 그러므로 우리는 합리적인 사고가 한계를 가지고 있다는 사실에 이미 익숙해져 있는 사람들이 수고스런 증명유도를 하지 않고서도 대부분의 것에 대해 통찰함으로써, 그리고 광명 중에 광명[2]을 봄으로써 사물들에 관해 말할 수 있고 사건들을 원활하고도 현명하게 다룰 수 있도록 지도해야만 한다.

---

1) Vgl. Did. m. Kap. XVIII, 35.
2) 시편 36:9 "대저 생명의 원천이 주께 있사오니 주의 광명 중에 우리가 광명을 보리이다."

루도피코 피베스(Ludovico Vives)[3]는 "법칙의 궁전"에서 이렇게 말했다.

> 그대들의 도덕을 키우라, 풍요로운 시대가 활짝 피어나니!
> 들판은 인간들을 위해 열려 있고,
> 일하는 자에게 확실한 보상이 준비되어 있나니,
> 근면은 풍요로운 선물로 둘러싸이리라.
> 신적인 정신에 관여하고 있는 그대들의 고상한 영혼들을
> 저 높은 곳으로 올리라!
> 영예스러운 목적들을 어서 맞이하라!
> 예수시락서(Jes, Sir. 6:18)
> 사랑하는 아이야, 젊을 때부터 지혜를 키우라.
> 그리하면 그대는 현자가 되리니.

젊은 청년들이 총명하여 지혜를 예찬하면서 영주들을 교화시키고, 청년 요셉(시편 105:22)처럼, 곤궁에 처했던 다니엘처럼 백발 노인들을 현명함으로 가르칠 수 있다면, 이 얼마나 아름다운 일인가. 바벨론 사람들이 유능한 청소년들의 양육을 현인들에게 3년 동안 맡기어 그들로 가르치게 한 이야기는 유의해 볼 만한 가치가 있다. 그렇게 교육받은 그들은 후에 다시 돌아가 왕의 면전에 나아가 조언자의 위치에 오를 수 있었다(단 1:5, 18, 19절). 지금도 마찬가지이다! 우리는 고대 세계의 예찬할 만한 풍습을 그대로 따를 수는 없는가! 젊은 그리스도인들이 왕 중의 왕이신 그리스도의 면전에서 존엄하게 될 정도로, 그들을 훌륭하게 양육시키기 위해 노력해서는 안 되는가? 그들을 올바르게 형성시키기 위해서는 얼마나 많은 수고와 기대를 쏟아야 하는지도 탐구해 보자!

---

3) Ludovico Vives(1492-1540)은 그의 기본적인 작품인 'De disciplinis'로 코메니우스에게 강한 영향을 끼쳤으며, 특히 Did. m.에서 그를 증거로 인용하고 있다.

[**정의**]
젊은 청년은 성숙기를 지난 인간이다. 즉 그는 신장이 완전히 성숙했으며 또한 그 육체적 힘과 정서 능력은 점점 더 성장하고 있다.

이 청년기 학교에서의 형성의 목표는 이것이다. 즉 젊은 청년들은 조화로운 광명과 전체에 대한 명석한 안목으로 ① 지혜와 ② 도덕과 ③ 신앙의 충만으로 인도되어야 한다. 무엇보다도 신앙의 힘으로 해야 한다.

이를 위한 수단은 전 세계, 즉 정신의 전체와 성경 전권, 그리고 감각이라는 범지혜(Pansophia, 汎智慧)의 세 가지 체계인데, 그 체계 속에는 이성과 신앙이 완전한 균형을 이루고 있고, 전체가 조화롭게 제시되어 있으며, 그 광명 속에서 빛나고 있다. 이것은 본래의 근거들과 그 토대에서 정립된 원칙들의 영원한 테두리가 된다.

방법은 성숙기의 학교에서와 동일하다.[4] 이제 토론 대신에 논박의 여지가 없는 탐구들이 진행되며 범지혜적인 증명으로의 유도가 실시된다. 또한 차이점들을 분별하게 되며, 가족과 학교와 국가의 운영을 위한 시도들과 연습들도 하게 된다. 이를 위해 독창적인 직위와 새로운 묘안(妙案)이 등장한다.

학교는 세 부분으로 구성된다.
① 아카데미아
② 아포데미아 여행
③ 직업 선택

아카데미아 혹은 아카데미아의 연구는 세 반으로 나누어진다.
 (1) 범지혜반, (2) 범서(汎書)반, (3) 범준비(汎準備), 범경험(汎經驗), 혹

---

4) S. Kap. XI, S. 223.

은 범검증(汎檢證)반, 즉 전체와 그 실행을 위한 사전 지식반.[5]

첫 번째 반에서는 범지혜가 이론적으로 철저히 체계화된다. 대부분의 개별 학문은 이미 일찍부터 잘 알고 있다. 그렇기 때문에 여기에서는 그것들의 조화로운 통합이 중요하다. 두 번째 반에서는 범지혜가 각이(各異)한 시도들을 통하여 실제적으로 실험된다. 인간이 바라보고 있는 모든 것을, 자연의 영역 내지는 인간의 노동 세계(문화 세계)에서 감각 모사적으로 즉각 윤리적이고 정신적이고 영원한 사물로 전이(轉移)시킬 수 있도록, 이곳에서는 인간 지식의 전 영역이 무수한 연습을 통하여 저변화되어야만 한다. 여기에는 상징 논리학[6]을 위한 자리가 마련되어 있다. 세 번째 반에서는 각자가 서적을 정독함으로써 자신의 전공 부분에서 가장 비중 있는 저자들뿐만 아니라 초록집(抄錄緝)을 보충하기 위해 기타 저자들도 알게 된다.

아카데미아에 대하여

1 아카데미아는 무엇인가?

① 영구적인 지식의 보고(寶庫), ② 일반을 포괄하는 각종 책들의 서식지, ③ 진지하고도 실질적인 연습들이 영구적으로 실시되는 지혜의 생산지이다. 여기에도 세 반이 있다. ① 범지혜적인 탐구반, ② 갈리아식 콜레기움, ③ 경쟁, 즉 시험반이다.

---

5) Panetoimia(헬, ἑτοιμος, 준비된)는 모든 방면에서 준비하는 반이다. Panepistemonia(헬, ἐπιστημη, 지식)는 모든 방면을 이해하는 반이다.
6) 코메니우스는 유사성이 아무것도 증명해 내지 못한다(similia nihil probant)는 논리적 원칙에 동의하지 않았다. 자신의 비교 방법론을 근거로 하여 그는 예수님의 비유의 경우에서처럼 증거력의 더 높은 차원은 유사성 속에 내재해 있는 것(similia plus Quam probant)이라는 사실을 확증하였다.

2 우리는 이 아카데미아를 ① 각 나라 혹은 대다수 영방(領邦)에, ② 생활의 모든 편의가 풍부하게 있어 잘 왕래하는 장소에, 그리고 ③ 세상의 분주한 분위기로부터, 통치자와 궁궐의 잡음으로부터 약간 벗어난 위치에 세워야 한다.[7]

그러나 물론 이러한 젊은 청년들이 실제적인 삶에 접근하게끔 심사숙고하여 그 반대 사항을 권장할 수도 있다. 그들은 이미 빛으로 부름 받았기 때문이다. 모태 속의 첫 번째 학교는 깊은 어둠에 놓여 있다고 하며, 두 번째 학교는 지방 생활의 벽이라는 한계 안에, 세 번째는 사립 건물 안에, 네 번째는 은거 속에 놓여 있지만, 다섯 번째 학교는 분명 완연한 빛 속에 놓여 있는 것이다. 이곳에서 각자는 조그만 것에서 시작해 공적이고 개인적인 과제들을 성취해야만 한다. 또한 아카데미아는 확실히 더더욱 수도에 설립되어야 할 것이다. 몇몇 경우에는 신학교 형식으로 건립되어야 한다. 삶의 지원자들은 이곳에서 빛 속으로 들어가야 하며 실천을 위해 준비해야 한다. 이를 위해 그들이 의학, 법학, 신학을 연구할 때에, 대다수의 사람들에게 가능한 것이 무엇인지를 실증해 볼 수 있는 기회를 풍부하게 가져야만 한다.

그렇다면 은거의 이유에 대해서 이야기해 보자. 하나님께서 선지자들에게 특별한 비밀을 드러내시려 할 때마다 그들을 예컨대 광야 산 위의 모세처럼 소란에서 벗어나 고독으로 인도하셨다. 엘리야와 요한도 마찬가지였다. 그는 그들을 자아 밖으로 끌어내시고 (신적인) 황홀경 속에서, 감각 세계의 모든 사물에서부터 벗어나게 하셨다.

---

7) Vgl. hierzu Vives, De disciplinis II. 여기에 보면 학교들을 왕궁이나 여자들의 아름다움으로 현혹되지 않는 건전하고 조용한 장소에 위치시킬 것을 요구하는 내용이 나온다. 코메니우스도 궁정이 학교 발전에 지대한 관심을 보였다는 사실을 Saros Patak의 경험으로 알고 있는 듯하다.

부패한 세상에서 성자들은 고독 속으로 인도되었음이 분명하다. 그렇지만 인간 사회 속에서 사는 젊은 청년들은 개선되어 가는 국가 내에 거해야 하며 그 안에서 인간의 문제들이 개선될 방도를 고민하기 시작해야 한다. 그럼으로써 그들은 자신의 고향을 돌아볼 때에 실천가가 될 수 있을 터이며, 꼭 새 것에서 배울 필요는 없게 될 것이다. 그러므로 청년기의 학교도 그들에게는 하나의 학교가 된다.

3 각 아카데미아는 교수들과 전공 공부를 하는 젊은이들로 구성된다. 첫 번째 인생기에는 무엇보다도 감각이 인도한다. 그러나 감각이 우리에게 많은 오류들과 혼란스런 모사들을 심어 준다. 그러하기에 우리는 장년기와 직업 생활에 들어서기 전에 젊을 때의 이러한 오류들을 그 근본에서부터 고치기 위해 힘써야 한다. 우리 자신이 아니라 근본적인 면이 그릇되게 인식된 사물들을 사장 내지는 전도시켜야 하기 때문이다. 이를 위해 우리는 훌륭한 지도자를 필요로 한다. 범지혜를 주과(走過)하는 길을 획득하는 것이 가장 효과적이다. 클라우베르그(Clauberg)의「논리학」제1편, 질문 127, 58면 이하를 보라.[8]

안토니우스 발레우스(Antonius Walaeus)는, 포시우스(Vossius)의 작품 서론부와 연구 방법론에 관한 기타 저자들의 논문들 가운데에 언급되기까지한 자신의 연설에서, 아카데미아적인 학생이란 어떤 학생이며 그 진실한 의무는 무엇인지에 관해 훌륭하게 제시해 주고 있다.[9] 젊은 청년들이 아카

---

8) Joh.Claubergi(1622-65)Logica vetus et nova,...1658,pars I quaesto 127:Qua ratione liberari possumus illis infantiae praejudiciis aliisque erroribus inde procedentibus?-Clauberg와 Komenskys의 토론은 Cartesianismus와 관계된다; hierzu G.Menk,>>Omnis novitas periculosa<<-Der fruehe Catersianismus an der Hohen Schule Herbon,in: Erkennen,S.135-163,sowie U.Kunna,Das 'Krebsgeschwuer der Philosophie', Komenskys Auseinandersetzung mit dem Cartesianismus.St.Augustin 1991.

9) Antonius Walaeus in Gerhardi Vossii et aliorum dissertationes de studiis

데미아에서 추구해야 하는 것은 결론적으로 대교수학(Didactia Magna)에도 제시되어 있다. 대단히 주도면밀하게 설립된 겔리아나 대학(Collegia Gelliana) 뿐만 아니라, 특히 수제테니 대학(Collegia)도 설립되었다. 즉 옛 건축 재료를 사용하여 이탈리아 중부지역(Latium redivivum)에 범지혜적인 연구 대학들이 다루어졌음을 뜻한다. 이 점에 대해서는 교수학 전집(Opera Didactia omnia) 제4편을 참고하라.[10]

4 아카데미아에는, 지혜에 몰두하는 모든 이들이 수공업자나 상인들, 그리고 그러한 풍조를 가진 민족들의 영향으로 산만해지지 않도록 공동생활을 할 수 있는 기숙사 내지는 교수단이 갖추어져 있어야 한다. 그들은 이를테면 하나님의 나실인처럼 세상과 대중의 소음에서 분리되는 삶을 영위해야만 한다. 그들은 특별히 간소하고도 이성적으로 살아야 하며 단출한 의상을 걸쳐야 한다. 삶의 형태를 고치기 위해 세상의 유행을 떠난 지도자처럼 말이다.

5 아카데미아의 젊은 청년들을 위해 세 가지의 연습, 즉 범지혜적이고 범서적이며 범경험적인 연습을 할 수 있게 해 주어야 한다.

I. 범지혜적인 연습에 대하여

6 이 학교와 아카데미아 생활의 목표는 사물과 순수한 실천에 대한 접근이다. 이를 위해 온전한 범지혜가 수단으로 사용된다. 앞서 간행된 소책자들은 이것을 위한 이른바 서곡이었던 셈이다. 왜냐하면 여기에서는 감각 사물,

---

bene instituendi. 여기에서도 Saros Patak에서 코메니우스에 의해 쓰인 생명의 규칙들(Regulae vitae)이 담겨 있다.Nuernberg 1658.

10) Vgl. Did. m.kap. XXXI, 8-11과 ODO IV, S. 76ff. 여기에 보면 암스테르담 도시에서의 라틴어 부활로 로마적인 공동체의 성격을 지닌 특별한 학교를 설립하자는 요구가 생겨나게 되었다. 22부에 보면 Collegia Gelliana의 언급도 있다.

그리고 통찰력과 신앙의 빛에서 발원하는 빛들을 범조화적으로 통합할 때에, 감각과 통찰력과 신앙 안에서 아무런 균열이나 어두움, 무지가 존재하지 않게 하는 어떤 위대한 빛이 발생하기 때문이다.

7 아울러 고려해 볼 것은 범지혜를 실제적으로 표현하는 방법이다. 전체에 대한 통찰을 가지기 위하여 우리는 먼저 지혜의 실연(實演), 즉 사물의 초두(初頭) 개념의 연극적인 표현을 기꺼이 해 보아야 한다. 이것은 인간이 지닌 오류들을 인식하고 개선하기 위한 적절한 방법을 가장 활기차게 보여 줄 것이다. 이를 위한 전거로는 잠언 8:30과 3:17이 있다.

8 이 지혜의 실연은 언어의 초보적인 연극적 표현과 균형에 맞게 행해져야 하며, 그 결과 그것이 범지혜와 범질서를 포괄해야 한다.[11]

범지혜에 따라 서술해 보면 다음과 같다. 인간과 관계하는 모든 것들에 대해, 인간이 노동하는 세계의 사물에 대해, 윤리적이고 정신적인 세계의 사물에 대해 그것들이 어떻게 인간의 이념을 지향해야 하며, 왜 그러하지 못하는지, 그것들을 어떻게 올바른 순서로 정치시킬 수 있는지 숙고하라. 솔로몬이 장(長) 자리에 앉혀 주고 플라톤은 그를 보좌케 하라. ① 이러한 의도가 무난하게 진척되길 바라는 솔로몬의 소망과 함께 시작되도록 하라. 그러면 다른 사람들도 동참할 것이다. ② 다음으로 수단과 방법을 찾게끔 하라. ③ 그 후엔 사람들이 그것들을 응용, 사용할 수 있는 기술을 익히게끔 하라. ④ 이제 이러한 방법으로 혼동, 과잉, 과부족이라는 세 가지 종류의 잘못은 빛

Vgl.auch Kap. V, S. 61.

11) 코메니우스가 1656년에 놀이 학교(Schola ludus)에서 소개하여 Saros Patak에서 흥행을 이루었던 Janua linguarum의 무대적인(szenisch) 형태와의 유비를 통하여, 그는 Janua rerum도 범철학과 범질서와 함께 무대적으로 표현되어야 한다고 제안했다. Schola ludus에서는 모든 것이 명백히 Ptolemaeus 왕에게 상연되었던 반면, 여기에서는 문서의 사상적 내용이 능숙한 말솜씨로 솔로몬에게 제시되었다.

으로 인도될 것이다. 이 모든 것은 연설 등으로 전파되어서 모든 사람이 이해할 수 있게 되어야 한다. ⑤ 그러고 나서 범질서에서 치유 수단이 제시된다. 다시 말하면 ① 과잉의 제거, ② 과부족의 보충, ③ 정연한 질서이다.

이로써 또한 범지혜와 범질서에 대해 간소하나마 쉽게 이해할 수 있는 요약을 한 셈이다. 그러한 연습들은 청년기의 학교에서 철저하게 되어, 한 해가 지나는 동안에, 인간의 이념을 현시해 주고 있는 일곱 가지 세계 모두가 전취(全取)되어야 한다.[12]

9   확장된 범지혜적 연습은 경쟁 단계에서 철저하게 될 수 있다. 우리는 각자의 개별적인 문제와 관련하여 ① 정의, ② 그에 기하여 분류되는 토대, ③ 확정적인 원칙들, ④ 그 종류에 관해 묻는다. 이 일은 착석, 통행, 주행, 승마, 항해, 연필통, 분필, 처녀 등과 같은 익히 알고 있는 사물들을 다룰 때에도 이뤄진다. 이는 또한 연중 식목과 정원 관리 등과 같은 일에서도 이뤄진다.

10   이것은 무엇을 위해 사용되는가? 젊은 청년들은 ① 사물의 핵심으로 인도하는, 진정으로 전체에 타당한 방법이 존재한다는 사실을 배워야 한다. ② 그들은 보고, 읽고, 듣고, 쓰는 모든 것을 철저하게 매일매일 관찰하여 사물 세계에 대한 완전한 통찰을 얻어내는 데 익숙해져야 한다. 또한 비유, 격언, 우화들과 같은 상징적인 표현들을 전용할 때에도 그들은 심도 있는 통찰을 갖춰야 한다. ③ 따라서 그들은 광범위한 질문 등을 던지고, 이에 즉각적으로 실제에 맞게 답하는 데 있어 솔직함을 구해야 한다. 이러한 연습으로 처음에 생각했던 것보다 더 많은 기쁨을 얻게 될 것이다. 이것은 금 낚시 바늘로 하는 어로(漁撈) 작업이 아니라 갈퀴로 하는 황금 채굴 작업이다. 위대한 획득물이 보잘 것 없는 보조도구로 얻어지는 것이다.

---

12) Zu den sieben(bzw.acht)Welten vgl.Kap.XV, Schola mortis S. 447.

11 또한 우리는 확정적인 원칙들로만 말하고 쓰게 하는 식으로 범지혜적인 연습에 입문할 수 있을 것이다. 다시 말하면, 모든 것을 이전에 이미 확증된 근본 원칙에 근거하여, 지정한 질문을 처리하는 경쟁을 통해 입문할 수도 있을 것이다.

12 더 나아가서 우리는 우의화(寓意畵)식 연습에 입문할 수도 있을 것이다. 말기에 있는 세대의 지혜가 다시금 새로이 조명되어야 하며, 더 나아가 상형문자와 별반 다름없는 우의화와 예리하게 자극하는 글을 통하여 설명되어야 한다.[13] 따라서 우리는 옛 선례에 따라 우의화식으로, 즉 격언과 우화의 형식으로 말하는 법을 배우게 된다.

13 전 범지혜의 설명을 가능하게 하는 수백 개의 우의화가 실려 있고 명민한 필치의 엄선된 경구를 그 사이 사이에 실은 한 권의 책을 기술해야만 한다. 예컨대, '너는 왕이 되길 원하느냐? 나는 너에게 왕국을 주마. 너 자신을 다스리라! 너는 철학자가 되길 원하느냐? 나는 너에게 광명의 원천을 열어 주겠노라. 너 자신을 알라! 너는 제사장이 되길 원하느냐? 내가 너에게 성전과 제단을 빌려 주겠노라. 너의 마음, 즉 너 자신을 매일 하나님께 희생물로 바치라!' 이런 식으로 전 범지혜를 통하여 진행되어야 하며, 그래서 요점을 파악한 각 학생들이 호감을 가지고 책장을 넘겨서 그 안에 담겨 있는 전 범지혜를 소유하여 스스로 받아들이고 실행할 수 있게 해야 한다. 그러한 소책자는 매우 실제적이고도 유용한 것이 될 수 있다. 그것은 진실로

---

13) Emblemata – 설명하는 본문, 특히 핵심적인 격언과 짧은 시들을 통한 상징적 표현들. 르네상스 이후로 전 유럽에 풍미했던 우화문학에 관해서 코메니우스는 L.R.P.에서 설명한다: Emblemata est Sapientia intellectuale aliquid repraesentans sensualiter. Constat 1.Symbolo, 2. Lemmata, 3.Exegesi. Symbolum est pictura rei sensibilis; Lemma dictum acutum, sensum mysticum applicans; Exegesis utriusque explicatio uberior, si opus.

짊어지고 다닐 수 있는 도서관이고, 살아 있는 휴대서이며, 꺼지지 않는 광명일 것이다. 자베드라(Saavedra)의 책에는 정치적 · 기독교적 원칙들이 서술되어 있다.[14) 그렇다면 (인간적인) 사물들을 개선하려는 것과 관련한 모든 작품을 이런 식으로 내지는 적어도 대략적으로나마 통합할 수 있을 터이다. 특히 범지혜는, 익히 알고 있는 결함들에 대한 적대감이 순화된 삶의 아름다움과 함께 우의화식으로 대비 제시하는 식으로 삽입할 수 있다. 한 예를 들면, 비교양적인 인간의 정신은 암흑과 혼돈에서 연원한다. 반대로 바르게 형성된 정신은 빛과 질서에서 유래한다. 성경적 우의화가 어떤 식으로 작성되었는지는 크라머(Cramer)의 엠블레마 모랄레(Emblema morale) 36장을 참고하라. 의미 있는 사물의 윤리학에 대해서는 교훈시(敎訓詩) 88면을 보라.[15) 그 까닭은, 성경과 전 자연의 사물 세계, 그리고 태어나면서부터 갖게 되는 모든 지혜와 감흥이 들어 있는 우리의 전 정신은, 마지막 작은 점들과 작은 부분들과 티끌까지도 상호연관시켜 해명해 주는 신비의 충일(充溢)이기 때문이다.

14 범지혜의 이론적인 연습은 이것으로 족하다. 그것들이 철저하게 되면 검증을 통하여 실제적인 범지혜가 시작된다. 따라서 아카데미아는 모든 부류의 실천이 대행되고 있는 수도에 위치해야 한다는 사실을 받아들이게 된다. 철학자들은 실제적인 검증 없이 삶을 추상적이고도 이론적인 사변으로, 그리고 난상 토론으로 끌고 가는 대신에 아카데미아 안에서 지식의 적용을 자체적으로 해 보는 것이 과연 좋겠는가 하고 의구심을 품을지도 모른다. 아니 분명 그렇게 하고 있다. 여기에서는 유도증명이, 자기 직관과 자기 경

---

14) Saavedra,vgl. Kap. IX, Anm. 28.
15) 교훈시에 대해서는 철학자 Georg의 책에 언급된다 : 나단(Nathan)과 요나단(Jonathan)은 칭찬할 만한 윤리나 도덕들과 마찬가지로 경건의 충만한 교육을 위한 영적이며 세계적인 시이다. 88번 교훈시는 다음과 같은 내용을 담고 있다 : 교훈. 한 경건한 그리스도인이 자연을 통과하면서 사방에서 가르침의 음성을 듣는다. 예를 들면 꽃들은 이렇게 말한다. "우리가 이슬을 통해서 있는 것처럼 자비로울 지니라."

험을 통해 각양의 형식으로 기계적인 지식의 확실성 차원으로까지 철저하게 된다. "경미하고도 보잘것 없어 보이는 사항들이, 경미한 사항 자체에 관한 인식보다는 의미심장한 요건들에 관한 인식에 더 많이 기여하는 일이 다반사임에도 불구하고, 박식한 사람들이 기계적인 사항이나 그에 준하는 사물들의 확증과 관찰에 당착되는 경우에는 학문이 오점에 물든 것처럼 보인다"라고 한 페룰람(Verulam)이 말한 것은 옳다.[16]

그러고 나서 그는, "나는 내 식견이 어떻든 중요할지도 모른다면, 자연철학자들에게 있어서 기계적인 탐구 방식은 심도 깊고도 원칙적인 의미를 가진다고 뚜렷한 확신을 가지고 말하고 싶다. 나는 섬세하고 미묘한 사변의 분위기에 빠진다는 의미에서가 아니라 인간의 삶의 짐을 덜어 주려는 데 효과적으로 일조한다는 의미에서 자연 지식을 소유한다"고 진술한다. 그리고 책 제III권 4장에서 그는, "자연사물의 본질형태는 이전에 물리학자들에게서 적용되었던 연구 방식을 통해서는 전혀 드러나지 않았다. 이러한 악습의 뿌리는, 인간이 자신의 고려사항을 너무 성급하게 처리하고 경험과 개별 사물들과 너무나 동떨어져서 그것에 관해 음미하고 심사숙고하는 대신에 포기해 버리는 데에 있다"라고 말했다.

II. 범교육서의 연습에 대하여

여기에서는 인간에 의해 쓰인 책과 장서의 유익함에 관해 다룬다. 이것은 우리가 이미 보았던 겔리아나 대학(Collegia Gelliana)이 가장 잘 되어 있다. 우리는 이미 자주 보고 제시했듯이, 세상을 알기에 넉넉한 이른바 세 권의 하나님의 책을 알고 있다. 이제 인간에 의해 이전에 쓰이고 출판되었던 책들을 감내해야만 하는지, 말아야 하는지를 묻는 물음이 나온다.

나는 답한다. 만일 그 책들이 훌륭하다면, 그것은 신적인 원천에서 흘러나오

---

16) Bacon of Verulam: De dignitate et augmentis scientiarum II, Kap.2.

는 실개천이 아니고 무엇이겠는가? 하나님의 본문에 대한 주석이나 설명이 아니고 무엇이겠는가? 철학자들과 의사들의 주석은 자연에 관한 책과 관련된 것이며, 논리학자들과 정치가들의 그것은 정신에 관한 책과 관련되고, 신학자들의 그것은 성경과 관련된 것이다. 이런 책들에서 정결한 물이 흘러나올 때에 그것은 효력이 있다. 확실히 우리는 몇몇 가지를 그 원천 자체에서 좀더 정결하고도 감칠맛나게 마신다. 그렇지만 이런 책들이 탁월한 방식으로 신적인 본문을 설명한다면, 그것은 해롭지 않을 뿐만 아니라 유익하기도 하다. 우리는 여기에서 엄정한 판단을 내려야 하는데, 이는 그 세 가지의 책들이 밝게 비춰 주기보다는 오히려 더 어둡게 하는 경우가 있을 뿐만 아니라, 더 나아가서 진리에서 떠나 오류에 이르게도 하기 때문이다.

그런 연유로, 이미 하나님의 책들에 입문한 모든 이들에게는 아마도, ① 많은 책들이 아니라 유익한 책들을 사용하고, ② 금을 골라내고 광재(鑛滓)는 버리는 작업, 즉 진리에 대한 온갖 제련 작업을 하며 ③ 점차적으로 이런 책들에서도 자유하여 하나님의 학생들이 되기 위해 신적인 책들만 붙드는 것이 최상일 것이다.

우리는 수세기의 경과 과정과 인류에게 내리쬔 광명에 대해 무지하지 않기 위해서는 고대 저자들을 읽어야만 한다. 그러므로 아카데미아에서는 고대를 이해한 사람들을 보유하는 것이 좋을 것이다. 이를테면 고대에 관해 질문한 모든 것에 대해 정보를 줄 수 있는 선별된 학자들 말이다. 각 아카데미아에서는 고대에 대한 포괄적인 연구를 충분히 수행할 수 있도록, 죽을 수 밖에 없는 인간의 처지를 생각하고 상호 격려하며 성취할 수 있도록 여건이 조성되어야 할 것이다. 그래야 한 사람이 죽거나 운명에 의하여 사멸하게 될 경우에, 가르침에 있어 공백이 생기지 않을 것이기 때문이다.[17]

---

17) Hierzu J.Novakova, Die Antike im Werk des J.A. Comenius, in: 20, S. 93-110.

2 다음으로 여기에서는 장래에 진실하고도 유익한 것으로 실증된 것만 남을 수 있도록 모든 고문서들을 심사 정선하는 작업을 탁월한 비평가들이 해야 한다. 그들은 무익한 모든 것들을 영원히 제거시켜야 한다. 또 이사야 66:24에서 선지자가 말한 바대로, 참살된 시체를 가능한 한 볼 수 있도록, 적어도 그것들을 구분시켜야 한다.

옛 고대의 인간들에 대해 과다하게 읽고 그들과 과잉 교제한다는 것은 곧 인생을 낯선 사람들 속에서 유람하는 것을 의미한다. 따라서 ① 각 시기에 따라, 각 대상에 의하여 선별된 것만을 받아들여만 하며, 더 나아가서 ② 먼저 빠른 시일 내에 총괄하고 요약한 다음에 (축어적인) 발췌물들을 완전하게 소화해야 한다. 부언하건대 플루타르크가 철학자들의 공리(公理)에 따라 행했듯이[18] 전체 고대의 저명한 저자들로부터 뽑은 발췌물이 만들어진다면 그것은 헤아릴 수 없이 많은 유익이 될 것이다.

3 그러나 그러면서도 젊은 청년들은 자기 시대의 일과 고국의 일에 다시금 고개를 돌려야 한다. 그리고 무엇보다도 자기 자신에게 열중해야 하고 자기 자신을 다스릴 줄 알아야 하며 자신에게 속한 임무를 수행해야 한다. 마지막으로 그들은 자기 자신에게 철저하고 하나님을 위해 자유하며 어떤 지식보다도 자기 양심에 관한 앎을 가장 기뻐하게끔 교육해야 한다. 좋은 책을 읽고 나쁘고도 실속 없는 책을 회피하는 점에 관해서는 카르테시우스(Cartesius)의 책, 콘트라 베티움(contra Voetium)[19] I편 20면에서 읽을 수 있는데, 거기에서는 어떠한 유의 책들을 어떠한 방식으로 읽어야 하는 지를

---

18) 코메니우스는 여기서 Pseudo(?) Plutarch의 Placita philosophorum과 관련시킨다. Vgl. Doxogrphi Graeci ,ed H.Diels Berol.et Lips.1929. S.1ff.

19) Descartes,Contr Voetium 16: Epistola Renati Des-Cartes, Ad celeberrimum Virum D. Gisbertum Voetium. In qua examinantur duo libri, nuper pro Voetio Vltrajecti simul editi: unus de Confraternitate Mariana,alter de Philosophia. Amsterdami. Apud Ludovicum Elzevirum 1643. Abgedruckt in Descartes,Rene:(Euvres. Publiees par Charles Adam et Paul Tannery. Band VIII, 2, S. 1-194.

서술했다. 주목해야 할 사실은, 그가 22면에서 항간에 떠돌아다니는 의견들과 주해서들에 근거하여 자신의 지혜를 모으지 말 것을 충고했다는 점이다. 오히려 인간의 거의 모든 책들이 하나님의 책들에 관한 주해서들이 됨으로써, 하나님의 책들에서 자신의 자양분을 섭취하고 인간의 책들은 가능한 한 적게 이용하는 사람들이 가장 현명한 사람이 되는 결과가 만들어 질 수 있다.

아이들에게서 성경이나 하나님의 계시의 사용에 대하여

① 학교에서 사용하는 언어에서, 성경의 가장 좋은 판에서 하나의 좋은 견본을 사람들이나 가족과의 대화에서 갖도록 힘쓰라. ② 그것은 견고한 종이로 인쇄된 것이어야 한다. 이 책을 그대가 평생 동안 간직하기 위해서는 견고하게 제본된 것이어야 한다. ③ 이것은 한 권만 준비하면 되며 다른 것은 마련하지 말라. 그대의 기억 저장소가 자명한 토대를 갖추고 그대 나름대로의 주석을 항시 휴대 가능할 수 있게 하기 위해서이다. ④ 특별한 경구들을 읽을 때에는 밑줄을 치고 그것을 날마다, 주마다, 달마다 반복하여 자신에게 각인시켜라. 두 번째 읽을 때에는 새롭게 눈에 띄는 곳을 빨간 색으로 밑줄을 긋고 세 번째에는 녹색으로, 그리고 네 번째나 그 이상을 읽을 때에도 이런 식으로 하라. ⑤ 여러분이 매일 네 장씩, 곧 아침에 두 장, 저녁에 두 장을 계속 순서대로 읽어 나가면 전체 내용을 2년 안에 끝낼 수 있다는 사실에 주목하라. 그 외에도 다른 곳에서 베풀어지는 공공설교나 이런저런 책을 들추거나 홀로 있는 장소를 정하는 등의 일이 생길 때에 성경을 읽을 기회로 이용하라. 이것을 결코 중단하지 말라! ⑥ 관찰하는 사고도 이 읽기와 연결되면 좋을 것이다.

III. 범준비의 연습 또는 전체에 대한 사전 준비의 지식

검증을 위한 연습에 대하여

이 점에 대해서는 대교수학(Didactia magna) 31장의 아카데미아에 관한 부분을 읽어 보라! 2장 13절, 즉 등급 수료를 위한 마지막 시험에 관해 언급한 부분에도 부언되었을 것이다. 그들이 그 시험을 통과할 수 있기 위해서는 보통 교수들에게서 개인 강의를 들으면서 – 또는 공개 강의도 좋다 – 그에 준하는 예비시험을 쳐야만 한다. 동시에 파라세스(Paraeses) 자신은 아침에 신학과 의학, 법조문에서 일반적으로 중요한 부분을 다루어 주고 오후에는 학생들에게 시험을 치게 했다고 한다. 그와 아울러 그들에게 ① 각 사물의 의미나 논쟁상의 입장에 관해 포괄적으로, ② 그에 대해 어떠한 증명들이 타당한지에 관해 물어야 하며, ③ 이러한 문제점을 해결할 수 있을 때까지 수험자에게 이의를 제기해야 한다.

그리고 신학 전공부에서는 모든 것을 승귀(昇貴)시키고, 전적으로 하나님과 장래의 삶을 향해 돌진하는 아주 특별한 임무들이 그러한 연습들의 목적과 형태로 드러나야 한다. 이것은 일종의 심사숙고를 통해 실현될 수 있다. 즉 우리가 세계 내에서 마주치게 되는 사물들을 보이지 않는 하나님의 본질과 그분의 은혜가 지금 우리에게 베풀어지고 있다는 사실, 또는 그분이 하늘에서 예비하고 계신 것과 단순 비교함으로써 성취될 수 있는 것이다. 우리가 소망해도 좋은 사실은, 혹 ① 앳된 젊은이의 성스러운 기쁨이 ② 비교 방법으로 충만하게 될 수도 있다는 사실이다. 이것은 하나님의 세 권의 책들 속에서 포괄되고 있는 모든 사물들의 비교를 통하여, 그리고 하나님과 신적인 것에 순응함으로써 달성될 것이다. 하나님께서 거기에 제시된 것들 속으로 입장하시는 한.

아포데미아(Apodemia) – 페레그리나토(Peregrinatio) : 여행

낯선 곳에서의 여행은 실제적인 가르침에서 애용되는 방법 중 하나이다. 여행이 깊은 사고 속에서 진행된다면 경험을 본질적으로 풍부하게 해 준다.[20] 이것을 가능하게 하기 위해서는 다음과 같은 점에 유의하는 것이 좋을 것이다.

1 누가 여행해야 하는가?

학교를 졸업한 모든 이들이 다소나마 ① 정신과 정서를 환기시키고, ② 신선한 기쁨을 느끼며, ③ 적합한 직업을 선택하는 부담을 줄이기 위해 해야 한다.

2 어디로 여행해야 하는가?

인근 국가나 멀리 떨어진 국가로, 고향 땅에서 가까운 도시들이나 그 산으로, 학교로, 명소로, 인근 지방으로, 그리고 종국에는 그러한 지역에서 더 멀리 떨어진 곳으로 여행해야 한다. 몇몇 사람은 또한 대륙을 달리하여 아예 다른 나라로 여행해야 한다.

3 어떠한 목적을 가지고 여행해야 하는가?

자기 자신과 또는 다른 것들에 대한 지혜를 강화하기 위해 해야 한다. 그 때문에 가르치고 배울 준비가 되어 있어야 한다.

4 어떻게 여행해야 하는가?

라케데모니어(Lakedämonier) 사람들은 낯선 곳에서 그들의 도덕성이 부패되지 않을까 하는 두려움 때문에 백성들로 하여금 여행을 하지 못하도록 금지시켰다. 아 얼마나 순진무구한가! 그것으로 분명해지는 것은, 그들 젊은이들이 집으로 바르게 인도된다는 것이다. 반면에 다소 부패한 민족들

---

20) Vgl. auch Did.m.XXXI,18.-J.B.Schupp,Der Freund in der Not.Neudr.Halle 1878; Bibliographie der Reiseliteratur bei E. Trunz, Der deutsche Spaethumanismus um 1600 als Standeskultur.(Zeitsch.f.Gesch.der Erziehung und des Unterrichts. 21, 1931, S.51.) - Schudt, L., Italenreisen im 17. und 18. Jh.,Wien, Muenchen 1958.(D.)

에게서는, 그들 젊은이들을 극도로 부패한 도덕을 가진 민족들에게 보내는 방식이 만연되어 있다. – 오 세월이여, 오 도덕이여! 그래서 여타 유럽 민족들에게 이탈리아와 프랑스의 독이 퍼져 버린 것이다. 그러나 이 반박은 여행 일반을 겨냥한 것은 아니다. 상인은 돈벌이가 될 만한 것이 있는 곳을 감지하여 그곳으로 여행하기로 결정한다. 마찬가지로 지혜와 총명과 경건에 담긴 보화를 얻길 갈구하는 자는 이러한 보물에 관한 정보가 채취될 수 있는 곳으로, 그러한 보물을 획득할 수 있도록 꺼내 주는 사람들이 사는 곳으로 가야 한다. 젊은이의 본성에 효능 있는 약제를 구하는 자가 결코 아무런 근거 없이, "인류의 도덕을 알고자 하건대 혼자 거하는 집으로 족하다"고 쓰지는 않았다. – 그는 현인이었다. 마찬가지로 그 사람에 대해 "그걸 알려고 하건대 온 세상으로도 부족하다"라고 반박하는 것도 옳을 수 있다. 왜냐하면 세상 곳곳에서 모든 것이 밝히 드러나지는 않기 때문이며, 모든 사건이 세상 곳곳에서 발생하지는 않기 때문이다. 인간에게 자멸하라고 충고하는 것이 우리의 임무가 아니라, 뭉치라고 하는 것이 우리의 임무이다. 달리 말하면, 그들이 전무하거나 불충분한 교육이나 경험을 자기 것이라고 공공연히 자랑한다거나 망상적인 지혜에만 매몰된다면 충고해 주고 싶다. 요컨대, 사실 여행을 해야 하되 너무 과다하지 않게, 현명하고도 정도에 맞게 해야 한다. 여행을 성공적으로 하도록 다음의 충고를 해둔다.

(1) 여행은 고향땅에서부터 시작해야 한다. 이를테면 먼저 모든 것이 고향의 것으로 보여야 한다. 새들이 날기를 시도할 때에도 마찬가지로 그러하다. 새들은 어느 곳에도 독수리가 없으며 집에 두더지도 없다고 간주한다.

(2) 여행은 경박하게 단순히 바다와 정경을 둘러보고 도시의 휘황찬란함이나 수많은 유행거리를 경탄하려는 등의 목적으로 시도되어서는 안 된다. 이러한 의미에서, "산과 계곡과 평야와 나무와 말과 사람을 바르게 본 자는 온 세상을 본 것이다. 온 세상은 바로 그런 것으로 이루어져 있기 때문이다"고 말한 것은 옳다. 우리는 그런 목적과 달리, 더 현명해지기

위해 여행해야 한다. 그렇기 때문에 청년기의 첫 단계를 마치기 전, 다시 말해 형성의 기초가 다져지기 전에는 관계되는 장소를 알고 있는 보호자나 시종을 동반하면 좋을 것이다.

(3) 어떤 여행을 계획하는 자는 적절한 장소들과 그곳의 언어를 알고 있는 사람, 곧 신실한 지도자나 감독자, 봉사자의 도움을 받아야 한다.

(4) 목적지에 거하는 민족들이 후에 자신에게 도움이 될 정도로 교양이 있다면, 그 민족을 잘 알아두면 좋을 것이다.

(5) 관계되는 지역에 대한 몇몇 여행 기록이나 역사 책자와 함께 지도를 휴대하면 좋을 것이다.

(6) 관찰한 것들을 기록하는 여행 일기를 쓰면 좋을 것이다.

(7) 어디를 여행하든지 항상 학식 있고 저명한 인물들을 만나 보면 좋을 것이다. 지나가는 여행길이든지, 도시의 웅장함이나 탁월한 인물들의 수와 그 유명도가 추정되는 장소에 장기 체류하든지 간에 그리하라.

(8) 느끼는 감정을 쓴다는 것은 유익한 일이다.

(9) 고위 신분의 일족뿐만 아니라 다른 지역에서 온 자국 여행자들이 함께 식사하는, 가장 좋은 공공 숙소에 머물러야 한다. 그와 동시에 인근에 있는 몇몇 민족 구성원들과 교제하는 가운데 인근 지역들에 대한 손님처럼 처신하고, 감내하고, 겸양하며, 동시에 조심하여야 한다.

(10) 진지하고 중요한 모든 명소들을 관람하면 좋을 것이다. 그것이 스페인의 헤라클레스의 기둥, 치칠리아의 스킬라(Scylla)와 카리브(Charybdis)

해협, 에티나(Ätna)의 분화, 산 등과 같은 자연 기적이라도 좋고, 산과 암석이라도 좋다. 또는 정원, 독립 건물, 현대 예술물, 고대 유물, 폐허물과 같은 인간의 창조물이라도 좋다.

(11) 그러나 대개는 인간의 총명함이 빚어낸 여러 제도들에 관심을 쏟으면 좋을 것이다. 예컨대, 학자들의 콜레기움, 심의제도와 법정, 교회와 수도원, 그리고 교회의 추기경호의 등과 같은 것이다. 특별히 그곳에서 교수하고 재판하고 조언하고 논쟁이 벌어질 경우에 방문해 보면 좋을 것이다. 더 나아가서, 병기고와 시장, 환전은행, 또한 극장과 그곳에서 열리는 시연회를 간과하지 말아야만 한다. 아울러 결혼식, 장례 절차, 향연과 자기 고향의 관습과는 전혀 다른 모든 것에 대해 관심을 가져야 한다.

(12) 친족과 오랫동안 떨어져 있고 나면 분명히 많은 날 동안 변화가 생겼을 것이다. 오랫동안 여행한 자는 도덕의식의 범위가 넓어지며 도락에 빠지거나 나태함과 빈들거리며 돌아다니는 생활에 익숙해진다. 동시에 시간은 무익하게 흐르며, 세월은 가고, 그러고 나면 아무것도 얻는 것이 없게 된다.

    폴리트로피아(Polytropia)나 여행의 부수물로 생기는, 무수한 사람들과 나눈 교제의 행운에 대하여 다음의 구절은 나타내는데, 이를 실행하는 데 있어 근본적인 원칙들은 민활한 측면이 있다.
    세상에 많은 형상들이 존재하듯이 마음속에는 많은 성향들이 존재한다.
    현명한 자는 보이는 것들을 무수한 생명체로 간주한다.
    끊임없이 변동하는 세계의 각종 정신에 적응하지 못하는 자는 어떤 정신도 소유하지 못한다.
    사람들과 교제하면 ① 언어 지식, ② 용모의 인상학 (외부로 나타나는 특징을 보고 정서 상태를 파악하는),[21] ③ 도덕적인 질서에 대한 정확한 지식을 얻게 되고, ④ 여행 경험 면에서 도움을 얻게 된다.

[유의해야 할 점]

(1) 우리가 주의해야만 하는 것은, 과다하게 사회적인 교제에 헌신하고 거기에 너무 많은 시간을 쓰는 것이다. 그 이유는 풍랑이 이는 바다에서, 제 항로를 유지하고, 가공할 만한 암초와 충돌하거나 무턱대고 항해를 해서 흔적도 없이 바다 속으로 쓸려 버리는 일은 없을 거라고 믿기는 극히 어렵기 때문이다. 그렇기 때문에 현인들은 자성(自省)하도록 충고한다. 휴지(休止)할 수 있고 자숙한다는 것은 훌륭한 정신의 으뜸가는 표지이다(Seneca). 그에 반하여 쉼이 없고 휴식이 없다는 것은 질병의 징후이다. 스스로 친구가 될 수 있는 자는 많은 것을 해낼 수 있다[세네카의 편지(Seneca, Ep.) 6 ,7]. 존재하는 모든 것은 우선 대개는 홀로 존재하며, 후에야 비로소 다른 것의 일부가 될 뿐이다. 움직임이란, 외부보다는 자신 안에서 더 자연스럽다.

(2) 우리는 무엇보다도 무분별한 교제를 조심해야 하며, 더욱 조심해야 할 것은 음흉한 교제이다. 격의를 갖추지 않은 채 다각도로 교제하는 것은, 어느 도덕성으로 보나 적이다. 게다가 많은 이들은 아무것도 알지 못하는 자에게 저열한 것을 보여 주어 각인시켜 주고는 해보라고 부추긴다. 우리가 혼란스러워하는 양이 많으면 많을수록 그만큼 위험은 커진다. 그러므로 여러분 자신에게로 돌아가면 많은 것을 알게 될 것이다. 여러분을 향상시켜 주려 하거나 장려해 주려는 사람들과만 교제하라. 이것은 이를테면 상호 보조적으로 일어난다. 즉 가르치는 자는 배운다.

---

21) 16, 17세기의 용모 인상학에 관한 목록은 Lipinius의 Bibliotheca realis medica에서 발견된다. Francof, 1679, p. 353.(D.)

(3) 많은 교제를 정기적으로 자주 갖는 자는, 원거리에 살면서 관계를 유지하는 친구들 명부를, 필요하다면 이름과 성, 신분까지 알 수 있도록 해서 모아 두면 좋을 것이다. 이러한 일을 게을리하는 것은 수치이다. 다른 사람을 기억해 주면 호감을 산다.

이 청년기 학교의 세 번째 부분은 일기장에 펼쳐놓은 정보라고 본다. 거기에는 ① 이제까지 지내 온 내력, ② 이제까지 쌓아 온 아카데미아적인 연구의 기록, ③ 여행을 통해 얻은 관찰, ④ 삶 속에서 이루어지는 것과 더 나아가 실행해야 하는 것에 대한 부기(附記)가 들어 있다.

플라톤은 이르기를, "옛 철학자들은 자신의 청년기에는 연구에 몰두했으며, 장년기에는 여행을 했고, 노년기에 안식을 취했다"고 했다.[22] 그들에게 있어 철학한다는 것이 즐긴다는 것과 아무것도 다르지 않다면, 이는 나쁜 제안이 아니다. 그러나 그들은 언제 자신의 조국을 위해 헌신했는가? 그것 때문에 철학은 다른 사람들의 삶의 질서에 유익함을 주지 못하는 열매 없는 나무라는 소리 듣는다. 따라서 범지혜는, 청년기에 모든 것을 주의 깊게 관찰하고 그에 따른 일상생활과 일을 할 충분한 시간을 가져서, 노년기에 선하고 지혜롭게 보낸 인생을 의식하면서 안식과 평안을 누리는 것이 낫다고 가르친다.

이것을 성취하기 위해 우리는 청년에게 위의 세 가지 사항에 근거해서 ① 눈에 보기에 선한 목적과 ② 확실한 수단, ③ 우호적인 방법으로 활동하게끔 가르쳐 알게 해야만 한다. 세계는 갈피를 못 잡는 사람으로 가득 차 있다. 그들이 무수한 오류에서 벗어나기 위해서는 모든 악의 근원인 무지로부터 해방되는 것 외엔 다른 방법이 없다. 이는 방랑자가 길을 떠날 때에 자신이 어느 길로 가야 하는지를 모르고, 다른 사물들에 대한 외적인

---

22) Platon, Politeia, 498 c.

부주의함으로 가득 차 있어서 가는 길을 주의하지 않음으로 인해, 자신이 바야흐로 외적인 암흑에서 났으며 눈에 보이는 대로 하는 맹목성 내지는 내부의 눈의 정신의 맹목성의 소유자인지를 모르는 무지에 원인이 있기 때문이다.

이와 마찬가지로 인류의 영원한 오류의 원인은 ① 인간이 자신의 생의 지향점이 되어야 하는 목적을 알지 못하고 ② 그 목적을 이룰 수단을 알지 못하며, ③ 일상 업무에 떠밀려 더 고귀한 목적에 주의를 쏟지 않는 데에 있다. 또한 모든 이들에게 자신의 노력이 어디를 지향해야만 하는지가 분명하게 제시된다면, 그러는 한에서는 파멸에 이르지는 않을 것이나, 반면에 광명으로 가는 길을 샛길과 같은 무게로 고려한다면 무지로부터 벗어날 수 있는 희망을 결국 잃게 될 것이다.

"어느 누구도 철학적인 지식 없이는 진정으로 경건하지 못하는 것은, 창조자가 인정하는 영혼은 그분에게 속한 사랑을 알고 모든 악을 망각하기 때문이다. 그 영혼이 선을 떠난다는 것은 한층 더 불가능하며, 하나님을 닮게 되면 순수한 정신이 되는 것이다. 총명함은 인간 행위를 비춰 주는 태양이요 모든 능력의 인도자와 선생이 되며, 방향 척도이며 견인선이며 표준이며 시작과 중간과 끝이며 토대와 면류관이며 현실적인 보물이다"라고 트리스메기스토스(Trismegistos)[23]는 지혜롭게 말하고 있다.

● 젊은 청년들을 위한 기도

"오! 하나님, 우리를 교육하시기를 땅의 짐승에게 하심보다 더하게 하시며 우리에게 지혜 주시기를 공중의 새에게 주심보다 더하셨나이다(욥 35:11). 당신은 사람의 깊은 속을 살피사, 견고케 하시나이다(잠 20:27).

---

23) Corpus hermeticum,Fragments rxtrits de Stobee, Fragment II B. Ed. Nock et Festugiere,Tom.III, 13 Paris 1954. - A.J.Fetugiere,La Revelation d' Hermes Trismegiste voll. 4. Paris 1950-54.E. Garin, Note sull' ermetismo del Rinascimento(Testi Umanistici su l'Ermetismo. Archivio di filisofia)Roma 1955(D.).

내 정신의 눈을 뜨게 하시어 나로 보게 하소서. 내 통찰력을 열어 주시어 통찰을 얻게 하소서! 내 판단력을 열어 주시어 진위(眞違)와 선악을 바르게 분별케 하시고 나로 바른 것을 택하게 하여 당신의 이름의 영광과 내 영혼의 구원을 바르게 드러내게 하소서!"

베른하르두스(Bernhardus)는 다음과 같은 식으로 기도했다.

> 주님, 알지 못할 때에 나를 가르치소서.
> 길을 잘못 들 때에 이끄소서.
> 죄를 범하기 쉬운 때에 고쳐 주소서.
> 타락할 때에 끌어 올리소서.
> 걸을 때에 인도하소서.
> 서 있을 때에 붙잡아 주소서.
> 괴로울 때에 위로하소서.
> 위험을 견디고 있을 때에 보호하소서.
> 피곤할 때에 북돋우소서.
> 영혼이 지칠 때에 활기를 주소서.

CHAPTER 13
PAMPAEDIA ALLERZIEHUNG

장년기 학교
(Schola virilitatis)

이 장에서는 사람이 바르게 살아가는 법과 자신에게 귀속되어 있는 모든 것이 선한 결말을 맺을 수 있게 하는 법, 그리고 삶의 실천과 삶의 올바른 사용을 가르친다.

[정 의]

성인은 그 신체 골격이나 힘의 정도가 충분히 갖추어진 사람이다. 그는 이제 생의 과제를 짊어질 만큼 성장했으며 자신이 미리 준비해 놓았던 직업을 현실적으로 수행하기 시작한다.

1 앞 장에서 우리는 전 생애가 학교라는 사실을 이미 보았다. 그러므로 인생에 있어서 넘치는 힘을 소유한 중간 단계 역시 하나의 학교이다. 더 나아가 전적으로 특별한 상태에 있다. 그렇기 때문에 이전 나이 단계와 학교, 초기 유아기, 아동기 등과 같은 때는 단지 여기에 이르기 위한 도정의 단계에 불과하였다. 이 단계에서 전진하지 못하는 자, 특별히 아직도 배울 것이 많이 남아 있는 자는 되돌아가라. 이제 여기에서 중요한 것은, 단순한 놀이를 통해서가 아니라 진지한 행위를 통해 배우는 것이다.

> **[장년기 학교]**
>
> 마태복음 6:33 – "너희는 먼저 하나님의 나라를 구하라."
> 누가복음 10:42 – "그러나 한 가지로 족하니라."
> 그러므로 생의 주 과제는, '오 인간들이여, 그대가 하나님과 하나가 되는 것'이리라. "그대들, 사람과 사물과 연합하는 것은 두 번째로 너의 과제이니라."
>
> **[세네카(seneca)의 삶에 대한 요담(要談)]**
>
> "우리는 평생에 걸쳐 생을 가르쳐야만 하느니라. 그러나 필시 너에게 한층 더 경이로운 사실은, 평생 동안 배우기 위해 노력해야만 하는 것이리라."[1]
>
> "그러므로 인간이여 삶 속에서 죽음을 배우라. 그것은 '그대가 사망까지 행하기를 원하는 것이 무엇인지를 항상 하라'는 말로 너를 가르칠 것이다. '왜냐하면 죽는 것을 생각하지 않고 살기만을 애쓰는 자는 어리석은 자들이기 때문이다'라고 어거스틴은 말했다."[2]

2 이제까지 거쳐 온 이전의 학교들에서는 많은 것을 이해하기 쉽게 가르쳐 주었을 수도 있다. 그러나 이제 부딪히게 되는 것들 중 그 어느 것도 이전보다 쉽게 배울 수는 없다. 여기에서는 남은 인생기 동안 내내 이른바 사물 자체의 진정한 이용과 사람들과의 다양한 교제를 배우게 된다.

3 어떤 사람이 언젠가, '나는 스승으로부터 많은 것을, 내 동료들로부터 더 많은 것을, 그러나 제자들로부터는 가장 많은 것을 배웠노라.'라고 말한 것은 그리 틀린 것이 아니다. 그 까닭은 치유를 통해 우리 자신이 치유되었으며 일을 통해서야 비로소 우리는 일의 장인이 되었기 때문이다. 성년기에는 – 학교에서건, 교회에서건, 국가 내 또는 가정 내에서건 – 관계 맺고 있는 사람들이

---

1) Seneca:De brevitate vitae VII, 2(H).
2) Augustinus, MAL 38, 881 Sermo CLXL(D.).

각자에게 위탁되며 또한 그들을 위해 항상 해야 할 의무도 위탁된다. 그리고 그 사람들은 성인에게는 항상 곁에 있는 선생일 것이다. 따라서 진실한 학습 방법도 마무리 작업을 통해서야 마무리되는 것이다. 이론을 끊임없이 실천으로 전환시킴으로써 학생들은 일에 대한 지식에 이르게 된다. 그러나 학교에서 일이라는 것이 연습 때문에 시도되고, 동시에 단지 연극식으로만 성취될 경우에는, 마치 (성숙한) 세대의 힘이 가장 참된 사물들에 근거해 실행되는 것처럼 그것은 놀이 그 자체의 모습을 띠며 그로 인해 어떤 참되고 진지한 결과로 마무리될 수는 없을 것이다.

4 어느 누가 진지한 일을 하지 않고서도 무언가를 얻을 수 있다고 믿는 것은 갈렌(Galen)의 말에 따르면,[3] 한낱 그림자일 뿐이며 무익한 망상일 뿐이다. 실천 없는 이론가는, 책에서 기술을 배워 가지고 이제는 둑에 앉아서 최상의 항구들과 암석과 곶, 스킬라(Scylla)와 카립데(Charybde) 사람들을 몽상하여 종국에는 자기 배를 해안쪽으로, 탁자 위로 탁월하게 항해케 할 선원과 같다. 만일 그대가 그에게 3열키로 움직이는 배를 기어이 맡겨서, 그가 망망대해로 과감히 항해했다면 그는 자신이 이전에 익히 알고 있었던 암초에 부딪혀 좌초될 것이다.

5 그런 고로 학교를 졸업한 젊은 청년 여러분들이여, 이제 와서 인생과 의무라는 망망대해에서 뱃사람이 되는 법을 배우라! 내 말하노니, 성인이 되는 법을 배울 것이며, 그대들의 처지를 활기차게, 그러면서도 신중하게 이끌어 가는 법을 배우라! 젖먹이 아이에게는 우유를 준다. 이빨이 없는 아이에게는 씹어서 잘게 만든 음식을 준다. 성장한 유아들은 이내 스스로 먹는다. 그리고 성인은 자신의 부양가족의 생계를 이어 줘야 하는 의무가 있다. 이처럼 아동인 그대들에게, 성숙 과정에 있는 그대들에게, 젊은 청년들인 그대들에게 모

---

3) Galenus.Konnte nicht im Corpus medicorum graecorum 1914-51 und den Opera medic. graec. ed. Kuehn 1821-33 nachgewiesen werden(D.).

든 것이 곱게 씹은 것으로 제공되었다. 이제, 그대들은 성인이 되었고 지식은 강대하므로, 그대들에게는 그대 자신과 가족을 위해 자기 전문 지식으로 재산을 모을 임무가 부여되었다. 이제 그대들 자신이 교사임과 동시에 학생이다. 그러므로 이제 이러한 임무의 원칙들을 몇 마디로 설명한다.

6 '이 학교'의 목표는 현명한 삶의 부양이며 우리가 행하고 겪고 있는 모든 것, 무엇보다도 사랑의 실천이다. 이제 생의 임무 앞에 서게 되었고, 세상의 활동 영역으로 들어가게 된 우리가 학식과 도덕성과 경건성을 한 올이라도 잃지 않도록 주의하는 것이 우리의 목표이다. 오히려 이제는 모든 것이 진정한 목표로 유인되면 좋을 것이다. 지혜의 결실은 삶에 무척이나 유용한 것이기 때문이다. 따라서 인간은 축적된 지혜의 빛을 생의 모든 임무를 '성취' 함에 있어 자신이 어떻게 사용하여, 선하고 악한 것 모두를 별 무리 없이 섭렵하고, 결국에는 좋은 결말을 맺을 것인지 배워야만 한다.

7 이를 위한 수단은 ① 이제 우리가 그 내용을 읽어야 하는 세 권의 하나님의 책이다. 성인이 된 후에는 걸음마를 배우기 위한 지탱물이나 끈 같은 유아기적 조력물에서 벗어나게 된다. ② 우리는 의무가 넘쳐날지라도 하나님과 그분이 맡기신 일과 우리의 직업을 전력으로 돌보아야 한다. ③ 그 내용에서 각별히 선한 것을 발견할 수 있는 인간 저작들에도 우리는 몰두해야 한다.

8 **이러한 수단의 올바른 이용 방법 :** 이제 모든 것이 진지하게 처리되었다. 이는 그 모든 것을 의사결정에 타당하게 이용해야 함을 뜻한다. 플리니우스(Plinius)는 다음과 같이 보고했다. "선별하지 않고서는 아무것도 읽지 않는다."[4] 성인인 그대에 관해 사람들이, "그는 사용하는 데 있어 자기 삶에 유익이 되지 않는 것은 아무 것도 읽지도, 말하지도, 행하지도 않았다"고 말할 수 있게끔 시도해 보라.

---

4) Ueber Plinius bei Drexel s.Kap.VII, Anm. 22.

9 장년기의 학교에는 세 반, 더 정확히 말하면 세 단계가 있다.

(1) 성년이 되어 직업생활을 시작하는 자들의 반
(2) 그 삶의 직업을 실행하는 자들의 반
(3) 여기에서는 방법으로서 독백을 제안한다. 각 성인은 자기자신과 대화해야 하며 자기 과제들을 스스로 설정하고 자기 스스로 그것을 해결해야 한다.

10 아래의 일반적인 생각들은 장성기 학교의 세 반 모두에 해당할 것이다.

I. 인생은 학교이다.

따라서 대부분의 사람들이 '학교를 마치면' 의당 하는것처럼 책들을 경원시하지 말고 바로 이 시기에 그것들을 올바른 방법으로 이용해야 한다.

학교는 본보기와 규칙과 연습을 필요로 한다. '주지하다시피' 성년기도 학교이므로 성인들 스스로가, ① 본보기를 찾기 위해 역사에 몰두해야만 하고, ② 교과서들 속에서 추상적인 지혜도 찾아야 하며, ③ 끊임없이 실전에서 연습을 해야만 한다.

그리고 이제는 경쟁 역시 학교의 연습에 속하는 것이기에, 만일 자신이 조용하게 성취해 나가는 경우에, 경쟁을 하게 되는 자 역시 진정한 경쟁 속에서 상호 우호적으로 선을 이루기 위해 어떻게 분투해야 할 것인지를 심사숙고해야만 한다. 성년기 학교는 물론 훨씬 자유롭다. 책들이나 교사들에게 매이지 않는다. 그러나 이제는 각자의 천직이 자신에게는 하나의 학교이기 때문에, 자기 자신과 자기가 접촉하는 사람들에 대해 모범과 규칙과 진보된 연습을 제시해 둠으로써 자기 자신과 주변 사람들에게 교사와 책과 학교가 되는 것도 필요하다 볼 수 있다. 그럼에도 불구하고 한 눈보다는 많은 수의 눈이 더 많이 보며, 어느 누구도 자기 친구나 산 자나 죽은 자가 일말의 주의도 기울여 줄 필요가 없을 정도로 총명하지는 않기 때문에 여기에 동참해야 할 것이다.

학교 밖에서도 이뤄져야 하는 독서에 관한 조언을 여기에 쓴다. 여기에서는 도대체 언제, 어떤 종류의 책을, 어떤 목적을 가지고 읽어야 하는지에 관해 논의되어야 할 것이다.

곳곳에 몹쓸 것으로 뿌리내린 사람들의 관습을 학교를 매개로 하여 책에서 잘라내 버리고 족쇄와도 같은 그것들을 타파해 버리는 것은, 이런 비도덕적인 것을 반박하기 위해 부득이한 것이다. 그래서 나는 이러한 행동방식이 얼마나 우매하고 해로운 것인지를 심사숙고해 보는 기회를 제공해 주고 싶다. 손도끼를 갈아서 그것이 예리해질 때에야 작업하는 수공업자를 그대는 얼간이라고 부르지는 않는가? 그러나 수년 동안 공들인 수고의 결실이 맺어졌다 해도 허사가 된다면 얼마나 허망한 것인가? 그대가 '일'을 참고 견디지 않는다면 그대는 '수고의 유익'을 거둬들이지 못할 것이다. 진보하지 않는다는 것은 여기에서는 퇴보하는 것을 의미한다. 수공업자가 어떻게 자기 자신을 몹쓸 것으로 생각하여 자기 생계를 위해 습득한 손기술을 무시할 수 있겠는가? 따라서 하나님의 책들이라 일컫는 것을 읽어야만 한다.

(1) 이성에 반하는 것은 어디에도 없는 정신의 책.
(2) 우리의 행동에서 부조리함이 드러나지 않고 하나님의 작품들이 그러하듯이 모든 것을 체계적으로 만들기 위한, 세계에 관한 책.
(3) 하나님의 권고 없이는 아무것도 이뤄지지 않은 성경책. 그렇기 때문에 여기에 우리의 성스러움, 우림과 둠밈[5]이 있으며 여기에서 하나

---

5) 우림과 둠밈은 아마도 어떤 규칙에 의하여 판결을 내릴 때 사용되었던 제비를 뽑는 막대기였던 것 같다(삼상 14:41). 출 28:30; 레 8:8.

님의 입이 말씀하신다.

그러나 기타 훌륭한 책들도 열정적으로 읽어야 한다. 무엇보다도 사물 세계의 토대에 대한 심층적인 통찰을 얻기 위해 늘 역사학자와 철학자, 신학자들의 책을 읽어야 한다. 다음으로는 우리의 언어구사력을 키우기 위해 웅변가와 작가들의 책을 읽어야 한다. 마지막으로 우리의 일을 바르게 행하고 이 일들에 대한 이해력을 얻기 위해 도덕적이고 기술적인 저술 등의 책들도 읽어야 한다. 그러나 우리는 이 모든 것을, 암소가 풀을 찾아 다니는, 사냥개가 토끼를 찾아 다니는, 꿀벌이 꽃을 찾아 다니는 방법과 같은 식으로 단 한 명의 실제적으로 풍요한 저작자를 찾아 다녀도 된다.

하지만 두서넛 저술가의 책을 읽는 것도 하나의 방법일 것이다. 그들 중의 한 사람이 모든 것에 관해 저술하지는 않았기 때문이다. 그리고 그 중 한 사람이 모든 것을 포괄 저술했을지라도 교차시켜 보는 것이 좋을 것이다. 이 방법은 우리를 매혹하고 기쁘게 하며 꼼짝 못하게 한다. 더 나아가서 방대한 분량 중에서 필요한 부분을 선별하는 것도 가능하다. 각자가 자신의 저술가들을 선택할 때에 다른 사람을 따라 하는 것은 물론 권장할 만한 것이 못된다. 그렇게 하는 것은 인간 정신과 이러한 총명한 방법의 탁월성에 비추어 무익하고도 무례한 것이리라.

무수히 많은 책들이 있기 때문에, 그리고 상당한 분량의 장서에 들어 있는 모든 것을 읽는다는 것은 불가능하기 때문에 선별이 필요하다. 키케로(Cicero)는 당대에 이미 한탄하기를, 시인의 책들이 수적으로 너무 방대하여 자기 생애에 서정시 저술가들의 책이 갑절 수가 많았음에도 불구하고 절대로 읽지 않았다고 했다.[6] 그렇다면 오늘날에 아주 많은 라틴 시인들이 소개되고 있는데, 또한 사실 키케로가 미처 알지 못했던 페르길(Vergil), 호라즈(Horaz), 다윗(David) 등과 같은 위대한 인물들도 있는데, 우리는 무엇이라고 말해야 하는가? 역사가와 철학자, 의사, 법학자, 신학자들의 저술

---

6) Wahrscheinlich Verwechslung mit Seneca, Epist. 49,6.(D.)

들이 쏟아져 나와 설사 한 사람에게 천 년의 시간이 주어진다 할지라도 천 개의 도서관을 모조리 훑어 볼 수는 없을 정도로 방대한 분량이 되었다.

플리니우스(Plinius)의 견해대로 일말의 선한 것도 없을 정도로 악한 책은 없다[7]면 우리는 어떻게 해야 하는가? 나는 답한다. 숱하게 연회손님으로 초대받아 보았던 조신하고도 현명한 인물처럼 행동하자. 우리에게 나타나는 모든 것을 살펴보고 그 중 최상의 사물들 중에서 우리의 영양에 필요한 몇 가지만을 골라내자. 이는 한편으로는 광명의 샘이 열리면 수많은 책을 뒤적거릴 필요가 없기 때문이며, 다른 한편으로는 시간을 허비하는 것은 해롭기 때문이다. "많이 공부하는 것은 몸을 피곤케 하느니라"고 솔로몬은 말했다(전 12:12). "왜 오늘날에는 키케로와 크빈틸리안(Quintilian)의 때처럼 학식 있고 현명한 인물들이 많지 않는가"하는 물음에 캡니온(Capnion)은 다음과 같이 답했다. "그들은 당시에 오늘날처럼 많은 책을 통해 분화되지 않았다. 다시 말하면 당시에는 단지 소수의 책들만 있었고 그것으로 충분했다."[8] 이것은 사실이다! "편재(遍在)하는 자는 아무 곳에도 존재하지 않는 다"고 세네카(Seneca)는 말했다. 많이 읽는 자가 논의에 잡음을 일으키는 견해나 지겹도록 반복만 거듭하는 중언부언 – 이는 일부 사람들이 다른 사람의 것을 좇아하기 때문이다 – 에서 벗어날 가능성은 희박하다는 주장과는 별개의 것이다.

따라서 책들은 ① 각자의 삶의 계획에 맞게 선별되어야 한다. 이를테면 정치가는 정치서를, 신학자는 신학서를, 의사는 의학서를 읽어야 할 것이며 그에 더하여 전체를 살피고 있는 여타 저서를 읽어야 한다. ② 비상한 지혜 때문에, 독창적인 명석함이나 사고 때문에 사랑받고 있는 저명한 책들은 옛 것이건 새 것이건 읽어야 한다. ③ 마지막으로 책들은 또한 명확한 것이어야 한다. 난삽한 서적들을 읽는다는 것은 비록 그 책 속에서 비

---

[7] Plinius D.J.,III,Epist 5.
[8] Capnion=Reuchlin.

상한 신비를 기대해 봄직하다 할지라도 시간을 허비하는 것에 지나지 않을 것이다.

역사서를 읽는 데 있어 우리가 사전에 알아 두면 좋은 것은, 사실 옛 역사를 읽는 것도 좋으나 최근에 일어났던 동시대사와 지금 막 벌어지고 있거나 그 진행이 일련의 주변 상황과 연루되어 있을 수 있는 사건들에 대한 연구가 더욱 중요하다는 사실이다. 아울러 마찬가지로 중요한 것은 이러한 일들이 자기 고국에서나 인근 민족 기타의 곳에서 벌어지고 있을 때이다. 바야흐로 각처의 사방 국경에서 쉬이 접근 가능하기 때문이다. 온 세상은 태초부터 세말까지 온 인류를 위한 하나의 학교이듯이, 그것은 각 개인에게는 무엇보다도 자신의 때인 것이다. 그러므로 자기 고국에서 일어나고 있는 사건에 철두철미하게 무지했던, 학식 있는 신사들의 잘못된 생활 태도는 시정되어야만 한다. 이는 그들이 그리스와 로마의 역사에서 모든 것을 알고 있을 터이기 때문이다. 그리하는 자는 이웃집을 보살펴 주며 자기의 오점을 쓸어내는 것이리라.

이제 책들을 어떻게 읽어야 하는가? ① 항상 주의 깊게, ② 선별 발췌하여 읽되, ③ 실제 응용이 되어야 한다. 이것은 우리가 책들을 재미에 비중을 두어 사용하지 말고, 어디 다른 곳으로 인도하는 마차나 배처럼 사용하는 것에 익숙해지는 것이 좋다는 것을 뜻한다. 그러므로 절대로 그대는 안목을 키우고 (독서를 통해) 통찰을 깊게 하고, 보다 총명해지고 나아지기 위한 것 이외의 다른 목적으로 책을 휴대하지 말라. 그 책으로부터 선한 사물에 대한 통찰을 얻기 전이나 보다 순수한 도덕을 만들어 내기 전에는 책을 놓지 말라. 최소한 장래에라도 우리에게 유익이 되게끔 만들어 놓지 않고서는, 곧 꽃에서 꿀을 뽑아내어 벌집에 모아두기 전까지는 두루 읽히는 저자의 책을 절대로 손에서 놓지 말아야 한다.

선별과 발췌 요약은 독자들에게 필수불가결한 것이다. 하지만 우리가 무엇을 선별하고 무엇을 폐기시켜야 하는지를 알기 위한 날카로운 비평이 선행되어야만 한다. 그 이유는 인간의 저서들은 거의 대부분에 걸쳐 악과

선, 무의미한 것과 진정한 것, 유해한 것과 유용한 것을 혼동하고 있기 때문이다. 그래서 우리는 꽃에서 꿀은 빨아들이고 독은 버리는 꿀벌을 본받아야만 한다.[9]

그렇지만 선별은 현명하게 하되 그 취사 선택에 있어 서두를 이유는 하나도 없다. 그대가 후에 무슨 일을 도모하기 위해서나 조언을 인용하기 위해서, 저술가들의 어떠한 조명의 원천에 기하여 뭔가를 창조하거나 증명할 수 있는가에 주목하는 것이 현명한 처사이다. 저자가 감각 능력을 통해 뭔가를 제시하면 그대는 그것이 과연 진리를 담고 있는가를 알기 위해 사물 자체에 주목하라. 이성의 사유를 통해 제시된 것이라면, 그대의 이성이 그대에게 그와 동일하게 말하는지를 알기 위해 자신에게 주목하라. 확신의 방식을 통해 제시된 것이라면 그대는 그 저자가 전거(典據)로 하고 있는 증거를 캐내어 보라. 이는 그 증거들이 그대 자신에게도 동일한 말과 동일한 의미로 말하는지에 관해 확증하기 위함이다. 그러한 식의 검증이 견지되지 않는다면, 그대는 그런 주장들을 그저 무심코 지나쳐 버리거나 의심나는 사항을 표피적으로 고려해 보든지, 아니면 분명하게 그릇되다고 확실히 인식함으로써, 그리고 하나님 없이 살아가는 것은 혼란뿐이라는 것을 생각하여 되돌아갈 수도 있다.

그대가 망각하고 싶지 않은, 사유할 만한 가치가 있는 입장들을 발췌 요약하는 것이 절대 불가피하다. 인간의 기억력이란, 그대가 꺼내길 원하는 것을 어느 저장소에 안전하게 보관해 놓지 않았을 경우에 그 즉시로 제공해 줄 준비가 되어 있는 것은 아니기 때문이다. 그렇다면 무엇이 기록 저장소란 말인가? 생각건대 문서의 총록이나 법령류의 모음집일 것이다.[10] 그대가 배웠던 유익한 것을 여기에 실제 응용해 보고 그대가 사용하고 있는 것을 여기에서 찾아보라.

---

9) Seneca Epist. 84, 2.
10) Vgl. Kap.III, Anm. 4u. Kap. VI, Anm. 39.

II. 직업으로서의 삶

① 이 학교에 들어갈 때에 그대는 특정한 직업을 선택해야만 하는데, 이 직업을 통해서 하나님과 인간 사회를 위해 봉사해야 하며, 그 직업 속에서 그대는 가능하다면 그대가 지상에서 사는 날 동안 유익하고 즐겁게 인생을 보내면 좋을 것이다.

② 그대가 허황되지 않기 위해서는 그대의 신분에 분명하게 선을 그어야 한다.

③ 두서너 개보다는 하나의 직업을 선택하는 것이 더 낫다. 가장 높으신 지혜의 스승이 우리에게 이것을 가르쳐 주셨다. "한 가지로 족하니라." 사실 마르다 또한 그리스도를 사랑했음에도 불구하고 그분에게는 마르다의 삶의 방식보다 마리아의 삶의 방식이 더 흡족한 것이었다. 그대가 어떠한 직업을 선택하든지 간에 그분은 그대의 삶을 충만하게 하신다고, 즉 다른 모든 것들이 그대의 곁에 있다고 말씀하셨다.

그러나 어떻게 우리의 직업을 선택해야 하는가? 우리가 이제까지 나태하게만 행해 왔다면 하나님께 진지하게 그분의 지도를 구해야만 한다. 현인들에게 가서 조언을 구하고, 종국에는 우리의 양심에도 자문해 보아야만 하는데, 이것은 우리의 자연스런 처신이자 권리이다. 우리의 어깨가 무엇을 위할 수 있으며, 무엇을 짊어져서는 안 되는지 시험해 보아야만 한다 (예수 시락서(Jes. Sir. 37).[11]

III. 일로서의 삶

우리 모두가 확신해야 하는 바는, 우리가 하늘의 주님에 의하여 인생으

---

11) Vgl. Horaz, Ars poet. 39f.(R.).

로 보내졌다는 사실이다.

[주 의]

포도원 비유에서처럼(마 20장)[12] 그 밭에서 뭔가를 일구도록 또는 그곳에서 일하도록 말이다. 요컨대 우리 각자가 알아야 할 것은, 전 생애가 매일 매일의 일을 뜻한다는 사실이다. 각자가 신실하고 선하게 일할 때에 보상을 바랄 수 있다. 반대로 불성실하고, 나태할 경우에는 벌을 받는다.

IV. 길로서의 삶

이 길은 노년으로, 죽음으로, 그리고 거기에서 영원으로 이르는 길이다. 다음과 같은 이유로 우리는 노년을 대비한 준비를 해야만 한다.

① 앞의 단계는 다음 단계를 위해 현존한다. 꽃가지가 다발을 이루듯이.

② 빈약한 노인은 가련하게 보인다. 그것은 지병을 앓는 것 마냥 개선될 여지가 없기 때문이다.

③ 노년기는 겨울로 비유될 수 있다. 겨울은 자연 법칙상 열매를 맺지 못하며 어떠한 결실도 맺지 못한다. 겨울에 인간은 그저 저장해 놓은 것을 향유할 수 있을 뿐이다. 여름과 가을에 아무것도 모으지 않는 자는 겨울에 곤경과 굶주림을 당한다.

④ 노인의 시기에 가능하지 않는 것은 바로 지금 가능하다. 성년기에는 모든

---

12) 마태복음 20:1-16

것이 만개해 있다. 감각과 태어나면서부터 지닌 정신적인 능력, 기억력, 판단력 등. 그러나 노인들에게는 이 모든 것이 점점 약해지며 언젠가는 완전히 사라지게 된다. 그러므로 우리는 우리에게 쓸모가 있는 그러한 종류의 온갖 보화들을 모아놓아야만 한다.

⑤ 노년기는 인생에 있어 일요일이다. 그 때에 우리는 더 이상 일하지 말아야 하며 안식을 취해야 한다. 우리는 언젠가 이스라엘 민족에게 안식일을 위해 금요일에는 두 배의 만나를 모으도록 명하셨던 하나님의 명령을 묵상해야 한다(출 16장). 다른 한편으로 우리는 과다하게 모으거나 탐하여 남의 것을 강탈하지 말아야 하는데, 그리해 보았자 만나는 썩어 버린다. 그러므로 세 배나 네 배, 열 배가 아니라 오로지 두 배만 모아야 한다. 전도서 9: 10을 참고하라.[13]

그러므로 열매를 맺지 못하는 때, 괴롭고도 배고픈 노년의 때를 원하지 않는 자는, 자신의 세월과 힘이 허락하는 한 창고와 곳간과 서재에 지혜의 양식과 튼튼한 건강과 여타 삶에 있어서 유익한 물건들을 저장해 놓는 것이 좋을 것이다. 그대가 만일 그 동안에 그대의 노년을 위해 자기 방책을 마련한다면, 그대는 그대의 노년을 - 그대에게 허락될진대 - 슬퍼하지 않고 평안하게, 괴로워하지 않고 기쁘게 보낼 수 있다는 희망을 가져도 된다. 그러나 필요한 만큼만 마련해야지 절대 과도해서는 안 된다. 편한 여생을 위한 만큼만 하면 되지 번거로울 정도로 하지 말아야 한다.

둘째로 생은 죽음과 영원에 이르는 길이다. 따라서 우리는 인생 자체에 대해 심사숙고해야 한다.

이러한 측면에서 전 생애는, 어머니의 몸에서 나온 우리의 모든 것이 현세의 삶의 유익을 위한 것이었듯이, 장래 인생의 유익함을 위해 설정되어야 한다.

---

13) 잠언 9:10 "무릇 네 손에 당하는 대로 힘을 다하여 할지어다."

[반 론]

사실 우리가 영원한 삶과는 어울리지 않는 일들, 예컨대 먹고 마시고 옷을 깁고 집을 짓고 기타 외형적인 활동들을 현세에서 해야만 한다. 그것 없이 우리는 삶을 살아가지 못한다. 그러나 우리가 사물들을 제대로 생각해 본다면, 이러한 활동들도 종속적인 방식으로 장래의 삶에 봉사할 수 있으며, 해야 한다는 사실을 깨닫게 될 것이다. 그 까닭은 정서에 전심하기 위해서는 육체에 전심을 쏟아야 하듯이, 정신적인 유익을 위해서는 실제적인 일들과 관계해야 하기 때문이다. 그러므로 인간은 그 정원과 들판과 포도원을 돌보길 원하며, 가축을 사육하고 고기를 잡고 도살을 하고 기타 수공업을 행하려 하는 것이다! 그런데 어떤 목적을 위해? 모든 것은 인간에게 부족하지 않게 영양분을 주기 위해서만 봉사한다. 사람의 수고는 다 그 입을 위한 것이기 때문이다(전 6:7). 인간은 단지 육체에 머무르기 위해서만 하는 것이 아니지 않는가? 그러므로 우리가 육체를 떠나도록 명령되었을진대 육체에 머무는 동안 육체 밖에서 살아가는 것을 배우기 위해서만 인생은 유지될 뿐이다.

V. 인생의 궁극적인 목표는 노년의 안식과 그 후의 영원의 안식이다.

따라서 목적에 실패하지 않기 위해서는 현명할 필요가 있다. 실제적인 삶을 인도하는 규칙으로서, "그대가 죽는 시점에서 하고 싶어할거라고 생각되는것을 행하라"는 말을 할 수 있다. 이러한 목표를 위해 수단들이 동반되면 좋을 것이다. 그대가 소망해야 하는 것은, ① 하나님께서 신앙을 지켜 주시고 ② 선한 싸움을 싸우고[14] ③ 어떠한 죄책도 저지르지 않는 양심이 그대의 것이 되고 ④ 청렴한 이름을 소유하고 ⑤ 정직하게 획득한 재산을 유산으로 물려주고(많든, 적든, 전무하든) ⑥ 경건하고 의롭고도 현

---

14) 디모데후서 4장 7절

명한 유산을 소유하는 것이다.
 그대가 살아가는 동안 그대의 목표를 달성하기 위해 행해져야만 하는 것을 행하라.

VI. 인생은 노동, 곧 개미둑을 만드는 것과 같은 쉼 없는 활동이다. 따라서 줄기찬 행위가 필요하다. 그대는 다음의 규칙들을 지켜야 한다.

(1) 분명하게 유익한 것이 아니라면 행하지 말라. 헛되이 일하는 것은 바보나 하는 일이다.
(2) 신뢰할 만한 보조 수단이 없으면 아무것도 시도하지 말아야 한다.
(3) 그대의 일을 가능한 한 쉬운 방법으로 성취해야 한다.
(4) 그대가 할 수 있는 범위에 있는 한 선을 행하라. 선은 신속히 행하라.
(5) 기회가 제공되지 않는다면, 생각건대 그것은 하나님에 의해 섭리된 것이리라.
(6) 현자는, 주어지지 않는 기회는 건너뛰라고 충고할 것임을 명심하라.
(7) 하나님외에는 누구도 신뢰하지 말라. 다만 너 자신만 신뢰하라.

금속활자 인쇄가인 크리스토포루스 플란티누스(Christophorus Plantinus)는 자신의 책에다 먼저 콤파스를 놓았다. 콤파스 다리 한쪽을 찔러 놓고는 다른 다리로 원을 그렸다. 그러고 나서 이 말을 던졌다. "노동 그리고 꾸준함."[15] 이것은 진정으로 옳은 말이나, 내가 생각하기에는 우리의 눈을 지혜의 표지에 맞추어야 하지 않을까 한다. 일과 꾸준함이라는 키(舵)가 동반되하지 않는다

---

15) Christophers Plantinus(1520-89)는 18세기 당시에 Antwerpen의 유명했던 출판사(Druckhauses)의 설립자로서 왕의 칙령에 의하여 Prototypographus로 임명되었다. Vgl. Delen,Chr.,Plantinus imprimieur de l'humanisme Coll.nat., 5der. 50, Bruxelles 1944. (D.)

면 일은 헛된 수고가 될 수 있으며, 물론 시작부터 쓸모 없는 일이 될 수도 있기 때문이다. 따라서 각자는 우선 자신의 전 생애동안 추구할 목표와 인생의 각 단계마다 추구할 목표를 확인하고, 끊임없이 전혀 흔들림 없이 그 목표를 부여잡는 것이 좋을 것이다. 그리고 나서 사방에서 목표를 둘러싸고 있는 원과 중심을 점검하면 좋을 것이다. 결국 인간은 그 어떤 것도 그 원에서 빠져나가지 않도록 항상 주의하는 총명의 눈을 가져야 한다. 그러면 분명 모든 것이 제 자리를 찾을 것이며 원했던 결과가 유실되지는 않을 것이다. 우리의 책, 「언어습득의 방법론」(Methodus novissima linguarum), 512면에 있는 일기장에 관한 절은 이 점을 염려한 것이다.[16]

VII. 생은 함정이다.

그러므로 총명이 필요하다.

몇 가지만 시도하라. 그러나 그대가 하고 있는 것은 끝까지 밀고 가라. 그대가 현명할진대, 그대의 정신을 절대 너무 많은 일에 쏟지 말라. 총명한 사람은 뭔가를 시행할 때에, 생각과 말과 행동과 계획에 있어서 과다한 정력을 소비하지 않는다. 분산된 힘은 약해지며, 뭉쳐질 때에 강해진다! 어쩌면 하나님께서 삼손의 힘을 그의 머리에, 한 번도 깎지 않은 머리카락에

---

16) Meth.n. Kap. XXIV, 16-20 : 자신의 삶을 합리적으로 보내려는 사람은 일기를 써야만 한다. 일기란 매일 자신의 행위, 즉 ① 오늘 책에서 감동 깊게 읽었던 것, ② 대화 중에 들었던 유익한 것, ③ 생각하거나 말하거나 행동하다가 우연히 발견된 기억할 만한 것 등을 기록하는 것이다. 이것은 인생의 뜨개질과도 같은 것이다. 당신이 나중에 일기를 보았을 때, 어떤 기회를 하나님께서 제공하셨으며 당신은 그것을 어떻게 사용하고 혹은 인식하지 못한 채 무시해 버렸는지를 발견하게 된다. 즉 당신의 오류를 발견하게 된다는 것이다. 또한 과거에 걸었던 올바른 길을 다시 걷게 되기도 한다. 코메니우스는 이러한 방식으로 삶에 유익한 법칙을 얻어 낼 수 있다고 덧붙인다. 코메니우스 자신도 일기를 성실히 썼다고 한다. vgl.D. Capkova, Neznamy denik J.A.K., StCeH 1976,Beilage, S.74-87; dies., Die paed. Bedeutung eines unbekannten Arbeitstagebuches des J.A.C., in: Paed. Rdsch. 1976, S. 535-550.

두길 원하셨을 때에 이 점을 암시한 것인지도 모른다. 그 때문에 머리가 깎임으로써 구멍이 열리고 내부의 자양분이 증발해 버렸던 사실은 익히 아는 바이다. 에피데트(Epiktet)의 다음 말도 이 점을 염두에 둔 것이다.[17] "그대가 어떤 일의 끝을 그대의 손으로 잡아보지 못한 다해서 시작해 보지도 않는다면 그대는 극복하지 못하게 된다."[18] 그리고 시인은 말한다. "내 그대에게 청하노니 그대의 계획한 항해를 시작하게나!"[19]

중요한 것은 그대가 얼마나 많은 일을 계획했는지가 아니라, 오직 그대가 선한 일을 계획했는지, 그리고 그대가 그 일을 목적의식을 가지고 행하는 데 있어 얼마나 선하게 하는지가 중요한 것이다. 선하고도 항구여일한 모든 계획에 대하여는 보아스와 다윗의 예가 보장해 준다. 그대가 항상 감행하고 있는 것을 주저하지 말고 빨리 성취하라(룻 3:18, 시 132편 이하).[20]

그대가 사고할 때는 달팽이처럼, 그러나 행할 때에는 새처럼 하라![21]

VIII. 삶은 투쟁이다.

IX. 행운의 유희로서의 삶

그러므로 그대는 행운이 있는 총명한 대장장이처럼 행해야 한다는 사실에 주목하라.[22]

---

17) Richter Kap.16.
18) Epiktet, Enchiridion, XIX(H.).
19) Ovidius, Trist. III, 4,32.(R.).
20) 룻기 3장 : 보아스는 룻과 함께 서로 간에 진지하고도 신속하게 행동했다. 18절 : 그 사람이 오늘날 이 일을 성취하기 전에는 쉬지 아니하리라. 시편 132:3 이하 : 다윗은 하나님의 처소를 발견하기 전까지는 잠들길 원하지 않았다.
21) Claudianus, 18, 356(H.).
22) Vgl. Komenskys Schriften Faber fortunae prior/poterior(OO 13, S.213-265.

X. 연극으로서의 삶

그러므로 행위에 참여하라. 희극시인이 연기에 참여하듯이. 아리스토텔레스는 연기를 하루 이상 끄는 시인을 비난했다. 훌륭한 비극을 해질녘까지 마치지 못하는 연극배우는 비난받았던 것이다.[23] 현세의 삶은 하나의 극, 즉 영원한 삶의 겉모습이며 영원을 위한 예비이다. 해가 진다는 것은 인생의 종말을 뜻한다. 죽음에 이르기 전, 자기 생의 연기를 찬사 가운데서 마치는 자는 현명하다. 그에 반하여 부수적인 일들에 몰두하고 중요한 일들은 거의, 아니 아예 시도해 보지도 못한 자는 괴롭다. 인간은 영원한 죽음으로 보답 받게 되는 이러한 괴로움을 조심하는 법을 배워야 한다. 그러므로 인간은 먼저 정신을 차리고 모든 종류의 선한 방향 노선으로 무장해야 한다.

XI. 삶은 명예로운 연극무대이다.

우리는 명예를 좇지 말아야 한다. 은자(隱者)로 사는 자가 행복하기 때문이다.[24] 그 대신에 공명심의 해로움을 지적할 필요가 있다. 그러나 이점에 대해 다른 견해를 가진 자가 있다면 용인된 방법에 따라, 도덕의 길에서 명예를 추구해야 한다. 그대가 이 방식에 따를 수 없다면, 그대의 일을 하나님께 맡기라. 하나님에 대한 경외심과 도덕으로 영원토록 무장하는 자는 그분에게서 충분한 영예를 받게 될 것이다.

① 그러나 누구든 선한 명성을 기뻐한다면, 그 자는 세심한 주의를 베풀어야 한다. 문전박대하여 손을 내쫓아 버리는 것은 욕된 것이다.[25]

② 그는 우리 모두와 도덕의 길 위에서 만났듯이, 그러한 방식을 지켜야 한

---

23) Ungenau nach Aristoteles, Poetica Kap. 5.
24) Ovid, Trist. III, 4,25(R.).
25) Ovid, Trist. V,6,13.

다. 도덕성을 향한 줄달음은 한시도 멈추지 말아야 한다.
③ 그대가 정당한 처신을 했음에도 불구하고 오명을 뒤집어쓰게 되면, 하나님께 의탁하라.

국가 공직이나 성직에 있는 이들은 무엇보다도 공공복지의 유익을 위해 노력할 경우에 자신들의 선한 이름에 각별히 신경쓸 것임에 틀림없다. 왜냐하면 그들 자신의 선한 명성을 깎아내리는, 안녕과는 거리가 먼 것들은 어느 정도 그들에게 반드시 해로울 것이기 때문이다. 이러한 의미에서 어거스틴은, "현존하는 하나님의 양심을 간직하고 있다고 우리에게 확신시키는 부류의 경건한 사람들이, 자신들을 여타의 사람들과 동일시하는 것을 질타하고 자신들의 삶을 훤히 알고 있다는 못된 유혹에 빠져 있는 경우에는, 우리는 그들의 말을 경청할 필요가 없다. 그들은 뭇 사람들의 견해를 우매하고도 진실로 무자비한 것으로 멸시하는데, 이는 다른 사람들, 즉 필시 하나님의 길을 모욕하거나 교묘하게 자신들이 알고 있는 것은 긍정하지 않고 자신들이 어렴풋이 생각하고 있는 것을 긍정하는 것 같은 자들의 영혼을 사장시키기 때문이다. 따라서 악행의 오명 앞에서 자신의 삶을 지키는 자는 그 자체로 선한 것을 드러낸다. 그러나 그러면서도 선한 명성을 얻는 자는 곧 타인에게 동정을 베푸는 자이다. 우리 자신에게는 삶의 유지가 중요하며, 타인에게는 우리의 선한 명성이 중요하다"[26)]고 말한다.

따라서 우리는 악 자체는 물론이고 악의 모양까지도 주의해야만 한다. 왜냐하면 인간 정서상의 각 결함들이 공개되면 될수록 관련 죄인의 외관은 더욱더 중요한 의미를 가지기 때문이다.[27)]

케노폰(Xenophon)은 아게쉴라오스(Agesilaos)에서 이렇게 말했다. "의당 금지될 만한 것을 유명인사들이 행해 왔음을 우리는 알고 있다."[28)] 그리고 세

---

26) Augustinus, Deo bono viduatis XXII, 27.
27) Juvenal, Satiren VIII,140(D.).
28) Xenophon, Agesilaos 9, 1.

네카(Seneca)는 뛰어난 안목으로 뭇 사람들에게 다음과 같은 치유책을 준엄하게 선사한다[클레멘티아(De clementia) I, 8]. "다수 속으로 숨어 들어가 살면서 그 대중에게서 벗어나지 못하는 자의 처지는 다른 것이다. 그들이 공개적으로 표면화될 수 있기 전에는 그들의 장점은 오랫동안 우려먹히지만, 반면에 그들의 악덕은 그들 속에 감춰져 있다. 그대들의 언행은 이와는 다른 방식으로 운위되어야 하리니 어느 누구보다도 그대들은 명성에 열정적으로 주의해야만 한다. 그대들이 벌어 들인 평판을 그대들이 누리게 될 것이다." 이른바 세계 무대에 올라선 유명인들이 얼마나 철저하게 자신을 관리했는지를 세네카(Seneca)는 「폴리비움의 담론」('Consolatio' ad Polybium) 25장에서 보여 주고 있다.

여기에서 그는 이르기를, "욕정을 누를 수 있는 사람들에게는 모든 것이 수월하다. 그러나 어떠한 관습적인 것도, 어떠한 야비한 것도 들어 있지 않은 광명에 운명을 내맡기는 자들에게는 신비란 용인되지 않는다."라고 했다. 그 외에도 그는 이런 말을 했다. "그대가 원하는 것만을 용인하길 바란다면, 그대는 모든 이들의 마음을 휘어잡지는 못할 것이다. 바야흐로 그대는 그대의 정신적인 업적을 칭송하는 모든 이들에게 약속한 바를 성취해 줘야만 한다. 그들은 그대 정서의 파수꾼이며, 그대는 흠이 없으면서도 고귀한 성년에게 어울리지 않는 일과 자신도 믿기지 않을 만한 후회할 일을 절대로 저지르지 말아야 한다. 그러므로 그대는 과도하게 웃지도, 울지도 말 것이고, 늦잠을 자지도 말 것이며, 쉬기 위해 세상의 번잡함에서 벗어나 조용한 마을로 은둔하지도 말아야 한다. 또한 그대는 개인 취향에 과도한 시간을 투자해서도 안 된다."

XII. 삶은 폭풍우 내지는 질풍이다

인생은 짧은 것이고 임시적인 것이기에, 따라서 그대도 서둘러야 한다. 솔로몬은 이르기를, "게으른 자는 계속 아무것도 얻질 못할 것이나 열심히 일하는 자는 풍요로울 것이다."(잠언 13:4) 라고 했다. 그리고 오비드(Ovid)는 이런 말을 했다.

"어서 서두르라, 그리고 아무 일도 미루지 말라!
오늘 마무리하지 않는 자는 내일도 할 수 없으리라."²⁹⁾

마르티알(Martial)은 모든 일을 다른 날로 미루기를 즐겨하는 유복자(遺腹子)를 아주 멋드러지게 꾸짖는다.

"나는 내일 태어날 거야, 그래 내일!" 유복자여 너는 항상 이렇게 말하는구나.
"유복자야, 너는 언제 태어날 거니?" 라고 물으면 그래 "내일"이라고 말하려무나.
아, '내일'은 얼마나 긴 시간이던고! 그 날이 언제더냐, 언제 그 날을 맞이해야 하더냐? 혹 파르테르인들이 문제이니, 아니면 아르메니아인들이 문제이니?
그 '내일'이란 이미 프리아무스(Priamus) 때에도, 네스토아(Nestor) 때에도 길었느니라.³⁰⁾
자, 우리가 얼마나 그 '내일'을 스쳐지나왔는지 말해 보렴.
내일 태어난다고? 유복자여, 그건 너무 늦으니 오늘 바로 태어나려무나. 유복자야, 총명한 사람들은 모두 어제 태어났느니라.³¹⁾

아르골리스(Argolis)에서는 생활비를 버는 데 부주의하고 나태하고 게으르고 일하지 않는 자로 지목된 자들은 풍기 감찰관이 주재하는 법정에 강제로 소환되어, 그들이 무엇으로 먹고 사는지에 관해 보고해야 했다[알렉

---

29) 잠언 18장 9절 이하도 참고하라.
30) Ovid. Remedia amoris 93f.
31) Valerinus Martialis(1.Jh.n.Chr.), Epigr. V, 58.

산더(Alexand) I, 3장]³²⁾ 사르디니언(Sardinien)에는 게으른 자에 대해 무위도식죄와 나태죄로 형벌을 내리고, 모든 이들에게 자신의 일과 벌이와 모든 생활을 보고할 의무를 규정한 법률이 있었다[엘리아누스(Aelianus)].³³⁾

예레미야 선지자가 이런 부류의 사람들을 얼마나 혹독하게 꾸짖었던가. "여호와의 일을 태만히 하는 자는 저주를 받을 것이요"(렘 48:10). 그리고 입법자 그리스도께서도, "좋은 열매 맺지 아니하는 나무마다 찍어 불에 던지우리라."고 말씀하셨다(마 3:10). 이것은 그대 자신이 오류에 빠지지 않기 위해, 그대의 불행을 야기하지 않기 위해 '명심해야 하는 것'이다.

따라서 우리가 사는 동안 올바르게 적용해 보기 전에, 생이 유수같이 흘러가기 전에 서둘러야만 한다. 그리고 다윗처럼, 우리의 날을 세는 법을 가르쳐 달라고 하나님께 기도해야만 한다.³⁴⁾

XIII. 삶은 곧 결핍이며 늘 우리는 뭔가가 아쉽다.

1) 그대는 부귀를 추구하지 말아야 한다.

2) 그럼에도 불구하고 가령 상속인을 위해서나 자신의 활동을 위한 수단을 위해 돈을 벌 만한 일정한 근거가 있는 자는 그리해도 좋을 것이다.

3) 그러나 만일 그대가 이러한 방식으로도 만족할 수 없다면, 그대의 영혼으로 하여금 감내하게 하라.

---

32) Alexander von Aphrodisias, Peripatetiker unter Septimus Severus, verfasste u.a. Aristoteleskommentare. Vielfach von den Neuplatonikern benutzt.

33) Claudius Aelianus는 Praeneste 출신으로 2세기 후반의 소피스트이다. erhalten die ethisierenden 17Buecher De natura animalium und Varia Historia(일화모음집) s. Pauly-Wissowa, I, 487ff. Erstausgabe v. Conrad Gesner, Tiguri 1556.(D.)

34) 시편 90:15

XIV. 삶은 유혹 투성이다.

1) 인생의 사치와 오락을 하찮은 것으로 여기라.

2) 그런 것을 받아들여야 하는 경우에는 도의에 맞게 하라.

3) 그런 일이 생기지 않는다면, 그대의 운명에 만족하라.

XV. 현세의 삶은 불확실하고 임시적이다.

1) 삶은 도처에서 일어나는 다각적인 우발성에 점철된 편력과 같으니, 곧 우연에 의해 삶이 진행된다. 언제든지 알 수 없는 요인으로 생을 마칠 수도 있다. 그래서 이런 불확실한 삶을 갈망하여 일종의 미운 짓과 그릇된 짓을 행하는 아둔함을 저지른다.

2) 그대가 급작스레 백발이 되지 않길 원한다면, 시기적절하게 몸을 돌보아야만 한다.[35] 그와 동시에 병과 죽음이 그대를 엄습하지 않게끔 현명하고, 도의에 맞고, 절제하는 생활을 시작하라.

3) 어느 현인은, "인생을 허비하는 모든 자들은 뜻하지 않는 죽음으로 본향을 찾게 되리라."는 유익한 훈계를 남겨 주었다. 따라서 매일 매일을 마지막 날이라고 설정하고 그 날 저녁이 전 생애의 마지막 밤이라고 간주하여 저녁에 자신의 행실을 뒤돌아보는 것은 매우 현명한 일이다.

---

35) 코메니우스의 원문에 사용된 어휘놀이 : senex-Senex는 독일어로는 번역되지 않는다.

II. 성년기 학교의 반에 대한 세부 사항

이미 말한 바대로 이 학교는 세 반으로 구성된다.
(1) 직업을 선택하여 수행하기 시작하는 반.
(2) 직업 수행 능력이 이미 진보된 자들의 반.
(3) 마지막에 가까워 노년을 기다리는 자들의 반.

I 반

1. 직업선택에 대하여

이점과 관련하여 언급해야 하는 것은, (1) 지금이 바로 특정한 삶을 선택하고, (2) 어떤 종류의 삶을 지향하며 어떻게 그것을 준비해야 하는 지를, 그리고 (3) 성공적인 선택을 한 후에 무엇을 행해야 하는지를 '숙고'하는 때라는 사실이다.

첫 번째 사항 : 이제 '그대가 직업을 선택하는' 때이다. 그대가 '저것만이 내 마음에 든다'라고 말할 수 있는 그런 종류의 삶을 애써 찾으라.

[반 박]
다만 '한 가지'만 필요하다고 할 때, 그렇다면 범지혜적인 지혜는 무슨 의미를 가지는가?

[대 답]
(1) 광막한 광야를 찬송하라. 그러므로 조그만 땅부터 일구라![36]

---

36) Vergil, Georg. 2, 412.

(2) 그대가 전체를 보는 통찰을 가졌다면, 이러한 일부분을 보는 통찰은 쉽게 얻을 것이다.
(3) 그렇게 하면 조화로운 접맥 안에서 다른 것들이 그대에게 걸림돌이 되지 않을 것이다. 이 점과 관련하여 세네카의 발언을 상기해 보자. "우리 모두는 그저 일부분의 삶에 대해서만 생각하기만 하지 어느 누구도 전체 삶을 사유하지 않기 때문에 실수를 저지르는 것이다."[37] 따라서 모든 현명한 사람들은 전체 삶을 생각해야 한다. 그리고 시작 초부터 궁극목표를 바라보아 이를 달성하기 위한 방도를 찾으면 좋을 것이다.

두 번째 사항 : 직업을 선택할 때에 어떤 조처를 취해야 하고, 어떤 삶의 방식을 선택해야 하며, 그것은 어떠 해야 하는가?

[대 답]
(1) 직업은 영혼에 위험을 끼치지 않는 것이 좋다. 그러나 무해하기만 하다 해서 충분한 것은 아니며 자기와 타인의 구제를 배려해 주는 것이어야 할 것이다.
(2) 직업은 선한 명성과 선한 명예를 고려해 볼 때에 영예스러운 것이면 좋을 것이다.
(3) 그리고 육체의 건강 유지에 이로운 것이면 좋을 것이다. 우리는 천사가 아니며 결핍이 있는 존재이기 때문이다.
(4) 가능하면 마음에 흡족한 것, 즉 수입이 넉넉하면서도 분주하지 않는 것이 좋을 것이다.

무엇보다도 각자는, "나는 하나님의 말씀의 종으로서, 공무원, 의사, 신하, 수공업자, 또는 상인으로서 이웃과 하나님을 섬길 준비가 되어 있다"라고 말해야 한다. 인간을 섬김으로써 하나님을 섬기는 목표와 달리 처신

---

37) Seneca, De ben. I, 10,1.

하고 목표를 추구하지 않는 자는 자신의 소명도 알지 못하는 자이다. 이를 테면 그는 직업을 심히 오용하는 것이며, 이로 인해 자기 자신에게도 최악의 해를 입히는 것이다. 전 행실을 통하여 하나님을 섬기려 갈망한다면, 지상과 영원에서 큰 보답이 기다릴 것이며, 사도가 가르친 바와 같이(골 3:24; 딤전 2:15) 그 직업은 곧 왕국에 이르는 길이 되기 때문이다. 사실 어떤 직업을 수행하든지 간에 – 비록 전혀 무의미할지라도 – 모든 이들에게 위안이 될 것이다. 우리의 영원한 아버지의 명성은 너무나 위대해서 인생의 면류관이 그분의 마음에 들지도, 그분에게 바쳐지지도 못할 만큼 그분의 집에서 보잘것 없고 멸시받을 만한 신분은 없기 때문이다. 요컨대, 우리는 꼭 필요한것 하나를 선택해야만 한다. 그러나 그대에게 개인적으로 필요하게 보이는 것이 아니라, 공동체를 위해 필요한 것이어야 한다. 우리는 우리 자신만을 위해 태어나지는 않았기 때문이다.

따라서 가능한 한 오로지 자기 임의대로 회피하지 말고, 그리스도께서도 자기 자신을 돌보지 않았듯이, 부름 받았던 것만을 떠맡아 수행하셨듯이 우리도 소명에 충실하는 것이 이로울 것이다. 그래서 그분은 말씀하시기를, "너희가 나를 선택한 것이 아니라 내가 너희를 택했노라"[38]고 하셨다. 규정에 따라 아카데미아의 평의원회가 선거를 치러야 한다고 단호히 주장하는 것이 좋다. 그렇게 하면 다른 이들은 자신이 맡은 일을 충실히 하려할 것이다.

세 번째 사항 : 직업 선택 후에 무엇을 해야 하는가? 혹은 선택한 직업에서 우리는 어떻게 살아야 하는가?

[대 답]
(1) 주를 경외하는 가운데 '지내야 하며', 주를 경외하는 가운데 '우리의

---

38) 요한복음 15:16.

일을 시작해야만 할 것이다.' 직업을 시작할 때에 성공이 주어지면, 그 그물에 제사해서는 안 된다(합 1:16). 그리고 실패할 경우에도 절망해서도 안 된다(사 49:4[39]; 눅 5:5).

(2) 진지하게 살아야 하며, 진지한 일만 해야 한다. 이런 의미에서 룻기 3:18[40]의 표현이 나온 것이다. 사람들은 진지하고 사려깊어야 함이 마땅하다. 그리스도께서 그의 제자를 보내실 때에 전대와 노자를 가지고 가지 말라 하셨다.[41] 그렇다. 그뿐만 아니라 그들은 여행 중에 부수적인 일로 체류하는 일이 없도록 누구에게도 인사하지 말아야 했다. 그대 인간이여, 그리스도께서 그대를 인생으로 보내시고, 더불어 여행 중에 있는 그대에게 그에 준하는 명령을 주셨음을 알지 못하는가? 그대는 혹 삶을 아무 것도 돌려 주지 않는 유희로 보지는 않는가? 이런 의미에서 진정 단호히 언명되어야만 하는 사실은, 설사 의당 주어져야 할 보상이 주어지지 않는다 할지라도 진지한 일만 하는 가운데 삶을 이끌어 가야 한다는 것이다.

(3) 우리는 '우리의 소명을' 견지해야 한다. 기타 사항으로 그대에게 다음과 같은 영원한 지혜의 규칙을 추천한다.

규칙 I. 현명한 사람은 어디에서든 목표와 수단과 이 수단의 사용, 즉 실천에 주시해야만 한다. 그러므로 행위의 목표와 수단을 이루지 못하고서, '그러한 적용'의 분별과 방법을 알지 못하고서는 아무것도 시도할 수가 없다. 목표는 자기 자신에게 달려 있으며, 수단은 단지 그 목표에 합당해야 한다.

---

39) 이사야 49:4 "그러나 나는 말하기를 내가 헛되이 수고하였으며 무익히 공연히 내힘을 다하였다 하였도다. 정녕히 나의 신원이 여호와께 있고 나의 보응이 나의 하나님께 있느니라."
40) s. O. aNM.20.
41) 누가복음 9:3.

규칙 II. 선한, 달리 말하면 행복을 주는 삶은 많이 소유하지 않는다. 그 대에게는 의당 다음의 세 의사가 있어야 한다. 즐거운 정신, 휴식, 그리고 온당한 생활 방식. 키케로(Cicero)는 트리오(Trio)에게 쓰기를(16.ep.18), "정서를 위해서는 건강한 소화, 피로의 탈피, 적절한 산책, 맛사지, 다른 사람들과의 오락,[42] 그리고 건강한 변이 필요하다"고 했다. 금장 서책에서는, "그대가 치료를 요할 때에는 진정한 위로의 말이 쓸모가 있으며 정신을 신선하게 하는 것이 육체도 이롭게 한다. 연구는 나에게는 치유책이었다. 내가 기력을 회복하고 건강하게 된 것은 철학 덕분이다. 철학은 내 생명의 은인이다."[43]라고 말했다.

그리고 다섯 번째 서신에서는, "우리가 계획하는 것은 자연의 이치에 맞아야 한다. 육체를 혹사시키고, 깨끗함을 싫어하고, 더러움을 찾고, 조잡할 뿐만 아니라 혐오스럽고 추악한 자양분을 먹는 것은 자연에 반하는 것이다. 연약하면 지나치게 까다로운 것을 찾게 되며, 힘들면 쉽게 처리할 수 있는 것도 회피하게 된다. 철학은 절제를 요하지 결코 고문을 요하는 것은 아니다. 그러나 절제는 그 근본에 있어서는 자연스런 것이 아닐 수도 있다."고 했다. 쉬운 예로, 단순한 삶의 방식으로 인해 족장들이 장수했음을 유념하라. 그들은 날고기가 아니라, 공중과 대지의 열매, 꿀, 기름에서 영양분을 섭취했다. 그 외에도 당시에 그들은 근심이 없었으며, 전쟁과 같은 것을 치루지 않았다. 그들은 늘 즐거운 정서를 소유했으며, 진정으로 자연적인 상태로 살았던 것이다! 그러나 이제는 모든 것이 거꾸로 되어 버렸다. 죽음 자체는 사실 자연의 필연성이기는 하나, 단명(短命)은 분명 전적으로 후패한 관습과 이치에 맞지 않게 사는 습관 때문이다. 열 번째 논박서에서[44] 세네카가, "저기 나는 새와 저기 헤엄치는 물고기와 뜀박질하는 야생동물

---

42) 여기에 Cicers Ep.fam.XVI,18(aliis oblectamenta)과 관련하여 인용된 변이형(Variante)은 미세한 변이 속에서 τπῦφις가 τέρφις로 변형된 근거를 갖게 되는 독서법의 한 방식에서 유래한 것이다.

43) Seneca, Epist. 78, 3(R); danach Epist. 5, 4(H).

등 모든 것이 우리 뱃속에 묻혀 있다. 그대는 이제 와서야 왜 우리가 이렇게 갑작스레 죽어야 하느냐고 묻는가? 우리는 죽음 속에서 살고 있다."고 말한 것은 옳다. 적당한 육체의 훈련에 대해 주지시키는 것도 이런 의미에서이다….

규칙 III. 공동체 내에서 공공의 복지를 위해 살라. 사람들이 그대에 대해, "선인은 공동의 선이다."라고 말할 수 있도록 살라. 또한 일가(一家)의 창립에 대해 생각하라. 아울러 자신에게 최상으로 어울리는 자를 선택하는 것도 삶의 직업의 선택에 속한다.

우리는 무엇보다도 가족 생계를 돌볼 수 있는 세 가지 가능성에 대해 알고 있다. ① 농업 ② 수공업 ③ 상업.
첫 번째 것은 가장 자연적인 것이며, 가장 확실하게 하나님과 교제를 하고 족장의 삶을 뒤밟아 볼 수 있는 것이다. 게다가 그것은 평안한 것이다. 수공업과 수공업자도 마찬가지로 필수적이다.
무역의 번성, 상품의 거래도 인간 사회의 관심사이다. 그러나 무역은 ① 각국이 자체적으로 모든 것을 생산하지 못하기 때문에 필요한 곳에서만 행해져야 한다. ② 정당하고 양심적으로, 그리고 직분상으로 거기에 동참하는 사람들은 무역에 전심을 쏟아야 한다. 따라서 몇몇 상인들은 당국에 의해 선임되는 것이 필요 불가결하다.
그럼에도 불구하고, 우리 자신이 아니라 대지가 저주받지 않도록 이마에 땀방울을 흘리며 일하는 세계로 되돌아가는 것이 더 낫다고 판단한다.[45]
개미와 주부에게 가서 그들에게 한가한 구석이 있는지 보라! 꿀벌에게

---

44) Lucius Aennaeus Seneca, Rhetoe(55 v.-39 n.Chr.), 철학의 아버지, Controversiae X. prooemium 9(H).
45) 창세기 3:17, 19

가 보면, 그대는 복잡함이란 전혀 없고 모든 것이 아름다운 질서 속에 놓여 있음을 볼 것이다!

다음과 같은 근거에서도 농업은 지지를 받는다.
(1) 이 직업은 가장 덜 후패한 것이다. 그곳에서 우리는 인간이 아니라 하나님과 더불어 일해야 하기 때문이다.
(2) 절서가 파멸되지 않고 거짓과 사기가 없어 가장 평온한 것이기도 하다. 그리고 각자가 자신의 힘의 분량에 따라 정직한 삶의 진정한 기반을 세울 수 있다.
(3) 이 직업은 식물과 목초를 먹고 자라는(시 145:15) 온순한 동물들의 생활 방식과 동일하다. 그에 반하여 가축을 먹고 사는 자는 약탈 동물을 닮아갈 것이다. 그러나 그리스도의 왕국에서는 약탈 동물도 주께 헌신해야만 한다(사 11장).[46]
(4) 이런 점에 대해 족장들의 삶에서 예들을 모아 보라.

II 반

직업 수행 능력이 이미 진보된 자들의 반

규칙 I. 학교를 졸업한 사람들은 이제 교회와 주의 공동체 내에서, 학교에서 그러했듯이 열정적이어야 한다.

(1) 더 나은 진보를 위해.
(2) 하나님께 대한 신앙을 돈독히 하기 위해.
(3) 경건성을 기르기 위해.

---

46) 아사야 11:6 "그때에 이리가 어린 양과 함께 거하며 표범이 어린 염소와 함께 누우며."

요컨대 믿음과 사랑, 그리고 소망을 증대시키기 위해.

규칙 II. 그리고 나서 우리가 신경을 써야 할 한 가지는 각자의 마음과 영혼과 육체가 하나님의 성전이 되고 늘어나는 가족이 벧엘과 같이 되는[47] 것이다. 그러므로 항상 하나님을 생각하고 늘 그분을 눈앞에 모실 때에, 그분의 면전에서 그분의 천사 앞에서 단죄 받지 않도록 주의할 때에, 에녹과 같이[48] 주 앞에서 주와 더불어 살게 된다. 그러나 우리가 죄인으로 전락했을 경우에는 회개해야 하며 하나님께 용서를 빌고 이후에는 그분 면전에서 조심스럽게 살아야 한다.

규칙 III. 따라서 자신이 현명할진대, 영혼을 소생시키고 정서를 생기 있게 하는 묵상의 시간을 요하지 않는 일을 기준 삼아 일상생활을 해서는 안 된다. 오 인간이여, 그대는 다음을 상기해야 하리라.

(1) 그대는 태초에 하나님, 모든 피조물 위에 계시는 창조주, 영예로우신 주의 형상으로 지음 받았음을 상기하라.
(2) 그대는 하나님으로부터 돌아섬으로써 맨 처음 타락해서 그 결과 다시금 그 형상을 찾지 못하게 되었음을 상기하라.
(3) 그대는 맨 먼저, '아담아, 네가 어디 있느냐?'는 물음과 함께 하나님의 심판석 앞에 놓였던 사실을 상기하라. 그대가 숨는다고 해서 하나님의 부르심을 피하지는 못한다.[49]
(4) 그대에게 은혜와 용서가 선포되었음을 상기하라(여인의 자손).[50] 그 결

---

47) 창세기 28:19.
48) 창세기 5:21-24.
49) 창세기 3:9.
50) 창세기 3:15.

과 언제라도 그대의 발로 사탄을 밟아도 된다.
(5) 중간기 동안 그대에게 구제책으로 부과된 형벌과 이마에 땀 흘려 해야 하는 일을 상기하라. 그로 인하여 그대는 즐겨 복종하고 만족하게 되었으며 그대가 아니라 땅이, 그대 때문에 저주의 우박을 맞게 되었느니라.
(6) 그대를 위해 오셨던 구원자를 생각하라. 하나님이 그분을 보내심을 생각하라. 그로 인해 그대는 신앙을 통하여 의롭게 되었느니라. 그대가 의로워지기 위해서 신앙을 붙잡고 신앙의 강성을 위해 기도하라.
(7) 또한 그대가 성령과 중생을 통해 거룩하게 되었음을 생각할 것이며, 또 다시 더럽혀지지 말라.
(8) 그대가 더러움을 피할 때에는 이미 그대가 영화롭게 되었음을 생각하라 (벧전 1:8[51]; 벧후 1:4).
(9) 삶의 왕관을 잃고 싶지 않은 모든 자들에게는, 살과 피와 더불어 능히 항전할 것과 더러운 정신을 극복해야 하는 임무가 부여되었음을 생각하라.
(10) 그러나 심판자가 이 전쟁에 참전하셔서 승리자에게 줄 왕관을 준비하고 계심을 알라(계 3:21).

규칙 IV. 하나님께서 명하신 것을 실행할 것이며, 그분이 보내신 것을 인내로써 묵묵히 감당하라. 하나님은 선(善) 자체이시며 종말에는 오직 선만 원하신다. 이것은 그대에게 늘 부과된 임무이다.

규칙 V. 하나님을 가장 두려워하고 사랑하고 존귀하게 여기라. 발 아래 놓여 있는 것은 발에 밟히게 될 뿐이다. 하나님께서는 모든 것을 인간에게 복종시키셨다. 물론 그분 자신은 제외하고. 그러므로 우리는 모든 것을 위에서 내려다볼 수 있으며, 오직 하나님만이 위에 계신다.

---

51) 이 부분에 대한 암시는 분명하지는 않다. 그러나 베드로전서의 전체 내용은 지금까지 언급된 코메니우스의 사상과 부합된다.

규칙 VI. 그대의 삶을 시작할 때부터 사망을 생각하라. 그대가 죽어야 할 존재라면 살아 있는 동안은 풍랑 위에 있는 것처럼, 삶을 위해 노력하기 위해서 죽음의 풍랑 위에 있는 것처럼 살라. 아 슬프도다, 사망으로 부활하는 자들이여! 그대는 사망의 성문을 통과해야 한다. 그러나 사망 가운데에서 죽지 않기 위해서는 죽음의 창, 우리의 죄를 방어해야만 한다(고전 1:56). 그러므로 그대 안에서 그리스도의 생명이 살기 위해서는 죄가 그대 앞에서 죽어야 한다. 그러나 그런 후에는 사망 앞에서 두려워하지 말라. 사망이 창을 잃어버렸을 때에는 그대를 생명으로 건네주게 되며, 그대를 해할 수 없다. 그러므로 성인된 이들은 장래에 엄습해 올 노년기를 투병하며 시간을 보내지 않고, 온갖 수고 후에 편안한 안식으로 즐거이 보낼 수 있게끔 살아야 한다. 그리고 시간은 모래시계의 모래와 같이 중단 없이 흘러가기 때문에, 성인으로서 그대들은 급히 움직여, 끝이 오기 전에 생의 궁극 목표를 달성해야 한다. 그 후에는 더 이상 아무것도 할 수 없다.

규칙 VII. 직업에 착수할 때에는 진지하게 하는 것이 좋으며 하나님을 부르는 것이 좋을 것이다. 그러나 지나치게 걱정하지 말라. 그대의 능력을 초과하는 의무들로 보이는 것일지라도 하나님께 맡기라. 그리하면 그대가 할 수 있는 분량보다 더 잘할 수 있으리라. 주어진 능력보다 더 높은 것을 요구하는 의무는 없다. 오히려 기도하여 말하기를, "하나님, 나의 행위를 불쌍히 여기사 당신께서 제게 분담해 주신 일과 당신의 영화를 위해 제가 계획했던 일을 이루기 전까지는 나를 거두어가지 마소서. 제가 무가치하도록 내버려두지 마시고, 형벌과 수치 속에 살지 않고 더 나은 자리에 앉게 하소서." 하라. 따라서 그대의 손으로 할 수 있는 것을 속히 해야 한다. 그대에게 한 걸음씩 다가오는 사망의 때에는 일도, 예술도, 이성도, 지혜도 없기 때문이다(잠 9:10).

그래서 오비드(Ovid)는 이렇게 말했다.

힘과 나이가 허락하는 한 일을 감당하라!

소리 없는 발걸음으로, 나이가 들어 허리가 굽은 세대가 이미 오고 있다.[52]

그리고 티불(Tibull)은 엘렉(Eleg) I, 4에서 이렇게 말했다.

빈둥거릴 것만은 아니다. 그대는 곧 후회할 것이기 때문이니!
세월과 날은 빨리 흘러간다.
젊은 청춘은 지나가면, 다시는 돌아오지 않으니….
하여 노년에는 많은 이들이 극심한 회한으로 번민하리니,
그는 청춘을 먹고 마시지 못하였도다.[53]

페스파시안(Vespasian)은 육체적으로 쇠약했음에도 불구하고 통치자로서의 의무를 조금도 소홀히 하지 않았다. 그는 절대로 병상에서 알현을 받지 않았으며 그의 친구들이 몸조심하라고 충고했을 때에도 그는, "통치자는 선 채로 죽어야 한다."고 말했다[주에톤(Sueton)].[54] 분별 있는 사람은 늘 일해야 하리라. 많은 일을 착수하였으되 아무것도 이루지 못한다는 것은 죽음의 표지이다. 성실한 사람들은 어디에서나 어느 경우에서나 손을 놀린다. 지금은 일할 때이며, 각자가 자기 자신과 이웃을 충고와 행동으로 도와주어야 하는 때이다. 우리가 존중하는 것은 노년의 희망과 성인의 충고와 젊은이의 행동이다. 나는, "주변 상황이 요구하는 것을 자기 자신에게 충고할 줄 아는 자는 최상석이, 훌륭한 지침에 따라 하는 자는 차석이 어울린다."는 말을 자주 들었다. 그러나 자기 자신도 충고할 줄 모르고 남의 말도 들을 줄 모르는 자에게는 말석이 준비되어 있을 것이다. 운명이 우리의 뛰어난 정서와 탁월한 재능을 가로막을 때에는 두 번째 자리, 즉

---

52) Ovid. Ars amandi 2.669 이하
53) Tibull, Eleg.I,4.
54) Sueton, Divus Vespasianus 24.

중용의 자리에 서는 것이 좋을 것이며, 그 동안에 다스리는 법을 배우면서 현명한 충고자의 말을 따르는 것이 좋을 것이다(리비우스 22장 29, Livius XXII, 29).[55]

규칙 VIII. 각 남성과 각 가장에게는 무엇보다도 절약을 추천해 주고 싶다. 이 점에 대한 탁월한 선례를 그리스도께서 보여 주셨다. 그분의 손은 전능하며 모든 자연은 그분의 곳간이었기에 - 그분은 마음대로 하실 수 있었음에도 불구하고 - 나머지를 모으라 명하셨을 때 어떤 때는 일곱 광주리, 어떤 때는 열두 광주리였다.[56] 그리하여 우리는 영원토록 기억하게 되었다.

규칙 IX. 풍요로워지는 비결은 두 가지, 근면과 절약에 있다. 무엇보다도 하나님께 드리는 매일의 기도를 게을리하지 않을 때에는 더 풍요로워진다. 불성실한 사람은 집 안에서 가질 수 있는 것을 집 밖에서 찾는 데에서 드러난다. 그대는 기도할 수 있으며 삶에 필요한 것을 부지런히 일함으로써 얻을 수 있다. 그리고 하나님께 감사하는 가운데 그것을 절약하여 쓰고, 만족할 수 있다. 이것을 이해한 자는 항상 써도 바닥나지 않는 보화를 가진 것이다. 그러나 하나님께서 희망을 그대에게 선사하셨다면, 그대가 이러한 하나님의 은총에서 해방을 발견하는 한 그대는 모든 보화보다도 큰 보화를 가진 것이다.[57]

● **매일 성인의 기도**

하늘에 계신 우리 아버지여, 진심으로 감사하옵는 바는 우리를 당신의 아들로, 하늘의 상속자로 뽑아 주셨음이니이다!

(1) 우리가 땅에 머무는 동안, 그리고 장래에 하늘에서도 우리 안에서,

---

55) Livius XXII,29,8-10.
56) 마가복음 8:8 비유, 마가복음 6:43 비유 참고.
57) Rybas 감수 번역.

우리 앞에서, 우리를 통하여 당신의 이름이 거룩히 여김을 받으소서.
(2) 당신의 나라가 우리에게 임하사 우리 안에 머무르게 하소서. 그리고 우리는 그 외의 곳에 머무르지 않길 원하나이다.
(3) 당신의 뜻을 계시하였사오니, 당신의 거룩한 천사가 하늘에서 그리한 바와 같이 우리도 그 뜻을 완전히 이루게 하옵소서.
(4) 당신은 날을 만드셨으니 또한 우리가 사는 날 동안 필요한 것을 주옵소서. 그리고 당신께서 우리의 삶에 하루의 날을 더 주실 때마다, 우리의 매일의 임무를 성취할 수 있는 힘과 축복도 함께 주옵소서.
(5) 당신은 우리에게, "무엇보다도, 누구보다도 당신을 사랑하고 내 몸과 같이 이웃을 사랑하라"는 계명을 주셨사오니 우리가 사랑 안에 살게 하시고, 모든 것 위에 계시는 하나님도, 존귀한 자이건 비천한 자이건 우리의 이웃들의 어느 한 사람도, 내 자신의 양심도 욕되게 하지 말게 하옵소서. 그러나 우리가 어느 누구를 상처 받게 하는 일이 일어날 경우에는 당신의 계명과 당신의 모범을 따라 우리의 이웃을 우리가 용서하였듯이 우리를 자비롭게 용서하소서.
(6) 당신은 우리가 세상에서, 학교에서, 전쟁터에서, 병역 중에서도 살길 원하시며, 최선을 다하기를 항상 허락하시나니 우리를 떠나지 마소서. 우리는 당신께 간구하나이다. 전쟁과 위험이 없게 해 달라고.
(7) 마지막으로 간구하옵기는, 우리가 지나가 버릴 삶을 위해서가 아니라 영원히 이어질 장래의 삶을 위해 일하게 하소서. 그리고 우리가 이 지상에 머무르는 동안 우리를 위해, 통치권과 권력과 명예만을 위해 몸부림치지 말게 하시고 오로지 이 모든 것을 보내 주시는 당신을 위해 몸부림치게 하소서.

장년들이 어떻게 처신해야 하는지를 직업의 종류에 따라 이렇게 제시해 볼 수 있을 것이다.

(1) 소시민으로 살고, 자기 자신만 돌봐도 되는 자도 힘이 닿는 대로 다

른 사람들에게 유익을 주기 위해 노력해야 한다.
(2) 공직에 있는 자는,
(3) 요컨대, 각 사람은 이 세계무대에서 자신이 맡은 역할을 질서 정연하고도 영예롭게 해내야 한다.

혹은 장년들이 때마다 맡게 되는 직업 속에서 어떤 의무를 성취해야 하는지도 제시해 볼 수 있을 것이다.

(1) 장년들은 자신과 가족을 돌보아야만 한다. 그들은 이마에 땀흘려 일하여 식구들에게 양식을 먹여 주어야 한다.
(2) 의지할 곳 없는 이웃은 그들의 손길을 필요로 한다.
(3) 그들은 주께 해야 할 의무가 있다. 그분께 몸과 영혼을 다하여 헌신해야 한다(소유의 십일조, 시간의 1/7).

이러한 지침으로 충분할 것이다. 모두가 지금까지 말한 것을 주의한다면 전체가 구원받을 것이다.

III 반

이 학교를 마치고 노년기 직전에 있는 자들의 반

생의 마지막에 이르러 자신의 소망과 수고의 성취를 이룬다는 것은 가장 고매한 행복이다. 이를 통하여 정서의 완전한 안식을 얻기 때문이다. 그러므로 그대는 먼저 삶을 진정으로 유익하게 할 줄 알아야 하며, 그 후에는 생의 성취를 기뻐해도 좋다.

[방 법]
(1) 다사다난한 일로 인해 파멸하지 말아야 한다. 오히려 조금만 소유하기를 원하는 것이 좋을 것이다. 그러나 그 대신에 썩 좋고도 수월하

게 접근할 수 있는 일이 있다.
(2) 시작된 일을 빠른 시일 내에 끝낼 기회를 포착해야 할 것이다. 적절한 시기를 이용하지 않고서 그냥 흘러 보내서는 안 될 것이다. 뒤에 남은 것은 후회뿐이요, 사후에 개선될 가능성은 절대 있지 않을 것이기 때문이다. 적시의 순간을 그대가 붙잡지 않고 목적을 위해 이용하지 않는다면 그것은 마치 새처럼 스쳐 날아간다.
(3) 그대는 늘 은혜로우신 하나님을 소유하는 것이 좋을 것이다. 그분의 예비하심으로 총명하지 못한 인간을 돌보아 주신다. 그분이 순전한 마음으로 인간을 보시고 악한 의도로 죄 짓지 않음을 보시는 한은.

[장수하는 비결]
장수의 발판은 게으름에 지배당하지 않고, 항시 유익을 가져다주는 일을 성취하는 데 있다. 게으른 자에게는 늘 밤이요, 잠자는 시간이지만, 일하는 자에게는 늘 낮이요, 깨어 있는 시간이다. 게으름은 살아 있는 인간의 무덤이다. 게으른 자는 그러므로 죽은 자나 다름없다.

또한 우리는 항상 죽음을 목전에 두고 있다. 그대가 태어난 것이 분명한 만큼, 그대가 또한 노력해야만 하는 것도 분명하다. 시간만이 불확실하다. 하지만 시간은 영원에 종속되어 있다.

이 장을 맺기에 앞서 인간 지혜의 원칙들을 요약 반복해 보는 것이 좋겠다.

(1) 잘 알지 못하는 사물에 대해서는 그 어떤 것도 확증하거나, 표현하거나, 행해서도 안 된다.
(2) 완전히 알지 못하는 사물과 관련해서는 결론적인 것을 확증해서도, 표현해서도, 행해서도 안 된다.
(3) 각 사물에 대한 인식이 우리의 정서 속에서 명확하게 될 때, 비로소 그것을 말로 옮기거나 실행에 옮겨야 한다.
(4) 따라서 우리가 ① 사물에 대해 사유하고, ② 그것을 표현하고, ③

행할 줄 아는 것이 지혜가 된다.
(5) 사물을 완성하고 그것에 대해 철저하게 사고하고 표현하고 실행에 옮기는 것이 완전하고도 굳게 토대 잡힌 지혜가 된다.
(6) 사고의 완성은, ① 모든 것들에 대해 본질이 어떠한지, 선한지 아니면 그른지 인식하는 통찰을 얻고, ② 선을 선택하고 악을 버리며, ③선을 좇아 그것을 이루어, 그 결과 악이 도망가는 일이 일어나 그대가 악을 멀리하게 되는 데에서 연원한다. 요컨대, 정신의 완성은 선한 의지와 성실한 근면 위에서 얻어내는 사물 세계에 대한 명석한 통찰에서 연원한다.

[주 의]
마지막으로 다음 사항을 꼭 더 유념하라.
(1) 과다한 일을 하지 말고 궁극 목표를 지향하는 데 필요한 것만을 해야 한다.
(2) 그대 능력 밖에 있는 것은 하나님의 도우심을 바라고, 아무것도 시도하지 말아야 한다.
(3) 그대가 늘 행하고자 하는 일은, 좀더 확실한 수단과 좀더 쉬운 방법으로 규모게 행해야 한다.
(4) 그대 홀로 성취할 수 있는 것은 스스로 할 것이며 다른 사람에게 기대하지 말라.
(5) 오늘 할 수 있는 일을 내일로 미루지 말라.
(6) 대부분 총명은 제공되어 있는 모든 토대에서 연원함을 알라.
(7) 사망의 풍랑 위에 서 있는 것으로 생각하고 살라. 항상 살아 있길 원하는 자처럼 힘을 쓰라.
(8) 세상이 아니라 하나님을 늘 추구하라. 무한자만이 그대를 채우실 수 있을 것이다.
(9) 우리 생의 막바지에서 하길 원하는 것을 우리는 해야 한다.

CHAPTER **14**
PAMPAEDIA ALLERZIEHUNG

노년기 학교
(Schola senii)

이 장은 인간 지혜의 절정에 관한 장이며 현세의 특정한 삶을 어떻게 누리고 영생에 어떻게 들어갈 수 있는지와[1] 생의 성취를 가르친다.

1. 노년기는 마지막 시기이며, 생의 막바지 부분이요, 사망과 이웃한 때이다. 다음의 사실은 노년기 역시 짧으나마 하나의 학교이며 노인 스스로가 훈육의 규율에 복종하게 된다는 점을 깨우쳐 준다. 첫째로, 현세의 전체 삶은 영원한 아카데미아를 예비하는 하급 학교이다. 그러나 노년은 이 전체 삶의 일부분이요, 학교의 일부분이다. 그러므로 노년 역시 학교이다. 따라서 노년은 교사와 규칙과 과제를 가져야만 하며 육성을 받아야만 한다. 그래서 노인도 여생 동안 발전을 해야 한다.

2. 무슨 일이건 간에 마지막 마무리는 신중을 요하는데, 이는 이제까

---

1) Radim Palous, Die Schule der Alten, J.a.Comenius und die Gerontagogik, Kastellaun 1979(Veröffentlichung der Commeniusforschungsstelle...Bochum,Nr. 10).

지 해 온 모든 것들이 무위가 되거나 허사가 되지 않게 하기 위해서이다. 바야흐로 노년은 이 생에 있어서 모든 행위의 완성이다. 따라서 이 단계의 삶을 곧게 살아가기 위해 미리 준비해야 하며, 그러한 주의 사항을 실천하기 위한 올바른 방도를 알아야만 한다. 지나온 전체 삶이 헛된 삶이 되지 않기 위해서이다.

3 약한 부분은 인도받고, 보호받아야 한다. 일반적으로 노년은 연약한 단계의 삶으로 간주된다. 그러므로 무방비로 혼자 내버려둬서는 안 된다.

4 노인들은 각자의 결함을 가지고 있으며 그들의 몸가짐에서는 고유한 흠이 나타난다. 이러한 연약함을 보완하기 위해 우리는 반드시 보호 수단을 강구해 주어야 하며, 이 수단을 사용하는 방법을 일러 줌으로써 방비시켜 주어야만 한다. 노인들 자력으로는 힘들기 때문이다. 어느 현인이, '이 수고로운 삶 속에서 육체뿐만 아니라 영혼까지 노쇠하여 활력과 치유가 필요한 것이 운명인 것이다. 아울러 유념해야 할 것은, 이 점에 대해 주의하지 않는 자들은 노년기에 동물과 같이 행동할 것이라는 사실이다'라고 한 말은 이런 의미에서이다.

5 전쟁이 계속되고 있고, 적들이 사방에 득실거리는 한, 손에서 무기를 놓아서는 안 되며 초소를 떠나서도 안 된다. 인간의 전 생애는 하나의 병역인 셈이다(욥 7:1). 그리고 노인들은 오랜 적들을 두고 있을 뿐 아니라 새로운 침입도 겪게 되는 것이다.

6 극히 위험한 모험에는 상당한 총명함과 분별 있는 처신으로 조심스럽게 일러 주는 가르침이 필요하다. 단지 요행만을 바라고 덤비는 것이 다가 아니다. 노년에 이를수록 바야흐로 생명에서 사망으로 옮겨지는 것이며, 그 자체만으로도 끔찍한 일이다. 사망이란 그 어떤 것보다도 두려운 것이기 때문이다. 이는 아리스토텔레스[2]뿐만 아니라 모든 살아 있는 피조물들이 입증

해 주고 있다. 지상에서 분별 있게 행동하라는 훌륭한 훈계는 각자가 고이 간직해야 하는 것이다. 스킬라(Scylla)와 카립디스(Charybdis) 사이에서 파멸되고, 함몰되어 버리는 것과 같은 근심이 이 지상에 존재하는 것은 당연하기 때문이다. 육체와 관련하여 모두는 이런 두려움에 쌓여 있다. 그뿐만 아니라 영혼과 관련해서도 많은 이들에게 이 두려움이 있다. 노아가 일 년 좀 못 미치는 기간 동안 있을 대홍수의 물결을 피하기 위한 방주를 100년 이상 걸려 만들고 있었을 때에, 육체가 절멸에 이르고 영혼까지도 말살되어 버린다는 사실을 알고 두려워해야만 하는 시간을 적어도 사망에 이르기 직전의 수년 동안에 예비해야 했다!

7 '끝이 좋아야만 좋은 것이다'라는 사실을 염두에 두어야만 한다. 농작물 수확기와 포도를 따야 할 바로 그 때에 급작스런 악천후로 곳간과 지하실에 저장해 놓아야 할 결실을 망쳐 버린다면, 들판에 결실이 풍부하고 포도원에 포도가 풍부하다는 것이 무슨 소용이 있단 말인가? 세상은 마치 바다와 같고 인생은 마치 배와 같다고 말하는 것은 틀린 말이 아니다. 살아 있는 모든 자는 배 안에서 운행하고 있다. 그가 바다 위에 머무는 한, 필수적인 점검을 소홀히 할 때에는 침몰의 위험이 다가온다. 또한 많은 사람들이 항구에 이르러서도 난파되는 경우가 보고되고 있음은 잘 아는 사실이다. 우리 인생의 항구는 사망이며, 고향 땅은 하늘이다. 선하게 참고 견딘 자만이 그곳에 발을 들여 놓는다. 믿음과 도덕이 떨어진 자는 영원히 유기된다.

8 이제 이 노년기 학교의 목표와 그 목표에 이르게 하는 수단, 그리고 그 수단을 올바르게 사용하는 방도를 앞장에서 고찰해 본 바와 같이 하길 원한다.

---

2) Aristoteles, περὶ Αναποης, 17, 487(D.).

9 목표와 관련하여 다음의 사실을 언급해야겠다. 궁극적인 것 중에서 가장 궁극적인 것, 고귀한 것 중에서 가장 고귀한 것이 결정적인 것이라면, 모든 학교 중에서 가장 궁극적이고 가장 고귀한 학교인 노년기 학교에서는 하늘 아래 인간이 행하기에 가장 궁극적이고 가장 고귀한 것으로 남아 있는 것을 관장해야만 한다. 덧붙이건대, 전 생애는 그 끝이 선할 경우에야 비로소 선한 상태에 이르는 것이다. 그러면 가장 고귀하고 가장 궁극적인 것은 무엇이란 말인가? 인생의 극히 영예로운 정점과 같은 것, 불멸하는 생명의 감미로운 전주곡과 같은 것, 곧 축복 받으며 영생에 이르는 것이다. 좀더 분명하게 말하고 싶은 것은, 노년기 학교에서 노인을 가르쳐야만 하며, 노인은 배워서 다음과 같은 사항을 알고, 할 수 있고, 하길 원해야 한다는 사실이다.

(1) 지금까지 지나온 역정의 삶을 올바르게 성취하고, (2) 남은 여생을 바르게 완성하며, (3) 현세의 전 생애를 바르게 종결짓고 기쁘게 영생에 들어가야 한다.

10 이에 상응하여 이 학교는 세 반으로 나뉜다.

(1) 노년기 문턱에 이르러 이미 성취해 왔고 계속해서 성취해야 할 과제들을 생각하는 자들의 반.
(2) 상당한 노년에 이르러 아직 못다한 것을 서둘러 완성해야 하는 자들의 반.
(3) 노년을 다 지나 이제는 죽음을 기다리는 자들의 반.

사실 각 노년 단계에서 죽음을 각오한다는 것은 당연하고도 유익한 일이기는 하나 절박감을 느끼는 것도 당연하다. 장년의 나이 때에는 인간이 죽는다는 것이 어쩌다 한 번 일어나는 일처럼 보였지만 이제 와서는 남의 일이 아니기 때문이다.

11 첫 번째 반에 대해 세네카(Seneca)가, "청년기엔 준비해야 하고 노년엔 적용해야 한다."[3)]고 말한 것은 틀린 말이 아니다. 그러나, "청년기엔 준비해야 하고, 성년기에 적용해야 하며, 노년기엔 모든 것을 이루어 마무리지어야 한다."고 말한다면 더 좋을 것이다. 첫 번째 준비 단계가 노년에 어울리지 않듯이 두 번째 적용 단계도 어울리지 않기 때문이다. 이제야 살아가기 시작하는 청년기에 준비하고, 일을 그쳐야 하는 노년기에 적용해야 한다면, 중간 인생기인 성년기에는 무엇이 남아 있겠는가? 분명 공부와 성취의 마무리 사이의 것이 이 시기에 속하는 것인데, 이른바 일을 적용함으로써 삶을 성취한다. 완전한 휴식을 누리고 시시각각 닥쳐오는 고난 없이 지나간 모든 것들을 궁극적으로 성취하는 일은 물론 영원에 속한 것이다. 하지만 노인들은 이미 이 단계에 당도하여 영원을 목전에 두고 있기 때문에, 그들이 힘써야 할 것은 가능한 한 이 단계를 지금이라도 창창하게 시작하는 것이다.

12 두 번째 반에 대해 노년은 아직 무덤이 아니며, 각자의 일을 완전히 멈춘 것이 아니라(잠 9:10). 오히려 인생의 한 부분이다. 그러므로 우리 전 삶은 일이다(욥 5:7). 그렇기 때문에 나이 든 사람들이 일에서 아예 벗어난 것은 아니며 나태하고 무기력하게만 되는 것도 아니다. 오히려 그들은 자신이 짊어진 일을 성취하게 되며 인생 역정을 완성하고 생의 목표를 행복하게 달성하기 위해 남은 일을 열정적으로 추진할 것이다.

13 그러할 때에 비로소 그 세 번째 반, 즉 영예롭고도 축복된 삶의 종말을 위한 여백이 남을 것이다. 이 점에 대해 세네카(Seneca)가 아주 멋진 말을 했다. "청년일 때에 나는 어떻게 하면 선하게 살 수 있을까 상고했다. 그러나 이제 백발이 되어 버린 나는 어떻게 하면 선하게 죽는 것인가에 대해 고민한다."[4)] 하나님이 스스로 증거하시듯이(신 32:29), 분명 완전한 지혜

---

3) Seneca, Epist. 36, 4(R.).
4) Seneca, Epist.1,3.

는 자신의 마지막 일을 염려하는 데에서 연원하기 때문이다.

　물론 초기 유아 때부터, 더 나아가서는 청년 때에도 이 세상에 새로 등장한 것들과 각종 상이한 것들을 감각적으로 받아들이는 경우도 생길 것이며, 현란한 매혹이 있는 생을 희망함으로 인해 정신을 파멸시키는 경우도 생길 것이다. 하지만 노년기에는 마지막을 염두할 수 있으며, 해야만 한다. 번잡한 일에서 벗어나게 되고 대부분의 감각이 무디어지기 때문에 가능한 것이며, 이 때에는 지나간 일을 골똘히 생각하는 것이 중요한 것이 아니라, 현재와 가까운 장래에 다가올 일을 생각하는 것이 중요한 일이기 때문에 그래야만 하는 것이다. 이제 노인들은 정상적인 경우라면 분명히 죽음을 목전에 두고 있는 것이다. 죽음이 예기치 않게 다가온다면 그것을 어떻게 받아들일 것인가를 고심하는 것보다 더 나은 고심 사항은 없는가? 여기 플라톤의 정의가 있다. "철학은 죽음에 대한 상념이다."[5] 확실히 죽음을 배웠다는 것은 철학함에 있어서 가장 최상의 것이다. 선하게 죽는 법을 충분히 이해하라! 죽는다는 것은 예술이 아니다. 죽음은 스스로 온다. 그러나 선하게 죽는 것은 예술 중의 예술이다.

14 더 높은 목표는 항상 '더 좋기 마련이며, 가장 높은 목표는 가장 좋기 마련이다. 그러므로 노인은 죽는 것을 배우고, 죽을 수 있다는 사실에 만족하지 말고 죽음을 통해 모든 것 중에서 가장 궁극적인 것이 있는 곳, 곧 영원 그 속으로 들어간다는 사실에 만족해야 한다. 생은 동(動)이고 죽음은 정(靜)이라는 사실이다. 그러나 인간의 죽음은 인간을 끝으로 보내는 것이 아니라, 단지 다른 곳으로 위치를 변경시켜 줄 뿐이다. 죽음은 인간에게 사유(思惟)와 소원과 노력을 정지하게 해주는 것이 아니라, 인간으로 하여금 이 모든것 들을 뛰어 넘도록 노력하게 해준다. 그렇다면 어떤 목표를 향해

---

5) Platon, Phaidon 67 D.

그렇게 하는 것인가? 종국적으로 종결 선을 긋는 영원 자체를 향해 그렇게 하는 것이다. 죽음은 영원이 둘러싸고 있는 한 점, 한 극에 불과하다.

15 그러므로 이것이 곧 노년기 학교의 목표이며 학급이다. 그러면 이 학교에서 수학하기 위한 수단으로는 어떤 것들이 있는가? 다른 학교와 마찬가지이다. 선례들, 지침들, 실제적인 적용(가장 우수하고 가장 궁극적인 형태의 것들)이다.

16 우리 앞서, 현세에서의 이 마지막 학교를 현명하게 통과한 모든 사람들은 우리에게 모범으로서 도움을 줄 것이다. 즉 우리가 그들에게서 역사적인 단면을 아는 만큼 그렇다고 하겠다. 그러나 가장 각광받는 선례는 생의 마지막 장면을 장식한 도덕성이 가장 고귀했던 사람들이다. 옛 족장과 영웅들의 시대나 기타 시대에서 모범을 찾아볼 수 있을 것이다.

17 하나님의 성경은 우리에게 늘 영원을 상기시켜 줌과 아울러 지침들과 아주 훌륭한 훈계들을 내려 준다. 영원에 대해 일러 주는 다른 선한 훈계 자들도 있다. 그들은 우리와 함께 살고 있는 자들이기도 하며, 또는 책을 통해 우리에게 말하는 자들이다. 우리에게 일러 주었거나 일러 주어야만 하는 모든 지침 사항들을 요약하면 다음과 같다.

(1) 무엇보다도 그대의 영혼을 보살피라. 그대의 영혼이 이 세상에서 분리되도록 명령을 받았을 때에, 그대가 확실하게 하늘에 이르기 위함이다.
(2) 그 다음에야 비로소 육신을 돌보라. 이는 남은 생이 종결되었을 때에, 육신이 아픔과 고통 없이 고요히 영면하고 무덤 속에서 안식을 취할 수 있도록 하기 위함이다.
(3) 마지막으로 그대가 거느렸던 사람들로부터 사후에도 영예로운 명성

을 얻도록 신경을 쓰라.

18 여기에서는 이러한 원칙을 풍부하고도 완전하게 적용할 것을 요한다. 이는 노인들이 모든 수고를 다하여 노년의 자랑인 도덕이 몸에 배도록 하기 위함이다. 그들은 단지 외관상으로뿐만 아니라 진정한 유익이 되게끔 자기 자신과 육신과 세상에서 떠나기 위하여, 또한 생명의 사라짐을 뒷받침해 주면서 오로지 진지한 것만을 행하기 위하여 매일매일 노력해야 한다. 옛 문필가들이 지혜를 일컬어, '기억과 행위의 딸'이라고 한 것이 옳다면, 수많은 것을 실행해 보고 경험해 보았던 노인들은 장래를 예비하기 위해 이제까지 축적해 놓았던 자기 재능의 보화를 사용해야만 하기 때문이다. 나무가 더욱더 성장하고 더욱더 깊이 땅 속에 뿌리를 내리면 내릴수록 그 윗 둥치는 그만큼 더 높이 뻗쳐오르게 되듯이, 노인들도 마찬가지로 더욱더 많은 기간 동안 열심히 활동하면 할수록 그만큼 영원을 묵상하게 된다. 나무는 적절한 시기에 꽃을 피운다. 그러나 열매를 맺을 때에 이르게 되면 나무는 꽃을 지게 하고서 인간에게 열매를 선사해 준다. 나무는 가능한 때까지만 장식과 보호를 위해 잎사귀를 달고 있을 뿐이다. 마지막에는 오로지 땅 속에 그 뿌리를 견고히 내릴 채비를 하기 위해 잎을 떨어뜨린다. 인간도 마찬가지로 첫 번째 꽃이 피는 청년기를 지나 맺은 열매가 아무리 크다 할지라도 인생의 노동의 열매를 맺은 후에는, 도덕이라는 장식을 가능한 한 오래 간직하려고 애써야 하며, 종국에는 영원, 그의 하나님의 대지 속에 뿌리를 단단하게 내리는 데 힘을 쏟아야 한다.

19 그러나 이것은 어떻게 해야 하는 것인가? 노인들의 이러한 노력들이 어떤 좀더 정확한 규정들을 통해서도 명확해질 수 있겠는가? 이미 살펴보았던 노년층, 즉 정정한 노년, 힘든 노년, 그리고 마지막에 다다른 노년에게는 아주 타당한 것이다. 각 시기의 단계마다 이른바 시시각각으로 달리 행해야만 한다. 그리고 다른 방식에서도 마찬가지이다. 이 단락의 목표와 공부 분야는 세월의 짐으로 판단할 것이 아니라, 오히려 힘이 정정하냐 아니면 쇠

약하냐에 달려 있는 것이다.

20 아직 정정한 노년층의 공부 분야는 지금까지의 인생 여정을 올바르게 성취하는 것이다. 그러면 이것은 어떻게 해야 하는 것인가?

(1) 먼저 조용히 서서 자신의 과거지사를 회고해 보아야만 한다. 선하게 행했던 것에 대해서는 기뻐하고, 선하지 못하게 종결되었던 것에 대해서는 그 개선책을 생각해야 한다.
(2) 현재를 둘러보아야 하며, 가까이 있는 생의 경계를, 마치 하루의 저녁때처럼, 주간 중 일요일처럼, 한 해의 결산 때처럼 기뻐해야 한다.
(3) 나머지 해야 할 일을 살펴보고 이러한 의도를 성취해야 한다.
(4) 언제라도 발생할 수 있고 빈번하게 노인들에게 닥치는 불행에 주의해야 한다. 불행을 두려워하고 경계해야 할 것이며 기도를 통해 예방하려고 노력해야 한다.
(5) 질병과 기타 해로운 것을 경계해야만 하며 우선적으로 건전한 생활 방식의 삶에 주의를 쏟아야 한다. 세부 사항에 관해서는 말할 것이 아직 많이 남아 있다.

21 하나님께서 창조 사역을 완수하신 후에 창조한 모든 것을 보시니 보기에 좋았다(창 1:31). 일을 마치고 나서 뒤돌아보게 될 그대 백발이여, 그분을 닮으라! 그대는 또한 자기 자신을 회상해 보고 그대가 지나간 6일 간의 연령 단계 속에서 완수했던 사업이 선하게 행해진 것인지 악하게 행해진 것인지 살펴보아야 한다. 그 사업이 선하다면 찬미할 것이요, 그대의 사업이 그대를 따라 왔음을 알리라(계 14:13). 죽음의 문턱에서 히스기야처럼, 그대가 하나님 앞에서 진리 가운데에서 곧은 마음으로 살아왔다고 증거하고 주의 목전에서 선한 것을 행해 왔다고 증언하는 증인으로 하나님을 부를 수 있다면(사 38:3), 그러한 일이 그대에게 일어날 것이다. 그와 반대로 그대가 악하게 처신했을 경우에는 슬퍼하고 사죄할 것이요, 그 행위에서 떠나 가능

한 한 많은 선한 사업을 함으로써 회개하여 다시 한 번 은혜를 발견하라. 이렇게 하면 그대의 이 마지막 행위는 가장 최선의 행위가 될 것이며, 하나님께서 그대에게 맹세하여 약속하신 바에 따라 베풀어지는 은혜를 소망해도 된다(겔 18:21; 33:11).[6] 사는 동안 그대가 행하고 겪어 왔던 것들 속에 선악이 섞여 있을 경우에는 무가치한 것들 속에서 가치 있는 것들을 골라내라(렘 15:19).[7] 이는 그대가 광재(鑛滓) 속에서 금을 꺼냄으로써 무가치한 것을 버리고 가치있는 것을 정련하기 위함이다. 합당한 회개를 하여 악한 행위는 그대가 사는 동안에 불타 버리도록 제련하는 불 속에 던져 버리라. 그러나 그대가 행한 모든 선한 것은 깊고 깊은 하나님의 자비로움에 맡기고, "저는 무익한 종이니이다. 제가 해야 할 일을 했을 따름이니이다."(눅 17:10)라고 말하라.

22 일일 삯군은 저녁이 가까웠을 때에 기뻐하고 휴식을 바라듯이, 수공업자가 6일간 노동한 후에 일요일을 생각하듯이, 가장(家長)이 포도송이를 따고 대지에서의 마지막 수확 작업을 마친 후에 기뻐하듯이, 오, 백발이여 그대의 날의 저녁이 가까웠으니, 그대의 일주일 중 일요일이 가까웠으니, 그대의 생의 포도 수확기가 가까이 왔으니 기뻐할 준비를 해야만 한다. 매 저녁, 매 일요일, 매 가을과 하루 또는 일주일의 일을 마친 후의 휴식과 농부의 일 년 농사를 마친 후의 안식은 축배의 시간이요, 축제의 시간이요, 축제의 날이니, 하나님을 찬미하며 마무리해야 한다. 그러므로 저녁과 일요일과 그대 생의 수확기는 하나님을 찬미하는 데에 온전히 바쳐야 한다. 이 점과 관련한 아름다운 비유가 모세의 율법에 있다(출 23:14). "너는 매년 삼차

---

6) 에스겔 18:21: "그러나 악인이 만일 그 행한 모든 죄에서 돌이켜 떠나 내 모든 율례를 지키고 법과 의를 행하면 정녕 살고 죽지 아니할 것이라." 에스겔 33:11 : "주 여호와의 말씀에 나의 삶을 두고 맹세하노니 나는 악인의 죽는 것을 기뻐하지 아니하고 악인이 그 길에서 돌이켜 떠나서 사는 것을 기뻐하노라…"

7) 예레미야 15:19 : "…네가 천한 것에서 귀한 것을 취할 것 같으면 너는 내 입 같이 될 것이라…"

내게 절기를 지킬지니라."

(1) 너는 무교병의 절기를 지키라(15절).
(2) 맥추절을 지키라. 이는 네가 수고하여 밭에 뿌린 것의 첫 열매를 거둠이니라.
(3) 수장절을 지키라. 이는 네가 수고하여 이룬 것을 연종(年終)에 밭에서부터 거두어 저장함이니라(16절).

연중 이 세 가지의 절기는 이른 봄 전의 부활절, 초여름 전의 성령강림절, 그리고 늦가을 초막절이다. 인간이 일생 동안 경험하게 되는 세 가지의 커다란 변화, 즉 태어남과 직업의 선택과 죽음을 실증적으로 제시해 주고 있다. 그러나 연중 세 절기를 하나님께 장중하게 바치는 것이 그분의 뜻이므로, 우리는 생의 이 세 가지 절기를 축제로 보내야 하지 않겠는가? 우리의 삶의 시작을 하나님께 바치고, 교회에서의 세례식을 통하여 우리 자신도 그분께 바치며, 우리에게 생명을 주신 분에게 우리를 새로운 삶으로 바쳐, 청년의 때가 지난 후 인생의 중간기에 특정 삶의 유형을 택하고 하나님과 인간 사회를 위해 봉사해야 하는 직업을 가지듯이(그 속에 각자 삶의 소명과 수확이 있기 때문이다.) 하나님의 영화와 우리의 위로를 기리는 세 절기를 통해 생의 마지막 부분, 즉 노년을 왜 축하하지 않는가?

23 그럼에도 불구하고 늙은 사람들은 흥취 없는 무료함으로 시간을 보내지 말고 진지한 작업을 하면서도 열성적으로 혼자서 묵상해 보는 휴식의 시간을 가져야 한다. 경기장의 경주자가 목표 지점에 가까이 이르면 이를수록 부주의나 실수로 승리를 빼앗기지 않으려고 그만큼 더 긴장하고 정성을 집중시켜야 하듯이, 혹은 망대를 세우고자 하는 자는 그 기초를 쌓고 벽을 세울 뿐만 아니라 비웃음거리가 되지 않기 위해서는 지붕까지도 다 덮어야 하듯이(눅 14:28 이하), 노인들 역시 할 일 없이 노니는 데에서 즐거움을 찾을 것이 아니라, 수고를 다할 시기가 이르기를 소망하는 데에서 즐거움을

찾아야 하리라. 그리할 때에 세상 끝 날에야 멈추게 될 그의 삶은 하늘의 긍창을 닮아갈 것이다. 이것은 이미 시작한 일들뿐만 아니라, 나이든 사람들에게 이전에 미처 생각해 보지 못했던 각별한 활동을 할 기회가 제공되었을 경우에도 해당한다. 일할 때, 기회를 포착하는 일은 한시도 게을리해서는 안 된다. 분명 궁극의 것은 항상 정점을 뜻하기 때문이다. 하나님께서도 옛부터 시작의 때에 시작하시고 완성의 때에 멈추신다. 마귀의 순서는 그 반대이다. 이를테면 거창하게 시작해서 종국에는 나락으로 떨어진다. 현명한 자는 주님을 닮아가며, 종말에 주님을 거부하는 어리석은 자는 그렇게 된다.

24 그러나 그대의 힘에 부치는 일을 오만하게 시작하거나 시도하는 것을 경계하라. 우리는 평생 동안 무턱대고 덤비거나 공연한 희망을 품지 말아야 한다. 특별히 세심한 주의를 하지 못해 공염불로 끝날 수도 있는 마지막 시기인 노년의 때엔 더욱 그리해야 한다. 부주의한 선원은 항구에 이르러서도 방파제에 부딪힘으로 그 배를 파선시키고 마는데, 그에 앞서 이미 파멸은 시작된 것이다. 노년 세대는 예에서 암시하는 바대로 자신의 성격 때문에 불행에 몸을 맡기고 있기 때문이다. 대부분의 늙은 사람들은 시력을 잃으며, 어떤 이들은 오성을 잃고, 또 어떤 이들은 완고하고 염치를 모르게 되며, 교만한 자, 고집센 자, 우둔한 자, 불신자, 부정한 자가 되기도 한다. 천사와 같던 청소년의 세월이 흐른 뒤에 악마로 변해 버리는 것은 얼마나 슬픈 장면인가! 왜냐하면 그런 사람은 생명의 책에서 지워지며(출 32:33), 백세 못되어 죽은 자는 저주받기(사 65:20) 때문이다. 그 행한 의로운 일은 하나도 기억함이 되지 아니하리니 그가 그 범한 허물과 그 지은 죄로 인하여 죽으리라(겔 18:24)! 그러므로 노인들은 절실하게 기도해야 한다.

"내 소시의 죄와 허물을 기억하지 마소서"(시 25:7). "주는 나의 하나님이시니 나를 가르쳐 주의 뜻을 행케 하소서. 주의 신이 선하시니 나를 공평한 땅에 인도하소서"(시 143:10)! "남으로부터 나를 품어 주셨으니 노년에 이르기까지, 백발이 되기까지 그리하소서! 나를 지으셨으니 안아 주시고 품어 주시고 구하여 내소서"(사 46:3 이하).

25 불시에 닥치는 불행으로 인해 생기는 위험을 줄이기 위한 현명한 처사는 생의 건강과 도덕과 건전한 오성을 위협하는 위험이 항상 어디에서 오는지를 항상 부지런히 살피는 것이다. 이 세상 일들을 정열적으로 돌아보기 위해 과다한 사회적 교제를 할 때에, 또한 재물과 외적인 명예와 생의 안락만으로 과대평가할 때에 위험은 나타난다. 그러므로 나이든 사람은 각자의 사고 영역을 제한해야 하며 왕궁의 기쁨을 되살려 준 바실래이처럼(삼하 19:35 이하), 노년기에 생활 방식을 바꾸고 굴, 버섯, 피지, 포도주, 고기, 얇은 요 등을 멀리한 세네카(Seneca)처럼(Ep.108:15), 고요함과 안식과 절제를 사랑하는 것이 좋을 것이다. 이것은 정말로 현명한 것이다! 노년은 그 자체로 병이며, 치유 불가능한 것이다. 그렇다면 불규칙과 과욕으로 인해 병이 들어 투병해야 한다는 것은 어떤 의미를 가지는가? 노년의 쇠약함은 어쩔 도리가 없는 것이긴 하나, 여전히 절제하거나 삼가면 병고는 막을 수 있을 것이다.

뭔가 유익한 일을 계속 붙잡고 있거나 비애로부터 우리의 삶이 자유로워져서 우리에게 맡겨진 것을 고요히 마무리하게 될 때에는 더 이상 우리의 소망을 가로막을 것은 없다.

26 이로써 아직 정정한 나이에 있는 사람들이 해야 하는 것이 무엇인지 생각해 보았다. 이제 고령이면서도 번민이 많은 노년의 때에 어울리는 사고는 무엇인지에 관해 살펴보았으면 좋겠다. 특별히 노인들에게 훈계하고픈 것은, 자신의 날의 마지막이 가까우면 가까울수록 여기 지상에 머물러 있는 한은 이 현세에서의 과제들을 성취하는 데 더욱더 신경을 써야 한다는 점이며, 자신에게 남아 있는 모든 시간을 이 과제의 성취에 쏟아 부어야 한다는 점이다. 이 성취를 통하여 분명히 자기 자신뿐만 아니라 후대도 유익함을 맛볼 수 있을 터이다. 죽음을 통해 자신이 평생 동안 했던 것보다 더 많은 적들을 무찌르고 하나님의 친구들을 더 유익하게 했던 삼손의 모범처럼 말이다(삿 16:30).

27 그러므로 나이든 사람들이 더 고령에 이르면 이를수록 그만큼 더 열렬하게 경건과 엄격한 윤리를 생활화하며, 더 세심하게 선한 사유에 몰두하게 되는 것이다. 그들은 이것을 자기 자신을 위해서뿐만 아니라 다른 사람들을 위해서도 행하는 것이다. 즉 자신의 끝날까지 선한 양심을 간직하거나 획득하고, 가능한 한 더 진실한 진리의 진도로서, 올바르게 하나님을 존귀케 하는 자로서, 국가의 선한 시민으로서 살아가기 위해서 그렇게 하는 것이다.

28 그러나 무엇보다도 그들은 만인 중에서 가장 지혜로웠던 솔로몬이 노년에 이르러 향락에 취해 버렸던 생의 실수를 자각하고 다시 본래의 자리로 돌아와서 했던 말, 곧 "무릇 네 손이 일을 당하는 대로 힘을 다하여 할지어다. 네가 장차 들어갈 음부에는 일도 없고 계획도 없고 지식도 없고 지혜도 없음이니라"(전 9:10)는 훈계의 말을 생각하며 남은 생을 살아야만 한다. 생의 마지막에 많은 것을 가르쳐 주시고 역사하셨던 주 그리스도를 회상하는 것이 좋을 것이며, 눈먼 자를 치유하실 때, 특별히 아름다운 행위를 하실 때 "때가 아직 낮이매 나를 보내신 이의 일을 우리가 하여야 하리라"(요 9:4)라고 하셨던 뜻 깊은 말씀을 회상하는 것이 좋을 것이다. 이 말씀은 우리가 그렇게 행동하도록 말해진 것이다. 그래서 그분은 제자들에게 이 말씀을 하셨던 것이며 계속해서, "밤이 오리니 그 때는 아무도 일할 수 없느니라"는 말씀을 덧붙히셨던 것이다.

이 말은 이를테면 그분이 사망한 날의 저녁과 연관된 것이라고는 할 수 없는 것이다. 사망은 삼 일까지만 유효했기 때문이다. 그는 죽은 자들 가운데에서 부활하심으로써 다시금 일하시게 되었으며, 승천하신 이후로 온 세상을 그 끝날까지 권능으로 다스리고 계신다. 이 말은 오히려 부활하지 못한 우리들, 욥이 말한 대로 하늘이 없어지기까지는 다시 일어나지 못하는 우리들에게 해당되는 것이다. 생명의 광명이 있는 한 우리는 사역해야만 한다. 모든 열성적인 노인들은, 중병을 앓았음에도 불구하고 국정의 일로 늘상 혹사당하는 페스파시안(Vespasian)에게 그의 친구들이 몸좀 아끼라고 경고했을 때, '통치자는 선 채로 죽어야 한다!'[8)]고 대답한 것과 같은 마음을 소유해야 한다. 그러므로 모든 사람들, 누구보다도 이 세상의 허무함을 훤히 꿰뚫어보고 그것에 별 가치를 두지 않는 독실하고도 경건하고도 현명한 노인이 확신하는 바는 자신이 통치자의 위치에 올라 있다는 사실이다. 그러므로 선 채로 죽기를 바라는 것이다. 이것은 곧 직업을 수행하고 있을 때에 죽음이 도래하기를 바라는 것이다.

29 "노쇠한 말은 적시에 버려라"⁹⁾는 호라츠(Horaz)의 말은 사실 나름대로의 의미를 가지고 있다. 하지만 단지 생의 일이 명예롭게 일찍 완성의 단계에 이른다는 의미만은 아니다. 우리가 생의 과업을 성취할 수 있어야 한다면, 우리는 모든 가능한 보조책과 장점들을 사용해야만 한다. "너무 늦게 마지막에 이르지 않기 위해서는 우리는 중도에 자를 건 잘라야만 한다"고 키케로(Cicero)는 말했다.¹⁰⁾

그러므로 나이든 사람이 자신의 생의 의무 속에서 갈기갈기 찢겨졌다는 사실을 인식하고 있다면 항구에 가까이 왔기 때문에 배를 축범(縮帆)해야 하리라. 바르게 알고, 바르게 말하고, 바르게 행하기를 배우는 것이 평생의 과업이다. 이제 이러한 가르침에서 가장 높은 단계에 이르렀음에 틀림없다.

(1) 진정한 앎, 즉 인생의 오류를 알아내어 고치는 것,
(2) 진정한 언변, 즉 다른 이들을 선한 충고로 지도하는 것,
(3) 진정한 행동, 즉 영원에 들어가길 원하는 자에게 타당한 것만을 행하는 것.

요컨대, 노인들은 진지한 일만을 설정하고, 치유의 효과가 있는 것만 말하며, 성스러운 것만 사유해야 한다. 물러가는 해는 꽃이 아니며 머루나 버찌

---

8) XVIII장, Anm. 51(?)을 보라.
9) Horatius, Epist. 1,18.
10) Cicero, Phil. II, 47(D.).

와 같은 연약한 것이 아니라, 내구성 있는 딱딱하고도 열매를 맺음으로 제역할을 하는 것이다. 그러므로 생의 마지막 해의 열매를 마련해 놓는 것이 좋을 것이다. "나이 들어 글 쓰는 법을 배우는 것은 고역이다"라고 세네카(Seneca)는 말했다.[11] 사전과 같은 사람, 말하자면 수다만 떨 뿐 행하지 않는 자 또한 별 볼일 없는 사람이다.

30 그러므로 나이든 사람이 아직까지 자기에게 붙어 있는 결점을 발견하는 즉시 그것을 제거하려 하면 좋을 것이다. 길을 가로막는 장애물을 발견하게 될 때, 그것을 뛰어넘으면 자신의 모든 결점이 사장되는 것이다. "내 노년에 이르러 고마운 것은 침상에서 쉴 수 있다는 점이다. 내가 이전에 꿈꿔 보지 못했던 것이지만 지금에 와서는 어찌할 수 없는 노릇이기 때문이다."(Ep. 67:2)라고 한 세네카(Seneca)의 말은 분명 비신앙적인 것이다. 그리스도인은 더 이상 죄를 지을 수도 없는 때가 오기를 기다려서는 안 된다. 죄가 우리를 떠나기 전에 먼저 우리가 죄를 멀리해야만 하고, 그리하여 사도와 함께 기뻐하며, "내가 선한 싸움을 싸우고 나의 달려갈 길을 마치고 믿음을 지켰으니 이제 후로는 나를 위하여 의의 면류관이 예비되었노라"[12]고 말할 수 있게 되는 것이다. 우리가 사는 동안은 사탄과 세상과 육신이 살아서 우리와 더불어 투쟁을 한다. 그러나 투쟁은 생전에 종결되며, 우리가 아니라 그것들이 패망하게 된다.

31 더 나아가서 맑은 사고란 곧 노년의 지혜이다. 오로지 현세의 삶 때문에 알아야만 했던 것은 소홀한 대접을 받을 수도 있다. 사람들은 보통 신앙보다는 날카로운 지성을, 온갖 유의 사물에 대한 무지보다는 지식을, 단순함보다는 지혜를, 침묵보다는 유창한 언변을 선호할 것이다. 모든 인간 지식과 주위 사물들의 박약함은 이제 분명해졌기 때문이다. 그러므로 노년은

---

11) Seneca, Epist. 36,4(H.)
12) 디모데후서 4:7.

영원한 소유의 공고한 토대를 포착하여 그 단맛을 보아야 하리라. 이를 위해서는 인간과 인간의 통찰력과 불가분 관계를 맺고 있으며, 하나님의 책들과 우리 앞에 환히 열린 낙원 속에서 하나님과 함께 할 때에 맛볼 수 있는 진정한 희락을 선사해 주는 범지혜적인 지식이 큰 도움이 될 수 있다. 그러므로 그들은 하나님의 피조물 가운데에서, 가장 사랑스럽게 자기 양심의 정원에서, 하나님의 말씀의 임원(林苑)에서 거닐 것이며, 전체 속에서 하나님을 보는 것이 습관화될 것이며, 현존하는 상황을 일러 주는 가르침을 만물에서부터 끌어올 것이다. 석양이 질 때에 그들 생의 마지막에 대해 생각할 것이며, 밤 동안에는 무덤의 평안을, 날이 샐 녘에는 죽은 자들 가운데에서의 부활을 생각할 것이다. 주말과 월말과 연말에도 이와 같이 생각하게 될 것이며, 각 시간 단위의 시작 때에도 마찬가지일 것이다. 그들은 성경에서는 바르실래와 또는 다른 거룩했던 백발 노인들을 회상할 것이며, 반대로 백 세에 죽은 아이들도 생각할 것이다.[13] 요컨대, 외적으로나 내적으로나 늘 자기의 지각을 손질하는 것을, 현금의 처지에서 자신들의 가르침으로 삼아야 하는 것이다.

32 이 세상 일을 이제는 더 이상 중시하지 아니하는 것도 유익한 일일 것이며, 나름대로 충분한 이유가 있다면 현세의 재산을 처분하고 이를테면 유언을 만드는 것도 유익할 것이다. 물론 유언을 재앙의 표지로 보는 불신자들은 유언하는 것을 꺼려하며 그 결과 그 이행도 미루게 된다. 하지만 그 누구도 그 유언이 마지막 의사 표시라 해서 사망에 이르지는 않는다. 그럼에도 불구하고 사망한다면 그는 더 평안하게 사망할 것이다. 유언의 의미는 이것이다.

(1) 영혼을 하나님께 맡겨서 오로지 그분의 수중에 의지하는 것.

---

13) 사무엘하 19:32 : "바르실래는 매우 늙어 나이 팔십 세라. 저는 거부인 고로 왕이 마하나임에 유할 때에 왕을 공궤하였더라." 이사야 65:20 : …백 세에 죽은 이가 아이겠고."

(2) 육신을 흙에 맡기어 매장 후에 무덤 속에서 평안을 취하는 것.
(3) 상속분을 현명하게 상속인들에게 배분하여 싸움이 발생하지 않게 하는 것.
(4) 모든 선한 사람들을 회상하며 선한 행위를 일삼아 좋은 모범이 되는 것. 적시에 이 모든 것을 아우르는 것이 마지막 순간에 이르러서야 행하는 것보다 더 낫지 않겠는가? 그러한 예를 우리는, 유산을 아들들에게 분배했던 족장 야곱(창 49장)과 유산을 물려 주었던 다윗(대상 28장과 29장)과 유산을 공동체에 주셨던 그리스도(마 26:26; 요 13, 18장) 그리고 바울 (딤후 4:5)에게서도 볼 수 있다.

33 그러나 하나님께서 이미 그분의 수중에 삶을 맡긴 자에게 좀더 생명을 연장시켜 주신다면, 자신이 이미 받은 바에 대하여 다시 하나님으로부터 반환 요구를 받지 않도록 조심해야 한다. 세상으로 다시 돌아가라는 것도 아니며, 하늘에서와 같은 삶을 살려는 의도를 저버리라는 것도 아니다. 만물에 대한 대심판과 대변동 직전에 있는 노년을 살고 있는 이들은 특히 이 점을 주지해야 하리라. 만일 하나님께서 그들에게 노아와 함께 대홍수를 나게 하시고 두 개 머리의 야누스처럼 두 가지의 시간 단위를, 즉 젊은이들에게는 이미 잊혀진 과거와 새로이 떠오르는 미래를 바라볼 수 있게 하셨다면, 그들이 열정적으로 노력해야 하는 바는 과거의 선한 것을 후대에 물려주어 선이 몰락하지 않고 복되게 심길 수 있도록 하는 것이다. 그러나 하나님의 징벌을 받은 악이 부지불식간에 다시금 옛 자리로 숨어 들어오지 않게 하고, 진실하고도 영향력 있는 담지자로서, 그리고 새 시대의 상(像)으로서 그들의 악에 대해 족쇄를 채워 주어야 한다.

34 노쇠한 노년에게는 죽음을 받아들이고 그 죽음과 더불어 새로운 생명, 죽지 않는 생명으로 들어갈 과제가 주어져 있다. 죽음이 행복한 것이 되기 위해서 그들은 무엇보다도 이 세상 사람들이 하는 것 마냥 죽음을 두려워하지 않기 위해 노력해야 한다. 그대가 태어난 것이 두렵지 않다면, 그

대는 무엇 때문에 삶에서 분리되는 것을 두려워해야 한단 말인가? 두 가지 경우 모두 결정은 그대의 손이 아니라, 하나님의 손에 달려 있다. 특별한 지식 없이도 그대가 태어난 장소와 때와 혈통의 선택을 창조주에게 위탁하였듯이, 온전한 의식으로 그대의 죽음의 일을 그분에게 맡기라. 그대의 온 생애 동안 모든 것을 행하셨을 그분은 이제도 그대의 생을 선하게 하실 것이다. 현세의 삶은 느부갓네살 입상과 비교되기도 하는데, 그 상체는 금으로 되어 있고 (혹은 금처럼 보이는 것인지도 모르지만 말이다), 그 다음 밑 부분으로 갈수록 더 좋지 않은 재질로 만들어져서 마지막은 진흙으로 끝나고 있다.[14] 그러나 이 벗겨짐은 파멸이 아니라 다시 태어남으로 간주되어야 한다.

35 그러나 노인들에게는 또한 기억력이 둔화되기 때문에 잊어먹어서는 안 될 것들을 외부적인 감각으로도 알 수 있게 제시하는 것이 유익할 것이다. 동시에 사물 자체를 제시하거나 아니면 그림과 특정한 상징들, 이를테면 죽음, 부활, 마지막 심판, 지옥 내지는 천상의 기쁨 등에 관한 상징들을 통해 이런 것들을 제시하는 게 적절하다. 따라서 그런 유의 표지물이나 해골과 같은 것을 모아 놓거나, 살아 있을 때에 이미 아브라함과 다른 족장들이 그러했듯이, 그리고 아리마대 요셉과 그의 사람들이 그러했듯이 자신의 마지막 집, 즉 관이나 무덤을 예비하면, 아주 노쇠한 사람들은 뭔가를 느끼는 바가 있을 것이다.[15]

36 단순히 죽는 법을 배우는 것이 아니라 선하게 죽는 법을 배워야만 한다. 모든 죄스러운 사고는 육체의 죽음 앞에서도 사장될 것이며, 우리 육체의 외부에서 우리를 기다리고 있는 삶을 육체에 있는 동안에도 시작해야 한다. 그러므로 진실하고 순수하게 그대의 육체로부터 자유로운 정신적인

---

14) 다니엘 2:32 이하.

15) 아브라함의 이야기는 창세기 23:12 이하와 25:9 이하를 보라.- 아리마대 요셉 이야기는 마태복음 27:60을 보라.

삶을 살기를! 세상과 타인뿐만 아니라 그대 자신에 대해서 그대는 죽어야 한다. 그대의 정신을 지상보다는 하늘에 두라! 언젠가는 죽을 사람들보다는 하늘의 하나님과 천사와 축복받은 자들과 교제하라! 모세처럼 그대는 이 땅의 사람들에게 작별인사를 하고 그들의 목전에서 느보산에 올라, 요단강 이편 땅에서 강 저편의 축복받고 사랑받는 땅을 바라보아야 한다.[16]

37

노아가 하나님께서 일러 주신 방주를 사전에 다 만들지 않고서는 대홍수를 날 수 없었듯이,[17] 이스라엘 민족이 하나님께서 바람으로 바닷물을 가르시고 그의 전능하심으로 민족이 나아갈 길을 마련해 주시도록 간구하지 않았다면 홍해를 건널 수 없었듯이, 어느 누구도 신앙의 배와 기도의 탄식 없이는 사망의 심연을 건너지는 못한다. 그러므로 이미 사망이 가까이 있음을 알고 있는 자들은 하나님의 자비로움을 믿는 신앙을 상시적인 기도와 간구로 공고히 하기를 잠시도 멈추어서는 안 될 것이다.

38

이제 노인이 마지막으로 할 것이 하나 있으니 자비하심을 믿고 바라는 가운데 주님께 의지하는 것이리라. 이를테면 시므온과 같이, "주재여, 이제는 말씀하신 대로 종을 평안히 놓아 주시는도다."라고 노래할 것이며, 승리의 면류관을 쓰고서, "주 예수여, 내 정신을 거두어 가소서"[18]라고 말할 것이다. 그리고 개선가를 부르며 이 지상에서 분리될 것이다.

39

그러한 죽음을 통하여 모든 노인은, 생존했을 때보다 죽음을 통하여 더 많은 적들을 섬멸했던 삼손과 같이 거룩하게 될 것이다.[19] 그리고 바로 사망 안에서 개선(凱旋)하여 절대 종말이 없는 영원으로 입성하리라.

---

16) 신명기 32:49.
17) 창세기 6:22.
18) 시므온 이야기는 누가복음 2:29을 보라. – 스테파노스(승리의 면류관) 이야기는 요한계시록 7:58을 보라.
19) 사사기 16장 30절.

CHAPTER 15
PAMPAEDIA ALLERZIEHUNG

사망기 학교
(Schola mortis)

노년기 학교의 여러 부분에서 몇 가지 특이점들을 주지시켰다면, 여기 사망의 학교에 대하여 하나의 특별한 장을 삽입하는 것이 다음과 같은 이유에서 가능할 것이다.

(1) 이 장에서 이러한 대상(사망기 학교)이 완전하게 다루어진 반면, 거기서 (노년기 학교)는 다만 사망에 대하여는 부수적으로 언급되었기 때문이다.
(2) 이 사망의 학교는 모든 연령층에게다 해당하는 것이지, 노년층에게만 해당하는 것이 아니기 때문이다.
(3) 축복받은 죽음이란 올바르게 살아온 노년과는 전혀 다르지 않기 때문이다.

이에 덧붙여 우리는 다음의 사항들을 살펴보기로 한다. 범지학에서 여덟 번째 세계는 영원한 세계로 대치되었듯이,[1] 죽음의 학교인 여덟 번째의 학

---

1) 코메니우스는 Consultatio catholica 제3편 범지혜론에서 여덟 가지의 세계에 대하여 다루고 있다. 마지막의 것은 영원한 세계이며, 하나님의 세계이다.

교를 마찬가지로 이른바 사망의 학교로 대별시키는 것은 아주 당연한 것이라고 본다. 그렇게 할 때에 첫 번째 학교는 태아기 학교와 상응하게 된다. 이것을 세계와 각 학교를 병치해서 배열해 보기로 한다.

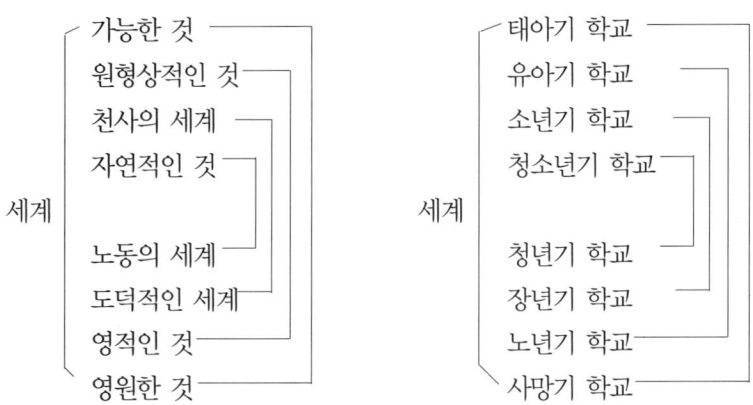

실제로 앞 장에서 노년의 각 단계와 관련하여 세심한 배려 하에 노인들에게 일러 주었던 것으로 충분했으면 한다. 그런 의미에서 그리스도께서 "내가 너희에게 하는 말이 모든 사람들에게 하는 말이니라."[2]고 하신 말씀은 여기에 해당한 말일 수 있다. 노인들에게 일러 준 말은 우리의 경우에도, 즉 모든 이에게도 해당하는 것이다. 노인들에게는 선하게 축복받으며 죽는 것이 행복이며, 모든 경건한 인간을 추념하고 바라보는 것이 마땅한 일이기 때문이고, 그는 여러 가지 경건하고 계몽된 사람들로부터 진단되었기 때문이다. 특히 나탄 키트레누스(Nathan Chytraenus)로[3]부터이다. 그의 글에서

---

2) 마가복음 13:37.
3) Vgl. Kap. X, Anm. 30. Viaticum의 마지막 부분에는 역시 나이에 관하여 다루어졌다.

옛 사람들에 대하여 말한 것들은 그 시대를 뛰어넘어 현대 우리들에게 일러 주고 있는 것이다.[4]

---

[4] 이 부분에 대해서는 R.Rudolf의 Ars moriendi를 참고, "거룩한 삶과 죽음에 관하여'(Forschungen zur Volkskunde), Koeln-Graz 1957. 그리고 F. -W.Wentzlaff-Enggebert의 "17세기 독일 서정시에 나타난 죽음의 문제"를 참고(Praestra 171), Leipzig 1931.

CHAPTER 16
PAMPAEDIA ALLERZIEHUNG

영원한 지혜를 구하는 기도

영원한 지혜를 구하는 기도와 함께 범교육론은 끝을 맺는다.

1 생각건대 우리는 다음의 것에서 이제 일치하게 되었을 것이라고 나는 생각한다.

(1) 전체를 지향한 인간의 완전한 하나의 돌봄이 세상에 대한 구원을 초래하는 것이라는 것,
(2) 하나의 그러한 돌봄은 기존의 것들에서 밝혀진 수단을 통하여 작용될 수 있다는 것,
(3) 그리고 마찬가지로 그것들의 사용이 마음에 들도록 쉽게 이루어질 하나의 독특한 사용 방식이 발견되었다는 것, 그리고 결과적으로 그러한 회복하는 치료(cultura)가 인류를 위하여 아직 닫히지 않은 하나의 기쁨의 낙원일 수 있다는 것이다.

2 모든 사람들의 의견이 분분하다면, 이전에 우리가 해 왔던 수행방식을 거부해 보는 것도 좋을 것이다. 이러한 일이 일어나지 않는 한, 우리는 다음과 같은 발견 때문에 우리의 영예를 하나님에게서 구하게 될 것이다.

(1) 온 세계의 아우기아스(Augius) 외양간의 청결에 알패우스(Alpheus)의 강이 발견되었다(참고, Panorthosia, Kap.II.).[1]
(2) 참된 하나님과 인류의 동산의 완전한 돌봄이 발견되었다.
(3) 지혜는 종이가 아니라 마음에 새길 수 있는 생생한 책의 인쇄이다.[2]
(4) 지혜는 위대하고, 항구적이며, 자유롭고 조화로운 마음의 운동이다.[3]
(5) 흔들리는 정신을 견고하게 하며, 그러나 역시 오랫동안 움직이지 않았던 본성을 움직이게 하기 위하여 해결 불가능한 문제이다.
(6) 마침내 역시 꺼지지 않는 불이 발견되었다. 세상은 참으로 솔로몬이 원했던 바대로(전 7:10) 이제는 그 빛을 소유할 수 있다. 왜냐하면 학생이 자라 교사가 되며, 매년 학교를 졸업하여 탐스럽고 성숙한 인간들이 등장하게 될수록 그 빛은 무한히 다양하게 비추어질 것이기 때문이다. 각 개인과 모든 인간들이 하나님이 원하시는 바를 배울 때만(전 9:18) 땅에 가득한 사람들의 변화가 개선될 것이다. 그리고 마침내 세상은 비

---

1) 판오르토시아(10장 44)에서 코메니우스는 오해하는 것들의 제거를 위한 준비와 함께 알패우스의 강 사이에 하나의 비교를 종합비판적(synkretisch)으로 관철시킨다.

2) 이 점은 코메니우스의 글 Typographeum vivum을 상기시킨다. 참고 in: ODO IV, Sp.85-96;dt.v. E.Pappenheim 1898.

3) Perpetuum motum: 범교육학은 Perpetuum Mobile의 발견을 위한 코메니우스의 노력과 얼마나 밀접하게 연결되었는지가 여기서 분명히 드러난다(Klamores Eliae). 이러한 교육학의 개선 계획은 그것이 하나님의 영속적인 행동의 조류에서 그 장이 의존되고, 그것들이 거기서 맡겨질 때, 행운을 가질 수 있을 것이다. 교육은 하나님의 위대한 기계적인 개혁의 한 지체이다. 여기에 대하여 K.Schaller의 책을 참고하라. 「엘리야의 경고」의 교육학, St. Augustin 1987; Ders., E.labyrinthis exitus in planum, Komensky's Selbstkritik gegenueber seinen didaktischen Erfindungen…, in: 20, S. 167-178.

이성적이며, 세속적이고, 무신론적이며, 감각이 없고, 이성이 없고, 신앙이 없고, 혼란과 무거운 짐에 절어버린 상태의 마침표를 찍을 것이다.

3 모든 것이 정확히 수행되지 않기 때문에 그렇게 축하하기 아직 이르다면, 그가 아기 하나의 틈을 보는 곳에서 그는 보여 줄 수 있을 것이다. 우리가 찾는 것을 소유하도록 그가 그것들을 채울 수 있을 것이다. 그리고 우리는 충만한 빛의 모든 것들을 더욱더 기뻐하게 될 것이다.

4 그러나 하나님이 정당한 분노 가운데서 백성들 사이에 밀쳐놓은 빗장, 즉 언어의 혼잡[4]에 대한 생각에 이른다면, 우리가 인간들에게 위임한 일들(res humanae)을 일반적으로 개선하려고 힘쓰기 전에 이러한 장애물을 어떻게 지혜롭게 제거할 수 있을지를 하나님의 도움으로 생각해 보자.[5]

[기도]

당신은 살아 있는 모범을 통하여 우리에게 지혜의 길을 가르치시기 위하여 인간이 되신 마르지 않는 지혜이시니,[6] 모든 이들에게 당신의 정신의 증거를 통하여 확신을 주옵소서.

온 누리의 모든 인간들이 당신의 품에 안겨 영원한 복과 구원하심을 보게끔 초대받았을진대, 이 지상에서는 당신의 일만이 행하여진다는 확신을 주옵소서. 오로지 당신의 고귀한 뜻에 복종할 때, 땅 위에서 당신의 일이 실행됨을 보여 주소서. 세상의 밤에는 당신이 약속하신

---

4) 바벨탑 건설(창 11:7): "자 우리가 내려가서 거기서 그들의 언어를 혼잡케 하여 그들로 서로 알아듣지 못하게 하자 하시고."

5) 이러한 이해는 콘줄타티오 카톨리카(CC)의 다음장(5장)인, 판오르토시아(Panorthosia)를 가리킨다.

6) 머리말 비교.

바대로[7] 빛이 떠오름을 보여 주소서. 달의 광채와 일곱 빛깔을 가진 태양 빛의 근원이 되는 빛,[8] 인간이 더 이상 인간으로부터, 가르침을 받는 것이 아니라, 하나님으로부터 가르침을 받는 빛은 당신으로부터, 유일하고도 영원한 대(大)교사로부터 오나이다. 아멘.

---

7) 스가랴 14:7 : "여호와께서 아시는 한 날이 있으리니 낮도 아니요, 밤도 아니라, 어두워 갈 때 빛이 있으리로다."

8) 이사야 30:26에 기대어 "여호와께서 그 백성의 상처를 싸매시며, 그들의 맞은 자리를 고치시는 날에는 달빛은 햇빛 같겠고, 햇빛은 칠 배가 되어 일곱 날의 빛과 같으리라."

독일어 번역자 후기

1954년 뮨스터(Muenster)에, 독일 개신교의 복음적인 교육학을 위한 학문적인 연구의 장으로서 '코메니우스 연구소'가 설립되었다. 이 연구소 설립의 첫해에 코메니우스 연구에 감사할 만한 가치를 가진 모범적인 방법이 수용되었다.[1]

1960년에 연구소의 교육학적인 연구들과 코메니우스 연구소의 발표 논문 가운데서 출판물과 연구논문의 5번째 것인 라틴어 원본이 처음으로 출판되었다. 그 책은 라틴어 원본과 함께 독일어번역이 추가되어 서로 대조하여 볼 수 있도록 만들어진 것이었다. 그것은 요한 아모스 코메니우스(J. A. Comenius)의 범지학적인 주된 작품, "인간 사물의 개선에 대한 보편적 제언"이란 7권의 책 가운데 네 번째의 것이었다. 역시 이것은 독일어 번역으로 새롭게 출판된 팜패디아, 즉 범교육학(Allerziehung)이다.[2]

이 출판은 1957년 "코메니우스(J. A. Coemnius)의 범교육학(Pampaedia)

---

1) 비교, Klaus Schaller, Comeniusforshcung in der Bundesrepublik Deutschland, in:20,S.82-90.

2) J.A.Comenius, Pampaedia. 라틴어 원본과 독일어 역본, H.Geissler und K. Schaller와 공동으로 서명한 후에 Dmitrij Tschizewskij로부터 출판되었다.

과 그의 교육적인 주된 작품으로의 안내"(코메니우스 연구소의 교육학 연구 제4호)라는 작은 글을 통하여 1957년 프라하(Prag)에서 처음으로 모인 코메니우스 국제총회의 참여자들에게 알려졌다. 그 모임은 400년 전에 암스테르담에서 출판된 코메니우스의 교수학전집(Opera didactica omnia)을 기념하기 위한 모임이었다. 그리고 1965년에 이러한 모습으로 나타난 범교육학의 둘째 판이 출간되었다. 첫 출판물은 헌신적으로 수용해 준 하이델베르그에 있는 출판사 '쿠벨레와 마이어'(Quelle & Meyer)에서 출판되었다. 연합의 의도로 출판한 것은 아니었다. 독일어로 출판된 팜패디아는 대략 22년 이후부터 더 이상 보존되지 않았다. 그 때문에 코메니우스를 다루려는 곳에서는 앞서 언급한 교수학 전집(ODO) 첫 부분에 발표된 대교수학(Didactica magna)을 다시 다루어야만 했다. 이 책은 독일어 번역이 여러 종류가 나타났고, 오늘날도 쉽게 구할 수 있다.[3]

그것은 대체로 1870년 이래(1871년 역시) 독일의 코메니우스 전통에 상응하는 것으로, 코메니우스의 서거 300주년의 기일에 일치하게 된다. 그 때는 이미 헤르더(J. G. Herder)의 코메니우스에 대한 연구가 거의 잊혀져 갔던 때이며,[4] 코멘스키(코메니우스의 원명)의 교육학은 그의 범지학의 지평에서 연구되어야 한다는 딜타이(W. Dilthey)의[5] 암시가 거의 관심을 얻지 못할 때였다.

우리는 오늘날 이러한 배경을 전제하면서, 바로 대교수학과 범교육학의 동질성과 차이점에서 코메니우스 교육학의 고유한 점이 드러난다는 것과, 코메니우스를 교육학적인 양태 흐름의 한 지도자로 만드는 차원이 열리게 된다는 것을 말할 수 있을 것이다.

---

3) 대교수학은 1957년에 Hans Arbeck에 의하여 Berlin에서 출판되었다. 1960년에 Andres Flitner에 의하여 역시 뮌헨과 뒤셀도르프에서 출판되었다.
4) K.Schaller, Comenius und Herder, 계몽주의의 계몽에 대한 가르침, St. Augustin, 1988(코메니우스 연구에 대한 글들에서, 출판자 K.Schaller, 17권).
5) W.Dilthey : Paedagogik(Ges. Schr. Bd.IX, s.160ff., bes. s. 163f.).

이러한 상태는 코메니우스의 탄생 400주년 기념의 해인 1992년을 목표하면서 앞서 제시된 출판물과 함께 코메니우스 사상의 이전 모습이 소개되어야 한다. 그 당시 두 가지 관점에서의 기도가 모험적으로 시도되었다. 그리고 팜패디아를 새로운 현대 독일어로 제시해야 하는 특별한 어려움이 있었음을 고백한다. 최근의 독일어 번역은 역시 1960년에 번역된 것에 철저히 의존한다. 그것은 물론 선한 의도에서 이루어진 것이다. 원문 자료의 상태, 접근성 그리고 라틴어 원본의 성질들은 말하자면 지난 30년 동안 본질적으로 바뀌지 않았다. 우리는 지금까지 코메니우스의 오래 전의 작품이면서, 동시에 주된 작품인 "인간 사물의 개선에 대한 보편적 제언"(De rerum humanarum emendatione catholica consultatio)에 대한 비판적인 출판물을 소유하고 있지 못하다. 팜패디아의 독일어 번역은 30년 전의 것처럼 일시적인 것이었다. 그것은 그 당시와 마찬가지로 동일한 상태에 머물러 있다. 즉 팜패디아의 첫 번역이 프세비쵸바(Vsevychova)란 타이틀로 요셉 헨드리히(Joseph Hendich)에 의하여 체코어로 1948년에 프라하에서 나왔던 때도 마찬가지였다. 이러한 약점들이 물론 팜패디아를 독일어로 계속 출판해야 할 명분이 된다거나, 학생들과 코메니우스 연구자들에게 체코어의 것을 유보시켜야 할 이유가 된다고 생각하지 않는다.

　1960년에 디미트리히 취체브스키(Dmitrij Tschzewskij)는 팜패디아에 대한 원천적인 자료 상태의 문제성에 대하여 알려 주었다. 즉 내가 1935년에 할레(Halle)의 프랑케 고아원에 있는 본 도서관의 문고들을 조작적으로 관찰하기 시작했을 때, 몇 주 후에 내 손에 세 가지의 많은 원고 뭉치 묶음을 잡게 되었다. 그것들은 그 원고 목록에서 간단히 저자의 이름이 기록되지 않은 채 범지학(Pansophia)으로 표기되어 있었다. 그리고 E. 54, E. 55, 그리고 E. 56라는 번호가 매겨져 있었다. 17세기에 판조피(Pansophie)란 주제가 흔히 있었음에도 불구하고, 우리는 그것들이 코메니우스의 잃어버린 오래 전의 작품인 "인간 사물의 개선에 대한 보편적인 제언"의 내용을 포함한 문서라는 것을 쉽게 확정지을 수 있었다. 이러한 일곱 부분으로 나누어진 코메니우스의 오래 전의 주된 작품은 큰 부분들에 있어서 아직 인쇄되지 않은 원고 그대로의 것들이었다. 코메니우스가 남겨 놓은 원고들은 먼저 크리스챤 니그린(Christian Nigrin)이 인쇄하기 위하여 수정하였고, 유스투스 도케미우스(Justus Docemius)로부터 할레대학에 있는 프랑케(A. H. Franke)에게로 인쇄할 목적으로 보내졌던 것이다. 1702년 할레대학의 신학 교수였던 부데우스(Buddeus)가 작품 전체의 머리말과 원고의 첫 부분인 판네르게시아(Panergesia)를 출판했었다. 니그리누스(Nigrinus)의 편지에서 우리는 그가 원고수정을 착수했던 것을 볼 수 있다. 먼저 그해 여름 1677년 초까지 최후의 저술이 완료되었던 것이다. 그 원고는 4-6장으로 구성된 45열을 포함하고 있었다. 전체적으로는 216쪽 분량으로 만들어졌다. 물론 208쪽에서 216쪽까지는 더 이상 팜패디아에 속한 것이 아니었다. 그것들은 아주 빽빽하게 기록되었고, 출판에서 제외시킨 것으로서, "초보자의 읽기와 쓰기의 기술론"(Artificii legendi et scribendi tirocinium)이란 주제의 손으로 쓴 짤막한 글을 포함하고 있었다.[6]

그 작품은 처음에 분명히 원저자로부터 인쇄를 위한 준비가 되어 있었다. 그러나 108쪽에서 물론 그 원고는 더 이상 준비되어 있지 않음을 볼 수 있다. 그것들은 개별적인 글씨로 메모해 둔 것으로 되어 있다. 그리고 그 텍스트에서 완성된 모습을 갖게 했던 이가, 더 이상 니그리누스(Nigrinus)라는 것을 확인할 수 없었다. 그 대신에 개별적인 장 사이에 자그마한 틈을 남겨 두었었다. 그리고 어떤 곳에서는 중단된 문장들이 나타나기도 했다. 또한 수정 작업의 시작에서 밝혀진 계획은 더 이상 확인되지 않았다. '사망기 학교'(Schola mortis)의 장은 전혀 손대지 않은 그대로였다. 텍스트의 이러한 결핍은 코메니우스가 남긴 원본에 대한 니그리누스의 그 어떤 계속적인 개입도 없었음을 분명히 가정하게 해 준다. 니그리누스에게서 손대지 않은 자리들은 이전

---

[6] Franz Hoffmann, 첫 번째 읽기 학습과 쓰기 학습에 대한 코메니우스의 사상, in: Die Unterstufe 1957,H.6,s.1-3; H. Geissler, 코메니우스의 읽기와 쓰기학습의 기초에 대하여. Das Tricinium von 1675, in: Schule und Leben 1957/58, s.171-178; 209-215.

의 출판물에서는 전혀 고려되지 않았다. 중단된 문장들은 대부분 보충되었고, 다만 필요시되는 부분이나, 재구성을 감행하였을 부분에서는 대체로 완결되지 않은 사상들이 암시되어 있었다.

우리의 발표는 주의 깊게 관찰해야 하는 힘든 노력을 기울여야만 했다. 그래서 우리는 이전의 나의 역본들을 다시 살펴보아야만 했고, 그것들은 2차 세계대전 중에 내가 세 가지 원본들에서 출판시켰던 것들인데, 다만 그 번역들은 다시 원본과 비교하는 가능성을 가졌던 것이다. 그 텍스트의 작업에서 특히 동료교수인 슈뢰퍼(J. Schroepfer) 박사와 신학박사 과정에 있던 도나트(D. Donat)의 도움은 말할 수 없이 귀중한 것이었다. 원본을 읽는데 도움을 준 몇 분들이 있는데, 취체브스키(Tschizewskij)는 라틴어 텍스트를 책임 있게 표시해 주었으며, 리바(B.Ryba)의 도움도 컸었다. 그 밖에도 두 번째 출판의 '편집후기'(518쪽)에서 노바코바(Julie Novakova)[7]는 몇 가지 수정하는 일에 도움을 주었다.

원문 자료의 상태에 관해서는 벌써 언급한 1957년의 코메니우스 국제총회에서 그 당시 독일 인민공화국(동독 : DDR)은 할레의 도서관에 보관된 원고를(니그린에 의해 출판된 것) 체코 정부에 기증하였으며, 그 이후에 체코의 아카데미 산하에서 이미 조직되어 있었던 코메니우스 연구단체에서 계속적인 코메니우스의 텍스트 작업이 가능하게 되었다는 소식이 있었다. 1965년에 프라하에서 마침내 오랫동안 기다렸던 전체의 책 "인간사물의 개선을 위한 보편적 제언"(CC)이 "교수학전집"(ODO)의 형태와 표지에 근접한 두 권의 책으로 출판되었다. 얀 파토카(J. Patocka)[8]가 쓴 이 책의 서문(Epilogus)은 오늘날 이 작품의 내외적인 정황에 대한 하나의 탁월한 서술을 제시하고 있다.

이러한 "보편적 제언"(Consultatio Catholica)의 프라하(Prag)에서의 출판

---

7) In: Archiv, Bd.XXII(1964), s.223-242.
8) CC II, s.685-717

은 텍스트의 비판적인 출판물이 아니었다. 그리고 그것은 이러한 비판적인 상태를 필요로 하지도 않았다.[9] 코메니우스학(Comeniologie)을 위하여 대체로 중요한 텍스트들은 단순히 계속적인 연구의 이러한 일시적인 형태로 처리될 수밖에 없었으며, 미래적인 하나의 비판을 위해서 요구되는 준비작업이 수행되어야 했다. 그래서 1968년에 프라하에서 출판된 콘줄타티오(*Consultatio*)의 텍스트의 출판에 적절한 거리감을 두고, 올로뮉(Olomouc /Olmuetz)에서 국제적인 코메니우스 국제총회가 개최되었다. 그리고 코메니우스의 연구는 그 첫 번째 결산이 지금 접근하는 "보편적 제언"(Consultatio Catholica)에서 행하여졌다.

그 사이에 프라하의 텍스트 안에 정확하지 못한 한 순서가 뚜렷하게 주목되었는데, 그것들의 목록이 온전하다고 볼 수 없는 것이었다. 그것은 하나의 신뢰할 만한 비판적인 텍스트의 출판이 이루어지지 못했기 때문이었다. 체코의 코메니우스학(Comeniologie)을 연구하는 자들은 1992년을 목표로 "콘줄타티오 카톨리카"의 체코어 번역을 준비하고 있다.

항상 이러한 만족스럽지 못한 원문 자료상태 때문에, 팜패디아(범교육학)의 독일어 번역은 취체브스키의 텍스트와 1960년의 라틴어와 독일어 출판물의 사정을 잘 알고 있는 것이다. 라틴어 텍스트를 참고하기 원하는 자는 지금 이 양쪽의 것이 주어진 가능성들에 도움이 될 것이다.

이러한 출판물의 계속적인 위험은 번역 그 자체가 보여 주는 대로이다. 그 번역은 코메니우스의 사상 도입의 두 가지 독특성을 고려해야만 했다. 그 하나는 새 시대의 범교육론(Pampaedia)인데, 그것은 저자의 인간에 대한 이해(Anthropologie)에 있다. 특히 18세기에 형성되었고, 고립된 개인의 존재로서 개체와 그 자신 안에 스스로 기초된 그의 자족에서 나아온 인간론은 철저히 구별되었다. 다른 하나는 코메니우스의 교육학은 저 단자론적인 인간이해로부터 도출하는 새 시대적인 것에서 적지 않게 차이를 갖는 점이다.

---

9) Hierzu Edicni poznamka – De editionis apparatu annotatio, CC I, s.15-19.

독자는 중계를 통하여 이러한 차이들을 외면하는 것과 코메니우스의 생각을 그의 사고방식의 환경으로 직접 종속시키는 것을 막아야 하는 것이다. 코메니우스가 스스로 말할 수 있다면, 혹은 그로 하여금 우리의 대변자로서 자신의 생각을 말하게 한다면, 그는 우리의 세계 정황에 말할 것을 갖게 될 것이다.

1960-1965년의 범교육학의 출판물들은 그 때문에 '번역서 출판후기'란에 다음과 같은 내용들이 서술되었다.

"우리가 이해하기로는 인간을 그 스스로 힘 있는 주체로 생각하는데, 코메니우스는 그런 의미로 이해하지 않는다. 그의 교육학은 하나님(Einen, 일자)과 전체 안에서 그들의 척도를 발견한다. 이러한 교육학의 모든 조치(방법)는 전체와 우주로 지향되었으며, 전체에서 알아내게 하였다. 접두어 판(Pan)이란 말처럼, '우주'라는 말은 전체에 대한 이러한 관련성을 알도록 지시한다. 그것이 전체를 향하여 조치가 취해 질 때, 전체는 그 조치 안에서 행열로 이어진다. 그리고 전체는 그러한 방식에서 힘을 얻게 될 것이다. 하나의 임의적인 교육은 아무것도 이룰 수 없을 것이다. 전체의 학교, 즉 그들의 방법에서 전체를 지향하는 학교는 전체가 거기서 추구되기 때문에 교육적인 힘을 얻게 될 것이다. 그러한 하나의 교육을 코메니우스는 '팜패디아'(Pampaedia), '판파이데이아'(Pan-Paideia), 즉 '범교육학'이라고 부른다…교육학이 인간 스스로 신(神)에게서, 전체의 근원으로부터 벗어나도록 시도한다면, 그 교육학은 그 어떤 것도 이룰 수 없을 것이다. 교사 역시 그의 교육 방법에 있어서 전체가 표현되지 않는다면, 아무것도 이룰 수가 없을 것이다."

"여기 제시되는 범교육학의 번역은 저자(코메니우스)에게서 생각 없이 하나의 주관주의적인 인간론과 현대 교육적이며 교수학적인 체계를 종속시키는 잘못된 해석들을 앞에서부터 인지하도록 노력하였다. 그것은 전문용어 사용에 있어서 특별한 주의를 기울였다는 것이다…그래서 교육, 교양, 재능, 소질 등등의 전문용어들은 계속해서 생략되었다. 그 때문에 다시 출판하게 된 이 책은 물론 읽기가 좀 어려워졌으며, 전체적으로 여기저기서 익숙하지 못한 느낌을 준다. 아마도 코메니우스의 교육학은 사람들이 오랜 기간 동안 믿고 있었던 것처럼, 그렇게 일반적이지 않았다…번역에 있어서 물론 요셉 하인리히(Joseph Heinrich)가 1948년 프라하에서 '프세비쵸바'(Vsevychova)란 제목으로 출판했던 팜패디아의 체코어 번역이 참고되었다.

기대했던 것만큼, 그 당시 팜패디아의 번역은 요점들만 묶어 놓은 것인데, 비판점을 안고 출판되었다. 볼프강 크람프(Wodfgang Krampf)[10]는 코메니우스가 테오도르 바라우프(Theodor Ballauff)에게서 박사 학위를 받는 것 같은 인상을 받는다고 썼다(앞에 제시되는 저술의 출판자처럼). 프란츠 호프만(F.Hoffmann)은 코메니우스가 그 책에서 이러한 식으로 다루어지는 것에 대하여 역사적으로도, 그리고 오늘날 우리에게도 아무런 의미를 주지 못하고 전락될 것을 염려했다.[11] 그리고 벌써 프라하의 출판을 이용할 수 있었던 "보편적 제언"(CC)[12]에서 취한 그의 독일어 발췌 물 서문에서 그는 이 출판물이 실존철학적이기 때문에, 1960/65년의 독일어 팜패디아에서 텍스트의 문자적인 해석은 이루어지지 않았어야 했다고 생각한다.

이러한 이의(異意)에 대한 새로워진 검토는 여기 제시된 번역이 그것들에서 잘못되지 않아야 한다는 결과에 이르게 되었다. 그 사이에 계속해서 코메니우스 텍스트에서 현대적인 언어로 옮기는 중계의 문제에 대하여 깊이 생각하였다. 1988년 우헤르스키 브로드(Uhersky Brod)에서 개최된 제15차 코메니우스 국제총회에서 "콘줄타티오 카톨리카"(CC)의 체코어 번역을 위한 기회로 노력하고 있는 체코의 코메니우스 연구가들로부터 바로 계속되는 그들의 확고한 입장과 지지를 발견했다.

---

10) 코메니우스 연구에 새로운 기여, in: Zs.f.Paedagogik 1963, s. 305f.
11) J.A.Coemenius, 옛 것의 답습자, 또는 새 것의 길을 넓힌 자, In: Paedagogik, 1963 s.305f.
12) J.A.Komensky, 인간 사물의 관계 개선에 대한 보편적 제언, Berlin 1970,s.9: K.Schaller의 범교육학 번역은 비교되었다. 그리고 코메니우스 교육학의 하나의 실존철학적으로 들리게 하는 해석의 길을 만들고 있는 의도와 함께 그들의 아주 자유롭고, 이따금 자의적인 모습을 우리는 더 이상 추종하고 싶지 않았다.

"코메니우스의 교육적인 텍스트의 독일어 번역에서 텍스트의 이해가 하나의 비주제적으로 만드는 교육이해의 역사적으로 중재된 지평으로부터, 그리고 그러한 인지된 교육 이론으로서 상세히 안내하지 않는 일에 대하여 말한다. 하나의 코메니우스 번역이 유혹적인 낱말 선택을 통하여 이러한 교육이해를 갖도록 조장하게 된다면, 그것은 운명적인 일이 되고 말 것이다."[13]

이러한 팜패디아의 출판은 1960/65년의 독일어 텍스트에 밀접히 연결되어 있다. 그 당시에 열정이 넓게 확대된 곳에 다만 미온적인 것이 보였다. 그 때에 그 텍스트는 당연히 다시 한번 검토되었으며, 언어적으로도 매끄럽게 되었다.

처음에 대교수학(Didactica magna)과 범교육학(Pampaedia) 사이에 일치점과 차이점에 관한 말이 있었다. 여기에 다시 한번 끝맺음으로 다루어질 수 있을 것이다. 암스테르담 시의회에서 요구된 1657년 그 당시까지 완료된 교수학의 모든 저술들은 "교수학 전집"(Opera didactica Omnia)이란 이름으로 요약되어 출판되었다. 그 책의 가장 중요한 첫 부분은 자주 언급된 대교수학이다. 우리는 중요한 '최신언어방법론'((Methodus linguarum novissima)이 거기에 들어 있는 것을 발견하였다.[14] 마찬가지로 이 책은 단순한 언어방법론 이상의 의미를 담고 있고, 제10장에서는 일반교수학으로 소개되고 있다. 계속해서 네 권으로 된 코메니우스의 교재들의"교수학 전집"은 좁은 의미(Janua: 문, Vestiblum, 정원, Artrium, 응접실)에서 (놀이학교) 입문의 극화(劇化)와 코메니우스의 사로스 파탁(Saros Patak)에서 행한 학교의 연설, 그리고 최근의 암스테르담 체류 기간에 만들어진 작업들 등 거기에 속한 모든 것들을 포함하고 있다.

바로 이러한 총서의 유명한 발단이라 할 수 있는 대교수학(Didactica

---

13) StCeH 38/XIX/1989, s. 236f. 여기 역시 Karel Floss, ebenda, s. 253.
14) Vom Franz Hoffmann deutsch herausgegeben als Analytische Didaktik…", Berlin 1959.

magna)은 그 책의 첫 번째 독자라 할 수 있는 요아킴 휘브너(Joachim Huebner)로부터 극단적인 비판을 받게 되었다. 영국에 있는 코메니우스의 다른 친구들이 기대했던 것처럼, 이 교수학 작품의 체계적인 구상으로서 기대되었던 범지학(Pansophie)은 그 안에서 놓치고 있다는 것이다. 그래서 사람들은 코메니우스가 카드 상자에 뒤엉켜 빠져 있는 인상을 갖게 된다는 것이다. 휘브너는 이 작품은 실제로 멀리해야 한다고 생각했다. 그는 그 시대의 구원으로 여기는, 그러나 진리 안에서 그들의 가장 큰 불행인[15] 저교수학의 분파자로 여겨지는 것을 원치 않는다는 것이다.

실제로 이러한 비판은 넓게 퍼져갔다. 대교수학 안에는 범지혜적인 것이 충분히 반영되어 있다. 물론 사람들이 이것과 저것(지식, 덕행, 경건)을 유효하게, 즉 재빨리, 분명하게, 그리고 약간 만족스럽게(cito, tuto et jucunde : 코메니우스는 여기서 17세기의 교수학적인 분파의 언어 사용을 연결한다) 되도록 할 수 있는지는 거기(서론의 장 외에) 교수학적인 많은 발견물들의 배후에 숨어 있는 것이다(우리는 오늘날 그렇게 말할 수 있을 것이다). 그것은 현대에 이르기까지 대교수학은 모두가 읽을 가치가 있는 것이며, 그들의 교육적인 과제가 교수학적인 발견들의 힘으로써(오늘날은 물론 컴퓨터의 도움으로) 성취되어가는 것으로 여기게 한다. 휘브너의 비판은 코메니우스를 아주 당황하게 만들었다. 교수학 전집의 여러 곳에서 코메니우스는 그의 교육학의 동일시 여김으로서 단순히 효과를 지향한 교수학과 함께, 대체로 표준이 없는 교수학과는 분명한 거리감을 나타내 보여주고 있다. 그렇다. "꼭 필요한 한 가지"(Unum neccesarium)에서 코메니우스는 1668년 그가 초기에 사로잡혀 있던 그러한 방식의 교수학은 하나의 미로(Labyrinth)였다고 칭하고 있다.[16]

---

[15] Jan Kvakala에 인쇄되었다: Korrespondence J.A.K., Bd.I, Prag 1898, s. 81.
[16] Unum nec. 1668, Cap.X.

그것은 지금 팜패디아 안에서는 다르게 설정되었다. 여기에 교육학적인 노력의 표준이 7권의 주된 작품 가운데 중심부인 네 번째 것으로 이미 제시되었다. 인간이 관계하는 것들과의 관계 개선이 중요한 주제였다. 이러한 의미에서 이 세상의 무대를 변화시키려는 자는 맨 먼저 범지혜론에서 보여준 방법론에 따라, 인간들의 학습을 바꾸어야 한다. 여기 언급한 것은 역시 판오르토시아(Panorthosia 22장)에서 학교의 개혁에 관하여 말하고 있는 것을 의미하는 그 개혁론인 "콘줄타티오 카토리카"(CC) 안에서 두 번째로 위대한 교육적인 위치를 차지한다.[17]

팜패디아의 저자에게는 대교수학이 시대에 뒤떨어진 것으로 보이지 않는다. 대교수학은 팜패디아 안에서 충분히 그 관계성을 드러내 주고 있다. 교수학적인 작업은 팜패디아에서 교육적인 것이 넓은 의미에서 정치적인 맥락으로 분명히 옮겨간다. 그것은 인간적인 관계들을 개선하려는 의도에 속한 것들이다. 코멘스키의 이러한 개혁의 의도에 대해 사람들은 팜패디아의 발견 이후에, 역시 대교수학을 읽어야 하며, 또한 달리 읽어야 하는 것이다. 대교수학의 수용에는 오늘날 코멘스키의 작품에 대한 새로운 독서 방식이 요구된다. 얀 파토츠카(J. Patocka)는 사람들이 오늘날 대교수학을 저자가 쓴 글씨의 문자 그대로 읽지 않아야 한다고 생각한다. 더 이상[18] 그것은 학습기술적인 사례집으로서 여겨져서는 안 된다는 것이다.

대교수학과 팜패디아 사이의 일치점과 차이점은 이와 같이 이 책의 출판에서 현대적인 것처럼 보이는 교수학적인 교육학의 전문용어로 사용되는, 가장 극단적으로 소극적인 태도를 보이는 것에 대한 하나의 지속적인 논증이다. 그 밖에도 코멘스키의 교육학은 오늘날 우리에게 '시사성'(Aktualitaet)

---

17) J. A. Comenius: Die Erneuerung der Schulen, lateinisch – deutsch hrgg. v. Klaus Schaller, Bochum o.J.(kamps paedagogische Taschenbuecher, 34).
18) 코메니우스의 교육철학(Die Philosophie der Erziehung des J. A. Comenius.) in: J. Patocka: J.A.K., Gesammelte Schriften zur Comeniusforschung, Bochum 1981, s. 450.

이란 척도를 제공한다. 그 시사성은 '인간 사물의 개선이란' 표준과 함께 그의 효과중심적인 교수학적인 고안들의 시사성 뒤에 머물러 있다.